Hans Vater: Kreative Wunscherfüllung

Verlag Via Nova

Hans Vater

Kreative Wunscherfüllung

Die kosmischen und irdischen Gesetze des Wünschens

vianova
Verlag Via Nova

1. Auflage 2008
Verlag Via Nova, Alte Landstr. 12, 36100 Petersberg
Telefon: (06 61) 6 29 73
Fax: (06 61) 96 79 560
E-Mail: info@verlag-vianova.de
Internet: www.verlag-vianova.de
Umschlag: Stefan Hilden Produkt- & Grafik Design, München
Satz: Sebastian Carl
Druck und Verarbeitung: Fuldaer Verlagsanstalt, 36037 Fulda

ISBN 978-3-86616-093-4

Inhaltsverzeichnis

Einführung und Überblick

Wünsche erfüllen ist kein Luxus. Es ist eine **Notwendigkeit**. Denn solange ein Wunsch nicht erfüllt ist, hält er uns fest. Nicht nur, dass wir unter der Frustration leiden, nein, wir können vor allem nicht voranschreiten zu neuen Wünschen, zu höheren Stufen der Entwicklung und des Glücks. Unser Leben und unser Fortschritt sind in diesem Punkt blockiert. Daher ist es von immenser Wichtigkeit für jeden von uns, die Fähigkeit zu verbessern, unsere Wünsche zu verwirklichen. Dieses Buch soll dabei helfen.

Es lässt uns die Mechanismen verstehen, die uns erlauben, durch Denken und Wünschen auf die äußere Welt einzuwirken. Es beschreibt und erklärt bekannte – und weniger bekannte – **Techniken** und Tricks der Wunscherfüllung. In jedem einzelnen Fall analysiert es dabei die grundlegenden **kosmischen Gesetze und Prinzipien**, die den jeweiligen Methoden zugrunde liegen. Das Verstehen dieser Prinzipien wird unser Wünschen wirksamer machen. Zugleich aber wird das Wissen um die kosmischen Gesetze ein tiefes Gefühl des Vertrauens erzeugen – ein Vertrauen, dass wir eingebettet sind in einen wunderbar geordneten Zusammenhang. Das Buch soll die Freude beleben, die darin besteht, an dem großen kosmischen Spiel der Schöpfung teilzunehmen und es mitzugestalten.

Der Text hat die Form eines Gespräches einer Freundesgruppe mit einem weisen und erfahrenen Mann – den ich Michael nenne –, einem Kenner der westlichen und östlichen Weisheitslehren und deren Bewusstseinsmethoden.

Ich habe den ganzen Dialog in Kapitel gegliedert und außerdem noch innerhalb des Textes gewisse Hauptpunkte und Themenabschnitte durch Fettdruck kenntlich gemacht. Kursivdruck dagegen bezeichnet eine Hervorhebung durch den jeweiligen Sprecher.

Im Folgenden gebe ich Ihnen einen detaillierteren **Überblick** über die Themen, die im Laufe des Gespräches abgehandelt werden. Dabei sind die Überschriften fett gedruckt.

Der Beginn des Gespräches bewegt sich auf einer relativ abstrakt-philosophischen Ebene; danach wird es praktischer.

Überblick

1. Kapitel: Grundlagen der Wunscherfüllung

Die Welt ist Bewusstsein • Wie ist es überhaupt möglich, dass wir mit unserem Denken und Wünschen die äußere Welt beeinflussen? • Descartes und seine zwei „Substanzen“: Denken und Materie • Es gibt nur *eine* Substanz! • Materie ist die Außenansicht von Bewusstsein, Bewusstsein ist die Innenansicht der Materie • Die Quantenphysik zeigt: Wir können die Welt nicht erkennen, wie sie für sich selbst ist • Die Physik erkennt nur mathematische Beziehungen – letztlich beobachtet sie Bewusstsein • Wenn die Welt aus Bewusstsein besteht, sollte sie leicht formbar sein • Beim Wünschen „wirkt“ Bewusstsein auf Bewusstsein • Warum verwirklichen sich nicht alle unsere Wünsche? • Zwei Wege der Wunscherfüllung: Herrschen und Unterordnen

Die Welt ist eine Einheit • Vereinheitlichte Feldtheorien • Das Einstein-Podolsky-Rosen-Paradoxon • Alle Dinge der Welt sind miteinander verbunden • Was einmal eine Einheit war, bleibt eine Einheit • Eine Anwendung des Einstein-Podolsky-Rosen-Paradoxons bei Zahnschmerzen

Der „kosmische Computer“ • Das kosmische Internet • Alle unsere „Bewusstseine“ sind vernetzt • Der kosmische Computer reguliert die Welt über die quantenmechanische Ebene

Ebenen der Wirklichkeit • Alle Dinge sind beseelt • Um jeden Seelenkern herum liegen verschiedene Schichten oder Hüllen • Auf den feineren Ebenen herrscht mehr Einheit, alle Dinge sind verbunden • Was sind Engel? • Was sind Devas?

Die Hierarchie der Schöpfungsebenen • Die feineren Schwingungsebenen sind kraftvoller; sie beherrschen die gröberen Ebenen • Die gegenseitige Durchdringung der Ebenen

Bewusstseinserweiterung • Die feineren Ebenen der Schöpfung sind mehr vereinheitlicht als die groben • Wünsche auf der subtilen Ebene sind wirksamer • Wir müssen die subtilen Bereiche des Bewusstseins *erfahren*, um die feinen Ebenen der Schöpfung *beeinflussen* zu können • Meditation als Mittel der Bewusstseinserweiterung • Das Absolute als Bereich unendlicher Frequenz • Das Absolute ist der Sitz der Naturgesetze • Wer mit dem Absoluten vertraut ist, kann alles erreichen • Wünsche auf den subtilsten Ebenen sind im Einklang mit den Evolutionsgesetzen – sie sind immer „gut"

2. Kapitel: Techniken der Wunscherfüllung

Der „kosmische Computer" als eine „black box" – Was ist seine innere Struktur? Was sind seine Betriebsprogramme? • Der kosmische Computer arbeitet nicht digital

Visualisieren • Wünscht euch das Ziel und nicht die *Mittel* zum Ziel • Vertrauen • *Warum* arbeitet der kosmische Computer analog und nicht digital? • Die Wahrheit ist ganzheitlich und nicht logisch

Affirmationen • Jede gedachte oder gesprochene Aussage ist eine Affirmation • Das mit dem Wunsch verbundene *Gefühl* als zusätzliche Eingabe in den kosmischen Computer • Die schädliche Wirkung negativer Nachrichten • Der kosmische Computer kennt kein „nicht" • Der kosmische Computer arbeitet außerhalb der Zeit – ein Experiment • Ich bin das Ganze • Anstrengungslosigkeit • Gefühle sind ganzheitliche Eingaben • Aufschreiben

Beten • Engel sind wie die Chips im kosmischen Computer • Beten und Affirmation • Der persönliche und der unpersönliche Aspekt Gottes

Rituale • Das Symbol ist nicht getrennt von dem Symbolisierten • Wissenschaft als Magie • Die „Elemente“ als Grundkräfte der Schöpfung • Die Farben als Repräsentanten der göttlichen „Strahlen“ • Der Kosmos folgt einer geometrischen Ordnung • Handeln, als ob…

3. Kapitel: Allgemeine Prinzipien der Wunscherfüllung

Ordnung • Die Evolutionsgesetze haben die Form von Symmetrie und Ordnung. • Geordnetes Verhalten gewinnt die Unterstützung der Natur • Ordnung in der Umgebung ordnet mein Denken • Ordnung ist Energie

Bezahlung • „Man muss für alles bezahlen.“ • Aufmerksamkeit und Zeit als Zahlungsmittel • Bärbel Mohrs „Bestellungen beim Universum“ – ohne Bezahlung? • Kultivierung des Bewusstseins

Dankbarkeit • Das Wesen der Dankbarkeit • In Resonanz mit dem Positiven

Hingabe • Loslassen und entspannen • „Dein Wille geschehe!“ • Wenn ich mich dem Kosmos hingebe, unterstützt mich die Evolution • Das kosmische Internet • Die Beeinflussung der quantenmechanischen Ebene durch Bewusstsein • Die Natur gewinnt letztlich immer

Liebe • Liebe ist kein Gefühl, sondern die Erkenntnis der Einheit mit dem anderen • Egoismus und Altruismus • Besitz als Ausweitung der Person • Es gibt nur *ein* Selbst • Gut-Sein ist eine Frage des Wissens • Der kosmische Computer unterscheidet nicht zwischen „Ich“ und „Du“

4. Kapitel: Wahrheit

Warum erfüllen sich nicht *alle* Wünsche? • Entgegengesetzte Wünsche anderer Menschen? • Es gibt keinen Mangel • Das Gesetz der Freiheit • Behindernde Glaubenssätze • Zweifel • Schuldgefühle • Angst zieht das Gefürchtete an

Positives Denken als Lösung? • Positive Affirmationen setzen voraus, dass man sie nicht wirklich glaubt • Affirmationen als „Antibiotika" gegen die „Infektion" einer Fremdsuggestion • Können alte Glaubenssätze durch Affirmationen verändert werden?

Erkennen der Wahrheit • Psychoanalyse • Kinesiologie • Ehrlichkeit • Ehrlichkeit gegenüber anderen führt zu Ehrlichkeit mir selbst gegenüber

Weitere Methoden der Wahrheitsfindung • Affirmationen, an die man noch nicht wirklich glaubt • Spiegelung • Projektion • Resonanz • Omen • Zufälle • „Krankheit als Weg" • Der Körper spricht in Symbolen

Überwindung falscher Glaubenssätze • Körperfühlen • Heilung durch Aufmerksamkeit

Korrektur falscher Meinungen • Der Verstand folgt dem Gefühl. • Der Glaube an die moderne Wissenschaft • Die Schulmedizin • Der Glaube an den Zufall • Die Überwindung von Angst • Widerlegung durch Handeln • Allgemeine Moralvorstellungen • Entkräftung der falschen Glaubenssätze • Was ist Schuld? • Selbstsabotage bringt nichts • Sünde als Abtrennung von Gott • Wir können die Liebe Gottes nicht verlieren • Gott straft nicht

„Karmische" Hindernisse für die Wunscherfüllung • Die Seele plant ihr Leben vor der Geburt • Unsere individuellen Wünsche sind nicht so machtvoll wie die tiefen Wünsche der Seele • Die Seele hat andere Prioritäten als die individuelle Persönlichkeit • Kann man sich gegen den Lebensplan der Seele entscheiden? • Hat das Horoskop einen Nutzen? • Letztlich erfüllt sich immer, was wir denken und wollen

Die Lebensaufgabe • Die Grundentscheidung der Seele *vor* diesem Leben • Was ich in Übereinstimmung mit dem Lebensplan meiner Seele wünsche, wird unterstützt • Wie finde ich meine Lebensaufgabe? • Wie finde ich den Mut, meiner Sehnsucht zu folgen?

Verträge und Gelübde aus früheren Leben • Alte Verträge behindern uns beim Erreichen unserer Wünsche • Selbst uralte Verträge können annulliert werden • Wie macht man das? • Das Funktionieren des gesamten Kosmos beruht auf „Verträgen“ • Die lineare Zeit gilt nur auf unserer Existenzebene

5. Kapitel: Wunscherfüllung im Bereich Gesundheit

Krankheiten, die von der Seele gewollt sind • Die Seele will erfahren und lernen. Sie nimmt dafür auch Schmerzen in Kauf • Können wir „karmische“ Krankheiten überwinden?

Krankheiten, die nicht von der Seele gewollt sind • Krankheit durch Verfehlen der Lebensaufgabe • Krankheiten durch verdrängte Gefühle und verborgene Glaubenssätze • Krankheit als Lernaufgabe • Der Körper spricht in Symbolen • Symptomverschiebung: Der Körper bringt dieselbe Botschaft an einer anderen Stelle • Wann brauchen wir einen Arzt? • Krankheit durch falschen Umgang mit dem Körper • Ayurvedische Ernährungslehre • Organische Nahrungsmittel

Ein Heilansatz: Mit den Organen sprechen • Gesundheit bedeutet: Jedes Organ erfüllt seine Aufgabe im Sinne der Ganzheit • Die Hierarchien im Körper nutzen • Wie inspiriere ich alle Organe, ihre Aufgabe zu erfüllen? • Liebe und Glücksgefühle gibt es auf allen Ebenen des Körpers • Affirmationen als Inspirationsrede an die ganze Armee unserer Zellen • Hat ein Organ seine eigene Seele? • Die Seele der Erde • Gruppenseele der Tiere und der Elemente • Kommunikation mit den Elementen • Seelen und Unterseelen • Exkurs: Subjektive und objektive Bewusstseinseinheiten • Das Hervorgehen der Welt aus dem Einen Bewusstsein • Kräftefelder und Materiefelder • Das Wesen der Kommunikation

Vorbeugen ist besser als Heilen • Aufmerksamkeit auf Gesundheit statt auf Krankheit • Ayurveda • Die innere Intelligenz des Körpers • Pflanzliche Medikamente als Träger von Intelligenz • Behandlungsmethoden mit positiven Nebenwirkungen

Weitere mentale Heilmethoden • Affirmation als Symptomkurieren? • Gesundheit als Nebeneffekt der Wahrheit • Charakterisiertes Atmen • Heilkräfte der Erde • Visualisieren • „Körperfühlen" • Aufmerksamkeit ist Energie • „Körperfühlen der Gesundheit" • Licht, Farbe und Bewusstsein • Krankheit hinausbitten • Heilungen von Krebs • Lachen • Glückseligkeit als „Wirkstoff" • Befreiende Witze • Anstrengungslosigkeit als Kriterium der Übereinstimmung mit dem Kosmos • Meditation

6. Kapitel: Geld und Erfolg

Hindernisse für den Erfolg • „Gewollte" und ungewollte Armut

Was ist Reichtum, und wie bekommt man ihn? • Wünscht euch das Ziel und nicht die Mittel • Geld und Bewusstsein • Reich ist, wer hat, was er sich wünscht • Unser Wirtschaftssystem macht die Leute immer „ärmer" • Echte und unechte Wünsche • Wünsche als Mechanismus der Evolution • Warum ist Handeln notwendig?

Das Gesetz des Vakuums • Geld weggeben zieht neuen Reichtum an • Reichtum kommt dorthin, wo Reichtum ist. • Das Gesetz der Liebe • Das Gesetz der letzten Minute • Das Gesetz der Vergebung • Vergeben bedeutet Verschenken eines Guthabens

7. Kapitel: Beziehungen

8. Kapitel: Schlussbetrachtungen über das Wünschen

Wünschen für andere • Wir wünschen immer für uns selbst • Wie groß ist mein Selbst? • Wunsch setzt voraus, dass ein Mangel besteht • Das Gesetz des Karmas als spezielle Ausprägung des Gesetzes des Denkens und Wünschens • „Wünschen für andere" als „Technik"? • Echter und unechter Altruismus • Kann man sich wünschen, altruistisch zu sein? • Wir sind viele • Kein schlechtes Gewissen! • Das Herz öffnen • Das Herz als Erkenntnisorgan • Der Wunsch nach einer besseren Welt • Engagiere dich, wenn du den Wunsch verspürst! • Das Prinzip der unendlichen Korrelation • Die Welt als Fitness-Studio

Handeln ohne Wunsch? • Das Kriterium der Freude • Entsprechung von Innen und Außen • Meine wahren Wünsche dienen immer auch dem Ganzen • Opfer und Retter • Verantwortung für das eigene Leben übernehmen • Pflicht und Neigung • Pflicht beruht auf Verträgen • Ist Angst immer schlecht?

Der Wunsch als Motor der Evolution • Wie weit erschaffe ich meine Welt? • Die Schöpfung entsteht aus dem Wunsch Gottes • Wir sind Mitschöpfer Gottes • Der Wunsch nach Erkenntnis als Grundlage aller Wünsche • Der Wunsch der Seele nach Abenteuer • Unwissenheit macht das Spiel spannender • Die Mechanismen, welche die Rückkehr sichern • Das Streben nach absoluter Glückseligkeit liegt jedem Wunsch zugrunde • Die Relativität kann keine absolute Erfüllung bringen • Wunschlosigkeit? • Wünsche müssen erfüllt werden • Effektivität im Wünschen beschleunigt den Evolutionsprozess • Wunschlosigkeit kommt automatisch, wenn die Einheit erreicht ist • Muss man alle Wünsche auf der materiellen Ebene verwirklichen? • Wunscherfüllung auf subtilen Bewusstseinsebenen • Ein Wunsch ist erst dann „abgehakt", wenn ich seine Erfüllung voll genieße • Gegenwärtigkeit – Leben im Jetzt

1. Kapitel

Grundlagen der Wunscherfüllung

Kürzlich besuchte ich für einige Tage meinen Freund Werner, der mit seiner Frau Elke und dem gerade erwachsenen Sohn Peter ein schönes, großes Haus im Westerwald bewohnt. Zur gleichen Zeit hielt sich auch ein Mann bei ihm auf – ich nenne ihn hier einmal Michael –, der mich vom ersten Moment an faszinierte. Er hatte eine jugendliche Art, sich zu bewegen und zu sprechen, musste aber doch wohl schon an die sechzig Jahre alt sein, was man aus einigen Bemerkungen über sein Leben schließen konnte. Er war immer gut gekleidet, schien auch ein gewisses Vermögen zu haben; und auf eine ruhige und gelassene Art strahlte er eine tiefe Liebe aus, die sich auf alle Menschen und – ich hatte fast das Gefühl – auf überhaupt *alles* erstreckte – wenn so etwas überhaupt möglich ist.

Am ersten Abend saßen wir gemütlich zusammen, und das Gespräch kam auf das Thema Wunscherfüllung; insbesondere auf die Frage, ob und wieweit man seine Wünsche durch reines Denken oder durch mentale Methoden verwirklichen könne. Fast jeder konnte irgendwelche Geschichten beitragen, wie gewisse Wünsche auf fast wunderbare Weise in Erfüllung gegangen waren. Werner erzählte von einer spontanen Krebsheilung nach einem tiefen Gebet. Ich selbst war einen schweren Heuschnupfen losgeworden, indem ich mir ständig beim Einatmen vorgestellt hatte, wie heilende Kräfte einströmten und wie Schlacken den Körper beim Ausatmen verließen. Elke erzählte davon, wie sie ihr Haus erwerben konnten, nachdem sie ihren Wunsch gemeinsam präzisiert und aufgeschrieben hatten usw.

Es stellte sich bald heraus, dass Michael der absolute Fachmann auf diesem ganzen Gebiet war. Er hatte selbst jahrzehntelang eine

Meditation ausgeübt und dadurch sein Bewusstsein geschult. Zudem hatte er alle nur denkbare grenzwissenschaftliche und esoterische Literatur studiert. Ganz abgesehen davon, dass er ein zehn Jahre dauerndes Philosophiestudium absolviert hatte, was sich u.a. darin äußerte, dass er bei allen praktischen Methoden immer wieder nach den zugrunde liegenden Gesetzmäßigkeiten und Prinzipien fragte.

Irgendwann kamen wir überein, diesen ganzen Bereich der Wunscherfüllung einmal systematisch durchzusprechen – wobei wir insbesondere hofften, von Michaels Wissen profitieren zu können. Das Folgende ist die Aufzeichnung unserer Unterhaltungen, die sich schließlich über einige Tage erstreckten.

In dem Text kürze ich die Namen der jeweiligen Sprecher ab: „M" steht für Michael, „H" für Hans, „W" für Werner, „E" für Elke und „P" für Peter.

Nachdem wir also die Vorbereitungen abgeschlossen hatten – ich hatte noch schnell meinen Kassettenrecorder geholt – und quasi offiziell anfingen, machte Michael den Vorschlag, erst einmal einige philosophische Vorüberlegungen anzustellen.

Die Welt ist Bewusstsein

M: Ich würde gern erreichen, dass wir uns zunächst einmal **wundern, wieso wir überhaupt *irgendeinen* Wunsch erfüllen können.** Das ist nämlich eigentlich nicht möglich – zumindest nicht nach dem Weltbild, dem noch heute die meisten Menschen anhängen.

H: Wieso?

M: Ein Wunsch ist doch so etwas wie ein Gedanke – oder?

H: Vielleicht sollte man sagen: ein Gedanke, verbunden mit einer Art Gefühl, nämlich dass wir etwas haben wollen.

M: Gut. Auf jeden Fall ist er etwas Mentales, etwas Geistiges.

H: Richtig.

M: Das aber, was wir uns wünschen, ist im Allgemeinen doch in der *äußeren* Welt: Geld, ein neues Auto, eine Freundin, einen gesunden Körper usw. Es ist also etwas Materielles, Greifbares, Sichtbares…

Wenn wir uns etwas wünschen, so soll also offensichtlich der Wunsch-

gedanke sich in der materiellen Welt manifestieren. Muss man da nicht sagen, dass eine Art Wirkung – oder etwas Ähnliches – von der Welt des Denkens auf die Welt der Materie stattfinden soll?

H: So kann man es wohl sagen.

M: Aber wie kann Denken auf die Materie einwirken?

H: Eigentlich eine gute Frage.

M: Dieses Problem taucht schon bei Descartes auf. Der geht – wie viele Menschen noch heute – davon aus, dass die Wirklichkeit aus zwei „Dingen" besteht: der „res extensa" – die ausgedehnte Substanz – und der „res cogitans" – die denkende Substanz. Wenn man aber in dieser Weise zwei Grundsubstanzen ansetzt: Wie soll dann das Denken auf die vollkommen andersartige, nämlich räumlich ausgedehnte, Substanz Einfluss nehmen? So etwas geht eigentlich nicht. Das heißt: *Nach dieser Auffassung könnte man sich nicht den geringsten Wunsch erfüllen,* da Wünschen ja eine Einwirkung des Geistes auf die Materie voraussetzt. Ja, ich könnte noch nicht einmal meinen Arm heben, denn dazu müsste mein Gedanke – „Arm heben" – auf den ausgedehnten Körper Einfluss nehmen. Und andersherum könnte ich auch nicht einmal z. B. eine Blume sehen. Denn beim Sehen würde ja ein Stück Materie, die Blume, eine Wirkung auf mein Bewusstsein haben – um dort ein Abbild der Blume zu erzeugen.

Descartes erkannte natürlich dieses Problem und versuchte, es durch ziemlich wilde Konstruktionen aus der Welt zu schaffen. Ich will darauf nicht im Einzelnen eingehen. Seine Erklärungen sind wenig überzeugend. Daher hat dann auch schon bald danach Spinoza postuliert, dass es nur *eine* allumfassende Substanz gibt, die er Gott nennt. Diese Substanz wird im Innern als Denken etc. erfahren und außen als Materie.

Mit einem solchen Ansatz kann ich dann tatsächlich plausibel machen, wieso ich meinen Arm heben und eine Blume sehen kann.

Wir kommen in der Tat nicht darum herum, dass es nur *eine* Substanz gibt. Und die nennen wir am besten „Bewusstsein".

H: Könnten wir sie auch anders nennen? Wenn Materie und Bewusstsein dasselbe sind, könnten wir theoretisch diese eine „Substanz" auch „Materie" nennen – in dem Sinn, dass das Bewusstsein sozusagen die *Innenansicht* der Materie ist.

M: Das ist ein sehr intelligenter Gedanke. Im Grunde spielt es keine Rolle, wie wir diese eine Wirklichkeit nennen. Da fällt mir ein Ausspruch ein, den jemand geprägt hat. Er sagte: Der Unterschied zwischen Theismus, also Glaube an Gott, und Atheismus ist die Frage: Wollen wir Gott „Gott“ nennen oder ihm einen anderen Namen geben, z. B. die Bezeichnung „Materie“?

H: Sehr gut.

M: Auf unsere Frage angewandt: Letztlich ist es egal, wie wir diese eine Grundsubstanz nennen: Geist, Bewusstsein, Materie – oder auch Gott. Aber die Erfahrung von innen ist doch irgendwie direkter, eine unmittelbarere Wahrnehmung. Die Erfahrung der Materie dagegen geschieht durch die Sinnesorgane, also vermittelt, nicht direkt. Die Sinnesorgane sind ein Instrument. Sie können daher verfälschen. Sie vermitteln uns die Wahrheit nur gefiltert durch ihre eigene Struktur.

H: Das heißt also: Im Innern wird diese eine Grundsubstanz unmittelbarer erfahren – als Bewusstsein –, im Äußeren aber indirekter: durch die Sinne vermittelt, als Materie. Die Innenschau gibt uns also die „wahrere“ Sicht. Deswegen nennen wir das Ganze lieber „Bewusstsein“.

M: Sehr gut.

Wir sind also so weit gekommen, dass das Weltbild des Descartes nicht haltbar ist. Auf seiner Sicht der Dinge fußt jedoch die ganze Naturwissenschaft bis ins 19. Jahrhundert. Und in dieser Weltsicht leben viele Menschen immer noch.

Die moderne **Quantentheorie** dagegen und noch mehr die Quantenfeldtheorie sind längst über dieses Weltbild hinausgegangen. Die Quantenphysik hat uns gezeigt, dass wir die Welt nicht „objektiv“ erkennen können – so wie sie an *sich* ist. Das liegt daran, dass wir mit der Wirklichkeit nur durch eine Wechselwirkung in Beziehung treten können. Und jede Wechselwirkung *beeinflusst* das Objekt, *schafft* es in gewisser Weise sogar. Wie die Welt für sich selbst ist – ohne Beeinflussung –, können wir niemals erfahren.

Im Grunde wissen wir überhaupt nicht, was die Materie ist. Die Physik ist völlig abgekommen von einer Sicht, wonach die Welt aus einer Art von „Wirklichkeitsklötzchen“ besteht, die vom Beobachter unabhängig sind. Das Beobachtete ist vom Beobachter abhängig und wird vom Vorgang des Beobachtens mitbestimmt. Die atomaren Teilchen sind keine festen kleinen Klumpen, sondern sie sind Ausdrucksformen,

Konkretionen, Manifestationen von Feldern. Und was sind diese Felder, diese Kräftefelder und Materiefelder? Wir wissen es nicht eigentlich. Schon das Wort „Feld“ weist darauf hin, dass wir nur eine bildhafte Sprache verwenden können, die durch Analogie mit dem „Feld“ des Bauern ein gewisses Gefühl für die Sache vermittelt.

H: Was wissen wir dann überhaupt noch?

M: Was wir wissen, sind mathematische Beziehungen zwischen Beobachtungsdaten. Eigentlich bleibt nur Mathematik. Die Wirklichkeit wird zu mathematischen Beziehungen. Mathematik ist aber eigentlich eine Disziplin, die sich mit Bewusstseinsobjekten befasst, z. B. Zahlen.

W: Schon von daher scheint der Unterschied zwischen Materie und Bewusstsein nicht mehr groß.

M: Ganz richtig, darauf wollte ich hinaus. Wir können sagen: Wir beobachten letztlich auch außen *Bewusstsein*. Die Teilchen der Physik sind nicht wie kleine Klötzchen, sondern sie wandeln sich ineinander um. Sie sind keine Individuen, sondern vorübergehende Manifestationen der entsprechenden Felder, die wiederum Ausdrucksformen des einen Feldes sind,… das wiederum letztlich wohl mit Bewusstsein gleichzusetzen ist – zumindest mit seinem gröbsten Aspekt. Die ganze Welt besteht also aus Impulsen von Bewusstsein; sie bleibt ein zusammenhängendes Bewusstseinskontinuum….

Wenn wir auf diese Weise also begründet haben, das die Welt letztlich aus Bewusstsein besteht, also aus demselben Stoff, aus dem auch unsere Gedanken geformt sind, dann haben wir damit eine solide *Basis für unsere Wunscherfüllung* gelegt: **Es gibt nur eine Substanz. Es gibt nur Bewusstsein.** Wenn das so ist, kann das Denken auf die Materie einwirken. Es handelt sich dabei um ein Wirken von Bewusstsein auf Bewusstsein – und warum sollte das nicht möglich sein?

H: Kann man hierbei überhaupt von „Wirken“ sprechen?

M: Das ist eine gute Frage. „Wirken“ ist ja nur eine bildhafte Ausdrucksweise. Eine andere Sprechweise wäre, dass sich Schwingungen oder Impulse von dem inneren Feld der Gedanken in einen anderen, äußeren, Bereich – z. B. den Arm –, „fortsetzen“. Da geht sozusagen eine Welle von einem Teil des Bewusstseins zu einem anderen, also ein *Willens*-Impuls zu dem Bereich, der uns von außen als Körper erscheint. – Auch dies ist wiederum nur ein Bild. Es bleibt uns nichts anderes übrig, als in Bildern zu sprechen. Denn all unsere Worte waren ursprünglich Benennungen von äußeren Dingen. Alle abstrakten Begriffe sind von dinglichen Worten abgeleitet. Und da wir uns hier in dem abstrakten Bereich des Bewusstseins bewegen, können wir uns nur in Bildern bewegen.

Wir werden überhaupt Schwierigkeiten haben, zu definieren oder zu beschreiben, was Bewusstsein ist. Denn wenn alles Bewusstsein ist, wovon sollten wir es abgrenzen? – „Definieren" heißt ja „abgrenzen".

W: Vielleicht könnten wir zumindest sagen: Bewusstsein ist der *Stoff*, aus dem die Gedanken geformt sind.

M: Das ist nicht schlecht. Das Bewusstsein mag in sich formlos, eigenschaftslos und daher unbeschreibbar sein. Aber es kann sozusagen Formen annehmen, nämlich z. B. unsere Gedanken. Diese Gedanken sind in gewisser Weise Modifikationen des Bewusstseins. Umgekehrt: Bewusstsein ist das „Material", aus dem die Gedanken geformt sind.

Und damit sind wir schon mitten in der Frage der Wunscherfüllung. **Bewusstsein kann alle möglichen Formen annehmen.** Nicht nur Gedanken, sondern auch Stimmungen, Gefühle, innere Bilder usw. Insofern ist das Bewusstsein extrem flexibel. Wir können es willentlich sehr leicht verändern: Wenn wir an ein bestimmtes Wort oder eine spezielle Situation denken, können wir dadurch sofort eine andere Stimmung hervorbringen oder bestimmte innere Bilder erschaffen. Wenn ich z. B. denke: „Landschaft mit Baum" – sofort ist ein entsprechendes Bild vor meinem inneren Auge. Das heißt: Im Bewusstsein haben wir offensichtlich kein großes Problem, das zu erschaffen, was wir uns wünschen – eben weil das Bewusstsein so flexibel und formbar ist und sich unserem Willen leicht unterwirft.

H: Darum entsteht fast die Frage: Warum können wir nicht die äußere Wirklichkeit genauso leicht nach unseren Wünschen formen? Wo sie doch letztlich auch Bewusstsein ist, wie wir festgestellt haben.

M: Das ist genau die Kernfrage! So sind wir also schon wieder dabei, uns zu wundern. Wir müssen uns diesmal nämlich **wundern, warum nicht *alle* unsere Wünsche in Erfüllung gehen!**

W: Diese Überlegung scheint mir doch reichlich naiv und rein theoretisch zu sein. Ganz offensichtlich sind wir doch weit, weit davon entfernt, die Wirklichkeit einfach mit unseren Gedanken formen zu können.

M: So scheint es. Aber woran liegt das? Ist die Materie – die ja auch eine Bewusstseinsschwingung ist – einfach zu grob, als dass sie durch unsere zarten Gedankenimpulse bewegt werden könnte? Sind zu viele Teilchen, Strukturen und Wesen involviert, die alle ihre eigenen Tendenzen haben und sich uns nicht so leicht fügen wollen? Oder aber packen wir die Sache grundsätzlich falsch an? Das alles müssen wir untersuchen.

Wir werden noch sehen, dass es zwei grundverschiedene Prinzipien der Wunscherfüllung gibt, nämlich **Wunscherfüllung durch Herrschen und Wunscherfüllung durch Unterordnen**. Eben haben wir die Möglichkeit erwogen, die Wirklichkeit einfach durch unser Denken zu formen. Das würde ich Beherrschen nennen – sozusagen Ausübung geistiger Macht über die Welt. Und da hast du wohl Recht, dass unsere Möglichkeiten in dieser Hinsicht sehr begrenzt erscheinen. Dennoch glaube ich, dass wir uns auch in diesem Punkt nicht zu sehr bescheiden sollten. Mit der richtigen Strategie und Technologie, und indem wir die üblichen Fehler vermeiden, können wir definitiv einen wirksameren Einfluss auf die äußeren Gegebenheiten ausüben, als wir im Allgemeinen glauben.

Das andere Prinzip der Wunscherfüllung ist jedoch das Unterordnen – Unterordnen unter die kosmischen Gesetze und Kräfte, unter Ordnungsstrukturen usw. Man könnte es auch das Prinzip der Hingabe nennen. Durch Ausnützung dieses Prinzips können wir unsere Wunschkraft noch einmal um ein Vielfaches vergrößern.

Die Welt ist eine Einheit

Bevor ich aber dazu komme, möchte ich zunächst noch einen weiteren Punkt erwähnen: Nicht nur besteht – wie wir gesagt haben – die ganze Schöpfung nur aus *einer* Substanz, nämlich Bewusstsein, sondern es ist wichtig zu verstehen, dass alles in dieser Welt engstens mit allem anderen verbunden ist. Das ist nicht selbstverständlich. Zum Beispiel in der klassischen Physik, die sich ja nur mit *einer* Substanz befasst, nämlich der ausgedehnten, also mit der Materie, gab es durchaus keine enge Verbindung der Dinge miteinander. Nach der klassischen Vorstellung bestand die Welt aus lauter kleinen oder auch größeren Teilen, die sich unabhängig voneinander bewegten, außer wenn sie ausnahmsweise in Wechselwirkung traten, nämlich hauptsächlich durch Druck und Stoß. Was also in *einer* Ecke der Welt passierte, berührte die Teilchen in anderen Gegenden überhaupt nicht. Das heißt: Selbst innerhalb der einen ausgedehnten Substanz bestand eigentlich keine Einheit.

In der modernen Physik hat jedoch inzwischen eine immer größere Vereinheitlichung stattgefunden. Es fing an mit der Einführung der „Felder", dem Gravitationsfeld, dem elektromagnetischen Feld etc. Durch diese werden Wirkungen auch über größere Entfernungen übertragen. Die Dinge kommen auf diese Weise mehr zusammen; sie sind durch die Kraftfelder miteinander verbunden.

Die Verknüpfung von allem mit allem ist aber noch viel enger. Kennt ihr das **Einstein-Podolsky-Rosen-Paradoxon**?

W: Nein.

M: Das geht ungefähr so: Einstein hielt nicht viel von der Quantentheorie. Um zu zeigen, dass sie unvollkommen und unvollständig sei, leiteten er und seine Mitarbeiter aus ihr folgende Schlussfolgerung ab, die seiner Meinung nach offensichtlich absurd ist: Angenommen, ein bestimmtes Teilchen zerfällt in zwei Teilchen, die in verschiedene Richtungen auseinanderfliegen; wenn man jetzt ein bestimmtes Experiment mit einem dieser beiden Teilchen macht, müsste das – da die beiden Teilchen Ausprägungen ein und derselben Wellenfunktion bleiben – unmittelbar, im selben Moment, das andere der beiden Teilchen „beeinflussen" – selbst wenn die beiden inzwischen in verschiedenen Ecken des Universums sind. Das bedeutet offensichtlich eine Art „Wirkung" zwischen den beiden, die schneller sein kann als die Lichtgeschwindigkeit – und das geht nach Einstein nicht. Interessanterweise haben inzwischen Experimentalphysiker tatsächlich nachgewiesen, dass eine solche *augenblickliche* „Wirkung" zwischen Zwillingsteilchen stattfindet, auch wenn diese weit voneinander entfernt sind – so weit, dass ein Lichtsignal lange Zeit brauchen würde, um von einem zum anderen zu gelangen.

H: Also hatte Einstein Recht mit seiner Schlussfolgerung aus der Quantenmechanik; aber er hatte Unrecht, wenn er meinte, so etwas sei nicht möglich.

M: Ganz richtig. Es gibt tatsächlich Wechselbeziehungen, die Raum und Zeit übergreifend sind. Die beiden Teilchen bleiben miteinander in Verbindung. Offensichtlich **bleibt, was einmal eine Einheit war, auch weiterhin eine Einheit**. Und da es unendlich viele von solchen Zerfallsprozessen gibt und da das ganze Universum beim Urknall ja einmal aus einer Art Superpartikel entstanden ist, ist letztlich die ganze Welt immer noch eine Einheit, ein eng verbundenes Ganzes.

Jetzt will ich euch ein ganz verrücktes Beispiel für dieses Prinzip erzählen. Ihr wisst: Wenn man sich einen Zahn hat ziehen lassen, dann hat man, wenn die Wirkung der örtlichen Betäubung nachlässt, tagelang noch ziemliche Zahnschmerzen – je nach Größe des Zahns.

W: In der Tat.

M: Wenn man jetzt aber den *herausgezogenen(!)* Zahn – am besten noch blutig – sofort in eine gesättigte Lösung von Kupfersulfat – muss man vorher in der Apotheke kaufen – tut, bekommt man in den Tagen danach keine Zahnschmerzen. Man merkt zwar, dass da was arbeitet und heilt, aber es schmerzt praktisch nicht. Ich habe es selbst mehrmals ausprobiert. Es funktioniert. Jemand hat das angeblich im Dreißigjährigen Krieg zufällig entdeckt, als er blutdurchtränkten Verbandsstoff von der Wunde eines Soldaten zum Desinfizieren in so eine Lösung von Kupfersulfat getan hat. Die Wunde heilte viel schneller, und der Soldat spürte auch kaum Schmerzen.

P: Echt irre, wenn das stimmt.

M: Mit dem Zahn funktioniert es auf jeden Fall. Ich habe auch von Leuten gehört, denen eine solche Maßnahme nach einigen Tagen zu blöd vorkam.

Sie kippten die Lösung, mit ihrem Zahn darin, einfach weg. Und prompt bekamen sie sogleich die üblichen furchtbaren Schmerzen, obwohl sie vorher kaum Schmerzen gehabt hatten.

Als ich einmal Kupfersulfat kaufte und die Apothekerin mich fragte, wozu ich das brauchte, und ich ihr das erklärte, hat sie einfach überhaupt nicht verstanden, was ich meinte. Das ging einfach an ihr vorbei. Was nicht in das Weltbild der Leute passt, das nehmen sie überhaupt nicht auf.

P: Du siehst dieses Experiment anscheinend als eine praktische Anwendung deines Einstein-Dingsbums-Paradoxons: Was einmal eine Einheit war, bleibt auch eine.

M: Genau. Die Welt ist eine Einheit.

Und diese **Einheit** existiert nicht nur auf der Ebene der Materie, sondern erst recht **im Bereich des Bewusstseins**. Die ganze Welt ist Bewusstsein. Sie ist aus *einer* Substanz „gemacht". Der Kern jedes einzelnen Wesens ist identisch mit dem Kern jedes anderen Wesens. Wir sind alle verbunden. Mein Bewusstsein ist engstens verknüpft mit deinem und mit dem jedes anderen Wesens. Wenn z. B. meine Freundin eine Reise durch die USA macht und ich habe den Wunsch, mit ihr zu telefonieren, kommt es doch wohl vor, dass gerade, wo ich an sie denke, das Telefon klingelt, und sie ist am Apparat – so etwas passiert doch, oder?

P: Häufig sogar.

M: Bitte. So etwas wäre extrem unwahrscheinlich, wenn da nicht eine unmittelbare Verbindung auch über große Entfernungen wäre. Raum scheint bei solchen Phänomenen keine Rolle zu spielen. Die ganze Welt ist offensichtlich auf der Ebene des Bewusstseins unmittelbar verbunden und eine Einheit.

Und so kann auch ein gedanklicher Impuls von meiner Seite im Geist des anderen Menschen eine entsprechende Reaktion auslösen. Die ganze Welt ist vernetzt. Mein Wunsch wird in das gemeinsame Bewusstsein aller Wesen eingegeben wie in einen großen Computer.

Der kosmische Computer

P: Dieser Gedanke gefällt mir. Mir kommt die Idee, man könnte die Welt wie einen großen Computer ansehen, in den wir – durch unsere Gedanken und Wünsche – gewisse Eingaben machen. Der Computer prozessiert sie dann und gibt den Output heraus: die Erfüllung unserer Wünsche.

M: Das ist ein tolles Model! Du meinst: Jeder von uns ist quasi Teil eines riesigen kosmischen Computers, der all die verschiedenen Wünsche und Impulse aufnimmt, speichert, prozessiert und miteinander kombiniert.

P: Ja.

M: Wenn ich also eine Eingabe in Form eines Wunsches mache, durchsucht der Computer die ganze Welt nach Strukturen, die beitragen könnten, diesen Wunsch zu erfüllen. Er ermittelt die beste Lösung und formt dann die Wirklichkeit entsprechend. Genau so ist es. Da alle Wesen, insbesondere auch alle Menschen, Teil des Gesamtbewusstseins, also des kosmischen Computers sind, kann es sein, dass dieser meine Wunschimpulse in die „Bewusstseine" anderer Menschen eingibt, die dann meine Wünsche aufgreifen und erfüllen.

Als Beispiel dazu fällt mir ein kleines Erlebnis ein: Vor nicht langer Zeit, als meine Mutter ins Altersheim zog, suchte ich eine Unterkunftsmöglichkeit in der Nähe ihres Heims, damit ich sie regelmäßig besuchen konnte. Ich erzählte das einem Freund, bei dem ich gerade zu Besuch war. Er sagte, er habe gute Freunde in jener Gegend, ein Ehepaar ohne Kinder; die könne er mal anrufen.... Und tatsächlich hat mich dieses Ehepaar dann eingeladen, dort zu wohnen. Ich kann jetzt immer dort unterkommen, nur wenige Kilometer von meiner Mutter entfernt – und das ist eine ziemlich abgelegene Gegend! Und außerdem sind es so nette Leute. Wir sind richtig Freunde geworden, sodass ich mich jedes Mal freue, dorthin zu kommen. Also noch zusätzliche positive Nebeneffekte, mit denen ich gar nicht gerechnet hatte und die ich auch gar nicht anvisiert hatte.

So hat der „kosmische Computer" meine Wünsche besser erfüllt, als ich selbst erwartet hatte. Er hat die notwendigen Impulse in das Bewusstsein der verschiedenen Beteiligten eingegeben – in diesem Falle zunächst in *mein eigenes*: meinen Freund zu besuchen und ihm von meiner Situation zu erzählen; in *sein* Bewusstsein – sodass er an dieses Ehepaar dachte – und in das Bewusstsein des Paares, sodass es gerne diese Gastfreundschaft erwies.

H: Du meinst also, wenn ich z. B. eine Wohnung suche – das ist ein Thema, das mich gerade beschäftigt –, erscheint vielleicht im Bewusstsein eines Hausbesitzers ein Impuls, seine Wohnung zu vermieten und in einer bestimmten Zeitung zu annoncieren…

M: …und in deinem Bewusstsein erscheint die Idee, gerade in diese bestimmte Zeitung zu schauen…

W: …wodurch *er* sich seinen Wunsch erfüllen kann und Hans den seinen.

M: Und alles läuft in vollkommener Freiheit ab! Der kosmische Computer bringt nur die verschiedenen Bedürfnisse zusammen. Wir geben unseren Wunsch als Gedankenimpuls in ihn ein, und er vergleicht ihn mit den verschiedenen Tendenzen, Wünschen und Gedanken aller bewussten Wesen, sodass möglichst die Ziele aller erfüllt werden. Er gibt dann vielleicht Gedankenimpulse in die einzelnen „Bewusstseine" hinein, die meinem Wunsch entsprechen. Und er gibt *mir selbst* auch die richtigen Ideen, die zur Verwirklichung meines Wunsches beitragen.

Man muss dabei verstehen, dass unser Individualbewusstsein integrierter *Teil* des großen kosmischen Computers ist. Dieser verschiebt praktisch Impulse nur von einer Außenstelle zur anderen, von einer „Workstation" zur anderen. Ich bin ja nicht getrennt von allem anderen. Und was ich für meine *eigenen* Gedanken halte, sind häufig Impulse aus der umfassenden Ganzheit aller „Bewusstseine" um mich herum, einschließlich *der* Bewusstseinsstrukturen, deren Nervensysteme wir nicht wahrnehmen können. Ich meine z. B. der Engel usw. In diesem Sinne könnten wir auch von einem **„kosmischen Internet"** sprechen, allerdings einem durch Standleitungen *dauernd* vernetzten.

H: Mit unserer individuellen Freiheit ist es also nicht so weit her. Das ist schon etwas beunruhigend.

E: Ja, ich muss auch sagen, dass mir bei dieser Idee etwas mulmig wird. Man ist dann nur wie so ein Rädchen in einem riesigen Räderwerk. Man arbeitet nicht nur für seine eigenen Ziele, sondern, ohne es zu wissen, erfüllt man gleichzeitig die Wünsche anderer, agiert also fremde Impulse aus.

M: Ich verstehe. Diese Vorstellung kann etwas erschreckend sein. Erschreckend ist sie aber nur für das Ego, das sich abgrenzen und einen vermeintlichen eigenen Willen durchsetzen will. Wir müssen aber sehen, dass dieses *abgegrenzte* Ego letztlich eine Illusion ist. Wir *sind* Teil eines unendlichen, vernetzten Bewusstseins. Unsere vermeintlich eigenen Gedanken unterliegen *immer* unzähligen Einflüssen von allen Seiten aus dem kollektiven Bewusstsein, dessen integrierter Teil wir sind.

Wir sind nicht isoliert. Wir sind zumindest mit allem verbunden. Das ist letztlich eine viel schönere Vorstellung, als wenn wir uns als einsame Individuen in einer getrennten, feindlichen Welt durchsetzen müssten. Wir können uns entspannen und darauf verlassen, dass die Ideen zur rechten Zeit zu uns kommen – Ideen, die uns selbst und zugleich der Umgebung nützlich sind.

Der andere Punkt ist aber: Wir haben immer die *Freiheit, wie* wir – in unserer „Workstation" – die Inputs prozessieren. Und außerdem haben wir unsere eigene „Harddisk" und damit unsere eigenen Tendenzen, Aufgaben, Zielsetzungen, Erfahrungen usw., die wiederum unsere eigenen Gedanken und Wünsche determinieren. Auch aus unserem eigenen *Körper* kommen viele Impulse.

Hinsichtlich des kosmischen Computers wollte ich noch erwähnen, dass dieser nicht nur Impulse in das Bewusstsein der beteiligten *Menschen* gibt, sondern auch gewisse **materielle Prozesse** unmittelbar **beeinflusst**. Das sind am ehesten solche Vorgänge, in denen *quantenmechanische* Prozesse eine Rolle spielen. Ich habe einmal eine Videoabteilung geleitet. Da kam es immer wieder vor, dass die eine oder andere Maschine streikte, einfach weil der daran Arbeitende irgendwie verstresst war. Nun gab es in unserer Abteilung einen Mann, der ein unglaubliches Talent hatte, mit einer solchen Situation umzugehen. Er kam, schaltete die Maschine aus, dann wieder an, streichelte sie etwas – und dann ging sie meist wieder. Das ist nicht nur einmal vorgekommen, sondern immer wieder. Dieser Mann hatte einfach so einen ruhigen, gelassenen und liebevollen Charakter – und die Maschinen reagierten positiv darauf. Die Maschinen reagierten auf sein Bewusstsein und auf das der Benutzer.

Wir haben ja gesagt, dass *alles Bewusstsein* ist, also auch die Maschinen. Diese Bewusstseinsnatur kommt aber nicht so leicht zum Ausdruck, wenn große Anzahlen von Teilchen involviert sind. Die große Menge erzeugt die Illusion des „Klassischen", also der toten Materie. Jedoch überall, wo subtile elektronische Steuerungsmechanismen involviert sind, wo wir also in die Nähe des Quantenmechanischen kommen, kann der Bewusstseinsaspekt leichter an die Oberfläche treten. Im Quantenmechanischen gibt es ja die „Unbestimmtheitsrelation", die damit zusammenhängt, dass der Beobachter durch das Experiment das Beobachtete beeinflusst. In diesem Bereich haben Bewusstseinsimpulse eine Wirkung auf die Materie. So können häufig sogar Maschinen unseren Wünschen gehorchen und unsere Bedürfnisse erfüllen.

W: Stimmt. Ich hatte mal ein altes Auto, mit dem ich mich gut angefreundet hatte. Und eine ganze Reihe von Malen passierte es, dass es genau dort kaputtging oder stehen blieb, wo direkt eine Werkstatt war. Und da waren noch nicht einmal quantenmechanische Prozesse involviert.

M: Letztlich ist ja alles quantenmechanisch. Nur durch die großen Zahlen tritt das in den Hintergrund. Im Falle des Autos müssen halt die kosmischen Kräfte viele Quantenprozesse gleichzeitig manipulieren – aber warum nicht, wenn es sein muss? Es gibt aber immer einige zentrale Punkte, wo eine ganz kleine Wirkung schon einen großen Effekt hat – z. B. in der Autoelektronik…

Ebenen der Wirklichkeit

Dazu möchte ich noch einen weiteren Punkt anbringen, der wichtig ist für die Fähigkeit, unsere Wünsche wirksam zu erfüllen. Wir müssen die Struktur der Welt noch etwas genauer unter die Lupe nehmen: Nach den Aussagen der Weisen und Seher aller Zeiten weiß man, dass die Wirklichkeit aus verschiedenen Ebenen oder Schichten besteht – sowohl die äußere Welt als auch die innere. In den Veden – den uralten Weisheitslehren, die in Indien überliefert worden sind – spricht man z. B. von „Hüllen": Jeder Mensch, jedes Lebewesen und jedes Ding hat einen zentralen Bewusstseinskern, sein „Selbst", wie man sagt; und dieser Kern ist von verschiedenen Schichten umgeben – zunächst sehr feinen und dann immer gröberen Hüllen, bis hin zur äußersten Hülle, die wir als Materie kennen. All diese Schichten sind aber natürlich auch wieder Bewusstsein, wie wir begründet haben, nur halt Bewusstsein in gröberen und immer gröberen Schwingungsformen.

Die äußerste Hülle ist, wie gesagt, die Materie. Die nächstfeinere Hülle ist die Prana-Ebene. Prana ist der Atem oder auch die Lebensenergie. Im Westen spricht man von der ätherischen Ebene oder dem Äther-Körper. Man unterscheidet dann noch die Astralebene bzw. den Astralkörper, der beim Tod aus dem physischen Körper herausgeht und auf einer feineren, der Astralebene, weiterlebt.

Die nächstfeinere Ebene ist die Ebene des „Manas", des denkenden und fühlenden Geistes – im Westen „Mentalebene" genannt. Dann kommt die „Buddhi"-Ebene, die Ebene des feineren Intellekts, und zuletzt die Ebene der reinen Glückseligkeit. Das ist die innerste Schicht um das reine Selbst, das Absolute, herum.

All diese Ebenen sind *Erfahrungen* der Heiligen und Seher, also keine Spekulationen. Ich kenne persönlich Leute, die, zumindest zeitweise, nach längeren Meditationen, diese Schichten ganz präzise unterscheiden konnten. Und vielleicht kennt ihr selbst sogar Menschen, die z. B. die Astralebene wahrgenommen haben, indem sie nachts mit dem Astralkörper den groben Körper verlassen haben.

P: Ja, ich.

M: Diese Schichten, die man im eigenen Körper erfahren kann, existieren auch in allen anderen Körpern. Damit meine ich: in allen, auch den so genannten unbelebten. Jeder Körper ist ein belebtes Wesen. Es gibt keine tote Materie. Jeder Stein, jedes Sandkorn ist belebt. – Natürlich sind sie nicht so wach wie wir – aber im Vergleich mit höheren Wesen oder Erleuchteten sind wir wahrscheinlich auch ganz gut am Schlafen.

P: Kann man also sagen, dass auch die – scheinbar unbelebten – Dinge eine Seele haben?

M: Ja, in der Tat. Das hört man von den Erleuchteten und Weisen aller Zeiten und Kulturen. Lies nur z. B. mal Bücher von indianischen Schamanen. Da steht genau dasselbe – wenn auch vielleicht nicht genau dieselbe Aufteilung der Ebenen. Alle Dinge sind belebt, sind Lebewesen.

Und jetzt kommt ein ganz wichtiger Punkt: Zu je **höheren oder feineren Ebenen** wir gehen, umso **mehr Einheit** oder Zusammenhang ist da. Auf der Ebene der groben Materie ist alles diskret, wohl unterschieden in Raum und Zeit – alles deutlich voneinander getrennt. Daher konnte sich auch die klassische Physik entwickeln.

Aber wie wir sogar schon innerhalb der Physik, also der Ebene der Materie, gesehen haben: Je mehr wir unsere Wahrnehmung verfeinern, in je subtilere Bereiche wir eindringen, umso mehr Einheit und Zusammenhang ist da, bis hin zu den Quantenfeldern und dem Einheitlichen Feld. Auf der feinen Ebene hängt alles zusammen.

Und so ist es auch, wenn wir sozusagen vertikal von der Materie aus in subtilere und grundlegendere Ebenen gehen: Dort ist mehr Einheit, mehr Verbundenheit. Und auf der allerhöchsten – der Ebene des Absoluten, wie man sagt – ist eine vollkommene Einheit. Man spricht da auch von dem höchsten Selbst. Dieses höchste Selbst ist *eines*, es ist dasselbe in allen Wesen. Und *wenn* man dieses höchste Selbst als die „Seele" bezeichnen würde, dann hätte alles *eine* Seele. Ich und du und du, die Tiere, der Tisch hier, alles um uns herum, das ganze Universum.

E: Das ist schwer zu verdauen.

M: Auch auf der nächstgröberen Ebene – der *feinsten relativen* – ist noch mehr Einheit als auf der materiellen. Auf der Ebene direkt „unterhalb" des Absoluten hat jeder zwar ein individuelles Ich, aber die Verbindung zwischen uns ist noch außerordentlich eng – quasi wie der Zusammenhalt der Tropfen im Ozean.

P: In diesem Zusammenhang: Wie passen **Engel** in dieses System? Du hast sie vorhin mal kurz erwähnt.

M: Nicht alle Wesen in diesem Kosmos haben grobe Körper so wie wir. Engel sind Wesen, die nur feinstoffliche Körper haben. Sicher haben auch sie die ganze Abfolge feinerer und feinerer „Hüllen", bis hin zum Absoluten. Aber der grobe, physisch wahrnehmbare Körper fehlt ihnen halt. Gleichwohl gibt es Menschen mit einer sehr verfeinerten Wahrnehmung, die sie sehen können – zumindest manchmal. Das sind dann die Engelerscheinungen, von denen man liest.

Im Übrigen sind die Engel nicht so Individualisten wie wir; sie haben kein Ego wie wir, jedenfalls kein so dickes ☺. Dadurch haben sie aber auch weniger Willensfreiheit. Sie handeln von vornherein völlig im Auftrag des Absoluten – als direkte Ausläufer und reine Werkzeuge Gottes. So bleiben sie in gewisser Weise in der Einheit.

P: Und was sind **Devas**?

M: Das ist ein Wort aus einer anderen Kultur, in diesem Fall wieder aus der vedischen Weisheitslehre, die in Indien überliefert worden ist. Ich kenne keine Informationen, welche unsere Engel und die Devas der östlichen Lehren miteinander in Beziehung setzen. Aber ich glaube, man muss die Devas auf einer etwas höheren Existenzebene ansiedeln als die Engel; oder vielleicht entsprechen sie auch den höchsten Hierarchieebenen der Engel. Die Devas sind praktisch auf der Ebene des Absoluten selbst angesiedelt. Sie sind die grundlegenden **Naturgesetze** und Naturkräfte – jenseits von Raum und Zeit, daher ewig und allgegenwärtig. Sie kontrollieren die ganze Schöpfung und sind kaum noch Individuen zu nennen, sondern sind eher als *Impulse* des *Einen* zu verstehen, nämlich der zugrunde liegenden Intelligenz, die den Kosmos geschaffen hat und immer schafft. Gesehen durch die Brille der modernen Wissenschaft, könnte man sie als die ewigen und überall gültigen Naturgesetze bezeichnen.

In anderen Traditionen hat das Wort „Deva" allerdings eine andere Bedeutung. Da nennt man die Naturgeister „Devas", also z. B. die Geister der Bäume und Pflanzen.

Die Hierarchie der Schöpfungsebenen

Es ging uns darum, wie wir mit unserem Bewusstsein am besten und wirksamsten die Wirklichkeit beeinflussen können. Dafür sollten wir uns jetzt noch ein weiteres Prinzip klarmachen; nämlich, dass die höheren Existenz- und Schwingungsebenen, von denen wir sprachen, die niedrigeren, gröberen und langsameren kontrollieren und beherrschen.

W: Kannst du das etwas erklären?

M: Fangen wir bei uns selbst an: Unser Denken beherrscht unser Handeln. Wir denken zunächst etwas, dann bewegen wir uns danach. Z. B. denken wir, wir wollen einkaufen gehen; dann und aufgrund dieses Gedankens fangen wir an, unsere Beine zu bewegen.

Vor dem eigentlichen Gedanken wiederum ist da vielleicht ein ganz feines Gefühl, ein noch unartikulierter *Wunsch* – z. B. dass man etwas zu essen braucht. Der ist noch subtiler als der Gedanke. Dieser Wunsch, dieses Gefühl, setzt den Denkapparat in Bewegung, der dann den deutlichen Gedanken ausformuliert, zum Einkaufen zu gehen.

Wir haben hier also eine Abfolge von feineren zu gröberen Aktivitäten. Die feineren motivieren und bestimmen die gröberen.

W: So kann man es wohl sagen.

M: Wenn aber die feineren die gröberen Ebenen bestimmen, dann haben sie offensichtlich das Sagen – oder?

W: Du meinst: Sie sind die Beherrschenden.

M: Ja, **die feineren Ebenen haben die Macht**. Die groben folgen ihnen. Das heißt: Je feiner und grundlegender die Ebene, umso mehr Macht liegt bei ihr.

Das hat übrigens eine deutliche Parallele in der Natur, wie sie z. B. von der Physik beschrieben wird: Die Ebene der Moleküle hat mehr Energie als die grob-mechanische Ebene. Mit der groben Materie kann ich z. B. eine Waffe herstellen, sagen wir mal: ein Schwert. Wenn ich aber bestimmte chemische Elemente zusammenmische, sodass Nitroglycerin entsteht, kann ich daraus eine Bombe machen, die viel mehr vernichten kann als ein Schwert. Wenn ich dann auf die atomare Ebene gehe, steht darin noch viel mehr Energie zur Verfügung. Wenn ich also auf der atomaren Ebene etwas manipuliere, kann ich damit sehr wirkungsvoll die molekulare und schon gar die mechanische beeinflussen.

H: Jetzt bewegen wir uns aber ganz und gar im Bereich der Materie…

M: Ja, und diese ist insgesamt nur der gröbste Bereich der Schöpfung. Ich habe die Atomphysik mehr oder weniger nur als *Veranschaulichung* herangezogen, um ein ganz allgemeines Prinzip zu demonstrieren: Die Bereiche mit der höheren oder feineren Schwingung haben mehr Energie in sich, und sie beherrschen die Bereiche mit der niedrigeren Energie. Das gilt innerhalb der Materie, aber genauso hinsichtlich des ganzen Aufbaus der Schöpfung mit seinen Ebenen, angefangen von der Materie, über die Lebensenergie, die Astralebene, die Ebenen des Denkens, Fühlens, Entscheidens – bis hin zu den feinsten Ebenen der alldurchdringenden Glückseligkeit und so weiter, falls es da noch weiter geht.

Dabei muss man verstehen: Die feinen Schichten, d. h. die höheren Schwingungen, sind nicht woanders als die groben. Die feinen durchdringen die gröberen, so wie auf den großen Wogen des Ozeans noch viele kleinere Wellen, Wellchen und Rippeln sind.

H: Aber die kleinen Wellen kontrollieren ja nicht die großen…

M: Nein. Insofern ist dieses Bild nicht ganz passend. Aber Tatsache ist, dass die Atome und Felder, also die subtilen Strukturen, auch überall in den sichtbaren Körpern sind, ja, dass die Körper aus ihnen *bestehen*. Die feineren Schwingungen sind überall in den groben gegenwärtig.

Da die groben Schwingungen aus den feinen zusammengesetzt sind, würde eine andere Kombination von feinen Schwingungen sofort ein ganz anderes Resultat ergeben. Nehmen wir noch einmal das Bild von der Woge auf dem Meer: Wenn sich alle kleinen Wellen, die sich auf einer großen befinden, zusammentäten, sodass z.B. alle Wellentäler aufeinanderfielen, könnte die Summe all der Wellentäler vielleicht tatsächlich den großen Wellenberg aufheben oder sogar ein großes Wellen*tal* schaffen. Dieses Bild kann anschaulich machen, wie die intelligente und gezielte Kombination von feinen Schwingungen die grobe Wirklichkeit verändert und gestaltet – und damit in gewissem Sinne „beherrscht“.

Bewusstseinserweiterung

Jetzt zurück zu unserem Thema, nämlich: Wie können wir mit unserem Bewusstsein die äußere Wirklichkeit beeinflussen oder gar kontrollieren? Wir haben festgestellt, dass die Welt eine Einheit ist: Es gibt nur *eine* Substanz, die wir Bewusstsein genannt haben; und innerhalb dieser einen Substanz hängt alles mit allem zusammen, sodass es durchaus möglich sein sollte, vom Denken her die Materie zu manipulieren. Zuletzt haben wir dann davon gesprochen, dass die Wirklichkeit aus gröberen und feineren Schwingungsebenen besteht und dass die feineren grundlegender und machtvoller sind und über die gröberen herrschen.

Hinsichtlich unserer Wünsche scheint nun zu folgen: Wenn wir mit unserem Denken auf die Welt einwirken wollen, sollten wir doch – soweit irgend möglich – zunächst die subtilen Ebenen angehen und nicht so sehr die groben, nicht wahr?

H: Das leuchtet ein. Zumal ja wir ja auf den feinen Ebenen enger mit allem verbunden sind als auf den oberflächlichen.

M: Ganz genau. Mit unseren *groben* Gedanken sind wir längst nicht so verknüpft mit aller Welt wie mit unseren *subtilen* Gedanken. Mit „groben Gedanken" meine ich die normalen, quasi sprachlich formulierten Alltagsgedanken. Neben diesen groben Gedanken aber kennen wir alle auch subtilere Impulse: zarte Ideen, feine Gefühle usw. Sie sind häufig sehr tief im Unterbewussten verborgen, und wir können sie erst erspüren, wenn wir ganz tief in uns hineinhorchen.

Diese feinen und zartesten Bewusstseinsimpulse sind auf einer Ebene angesiedelt, die viel mehr mit der Umgebung und der ganzen Welt verbunden ist als die oberflächlichen Gedanken. Sie sind sozusagen näher an dem einheitlichen Feld des Bewusstseins, und sie sind auch kraftvoller. Das heißt, sie wirken weiter und stärker auf die Umgebung. Wenn wir einen Wunschgedanken auf dieser feinen Ebene haben, können wir diesen Impuls viel effektiver in das kollektive Bewusstseinsfeld eingeben und dadurch eine Wirkung in unserem Sinne hervorrufen.

W: Nach dem Gesagten scheint es sinnvoll zu sein, das Bewusstsein so zu trainieren, dass es fähig ist, auf den feinsten, kraftvollsten Ebenen aktiv zu werden.

H: Dazu möchte ich bemerken: Die subtilen Bewusstseinsschichten müssen uns überhaupt erst einmal *zugänglich* werden. Denn ich denke, sie sind uns meist gar nicht bewusst. Man sagt ja, dass wir höchstens zehn Prozent unseres Bewusstseins zur Verfügung haben. Die anderen 90 Prozent liegen im Unterbewusstsein und stehen uns nicht zu Verfügung.

M: Ja, sehr richtig. Unsere Wahrnehmung ist auf der groben Ebene; die subtileren Ebenen kennen wir gar nicht. Das heißt mit anderen Worten: Wir müssen, wie man so sagt, offensichtlich **das Bewusstsein „erweitern"**. Das bedeutet, dass wir unser Bewusstsein so klären und verfeinern, dass wir auch die subtileren, sonst unbewussten Bereiche des Geistes erfahren und beeinflussen können.

Meditation

H: Wenn man von „Bewusstseinserweiterung" spricht, denkt man ja i. Allg. – außer an Drogen, die wir ja wohl nicht empfehlen wollen – an Meditation.

M: Richtig. Meditation scheint mir *das* Mittel zu sein, unser Bewusstsein zu erweitern.

P: Es wird so viel von Meditation geredet: Was macht man da eigentlich?

M: In der Meditation, wie ich sie kenne und verstehe, erlaubt man dem Geist, immer feinere und ruhigere Ebenen des Bewusstseins zu erfahren, bis man zu einem Zustand absoluter Stille kommt, zu einem Bereich ruhevoller Wachheit. Diesen Bereich nennt man das Absolute oder auch die Transzendenz. Transzendenz, weil hier alle Aktivitäten des Bewusstseins überschritten, „transzendiert" sind.

P: Und wie kommt man dahin?

M: Dafür gibt es verschiedenste Methoden. Viele kommen aus der vedischen Tradition Indiens, andere aus dem Buddhismus, wieder andere aus dem Christentum – dort nennt man sie meist „Kontemplation". Man sollte das Meditieren von einem guten Lehrer lernen.

Man muss aufpassen, dass man Meditation nicht mit einem Nachdenken *über* etwas verwechselt. Denn wenn wir denken, bleiben wir auf der oberflächlichen Ebene der Gedanken, also auf der Ebene des Relativen. Das Denken nützt uns nichts. Es bleibt immer im Rahmen des Bekannten. Um aber die feinsten Ebenen des Bewusstseins zu erreichen und dann den Bereich absoluter Stille, muss man gerade das Denken überschreiten, also „transzendieren". Meditation ist ein Weg, systematisch vollkommene Stille des Geistes zu erfahren.

Diese Stille des Geistes, die wir in der Meditation erreichen, ist im Übrigen nicht tot, sie ist nicht leer, sondern voll. Sie ist voll von unendlicher Dynamik, sozusagen voll von Schwingungen, die aber so unendlich schnell sind, dass sie identisch sind mit Stille. In der Welt ist nichts ohne Schwingung, selbst die Stille des Geistes nicht. Wenn ich von Stille rede oder Stille erfahre, so ist dies ein Bereich *unendlicher Schwingung.* Diese Ebene ist jenseits von Raum und Zeit. Es ist die Ebene der Transzendenz, die Ebene des „Absoluten", das allem Relativen zugrunde liegt und auf dem das Relative aufbaut – im Subjektiven wie im Objektiven. Meditation ist die Methode, die uns diesen Bereich erfahren lässt.

P: Und wieso *erweitert* Meditation das Bewusstsein?

M: Einmal, weil man auf dem Weg zum Absoluten, zur Transzendenz, zunächst einmal die feineren, ruhigeren Bereiche des Geist durchschreiten muss. Man kommt also immer auch in die subtileren *relativen* Schichten, bevor man die totale Stille erreicht. Dadurch wird man mit diesen Ebenen vertraut. Und wenn man mit ihnen vertraut ist, kann man sich auch darin bewegen. Man kann sie beeinflussen.

P: *In* der Meditation…

M: Nein, nicht nur. Denn wenn ich durch wiederholtes Meditieren diese Bereiche gut kennen gelernt habe, dann stehen sie mir auch außerhalb der Meditation, im täglichen Leben, zur Verfügung. Dann ist mein Bewusstsein „erweitert".

P: Das heißt, ich kann feinere Impulse in das Bewusstsein setzen…

M: …die dann kraftvoller sind, wie wir vorhin sagten.

Ein anderer Aspekt dieser Bewusstseinserweiterung ist, dass wir nicht nur mit den feineren relativen Schichten unseres Geistes vertraut werden, sondern allmählich mehr und mehr auch das Absolute, die Grundlage aller Existenz, kennen lernen. Wir erfahren das Absolute zunächst in uns selbst, als Stille. Aber es ist auch die Basis der *objektiven* Welt. Es ist die allerfeinste, die unendliche Schwingung, von der alles abhängt, was im Rahmen von Raum und Zeit schwingt. Es selbst ist jenseits von Raum und Zeit. Es beherrscht alles Relative. In ihm sind daher auch die allumfassenden, allgegenwärtigen und überzeitlichen Gesetze der Natur angesiedelt, welche die Welt der Formen und Gedanken lenken und regeln.

Wenn wir mit diesem Bereich vertraut werden und wenn es uns gelingt, unsere Wünsche dieser allbeherrschenden Ebene einzuprägen, dann werden sich die Devas, die Gesetze der Natur, unserer Anliegen annehmen. Und wenn sie das tun, kann nichts die Erfüllung unserer Wünsche aufhalten.

Aber dazu müssen wir zunächst einmal unser Bewusstsein schulen und erweitern, damit wir überhaupt auf diese Ebene kommen. Wenn wir diese Stille, das Absolute, wirklich voll in unser Bewusstsein *integriert* haben, also dauernd voll bewusst zur Verfügung haben, dann sind wir „erleuchtet", wie man so sagt.

H: Das heißt doch praktisch: Erst im Zustand der „Erleuchtung" kann es uns gelingen, alle Wünsche vollständig und ungehindert zu erfüllen.

M: Das ist wohl richtig. Aber ich werde euch einige Hinweise geben und Tricks vermitteln, wie wir auch schon vorher an den absoluten Bereich herankommen und unsere Wunschimpulse in ihn eingeben können.

H: Noch mal zu dem kosmischen Computer: Man könnte es wohl so ausdrücken, dass die „Eingaben" wirksamer sind, wenn wir sie auf einer *feineren* Bewusstseinsebene machen…

M: Ja; ich stelle mit das so vor: Wenn mir – z. B. durch regelmäßiges Meditieren, also Eintauchen in tiefere Bewusstseinsschichten – immer feinere Ebenen meines Geistes vertraut werden, denke ich allmählich gewohnheitsgemäß auf einer subtileren Ebene. Dann sind auch meine Wünsche auf diesem Level angesiedelt. Und das heißt, ich mache meine Eingabe in den kosmischen Computer auf einer grundlegenderen Ebene, ich nutze grundlegendere Programme. Das heißt, ich aktiviere grundlegendere, kraftvollere kosmische Gesetze.

Hinzu kommt, dass ich mir vielleicht auch von vornherein das Richtigere *wünsche*, nämlich dasjenige, was in Übereinstimmung ist mit den komischen Gesetzen, die ja die Evolution des ganzen Kosmos vorantreiben. Wenn ich von vornherein in Übereinstimmung mit diesen evolutionären Naturgesetzen denke und entscheide, werde ich natürlich auch von diesen Gesetzen unterstützt. Denn die Naturgesetze sind allmächtig und werden nur das zulassen und unterstützen, was der Evolution dient.

H: Im Klartext heißt das: Durch eine Erweiterung des Bewusstseins gewinnst du also nur eine Unterstützung für *diejenigen* Wünsche, die evolutionär sind, d. h. in Übereinstimmung mit den evolutionären Naturgesetzen.

M: Ja, so muss man es sehen.

W: Also, wenn jemand **schlechte Wünsche** hat, die jemandem schaden wollen, können wir ihm auf *diese* Weise jedenfalls nicht helfen.

M: Richtig.

W: Gibt es denn überhaupt mentale Methoden, negative Wünsche zu fördern?

M: Ja, die gibt es. Das geht dann in die Richtung von schwarzer Magie. Davon sollte man sich aber möglichst fernhalten, denn das trägt letztlich nicht zum eigenen Glück bei.

W: Und wir wollen ja glücklich sein.

M: Das setze ich mal voraus.

W: Darf ich den Vorschlag machen, dass wir für heute erst einmal Schluss machen? Es ist schon spät.

M: Das ist wohl eine gute Idee.

2. Kapitel

Techniken der Wunscherfüllung

In der Nacht ging mir unsere Diskussion noch lange im Kopf herum. Eigentlich hatte ich gehofft, dass wir sehr viel schneller zu praktischen Ratschlägen und Tricks kommen würden. Aber andererseits bemerkte ich, wie das, was wir besprochen hatten, mein Lebensgefühl zu verändern begann. Es war, als ob ich mich etwas mehr in der Welt zu Hause fühlte. Die Welt war lebendiger geworden, weniger kalt und fremd. Ich fühlte mich mehr „verbunden". Ich spürte: Die Schöpfung ist ja in gewisser Weise eins mit mir. Sie ist genauso lebendig wie mein innerstes Ich. Und die Erfüllung meiner Wünsche – das sollte doch eigentlich eine Leichtigkeit sein! Wenn ich nur die richtigen Impulse auf die richtige Weise in dieses kosmische Netzwerk von Bewusstsein hineinsetzte, sollte doch das herauskommen, was ich mir erhoffte und erträumte!

Am Morgen setzte ich mich wieder zu der Gruppe, wo das Gespräch gerade wieder aufgenommen worden war.

P: Ich habe mir heute Nacht einige Gedanken gemacht: Wenn man die Welt als einen riesigen, **kosmischen Computer** ansieht, wie wir gestern sagten, dann wäre es doch gut, die **innere Struktur und die Programme** etwas genauer zu kennen, um dadurch die Eingaben zu optimieren – sodass unsere Wünsche möglichst effektiv bearbeitet werden.

M: Das ist eine gute Idee. Aber leider haben wir keine Dokumentation – es sei denn in den Veden, die aber auch sehr verschlüsselt sind.

P: Muss man dann den kosmischen Computer fast wie eine „black box" betrachten – man gibt etwas ein, und auf der anderen Seite kommt etwas heraus, aber man weiß nicht, was im Innern passiert?

M: Ein gutes Bild.

P: Aber vielleicht gibt es doch einige allgemeine Regeln, wie man seine Wünsche effektiver bzw. weniger effektiv eingibt?

M: Ja, die gibt es. Durch jahrtausendelange Erfahrung hat sich da einiges herauskristallisiert. Das können wir gerne mal zusammenstellen.

Da ist ein erster wichtiger Punkt: Ein normaler Computer arbeitet digital, d. h. alle Prozesse basieren auf einfachen Ja-Nein-Entscheidungen – der Strom ist entweder angeschaltet oder aus. Die Computer arbeiten also nach der klassischen Logik – etwas ist entweder wahr oder falsch. Die Begriffe müssen genau definiert und eindeutig sein. Da ist so etwas Lineares drin.

P: Richtig.

M: Der *kosmische* Computer dagegen scheint anders zu funktionieren. Er arbeitet mehr **ganzheitlich**. Es scheint, dass *bildhafte* und *plastische* Eingaben besser verarbeitet werden.

P: Aha, ich verstehe. Du willst darauf hinaus, dass es besser ist, sich die Ziele, die man anstrebt, bildhaft vorzustellen.

Die Gesetze des Visualisierens

M: Ja. Dieses Prinzip wird bei der Technik des Visualisierens eingesetzt. Man stellt sich den Endzustand, den man anstrebt, möglichst plastisch und anschaulich vor, möglichst unter Einbeziehung aller Sinne – Geruch, Geschmack, Hören, Tasten… und Sehen natürlich sowieso. Man vergegenwärtigt sich auch die eigenen Gefühle, die mit dem Erreichen des Zieles verbunden sind. Also die ganze Situation…

P: Wenn man sich z. B. eine Million wünscht, wie macht man das am besten?

M: Ganz einfach: Man sieht die konkrete Situation vor sich: wie man z. B. seinen Kontoauszug in der Hand hält und dort die Zahl 1000000,– Euro auf der Plusseite vorfindet; wie sich das Papier anfühlt; wie man sich selbst freut; wie man jemandem anders davon erzählt; wie man stolz ist; wie man beim Autohändler vor einem schicken Auto steht und das Scheckheft zückt, um das Auto zu bezahlen o. Ä. Das sind Methoden, die sich bewährt haben.

Dabei möchte ich gleich etwas einfügen: Es ist besser, sich nicht *Geld* zu wünschen, sondern gleich den Gegenstand, den man eigentlich haben möchte, den man sich mit dem Geld kaufen möchte, also das Auto, eine Reise oder das Gefühl der Gesundheit etc. Denn warum sollen wir uns etwas wünschen, was – wie das Geld – nur ***Mittel*** zum Zweck ist? Wenn wir Geld bekommen, kann es wieder verloren gehen. Und wir könnten es unvernünftig einsetzen, einen Fehlkauf tätigen, etwas erwerben, was uns danach gar keine Freude bringt. Kurz: Es können sich Fehler einschleichen, sodass ich schließlich gar nicht das Ziel erreiche, welches ich im Hinterkopf hatte. Ich sollte immer gleich zum letztendlichen ***Ziel*** gehen, das ich erreichen möchte. Das ist insofern viel effektiver, weil ich es auf diese Weise der Natur, dem kosmischen Computer, überlasse, den besten Weg zu finden.

H: Das würde das Vertrauen in die Natur beweisen.

M: Ganz richtig. **Vertrauen** ist ganz grundlegend. Wenn ich vertraue, entspanne ich mich. Wenn ich mich entspanne, habe ich leichter Zugang zu den tieferen Schichten des eigenen Fühlens und Denkens. Und das ist ja der Ort, wo ich die wirksamsten „Eingaben" mache.

Es ist also wichtig, sich das vorzustellen und zu wünschen, was man sich wirklich wünscht. **Nicht die Mittel** dazu, **sondern das Ziel**.

In dem Zusammenhang fällt mir ein Erfahrungsbericht von Bärbel Mohr ein, den ich, glaube ich, in ihrem Buch „Bestellungen beim Universum" gelesen habe: Sie hatte sich einen Mann mit ganz bestimmten Eigenschaften gewünscht. Die „Spezifikationen" hatte sie genau aufgeschrieben. Und tatsächlich lernte sie bald danach exakt so einen Mann kennen. Nach einiger Zeit des Zusammenlebens merkte sie aber, dass sie mit ihm nicht gut auskam. Sie hatte offensichtlich einige wichtige Eigenschaften vergessen. Sie machte eine neue Wunschliste, noch detaillierter – und wieder lernte sie einen entsprechen Mann kennen. Aber auch mit dem kam sie nach einiger Zeit nicht zurecht. Dadurch lernte sie; und sie wünschte sich daraufhin nur noch einen Mann, mit dem sie *glücklich* sein könnte. Und den traf sie schließlich auch, und soweit ich weiß, ist sie jetzt tatsächlich glücklich mit ihm zusammen.

H: Die Lehre daraus ist also: Visualisiere die Zielsituation, die du wirklich erreichen willst, und nicht die Mittel zum Zweck, denn du kannst nicht sicher wissen, ob diese Mittel tatsächlich zu deinem Ziel führen.

M: Du kannst Denkfehler machen oder aufgrund deiner ganz persönlichen Erfahrungen die Mechanismen falsch einschätzen, die zum Erreichen deiner Wünsche führen sollten. Und du kommst auch gar nicht auf so ausgefallene Ideen wie die Natur: Oftmals kommt nämlich die Erfüllung deiner Wünsche auf einem ganz ungewöhnlichem Wege, an den du nie gedacht hattest.

P: Können wir vielleicht noch etwas genauer analysieren, warum der **kosmische Computer** so anders arbeitet als der menschengemachte, nämlich **analog und nicht digital**?

M: Ich denke, es liegt letztlich daran, dass überhaupt das menschliche – nämlich das sprachgebundene – Denken ein sehr unvollkommenes Instrument zum Erfassen der Wirklichkeit ist. Insbesondere die Sprachlogik ist begrenzt und begrenzend – mit ihrer Digitalisierung in Ja und Nein, Richtig und Falsch usw. **Die Wahrheit ist ganzheitlich.** Wenn wir die Wirklichkeit, die ganzheitlich ist, mit der digitalen Logik zu erfassen versuchen, stoßen wir immer wieder auf Widersprüche und Paradoxien. Mir fällt dazu die Doppelnatur des Lichts als Welle und als Teilchen ein. Die Logik liefert einen eingrenzenden Blickwinkel, der die Wirklichkeit in einen linearen Rahmen presst. Das tut besonders die Mathematik, die alles zählbar und messbar macht. Zahlen und Maße laufen ja immer in *einer* Dimension, sozusagen entlang einer Linie. Man legt überall Lineale an, bekommt dann gewisse Zahlen und muss hinterher die Wirklichkeit wieder zusammensetzen; z. B. den Raum aus drei Dimensionen konstruieren. In Wahrheit ist aber die Welt eine Ganzheit, und das bildhafte Vorstellen kommt der Wirklichkeit viel näher.

P: Interessant ist, dass unsere Computer, die ja digital arbeiten, auf der Benutzeroberfläche wieder eine Art Ganzheit zu erzeugen versuchen – durch Fenster, Bilder, „Objekte", die wir „verschieben" können, usw.

M: Ja, das scheint eine Konzession an die menschliche Natur zu sein, die überall das Ganzheitliche sucht.

Im Übrigen sehe ich da eine gewisse Ähnlichkeit zu unserer menschlichen Existenz. Die Wahrheit in der Tiefe unserer Computer ist: irrsinnig schneller Wechsel von Stromimpulsen in den verschiedenen Leitungen der Chips etc. Auf der *Oberfläche* aber sehen wir Bilder, Fenster,

Objekte usw. Mit unserer Welt ist es in gewisser Weise entsprechend: Wir sehen mehr oder weniger feste Gegenstände. Die Wahrheit in der Tiefe aber ist: Schwingungen, Bewusstseinsfelder etc. So ist unsere Alltagswirklichkeit quasi die „Benutzeroberfläche" des kosmischen Computers – wobei allerdings dessen tiefere Wirklichkeit in sich schon ganzheitlich strukturiert ist.

Affirmationen

W: Jetzt einmal zurück zu den Techniken der Wunscherfüllung. Wir haben gesagt, dass das Visualisieren besonders effektiv ist, also das bildliche Vorstellen des Ziels. Gibt es aber nicht auch die Methoden der *Affirmation*, die mit Sprache arbeiten?

M: Ja, klar. Und die sind auch sehr wirksam. Warum? Die Worte sind zwar Teile der Sprache mit ihrer digitalisierenden Logik, aber jedes Wort in sich ist ja mit einer Vorstellung verbunden. Und diese Vorstellung ist meist bildlich oder zumindest ganzheitlich. Wir haben schon darüber gesprochen, dass auch die abstrakten Begriffe aus konkreten, anschaulichen Vorstellungen abgeleitet sind. Ihr erinnert euch…

H: Ja.

M: Wenn man jetzt Sätze ausspricht wie „Ich bin gesund", dann wird durch das Wort „gesund" auch eine ganzheitliche Vorstellung erzeugt. Es ist damit vielleicht ein Bild des eigenen Körpers verbunden, wie er kraftvoll durch die Gegend läuft. Es wird das innere gesunde Körpergefühl erweckt, und wenn dann noch der Wunsch nach Gesundheit damit verknüpft ist, so ist das eine sehr wirksame Eingabe in den kosmischen Computer. Und dann fangen die kosmischen Kräfte und Naturgesetze an, dementsprechend zu arbeiten.

H: Der **Wunsch** – zusätzlich zu der bildhaften Vorstellung – ist also auch notwendig? Warum geht es nicht mit der Vorstellung allein?

M: Auch mit der Vorstellung allein geschieht schon sehr viel. Ich habe einmal gelesen: **Jede Aussage**, ob gedanklich oder laut gesprochen, **ist eine Affirmation**. Das heißt auch: Jeder Glaubenssatz hat die Tendenz, wahr zu werden. Daher auch die so genannten „self-fulfilling prophecies" – die sich selbst erfüllenden Prophezeiungen. Man muss also in jedem Fall aufpassen, was man denkt. Wenn man denkt – wenn auch nur unterschwellig –: „Ich bin krank“, dann hat man dadurch eine zusätzliche Ursache für Krankheit gesetzt, selbst wenn man oberflächlich denkt: „Ich will gesund werden“ oder gar affirmiert (um gesund zu werden): „Ich bin gesund“.

E: Wenn man also etwas Schlechtes über einen anderen denkt oder sogar ausspricht, schafft man dadurch genau dieses Schlechte…

M: …in *ihm*, in sich selbst und überhaupt in der Welt.

W: Das ist schon ein sehr wichtiger Gedanke. Also, **negative Nachrichten** zu hören oder zu sehen und dann noch gar darüber zu reden verstärkt das Negative in der Welt.

M: Absolut. Ich sehe mir deshalb auch nie die Nachrichten im Fernsehen an.

P: Donnerwetter. Dann weißt du ja gar nicht darüber Bescheid, was in der Welt so läuft.

M: Leider erfahre ich doch vieles durch die Reden der Leute. Ich würde aber behaupten: Wenn ab heute niemand mehr die Nachrichten hören oder die Zeitungen lesen würde, hätten wir schon morgen den Weltfrieden. Denn man muss ja auch sehen, dass die Nachrichten keineswegs objektive Wahrheiten darstellen. Sie sind manipuliert. Erstens durch die – meist negative – *Auswahl*, und zweitens überhaupt – weit mehr als man denkt. Vieles ist bewusst verfälscht, z. B. um Angst oder Aggressionen zu erzeugen, sodass dann die verantwortlichen Instanzen mehr Gelder für Waffen genehmigen oder dass der Befehl zum Einmarschieren oder militärischen Eingreifen plausibel gemacht werden kann. Dahinter steht z. B. die Waffenindustrie – und dahinter stehen vielleicht noch andere Kräfte, die nicht unbedingt das Wohl der Menschheit im Auge haben. All diese Kräfte sind daran interessiert, dass Angst und Aggressionen in der Bevölkerung erzeugt werden, und die Medien werden von diesen Kräften manipuliert oder sogar direkt unter Druck gesetzt. Es ist besser, sich nicht durch Anhören der Nachrichten manipulieren zu lassen… Aber wir sind etwas vom Thema abgekommen. Wie kamen wir darauf?

H: Ich fragte, ob ein bewusster Wunsch notwendig ist, wenn man eine Affirmation denkt oder ausspricht.

M: Der Wunsch ist in dem Moment ja sowieso da. Aber es stimmt:

Durch den Wunsch kommt definitiv eine zusätzliche Kraft in die Computereingabe. Es ist gut, dem Kosmos die Intention mitzuteilen. Es ist wie das „Enter" auf dem normalen Computer. Ohne das Drücken von „Enter" bleibt die Information nur in einem Vorspeicher, nur auf dem Bildschirm, und geht nicht in den Hauptarbeitsspeicher rein, um dort prozessiert zu werden.

P: Das Beispiel hinkt aber wohl doch etwas, denn du sagtest, dass *jeder* Gedanke und *jeder* Glaubenssatz schon in den kosmischen Computer einsickert und dort verarbeitet wird – sogar die Gedanken, die wir am liebsten gar nicht verwirklicht sehen wollen.

M: Du hast Recht. Aber ich denke doch, dass die bewusste Intention, der Wunsch und das damit verbundene Gefühl dem Kosmos einen *klareren* Auftrag geben, als es ein neutraler Gedanke täte. Der Wunsch ist eine zusätzliche Information. Gefühle sind insgesamt ein wichtiger Faktor in den ganzheitlichen inneren Transaktionen des kosmischen Computers. Die Gefühle sind ja auch Bewusstseinsinhalte, und zwar *subtilere* als die Gedanken, denn die Gedanken werden i. Allg. von Gefühlen angeregt. Sie sind die *Herrscher* der Gedanken.

W: Gibt es irgendwelche Regeln, die man beim Affirmieren beachten muss?

M: Erstens: Man sollte **keine Negationen** verwenden, also keine Sätze mit „nicht". Man sollte die Sache immer positiv ausdrücken. Also nicht: „Ich bin nicht krank", sondern: „Ich bin gesund."

W: Warum ist das so?

M: Es folgt aus demselben Prinzip, das wir gerade besprochen haben: Der kosmische Computer arbeitet nicht mit der linearen Logik, mit der Aufteilung in Ja und Nein, Richtig und Falsch etc. Er arbeitet mit Bildern, mit Ganzheiten. Das Wort „nicht" nimmt er nicht auf… Denn was ist der Gehalt des Wortes „nicht"?

W: Nichts.

M: Genau! Das Wort hat keinen positiven Inhalt. Es hat nur eine logisch unterscheidende Funktion. Und nach dieser Logik arbeitet der kosmische Computer nicht. Wenn ich also denken würde: „Ich bin nicht krank", dann nimmt er nur den „positiven" Inhalt „krank" auf. Diesen Gedanken- und Gefühlsinhalt versucht er zu verwirklichen. Und was kommt dabei heraus?

W: Krankheit.

M: Ja, leider.

H: Das ist offensichtlich wichtig zu wissen.

M: Ein weiteres wichtiges Prinzip ist: Formuliere die Affirmationen in der **Gegenwartsform** – *obwohl* du ja im allgemeinen Fall etwas erreichen willst, was du noch nicht hast. Du bist vielleicht krank, willst aber gesund werden. Trotzdem sage nicht: „Ich *werde* gesund sein", sondern: „Ich *bin* gesund".

Dazu kann man ein sehr interessantes Experiment machen, das ich einmal gelesen habe. Es ist verblüffend. Nimm mal einen Kugelschreiber zwischen die Finger, setz dich an den Tisch, den Ellenbogen des entsprechenden Armes aufgestützt, und sage: „Ich *werde* den Stift fallen lassen… ich *werde* den Stift fallen lassen…" usw. Du wirst feststellen, dass du den Stift *nicht* fallen lässt. Warum: Die Zukunft kommt nie. Sie ist immer in der Zukunft. Was aber wirklich ist, ist *nur* die Gegenwart. Die Zukunft – als Zukunft – ist niemals wirklich, sondern immer nur eine Vorstellung.

Und dann sage: „Ich lasse den Stift fallen", oder sogar: „Ich lasse *jetzt* den Stift fallen." – Augenblicklich wirst du den Kugelschreiber fallen lassen. Lass uns das mal ausprobieren…

P: Ja, das ist ja wirklich irre. Genau so ist es. Es ist, als ob die Finger sich um den Stift zusammenkrampfen, wenn man sagt: „Ich *werde* den Stift fallen lassen." Und wenn man dann die Gegenwartsform nimmt, lässt man ihn sofort los.

M: Ein nettes Experiment, nicht? – Ein weiterer Grund für die Regel, dass man in der Gegenwartsform affirmieren sollte, besteht darin, dass auf den grundlegenderen Ebenen des kosmischen Computers die lineare Zeit nicht gilt. Die Zeit erscheint erst auf einer groben Manifestationsebene. Wenn man die übergeordneten, machtvolleren kosmischen Gesetze ansprechen will – in deren Bereichen gibt es keine Zeit, sondern nur die ewige Gegenwart. Warum sollten wir diese allgegenwärtigen Gesetze mit unserer begrenzten Vorstellung von Zeit belästigen? Für diese Kräfte ist alles schon *jetzt*. Das heißt: Unser Wunsch ist schon verwirklicht, sobald wir ihn aussprechen oder denken – sofern er überhaupt zu verwirklichen ist.

H: Warum sollte er nicht?

M: Ja, das ist die richtige Art zu denken! Es ist gut, in dem Moment der Affirmation überzeugt zu sein, dass der Wunsch damit bereits erfüllt ist.

H: Ja, aber manche Wünsche erfüllen sich doch auch *nicht.*

M: Das soll vorkommen. Und auch das hat seine Gründe. Es gibt eben noch mehr Dinge, die man falsch oder richtig machen kann, bzw. Möglichkeiten, sich selbst Hindernisse in den Weg zu legen.

P: Das sollten wir wissen.

M: Zunächst einmal: Etwas, was die Wirkung der Affirmation *verstärken* kann, ist, dass man z. B. nicht sagt: „Ich bin gesund", sondern: „Ich bin Gesundheit."

E: Wieso das denn? Das ist doch nicht logisch.

M: Was ist der Unterschied zwischen den beiden Sätzen?

E:?

M: Wenn ich sage: „Ich bin gesund", dann rede ich von meinem kleinen Ich, mit dem ich mich mit meinem Körper identifiziere. „Ich bin gesund" heißt: Ich als kleines, begrenztes Ich nehme Teil an der umfassenden Qualität „Gesundheit".

E: Ja.

M: Wenn ich aber sage: „Ich bin Gesundheit" – dieser Ausdruck wäre dann unlogisch, wenn ich mich mit meinem kleinen Ich identifizierte. Dieser Satz kann nur sinnvoll sein, wenn ich mich als etwas Großes, Allumfassendes verstehe. Ich bin das große Selbst, das allen gemeinsam ist. In der vedischen Philosophie heißt es: „Aham Brahmāsmi" – **Ich bin das Ganze.** Ich bin insofern das Ganze, als ich aus demselben Stoff gemacht bin wie alles im Kosmos, nämlich aus Bewusstsein. In religiösen Begriffen würde man sagen: Ich bin ein Teil Gottes, ein Ausläufer Gottes. Ich bin sogar in gewisser Weise *eins* mit Gott, da Gott – als reines Bewusstsein – letztlich keine Teile haben kann.

Und wenn ich nun das Ganze *bin*, kann ich auch Gesundheit *sein.* Ich hebe „mich" also mit diesem Satz auf die Ebene des Ganzen, des Allumfassenden – was ja letztlich auch die Wahrheit ist. Und wenn ich das Ganze bin, bin ich sowieso jenseits aller Begrenzungen und Schwächen. Und diese Identifikation wirkt sich dann auch auf den Körper aus. Denn dann habe ich ja auch alle Macht – auch die Macht, mich gesund zu machen.

H: Bleibt das nicht auf der Ebene des „mood-making“ – d. h. des Denkens? Ich bin doch deswegen nicht erleuchtet!

M: Das ist wohl richtig. Aber es hat doch seine Wirkung. Ich hebe mein Bewusstsein ein ganz klein wenig an und komme damit der Erkenntnis der Wahrheit etwas näher. Und damit bin ich in dem Moment auch dem *Zustand* der Erleuchtung näher – denn Erleuchtung heißt ja: *Erkenntnis* der Wahrheit. Das ist natürlich einigermaßen vorübergehend. Aber in dem Moment ist doch eine Wirkung zu spüren.

H: Dann würde es eigentlich ausreichen, wenn ich den Satz gebrauchen würde: Ich bin das Ganze – Aham Brahmāsmi.

M: Da ist etwas dran. Aber die Erwähnung der Gesundheit hat dann doch noch den zusätzlichen Effekt, dass auch diese Qualität in den kosmischen Computer eingegeben und diese präzise Wirkung gefördert wird.

H: Nicht schlecht.

M: Ein nächster hilfreicher Punkt ist, dass man die Affirmationen sehr leicht und **anstrengungslos** denken sollte. Denn jede Anstrengung ist eine Aktivität von unserer Seite. Und je mehr ich mich anstrenge, umso *gröber* wird die Aktivität. Damit aber bewege ich mich mehr in den gröberen Bereichen der Existenz. Und die sind ja, wie wir festgestellt haben, nicht so kraftvoll und mächtig. Eine forcierte Affirmation macht also eine Eingabe auf einer relativ groben und damit machtlosen Ebene. Sie ist damit nicht so wirkungsvoll. Es ist also besser, die Affirmationen auf einer subtilen Ebene, d. h. auf eine anstrengungslose Weise zu denken.

W: Ich hätte gedacht, dass eine Affirmation, wenn ich sie sehr intensiv und mit viel **Gefühl** denke, auch in gewisser Weise zusätzliche Kraft bekommt.

M: Es ist richtig, dass ein intensives Gefühl einen zusätzlichen Schub gibt. Warum? Weil das Gefühl als solches schon eine kraftvolle Eingabe in den Computer ist und weil das Gefühl auch ein sehr *ganzheitlicher* Modus des Bewusstseins ist. Als solches reicht es automatisch in tiefere Schichten des Geistes. Man kann das Gefühl vielleicht mit einem Eisberg vergleichen. Das bewusste Gefühl ist der sichtbare Teil, aber darunter liegen noch viel tiefer gehende Anteile. Und die haben dann einen machtvollen Einfluss auf die tiefen Schichten des kosmischen

Bewusstseins. Daher wohl auch die Wirksamkeit eines intensiven – z. B. verzweifelten – Gebetes: Obwohl das laute Beten sicher nicht so wirksam ist, weil grob, so hat es, durch das damit verbundene Gefühl, doch Tiefgang und Kraft.

Aber bei den forcierten Affirmationen muss man aufpassen: Man kann da quasi etwas in das Bewusstsein hineinzwingen, das eventuell anderen eigenen tieferen Glaubenssätzen widerspricht. Dann entsteht im eigenen Innern ein Kampf zwischen dem affirmierten Satz und anderen Glaubenssätzen. Das kann im Extremfall sogar zu einer Bewusstseinsspaltung führen. Also ist es insgesamt besser, nicht zu forcieren, sondern leicht und mühelos zu affirmieren.

H: Wie ist es denn mit **Aufschreiben** von Wünschen?

M: Aufschreiben ist ein sehr wirksames Hilfsmittel…

H: …obwohl es grob ist.

M: Ja. Aber es hat mehrere wertvolle Funktionen: Erstens präzisiert es die Wünsche, macht sie klarer und dadurch auch kraftvoller – wie ein schärferes Messer. Es ist ein Mittel, den Geist zu kanalisieren, es ist quasi wie ein Korsett. Die Gedanken schweifen dann nicht in Nebensächliches ab, sondern bleiben tatsächlich genau bei dem Wunsch. Dadurch wird die *ganze* Bewusstseinskraft in die Eingabe *genau* dieses Wunsches gelenkt. Der ist damit wirksamer…

Und: Der Geist kann sich nach dem Aufschreiben entspannen. Es ist ja jetzt formuliert und aufgeschrieben; man braucht das Gedächtnis nicht mehr aktiv zu halten; der Geist kann jetzt loslassen. Durch die Entspannung verringert sich die Anstrengung, damit die Aktivität. So kommt der Geist – noch mit dem Wunsch gesättigt – auf eine feinere Ebene und beeinflusst damit automatisch auch die subtileren und kraftvolleren Ebenen des kosmischen Computers. Und das ist wirkungsvoll.

P: Es ist also nicht so, dass irgendjemand den Text dann lesen sollte.

M: Du meinst Engel oder so?

P: Ja, zum Beispiel.

Beten

M: Damit kommen wir natürlich auf eine sehr grundsätzliche Frage. Wir sagten ja schon, dass wir die innere Struktur des kosmischen Computers nur sehr ungenügend kennen. Er ist für uns wie eine schwarze Box. Aber ganz sicher gibt es im Innern hochkomplexe Strukturen. Es müssen ja unendlich viele Funktionen ausgeführt werden, um den ganzen Kosmos reibungslos zu lenken – unter anderem auch alle individuellen Wünsche zu erfüllen! Vielen Menschen sind ja **Engel** erschienen, und ich denke, diese Engel, mit ihren ganzen Hierarchieebenen, sind ein essentieller Teil dieses ganzen Apparates. Sie sind Teile – so wie einzelne Chips – des kosmischen Computers. In gewisser Hinsicht könnte man sie sogar wie Persönlichkeiten betrachten. Und warum sollte man dann nicht mit diesen Wesen sprechen – zu ihnen *beten*?

H: Oder ihnen schriftliche Botschaften zukommen lassen…

M: Richtig. Sicher verstehen sie unsere Sprache – das sollte ja auf dieser Ebene, wo alles möglich ist, kein Problem sein. Und lesen können sie dann sicher auch. Vielleicht nehmen sie aber auch nur unsere Gefühle und Wünsche auf, die hinter den Worten stehen.

H: Oder beides.

M: Ja. Aber ganz sicher haben sie nicht eine solche abgegrenzte Individualität wie wir. Sie sind integrierte Teile des Ganzen und handeln immer im Sinne der Evolution des Ganzen. Sie sind immer mit allem anderen verbunden.

W: Wie wir letztlich auch.

M: Ja, nur wir wissen es im Allgemeinen nicht. Und wir haben – in unserer Unwissenheit – auch die Freiheit, uns zeitweise *gegen* die Evolution zu stellen. Diese Freiheit haben die Engel nicht – oder sie nutzen sie prinzipiell nicht. Sie haben gar kein Interesse daran. Sie fördern unsere Wünsche, soweit sie im Einklang mit unserem wahren Besten und mit dem Besten des Ganzen sind.

Auf jeden Fall ist Beten wirksam. Dafür gibt es unzählige Beispiele. Es ist allein schon dadurch effektiv, dass wir dabei unsere Wünsche klar formulieren; dass ein Gefühl dahintersteht; dass wir uns den höheren Mächten *hingeben* und uns dadurch entspannen. Und wie wir wissen, gibt uns die Entspannung Zugang zu feineren, machtvolleren Bewusstseinsebenen.

H: Es ist insofern kaum ein Unterschied zwischen Affirmation und Beten.

M: Beten ist einfach auch eine Eingabe in den kosmischen Computer. Beim Beten stellt man sich die Elemente dieses Computers als Wesen mit Persönlichkeit vor, beim Affirmieren macht man sich darüber keine Gedanken. Das richtet sich nach dem Naturell des Wünschenden.

W: Wie ist es mit dem **Beten zu Gott**?

M: Davon hätten wir wohl eigentlich zuerst sprechen sollen. Wenn man von Beten spricht, denkt man ja normalerweise an ein Gebet zu Gott.

W: Das Gebet zu Gott ist doch eigentlich wohl höher anzusetzen als ein Gebet zu den Engeln.

M: Du meinst, weil Gott die höchste Instanz ist – und es ist ja eine allgemeine Managementregel, dass man am besten gleich zum Chef spricht…

W: …wenn man es so etwas despektierlich ausdrücken will.

M: Ich habe gerade in einem der Bücher von Alexa Kriele eine Durchsage der Engel gelesen, dass ein Gebet zu den Engeln oder Erzengeln in keiner Weise geringer zu achten ist als ein Gebet zu Gott direkt. Denn Gott ist ja das Ganze. Er umfasst alles. Die Engel sind ein integrierter Teil Gottes. Sie sind gewissermaßen seine Organe. Sie sind enger mit ihm verbunden als unsere Arme oder unsere Augen mit uns. Man könnte vielleicht sagen, dass Gott die Gesamtheit oder besser Ganzheit aller Engel, Devas und überhaupt aller Kräfte der Natur ist. Jedes Gebet zu den Engeln *ist* ein Gebet zu Gott.

H: In unseren Gesprächen gestern kam doch irgendwie heraus, dass Gott das allumfassende *Eine* Bewusstsein ist, das alles umschließt, was existiert – auch mich selbst. Wie kann ich dann überhaupt zu Gott beten? Dann würde ich ja zu etwas beten, was mich selbst mit einschließt. Denn ich bin ja nicht außerhalb von Gott.

M: Das ist eine sehr tiefsinnige Frage. Es ist sicher wahr, dass Gott alles ist. Denn wenn er nicht alles umfassen würde, wie könnte er dann noch allgegenwärtig und allmächtig sein? Es würde dann ja etwas *außerhalb* seiner selbst geben, das in gewisser Weise von ihm unabhängig wäre.

H: Das geht nicht.

M: Nein, das kann nicht sein. Ich bin ein Teil Gottes; ich bin letztlich *eins* mit Gott. Aber dennoch habe ich, wenn ich zu Gott bete, das klare und sichere Gefühl, dass ich mit jemandem spreche, der mich auch hört…

W: …und erhört! Meine Gebete gehen sehr häufig auf wunderbare Weise in Erfüllung.

M: Richtig. Das heißt: Jemand hört mich und reagiert offensichtlich darauf.

W: Ja!

M: Wie lösen wir diese Paradoxie? Gott ist allumfassend – also auch mich umfassend –, und doch wird er *zugleich* als *Gegenüber* erfahren.

H: Vielleicht ist Letzteres eine Täuschung.

M: Du meinst: genauso eine Täuschung wie unsere eigene abgegrenzte Persönlichkeit?

H: Das verstehe ich jetzt nicht.

M: Ich dachte, du beziehst dich auf die Aussagen, die man in der mystischen Literatur findet: dass nämlich das Individuum als solches eine Täuschung sei – in dem Sinne: Wir *denken* nur, wir seien der Körper oder der Verstand. Eigentlich aber sind wir das Ganze. So, wie es im Vedischen heißt: „Aham Brahmāsmi" – „Ich bin das Ganze", ich bin das allumfassende Sein. Das ist nämlich, was die Meister im Moment ihres „Erwachens", d. h. ihrer Erleuchtung, erfahren haben. Sie sagen: Wenn wir uns als ein begrenztes Individuum erfahren, dann liegt das daran, dass wir uns mit unserem Körper oder unserem kleinen Verstand *identifizieren*. Wir glauben, wir seien der Körper bzw. der Verstand. Aber wir sind es nicht. Wenn wir diese Identifikation aufgeben, merken wir, dass wir reines Sein sind, und das ist reines, eigenschaftsloses Bewusstsein.

Wenn aber unser innerstes Selbst reines unqualifiziertes Bewusstsein ist, kann *mein* Bewusstsein, *mein* Selbst nicht unterschieden sein von *deinem* – nicht wahr?

H: Es sieht so aus.

M: Das heißt, es muss dasselbe sein in allen Menschen…

H: ..und eigentlich in allem Belebten, in allem Existierenden überhaupt; denn alles hat ja eine Seele, wie wir gestern sagten.

M: Sehr gut. Das heißt: Unser Selbst ist das Selbst von allem. Und das sagen ja auch viele heilige Schriften, z. B. die Veden. Und das bedeutet wiederum, dass unser wahres Selbst das Eine allumfassende Bewusstsein ist. Es ist das Ganze – „Aham Brahmāsmi".

H: Das wiederum bedeutet: Meine *Person*, die ich von anderen Personen unterscheide und abgrenze, ist nicht mein wahres Selbst.

M: Richtig. Sie ist ein falsches Selbst. Sie ist, mit anderen Worten, eine Täuschung.

W. Und was hat das mit unserem Gottesbild zu tun?

M: Dazu würden die erleuchten Meister sagen: Wenn wir – fälschlicherweise – glauben, dass wir eine Person sind, die von anderen Individuen und überhaupt von der ganzen Welt getrennt ist, dann sehen wir natürlicherweise auch alles andere als begrenzt an. Wir sehen es als von uns getrennt. Und so sehen wir schließlich auch Gott als eine von uns getrennte *Person* an, die in gewisser Weise ein – wenn auch riesengroßes, vollkommenes und allmächtiges – *Individuum* ist. Das ist aber eine Täuschung, so würden die vedischen Meister sagen. Gott ist kein Individuum; er ist das Ganze. Er ist das große Selbst. Und da ich auch das große Selbst bin, bin ich eins mit ihm.

E: Das scheint alles ganz logisch zu sein. Aber ich kann es nicht glauben. Schließlich erfahre ich doch Gott ganz eindeutig als meinen Partner, oder besser als mein Gegenüber!

M: Ich denke, du hast ganz Recht: Warum sollen wir den eben genannten Überlegungen mehr folgen als unserem tiefen Gefühl? Wir *erfahren* doch Gott offensichtlich als ein Gegenüber. Und wenn wir ihn so erfahren, warum sollten wir dieser Erfahrung weniger vertrauen als unserem Verstand? Gott ist also – das ist irgendwie evident – ein Wesen, zu dem wir sprechen können und das uns erhört.

H: Das Paradox bleibt also. Denn er ist auch allumfassend!

M: Ja. Ich würde dieses Paradox so stehen lassen. Ich denke, unser kleiner Verstand reicht nicht an dieses allumfassende Sein heran; reicht nicht an Gott heran. Dazu ist unser Verstand nicht geschaffen. Er ist geschaffen für den Umgang mit unserer alltäglichen Welt, aber nicht für diese letzten Fragen. Das *Ganze* ist nicht linear, Gott ist nicht linear, das heißt: nicht eindeutig zu definieren im Sinne unserer begrenzten Logik. Wir müssen Gott sowohl als das Allumfassende nehmen als auch als ein Gegenüber, mit dem wir kommunizieren können – wie wir es offensichtlich tun. Beide Sichtweisen sind gleichberechtigt. Es sich zwei Perspektiven desselben.

W: Faktum ist, dass unsere Gebete erhört werden.

M: Richtig. Ich habe sogar das Gefühl, dass Beten – das Beten zu Gott oder auch zu den Engeln – der geradlinigste Weg zur Erfüllung unserer Wünsche ist.

P: Wieso?

M: Beim Beten sprechen wir doch *die* Kräfte direkt an, die uns ja schließlich die Ergebnisse faktisch liefern. Ich meine z. B. die Engel. Wir sprechen sie als Person, als Wesenheit an, und das sind sie auf dieser Ebene ja auch. Und ich könnte mir fast denken – und das habe ich auch gelesen – dass die Engel sich über unsere Zuwendung freuen…

P: …obwohl sie doch kein Ego haben, wie du sagtest!

M: Richtig erinnert. Ich glaube, Sie freuen sich, nicht weil dadurch ihr Ego geschmeichelt wird, sondern weil *wir* durch das Beten überhaupt eine Verbindung mit den „höheren" Welten aufnehmen. Weil wir diese Wesen und ihre unermüdliche Hilfe zunächst überhaupt einmal anerkennen. Sie rackern sich sowieso für uns ab, aber meist wird ihre Mühe nicht gewürdigt. Das ist *ihnen* vielleicht nicht so wichtig; aber es ist nicht gut für *uns. Uns* hilft es, wenn wir Verbindung mit ihnen aufnehmen. Damit tun wir einen Schritt, der uns dem Sinn unserer Existenz näher bringt: zurück zur Einheit zu kommen – „zurück zum Vater", wie es im Christlichen heißt. Die Engel sind ein Teil Gottes, und wenn wir sie ansprechen, schaffen wir eine größere Einheit mit diesen kosmischen Kräften, die in ihrer Ganzheit Gott sind.

Außerdem kommt noch eines hinzu: Das Grundprinzip der Schöpfung ist die Freiheit. Die Engel können uns nur sehr begrenzt helfen, wenn wir sie nicht darum bitten. Denn wenn sie ohne unseren Wunsch – selbst zu unseren Gunsten – eingriffen, würden sie damit das Prinzip der Freiheit verletzen. Sie warten sozusagen immer darauf, uns helfen zu können; das ist ihre Natur, und dazu sind sie geschaffen. Und sie sind quasi unglücklich, wenn wir sie nicht bitten.

Also durch Beten tun wir nicht nur etwas – und zwar ganz direkt und dadurch sehr effektiv – für die Erfüllung unserer einzelnen Wünsche, sondern wir fördern auch unsere Gesamtevolution, indem wir uns den höheren Mächten und letztlich Gott *hingeben*. Jedes Gebet ist ein Schritt näher zur Einheit mit Gott, unserem höchsten Ziel.

Wenn ich einmal an die Unterscheidung zwischen Herrschen und Unterordnen erinnern darf, die ich gestern gemacht habe, so folgt das Beten ganz offensichtlich dem Prinzip der Unterordnens. Meine Wünsche erfüllen sich, weil ich mich einer höheren Macht hingebe. Diese höhere Macht führt meine Wunschvorstellung aus, nachdem ich mich ihr untergeordnet habe. Das Visualisieren und das Affirmieren dagegen gehören mehr in die andere Kategorie. Ich versuche dabei, meinen Wunsch und meinen Willen der Wirklichkeit aufzuoktroyieren. Ich versuche, die Welt zu beherrschen.

H: Eigentlich funktioniert Letzteres aber auch nur wirklich, weil ich dabei den kosmischen Computer benutze. Wir wissen ja nicht, wie es in ihm aussieht. Höchstwahrscheinlich aber enthält er Kräfte, die unseren Wunsch bearbeiten. Du hast vorhin die Engel mit „Chips im kosmischen Computer" verglichen. Auch beim Affirmieren und Visualisieren bin ich darauf angewiesen, dass kosmische Kräfte mich unterstützen. Ich muss mich ihren Gesetzen anpassen. Das heißt, ich muss mich in gewisser Weise auch hier „unterordnen".

M: Da hast du sehr Recht. Die reine Form der *Wunscherfüllung durch Herrschen* wird es kaum geben. Allein schon das „Richtig-Machen" ist eine Unterordnung unter die entsprechenden Gesetze. Wenn ich mich bemühe, effektiv zu sein, so heißt das nichts anderes, als dass ich mich den Gesetzen anpasse, die mir das gewünschte Resultat bringen sollen. Also ein Unterordnen ist immer dabei. Manchmal ist es vorherrschend und offensichtlich, wie beim Beten; manchmal tritt es in den Hintergrund, wie etwa beim kraftvollen Affirmieren.

W: Es scheint, dass nur Gott die Welt rein durch sein Denken formen kann.

M: Es sieht so aus, dass der Mensch zwar die Bilder in seinem eigenen Bewusstsein nach seinem Willen gestalten kann, aber wenn es darum geht, z. B. die Materie unmittelbar zu formen, hat er offensichtlich Schwierigkeiten.

P: Leute wie Uri Geller, die Löffel durch Gedankenkraft verformen, sind offensichtlich selten.

M: Aber gerade dieses Beispiel zeigt, dass so etwas doch nicht völlig unmöglich ist. Materie ist letztlich eben auch eine Form von Bewusstsein. Und Bewusstsein kann Bewusstsein gestalten. Aber was bringt es uns schon, einen Löffel zu verbiegen? Sobald wir etwas Großes und Sinnvolles erreichen wollen, scheint es besser und wirksamer zu sein, uns den Naturgesetzen anzupassen bzw. die kosmischen Kräfte zu bitten, uns zu helfen.

Allerdings müssen wir sehen, dass auch das Beten kein reines „Unterordnen" ist. Denn beim Beten *formt* unser Bewusstsein ein anderes Bewusstsein: Es *„informiert"* nämlich die Engel oder die kosmischen Kräfte über unseren Wunsch. Also weder gibt es beim Wunscherfüllen das reine Herrschen noch das reine Unterordnen. Es gibt nur ein Überwiegen des einen oder des anderen. Ein Unterordnen oder Anpassen ist immer dabei, aber auch ein Formen und Gestalten. In jedem Fall wirkt Bewusstsein auf Bewusstsein; im Falle des Betens oder anderer hingebender Ansätze beeinflusst unser Geist gewisse zentrale Schaltstellen bzw. machtvolle Wesen, die unseren Wunsch dann in größerem Maßstab umsetzen.

Rituale

E: Eine andere Frage: Wie ist es mit der Wirksamkeit von Zeremonien und Ritualen. Können die bei der Wunscherfüllung helfen?

M: An welche Rituale denkst du beispielsweise?

E: Ich habe einmal ein Buch gelesen; in dem wurden kleine Rituale empfohlen wie: Wenn man etwas loswerden will, z. B. eine Krankheit, schreibt man den Namen der Krankheit auf einen Zettel und verbrennt diesen dann im Feuer. Damit soll auch die Krankheit selbst vernichtet werden. Oder man zündet zuerst eine weiße Kerze an und verbrennt dann den Zettel in der Kerzenflamme – alles natürlich in einer feuerfesten Schale!

M: Also sozusagen symbolische Handlungen.

E: Ja.

M: Nach dem, was wir besprochen haben, hat so etwas sicher zumindest *den* Effekt, das Bewusstsein in die Richtung des Wunsches zu *kanalisieren.* Wenn ich parallel zu dem mentalen Wunsch noch gewisse Handlungen ausführe, die damit in Verbindung stehen, so wird ein größerer Teil meiner Gesamtpersönlichkeit einbezogen; der ganze Körper und seine Gefühle werden aktiviert. Mein ganzes Wesen ist auf diesen Wunsch ausgerichtet. Ich signalisiere mir selbst auch – durch die Mühe, die ich mir mache, um so eine Zeremonie durchzuführen –, dass es mir wirklich wichtig und ernst ist. Dadurch ist sicher der Impuls, den ich in den kosmischen Computer eingebe, wesentlich kraftvoller und tiefgehender.

E: Ist das alles, oder passiert in solchen Zeremonien auch objektiv etwas?

M: Ich glaube ja. Wenn man von unserem klassisch-materialistischen Weltbild ausgeht, natürlich nicht. Denn die Krankheit in dem Beispiel ist *eine* Sache, der Zettel mit dem Namen der Krankheit etwas ganz anderes. Der Name ist nur eine *Bezeichnung* und nicht die Krankheit selbst.

Aber auf den subtileren Ebenen der Wirklichkeit, auf der Ebene des allumfassenden Bewusstseins, ist das anders. Da ist das ***Symbol*** nicht getrennt von dem *Ding*, das es symbolisiert. Symbol und Sache hängen ganz eng miteinander zusammen, sind eine Einheit. Das Symbol *ist* in gewisser Weise die Sache. Soweit ich mich erinnere, hat auch der ursprüngliche griechische Begriff „symbolon" diese Bedeutung: Es ist das, was mit dem Original zusammengehört, wie etwa die eine Hälfte einer auseinandergebrochenen Kugel mit der anderen Hälfte zusammengehört. Man kann sagen: Das Symbol ist eine *Vertretung* der Sache, die so eng mit der ursprünglichen Gegebenheit verbunden ist, dass diese dann auch über sie beeinflusst werden kann.

P: Wie der herausgezogene Zahn mit dem Körper verbunden bleibt...

M: Ja, so ähnlich. – Das hat dir Eindruck gemacht, nicht wahr?

P: Ja, stimmt.

M: Auf der kosmischen Ebene sind die Dinge halt nicht so vereinzelt und getrennt. Was zusammengehört, ist und bleibt eine Einheit. Letztlich sind alle Dinge ja Gedankenstrukturen im Geist des Schöpfers. Und das Symbol ist *deswegen* Symbol, weil es dieselbe Struktur enthält. Das Symbol ist in gewissem Sinne ein Teil und eine Außenstelle des Symbolisierten.

Sogar ein Bild oder ein Name sind auf einer feinen Ebene mit dem Bezeichneten verbunden. Daher können auch manche psychisch begabte

Ärzte oder Heiler eine Ferndiagnose oder sogar eine Fernheilung vollbringen, indem sie nur das Bild des Kranken vor sich haben – selbst wenn es ein unscharfes Foto ist.

E: Wenn man das konsequent nimmt, muss ich da doch eigentlich aufpassen, was andere Leute mit meinem Bild, ja, mit meinem Namen machen…

W: …oder mit meinem Horoskop oder mit einem Kleidungsstück von mir…

M: Man darf sich nicht verrückt machen lassen. Aber es stimmt. In manchen Gegenden der Welt z. B. wollen sich die Menschen absolut nicht fotografieren lassen, weil damit ein Teil ihrer selbst in andere Hände gelangt. Das klingt für uns primitiv, aber es ist nicht so verkehrt. In der schwarzen Magie werden diese Gesetze ja auch benutzt – häufig mit „Erfolg". Zum Glück ist so etwas in unserer Gesellschaft nicht so üblich – weil es nicht in unser Weltbild passt. ***Unsere*** **Magie** ist das materialistische Weltbild selbst: Durch unseren materialistischen Glauben zwingen wir die Dinge in berechenbare Bahnen und fühlen uns in unserer **„Wissenschaft"** bestätigt, wenn die Teilchen dann tatsächlich das tun, was wir von ihnen erwarten – wozu wir sie aber selbst durch unser Denken gezwungen haben… Das nur nebenbei.

W: Bei den symbolischen Repräsentationen fallen mir die Votivbildchen ein, die man in manchen Marienkapellen findet. Dort legen die Gläubigen Bilder von kranken Körperteilen oder von der ganzen Person vor den Marienaltar mit der Bitte um Heilung.

M: …und die Heilung *geschieht*!

E: Ja, ich fand das immer primitiv und abergläubisch. Aber es scheint in vielen Fällen zu funktionieren.

M: Und so hat es auch eine Wirkung, wenn ich ein Zettelchen mit dem Namen meiner Krankheit in der Kerzenflamme verbrenne. Mit dem Namen wird gleichzeitig die Krankheit selbst verbrannt – im Idealfall. Wenn man ein totaler Zweifler ist, wird es sicher schwieriger, weil das eigene Denken – auch eine „Magie" – dagegenarbeitet.

Die „Elemente"

H: Warum muss es eigentlich immer ein Feuer sein? Man könnte den Zettel doch auch zerreißen.

M: Na ja, Verbrennen ist halt gründlicher. Aber du hast Recht: Hier kommen die *Elemente* ins Spiel. Ich meine jetzt nicht die Elemente im Sinne unserer modernen Chemie, sondern die vier – oder fünf – Elemente Erde, Feuer, Wasser und Luft – und eventuell noch Äther.

H: Was hat es mit denen auf sich?

M: Diese Elemente sind Grundkräfte der ganzen Schöpfung. Es sind ganz allgemeine Prinzipien, subtile Urqualitäten, die in allem vorhanden sind. Die fünf Elemente sind das Erste, was sozusagen beim Beginn der Schöpfung aus dem Unmanifesten hervortritt. Sie sind daher die machtvollsten Naturkräfte und Naturgesetze. Wenn man sie personalisieren will, könnte man sie als höchst verehrungswürdige, allumfassende Wesenheiten bezeichnen. Aus diesen Grundqualitäten ist der ganze Kosmos zusammengesetzt.

E: Und was passiert nun also, wenn ich einen Zettel mit dem Namen meiner Krankheit in einer Kerzenflamme verbrenne?

M: Ich übergebe die Krankheit – festgemacht durch ihren Namen – dem Element „Feuer", einer unglaublich machtvollen Naturkraft, die alles wegreinigen kann. Das Feuer vernichtet die Krankheit, transformiert sie völlig bis fast zum Unmanifesten. Was übrigbleibt oder herauskommt, ist etwas ganz anderes, Harmloses...

P: ...wenn man daran glaubt.

M: Das ist immer wichtig. Denn der Zweifel ist eine starke zerstörerische Bewusstseinskraft, die den Effekt verhindern kann.

E: Wasser und die anderen Elemente haben eine ähnliche Wirkung?

M: Jedes auf seine Weise. Das Wasser kennt man als ein Mittel der Reinigung. Mit dem Wasser waschen wir unseren Schmutz ab. Und wenn wir uns bildlich vorstellen, dass wir – z. B. beim Duschen – unseren inneren Schmutz wegspülen, z. B. unseren Ärger oder auch eine tiefsitzende Schwäche, die sich als Krankheit manifestiert, so hat das seine Wirkung.

E: Die Vorstellung dabei scheint doch immer notwendig zu sein.

M: Durch jede Vorstellung passiert etwas objektiv. Wohin ich die Aufmerksamkeit gebe, das stärke und belebe ich. Wenn ich meine Aufmerksamkeit auf dem Wasser als kosmischer Kraft habe, belebe ich diesen allumfassenden Aspekt des Wassers – mit seiner göttlichen Reinigungskraft. Und ich identifiziere mich selbst auch mehr mit diesen subtilen Ebenen, sodass eine Wechselwirkung zwischen meinem feinstofflichen Körper – in dem die Basis der Krankheit liegt – und der reinigenden Grundkraft des „Wassers" zustande kommen kann. Das wirkt sich dann auf der groben Ebene der *Wirkungen*, nämlich der Krankheit, aus. Die Reinigung des subtilen Körpers von der Krankheits*ursache* lässt die *äußere* Krankheit verschwinden.

E: Was ist die Wirkung der anderen Elemente?

M: Die Luft hat auch eine sehr stark reinigende Wirkung. Wenn ich z. B. ein Kleidungsstück in den Wind hänge, kann auch subtiler Stress, der vielleicht darin hängt, rausgeweht werden.

E: Und die Erde…

M: Auch sie hat auf ihre Weise eine Reinigungswirkung, die man durch Eingraben eines Gegenstandes in den Boden aktivieren kann. Aber sie kann auch Kraft geben. Ich kann mich z. B. fest auf den Boden stellen – selbst noch im 3. Stock! – und mir vorstellen, dass durch meine Füße Kraft in mich einströmt, auch heilende Kraft. Und ich kann Unreinheiten in den Boden ableiten. Die Erde ist groß und unendlich gütig und geduldig. Sie nimmt das alles auf und gibt mir gleichzeitig Kraft und Stärke.

E: Auch hier wieder die Vorstellung…

M: Ja, die bringt den Austausch in Gang. Dass ich das übrigens auch im 3. Stock machen kann – es wirkt; ihr könnt es ausprobieren –, zeigt, dass es sich hier tatsächlich um die *subtile* Erde handelt: Die ist nicht unbedingt auf den grobstofflichen Boden begrenzt, sondern ist überall gegenwärtig, wenn auch natürlich am ausgeprägtesten in der Erde, die wir anfassen können.

Farben und Formen

E: Bei diesen Zeremonien spielen aber nicht nur die Elemente eine Rolle, sondern es müssen dann immer *weiße* Kerzen sein, die Schale muss *rund* sein, man spielt vielleicht leise Musik und zündet womöglich noch ein Räucherstäbchen an. Es ist also eine ganze Menge Drumherum, das offensichtlich die Wirkung verstärken soll.

M: Da kommen wir wieder auf unsere Symbole. Man kann sagen: Alles Konkrete ist ein Symbol für tiefer liegende Prinzipien, Kräfte, geistige Strukturen etc…

W: … „Alles Vergängliche ist nur ein Gleichnis", wie Goethe sagt.

M: Sehr gut. – Aber es ist nicht nur ein Gleichnis, sondern es ist Repräsentant, quasi Außenstelle der geistigen oder feinstofflichen Qualitäten und Kräfte. Daher kann ich durch Manipulation – oder besser: durch Einbeziehung dieser äußeren Dinge – die dahinterstehenden geistigen Strukturen zur Hilfe heranholen.

E: Wofür stehen dann z. B. die Farben?

M: Die Farben sind Ausdrucksformen der so genannten ***„Strahlen"***. Von denen gibt es sieben bzw. zwölf. Es sind grundlegende göttliche Qualitäten, die sich in allem, was ist, wiederfinden und alles mit ihren Eigenschaften durchdringen. So ist z. B. Weiß die Farbe eines der Strahlen, der *Reinheit* beinhaltet und bewirkt, Rosa ist die Farbe des Liebes-Strahles etc… so ungefähr.

H: Ist diese Zuordnung nicht auch kulturbedingt? Z. B. habe ich gehört, dass in China die Trauerkleidung weiß ist…

M: Sie ist *deswegen* weiß, weil man damit zeigen will, dass man beim Tod nicht zu trauern braucht. Denn der Tod ist eher ein feierlicher Übergang, eine frohe Rückkehr in die eigene – *reine*, das heißt: schmerzfreie – geistige Heimat.

H: Aha.

M: Ich glaube im Übrigen auch: Die in der Psychologie und sogar in der Medizin bekannte Heilwirkung der Farben beruht letztlich darauf, dass diese die kosmischen Strahlen repräsentieren und damit deren Heilkräfte mit sich führen.

E: Und wie ist das mit den **Formen**? Z. B. ob die Schale rund ist oder die Kerzen im Quadrat aufgestellt werden oder ob man mit den Fingern ein heiliges Dreieck formt…

M: Auch die äußeren geometrischen Formen repräsentieren fundamentale kosmische Gesetze und Kräfte. Und wenn man die Formen einsetzt, zieht man die entsprechenden Qualitäten herbei. Diese unterstützen dann den Wunsch durch ihre Ordnungskraft. Alles Mathematische, Geometrische, Regelmäßige und Geordnete hat eine ungeheuer fördernde Wirkung auf alle Unternehmungen.

H: Warum eigentlich?

M: Mir fällt dazu ein, dass nach Platon die ganze Materie aus regelmäßigen Dreiecken aufgebaut ist. **Geometrie und Mathematik** sind offensichtlich die Grundlage des Kosmos. „Kosmos“ im Griechischen heißt ja: das Geordnete – eigentlich: das Geschmückte. Vielleicht sind nur geometrisch geordnete Universen überhaupt möglich; ungeordnete würden sich selbst wieder aufheben und zerstören. Es ist ja auch kein Zufall, dass die ganze Physik auf der Mathematik basiert. In den grundlegenden Theorien der Physik wird die ganze Materie auf mathematische Beziehungen reduziert. Man kann fast sagen, dass die Materie Mathematik *ist*. Die grundlegendsten physikalischen Gesetze haben übrigens immer die Form von **„Symmetrien“** – in einem abstrakten und mehrdimensionalen Sinne. Ich denke es mir so: Wenn die ersten Impulse aus dem Unmanifesten hervortreten, müssen sie *symmetrisch* herauskommen. Denn im unstrukturierten, quasi flachen, Unmanifesten gibt es keinen Grund, warum etwas mehr zur einen als zur anderen Seite verschoben sein sollte…

Das sind nur so intuitive Überlegungen, die vielleicht etwas plausibel machen, dass die Welt symmetrisch, d. h. geordnet und mathematisch, sein muss – weil sie aus einem vollkommen geordneten, nämlich *strukturlosen* Ursprung kommt.

H: Und da die Welt mathematisch geordnet ist, hat alles, was eine entsprechende Ordnung benutzt bzw. ihr folgt, die unmittelbare Unterstützung der kosmischen Gesetze…?

M: Genau. Was in den Bahnen der Natur und ihrer Gesetze läuft – d. h. der inneren Struktur des kosmischen Computers folgt –, geht glatt und wird gefördert. Und dieses Prinzip wird in den Ritualen, von denen Elke anscheinend gelesen hat, eingesetzt. Daher regelmäßige

Dreiecke, Quadrate, kreisförmige Bewegungen usw. Das aktiviert die Kräfte, welche die Evolution fördern.

Wenn du solche Rituale ausführst, möchte ich dir den allgemeinen Hinweis geben: Geh nach deinem Gefühl. Einige Ingredienzien haben wir erwähnt. Wichtig ist die Geordnetheit, die Harmonie, die Reinheit und Sauberkeit. Und die Wahl der Symbole, die deinem Zweck entsprechen. Geh dann einfach nach deiner Intuition. Es sind ja kosmische Gesetze, mit denen wir hier arbeiten. Und wir haben in der Tiefe ein sehr gutes Gefühl für diese Gesetze, insbesondere, wenn wir entspannt und ruhig sind – Meditation ist da sehr hilfreich.

Handeln, als ob…

H: Wo wir gerade bei den Ritualen sind – vielleicht passt auch Folgendes hier hinein: Wenn man so *handelt, als ob* das, was man sich wünscht, schon eingetroffen sei oder jedenfalls ganz sicher eintreffen werde…, wenn man so handelt, kann man das Gewünschte sozusagen herbeizwingen.

M: Kannst du ein Beispiel bringen?

H: In einem Buch von Catherine Ponder habe ich gelesen, wie ihr Sohn sich ein großes Spielzeugauto wünschte, sie aber nicht das Geld dafür hatte. Trotzdem räumte er schon die Garage auf und schuf Platz für das Auto. Und tatsächlich erhielt dann die Mutter von irgendwoher das nötige Geld. Er handelte also so, als sei sein Wunsch schon erfüllt bzw. die Erfüllung sicher.

M: Ja, sehr gut. Diese Mechanismen kennen wir schon.

H: Nämlich?

M: Mit seinem Handeln bewies er erstens *Vertrauen*, dass sein Wunsch erfüllt würde. Das heißt, er war *entspannt* und sicher. Dadurch konnte er seinen Wunsch auf einer tiefen, d. h. machtvollen, Ebene aufrechterhalten – die Voraussetzung für eine effektive Eingabe in den kosmischen Computer.

Es zeigte auch, dass sein Wunsch stark und *präzise* war – wichtig für wirksame Eingaben! Er kanalisierte sein ganzes Denken in die Richtung des gewünschten Ergebnisses. Und er *visualisierte* auf diese

Weise besonders wirksam den Endzustand. Da ist also alles drin... *Und*: Er zwang auch seine Mutter, „positiv" zu denken. Damit kanalisierte er auch ihr Denken in dieselbe Richtung.

E: Sehr gut. Als Mutter möchte ich jetzt übrigens mal vorschlagen, eine Mittagspause zu machen.

P: Keine schlechte Idee.

3. Kapitel

Allgemeine Prinzipien der Wunscherfüllung

Nach dem Mittagessen, einer Ruhepause und einem Spaziergang, an dem Michael allerdings aus irgendwelchen Gründen nicht teilnahm, kamen wir wieder zusammen.

M: Ich habe mir inzwischen einige Gedanken gemacht, wie wir weiter vorgehen könnten. Ich würde gerne einige allgemeine Prinzipien erwähnen, die man beachten sollte, wenn man seine Wünsche erfüllt sehen möchte – mit welcher speziellen Methode man auch immer an die Sache herangeht.

P: Sehr gut.

M: Ich habe hier mal eine kurze Liste solcher allgemeinen Gesichtspunkte gemacht. Die Themen, die ich notiert habe, sind:

- Ordnung
- Bezahlung
- Dankbarkeit
- Hingabe
- Liebe
- Wahrheit und Ehrlichkeit

P: Das klingt ja schon fast christlich.

M: Sehen wir mal. Was ich darstellen möchte, sind allgemeine kosmische Gesetzmäßigkeiten – und die sind sicher auch im Christentum gegenwärtig.

Ordnung

Gut. Fangen wir mit dem ersten Punkt an: Ordnung – okay?

P: Einverstanden.

M: Dieses Prinzip fiel mir vor inzwischen fast 25 Jahren auf. Eigentlich ein triviales Beispiel und für mich auch nicht so schmeichelhaft: Ich hatte ganz kurzfristig einen Fortbildungslehrgang zu organisieren. Es waren tausend Sachen vorzubereiten und zu bedenken. Einen Tag, bevor ich zum Lehrgangsort abfahren musste, fehlte es noch an allem. Ich brauchte noch einen Referenten, hatte keinen Koch, zu wenig Stoff… Ich war so unter Druck, dass ich völlig den Überblick verlor. Ich flüchtete mich dann quasi in unser zweites Büro am anderen Ende der Stadt und arbeitete dort ein Inventurformular aus, das die Lehrgangsteilnehmer am Beginn ausfüllen sollten, damit wir am Ende keine unberechtigten Schadensersatzansprüche durch das Hotel zu gewärtigen hätten. Eine eigentlich relativ unwichtige Sache, die einfach nur der guten Ordnung diente. Als ich dann zu unserem Hauptbüro zurückfuhr, dachte ich – mit einigem Recht –, dass ich eigentlich kostbare Stunden vergeudet hätte. Als ich dann in unser Büro kam, stellte ich fest, dass mehrere andere Mitarbeiter, die die ganze Situation kannten, von sich aus herumtelefoniert hatten und einen Lehrgangsleiter, einen Diätkoch und weitere notwendige Mitarbeiter gefunden hatten usw. Es war praktisch alles organisiert. Das war für mich wie ein Wunder. Ob zu Recht oder nicht, hat sich durch diese Erfahrung in mir das Gefühl herausgebildet, dass Ordnungschaffen, selbst in nebensächlichen Bereichen, fast Wunder bewirken und die Unternehmung auf eine ungeahnte Weise fördern kann.

Ein anderes Beispiel – viel später. Ich bekam ein Buch über Feng Shui in die Hand. Nach dem Durchlesen wurde mir – unabhängig von den einzelnen Anweisungen des Feng Shui – klar, dass mein Zimmer bei weitem nicht so geordnet war, wie es sein könnte. Ich fing an, gründlich aufzuräumen, schaffte störende Möbel hinaus, ordnete alles parallel zu den Wänden, stellte Blumenvasen auf und platzierte Symbolgegenstände in entsprechende Ecken. Ganz kurz danach erhielt ich – was zu dem Zeitpunkt überhaupt nicht zu erwarten war – einen ungewöhnlich hohen Geldbetrag durch den Verkauf eines Erbstückes. Und der Gewinn kam außerdem „zufällig“ genau von einer Quelle, die durch einen der Gegenstände, die ich in meinem Zimmer an wichtiger Stelle platziert hatte, symbolisiert wurde. Das war schon ein wirkliches Wunder.

Einige Jahre später – ich wohnte inzwischen woanders – regte mich ein weiteres Feng-Shui-Buch wieder zum gründlichen Neuordnen meiner Wohnung an. Kurz danach erhielt die Abteilung, die ich leitete, zwei riesengroße Aufträge...

Ich gab das Buch meiner Mitarbeiterin, die daraufhin auch ihre Wohnung ganz gründlich aufräumte. Wieder kurz danach erhielten wir drei weitere ungewöhnlich große Aufträge. Mir schien das kein Zufall zu sein. Durch viele kleine ähnliche Erfahrungen ist inzwischen für mich dieses Prinzip der Ordnung eine meiner Haupterfolgsregeln geworden.

H: Das hört sich gut an.

M: Was ich gelernt habe, ist: Wenn man geordnet handelt, sich mit Ordnung, Sauberkeit usw. umgibt, fördert das den Erfolg.

H: Könnte man etwas näher analysieren, warum das so ist?

M: Ich möchte es am liebsten so erklären: Die Welt wird von Gesetzen regiert. Auf allen Ebenen, von der feinsten zur gröbsten. Und diese Gesetze sind geordnet. Besser gesagt: Sie *sind* die Ordnung der Schöpfung. Das zeigt sich schon daran, dass ihr physikalischer Ausdruck, nämlich die bekannten Naturgesetze, mathematisch ist. Mathematik ist aber nichts anderes als Geordnetheit. Die grundlegende Form aller physikalischen Naturgesetze ist immer eine bestimmte „Symmetrie“, wie man in der Physik sagt. – Es handelt sich natürlich um eine mathematische, abstrakte Symmetrie, aber diesen Begriff hat man nicht zufällig gewählt.

Die bekannten physikalischen Gesetze stellen eine Ordnung in der *Zeit* dar. Aber *räumliche* Ordnung, wie wir sie z. B. in Kristallen beobachten, ist ja auch durch Gesetze bewirkt. Sie ist Ausdruck von Naturgesetzen. Wie sollten symmetrische Formen entstehen, wenn nicht mathematische Gesetze dahinterstünden?

H: Dabei fallen mir die Wasserkristalle ein, von denen man jetzt häufiger liest.

P: Was ist das?

H: Es gibt einen Japaner – ich glaube, er heißt Emoto –, der fotografiert die Kristallformen, die sich bilden, wenn Wasser zu Eis gefriert. Teilweise wunderschöne Kristalle! Das Interessante ist: Wenn das Wasser mit harmonischer Musik bestrahlt worden ist, wenn es in einer lebensfördernden Umgebung ist oder wenn man ihm gute und harmonische Gedanken schickt, dann werden die Kristalle viel schöner und regelmäßiger. Wenn das Wasser dagegen Stress ausgesetzt wird, sagen wir mal, Heavymetal Rockmusik oder aber hasserfüllten Gedanken, dann kommen ganz ungeordnete Kristalle zustande, eigentlich gar keine richtigen Kristallformen.

M: Das ist sehr interessant. Es zeigt offensichtlich, dass ein evolutionärer Einfluss Ordnung erzeugt, sogar im Sinne räumlicher Symmetrie usw. Evolution und Ordnung gehen zusammen. Evolutionsförderndes äußert sich als Ordnung. Und anders herum gilt auch: Ordnung treibt die Evolution voran. Wenn ich daher Ordnung in Raum und Zeit schaffe, belebe und befriedige ich die kosmischen Gesetze, welche die Evolution vorantreiben. Ich reinige sozusagen die Bahn für diese Naturgesetze – deren Lebenselement die Ordnung ist.

Das ist natürlich irgendwie menschlich ausgedrückt. Aber das dürfen wir auch. Denn wir haben ja schon gesagt, dass man die Gesetze der Natur auch als große Wesenheiten ansehen kann. In der vedischen Kultur nennt man sie Devas. Diese Devas haben nichts anderes im Sinn, als die Schöpfung voranzubringen. Das ist ihre Natur und ihre Aufgabe. Insbesondere ist ihr Anliegen, die *Menschen* in ihrer Entwicklung zu fördern. Der Mensch hat nämlich durch die Art seines Nervensystems die Möglichkeit und die Anlage, seinen eigenen Ursprung zu *erkennen.* Und das ist letztlich der Sinn der Schöpfung: Im Menschen, und durch ihn, kann die Schöpfung zu ihrem Schöpfer, zur Einheit, zurückkehren.

Wenn wir also durch unsere Geordnetheit die Naturgesetze befriedigen, so können sie sich besser entfalten und werden alles tun, unser Vorankommen zu fördern. Und damit werden sie auch unsere Wünsche unterstützen – jedenfalls soweit sie wirklich unserem Fortschritt dienen.

Ordnung schafft also Erfolg – in diesem Fall übrigens wieder einmal durch „Unterordnen", nämlich unter die Gesetze der Natur, die Ordnung sind und Ordnung lieben.

Ich kann die Regel „Ordnung schafft Erfolg" auch psychologisch erklären: Wenn meine Umgebung geordnet ist, färbt das unmittelbar auf mein *Denken* ab. Und das wiederum bestimmt mein Handeln. Ich denke geordneter und damit effektiver, wenn ich in einer ordentlichen Umgebung lebe. Weil ich nämlich von vornherein mehr im Einklang mit den Naturgesetzen denke, plane und handle.

Und so trägt nicht nur die Ordnung in meinem Zimmer zum Erfolg bei, sondern noch viel mehr die Symmetrie und die geordnete Struktur meines Hauses als Ganzes. In der vedischen Wissenschaft gibt es einen ganzen Zweig, der sich mit diesen Fragen befasst. Er heißt **„Vastu"** oder **„Sthapatya Veda"**. Diese vedische Architektur empfiehlt u.a., dass ein Haus symmetrisch gebaut und nach den Himmelsrichtungen ausgerichtet ist. Ich war selbst in einigen Häusern, die nach den „Vastu"-Regeln konstruiert worden waren. Sie hatten eine ganz tolle, sehr klare Atmosphäre. Und die Bewohner berichteten auch von mehr Klarheit und von mehr Erfolg ihrer Unternehmungen.

P: Allein durch die Symmetrie und die Ausrichtung nach den Himmelsrichtungen?

M: Nein, Sthapatya Veda gibt noch viele weitere Anweisungen: Die Proportionen folgen gewissen mathematischen Regeln; der Eingang gehört in den Osten oder Norden; in der Mitte muss ein quadratischer Platz frei bleiben, in den die kosmischen Kräfte einfließen können – und eine Reihe von weiteren Empfehlungen hinsichtlich der Raumaufteilung, des umgebenden Geländes usw. Insgesamt ist der Eindruck dieser Häuser schlichtweg Ordnung, Harmonie, Klarheit und Kraft.

Die vedische Architektur ist für mich ein besonders eklatantes Beispiel dafür, wie Ordnung Erfolg und Fortschritt bewirkt.

Ich habe fast das Gefühl, man kann sagen: **Ordnung ist** eine Art **Energie**! Dazu kann ich noch ein eigenes Erlebnis erzählen: Ich war einmal dabei, wie jemand ein kleines Experiment vorführte. Er ließ in einer Waschschüssel mit Wasser kleine Bötchen herumschippern. Und die bewegten sich auch, ohne dass ein Luftzug da war – anscheinend allein dadurch, dass die Segel der Bötchen ganz spezielle geometrische Formen hatten. Dort schuf offensichtlich die Geometrie eine Art Bewegungsenergie.

P: Interessant.

M: Etwas Analoges: Es gibt gewisse Entstörgeräte gegen Erdstrahlen und Elektrosmog, die rein durch ihre geometrische Form wirken. Auch hier scheint Geometrie die Bewegung der Materie zu beeinflussen; in diesem Fall hält das Gerät elektromagnetische Strahlen ab oder lenkt sie um. Ich habe selbst so ein kleines Ding. Die Wirkung ist für mich ziemlich deutlich.

Soweit ich gelesen habe, beruhen wohl auch viele der Energiemaschinen, die aus dem unmanifesten Vakuumzustand so genannte „freie Energie“ hervorholen, auf ihrer inneren Geometrie.

H: Mit der normalen Physik sind diese Sachen wohl nicht zu erklären.

M: Nein. Ein Weltbild, welches Materie von Bewusstsein trennt, kann sie nicht akzeptieren. Wir wissen aber inzwischen, dass die Welt letztlich aus Bewusstsein besteht. Und im Bereich des Bewusstseins ist es nichts Besonderes, dass eine Form etwas bewegt. Z. B. ist ein Gedanke ja in gewisser Weise eine spezielle *Form* des Bewusstseins. Und ein Gedanke kann etwas bewegen, einfach dadurch, dass ich ihn habe. Ich denke z. B. „rechteckiges Haus“ – und es entsteht sofort ein Bild in mir, eine Vorstellung. Das Bewusstsein ist also durch den Gedanken geformt worden, ganz mühelos.

P: Stimmt eigentlich.

M: In gewisser Weise kann man sagen, dass die *Form*, die Struktur – in diesem Fall unseres Denkens – eine *Kraft*, eine Energie darstellt. Das ist ja überhaupt ein Grundprinzip der ganzen Wunscherfüllung: Ich forme durch mein Denken – meine Wünsche – die Wirklichkeit. Ich muss es nur etwas geschickt anstellen. Und dabei spielt die Geordnetheit des Denkens eine wichtige Rolle.

Ordnung gibt einen klareren, effektiveren Input in den kosmischen Computer. Unordnung bedeutet nämlich immer auch, dass zusätzlich etwas anderes mit hineinkommt, was ich gar nicht will.

Ich möchte vorschlagen, dass wir jetzt vielleicht zum nächsten Punkt übergehen – seid ihr einverstanden?

W: Okay.

Bezahlung

H: Als nächsten Punkt hast du „Bezahlung“ aufgeschrieben. Das klingt etwas überraschend. Wir wollten doch unsere Wünsche auf ganz leichte Weise, nur durch Denken, erreichen. Und jetzt sollen wir doch irgendwie bezahlen?

M: Es ist mir klar, dass das etwas ungewöhnlich klingt. Vielleicht habe ich ja auch unrecht. Aber ich will euch doch mal die Gedanken, die ich mir gemacht habe, vorstellen. Ihr braucht sie nicht anzunehmen. Es fing damit an, dass ich in einem Buch gelesen habe: „Man muss für alles bezahlen“, natürlich nicht unbedingt mit Geld.

H: Womit dann?

M: Ich habe mir zurechtgelegt, dass wir vielleicht immer mit **Zeit und Aufmerksamkeit** bezahlen müssen.

P: Das geht ja noch.

M: Das sagst du so leicht. Aber das ist das Kostbarste. Vielleicht ist es letztlich alles, was wir haben.

Ich sehe das so: Jeder von uns hat nur ein begrenztes Maß an Zeit und Aufmerksamkeit. Zeit – das ist klar, denn wir leben ja nur so und so lange, und jeder Tag hat nur 24 Stunden. Und Aufmerksamkeit impliziert Zeit. Wenn ich meine Aufmerksamkeit auf etwas lenke, benötigt das Zeit. Vielleicht können wir uns das so veranschaulichen… gib mir mal den Zettel…

Unsere gesamte Menge von Aufmerksamkeit sei die Flüssigkeit in diesem Behälter…

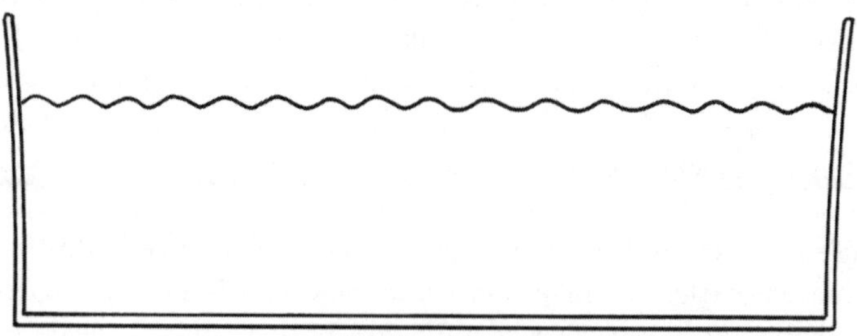

Abbildung 1

…in diesem Falle einigermaßen gleichmäßig verteilt auf die verschiedensten Lebensbereiche: die Arbeit, die Familie, die Bequemlichkeit, das Fernsehen, den Schlaf, das Jogging und was auch immer.

Jetzt nehmen wir mal einen anderen Fall: Jemand interessiert sich im Wesentlichen nur für seine Arbeit. Familie, Schlaf, Erholung, Bequemlichkeit dagegen stellt er völlig hintan; er schenkt diesen Bereichen kaum Aufmerksamkeit und nur wenig Zeit. Dann sieht die Graphik vielleicht so aus:

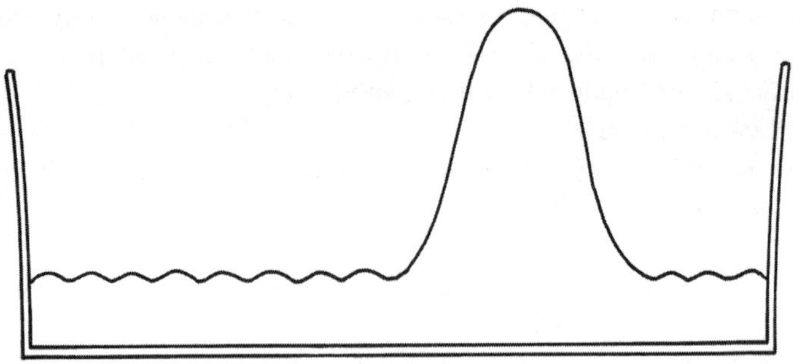

Abbildung 2

Er hat überall die Aufmerksamkeit einigermaßen abgezogen und sie hauptsächlich in dem Bereich Arbeit konzentriert – in der Zeichnung dargestellt durch die hohe Welle. Damit die Welle so hoch werden konnte, musste der Flüssigkeitstand an allen anderen Stellen viel niedriger werden. Er hat insgesamt nur eine begrenzte Menge von Aufmerksamkeit, Zeit und Kraft. Den größten Teil davon hat er in den Bereich Arbeit investiert. Da wird der Bereich Arbeit wahrscheinlich florieren, aber die anderen Bereiche werden leiden, weil er ihnen keine geistige Energie schenkt. Das heißt: Er *„bezahlt“* für seinen beruflichen Erfolg mit einem unbefriedigenden Privatleben.

Und so ist es überall: Man muss für alles bezahlen. Auch bei unseren großen Wünschen: Je mehr *Aufmerksamkeit* ich in ihre Verwirklichung stecke, umso intensiver ist die Eingabe in den kosmischen Computer. Denn Aufmerksamkeit ist auch wieder Energie. Wenn ich mich in Gedanken dauernd mit diesem Wunsch befasse, so gehen ständig Impulse in das kosmische Bewusstsein, die damit die Naturgesetze anspornen, das Ziel schneller und vollkommener zu verwirklichen.

Im Übrigen hat ja auch die *Arbeit*, die ich tue, um mein Ziel zu erreichen, den Nebeneffekt, dass sie die Aufmerksamkeit in Richtung auf dieses Ziel fokussiert. Ich habe vor kurzem gerade ein Buch von Erich Lejeune gelesen, einem erfolgreichen Unternehmer. Er hat extrem hart gearbeitet. Aber wenn man sein Buch liest, kann man erkennen, dass sein Erfolg im Wesentlichen durch seine dauernde *Bewusstseinskonzentration* auf das Ziel zustande kam. Sein positives Denken, seine plastische Vorstellung des Zieles, seine Ehrlichkeit und geistige Disziplin – die haben das Unternehmen hochgebracht. Die Arbeit war mehr oder weniger nur das äußere Korsett, das seine Aufmerksamkeit kanalisiert hat.

H: Da sind wir also mit unseren Überlegungen genau dort, wo jeder Normalbürger sowieso schon ist: Arbeite hart, dann verwirklichst du deine Träume.

M: Ja und nein. Erstens ist bei weitem nicht jeder, der hart arbeitet, auch erfolgreich. Im Gegenteil: Wie viele rackern sich ihr Leben lang ab und bringen es doch zu nichts Besonderem! Sie haben nicht die Gesetze des Denkens angewandt und haben sich nicht auf die Strukturen des kosmischen Computers eingestellt.

Zweitens muss man ja auch nicht die ganze Zeit *angestrengt* oder gar *stressvoll* arbeiten – es geht nur um Aufmerksamkeit. Es reicht, wenn ich alle möglichen kleinen Handlungen unternehme, die mich immer wieder an mein Ziel erinnern: Z. B. kann ich Bilder aus Zeitschriften ausschneiden, die den eigenen Traum darstellen – eine schöne Wohnung, ein rasantes Auto etc. – und diese dann in ein Wunschbuch einkleben. Oder ich kann entsprechende Messen besuchen, mit anderen darüber reden usw. Es ist gut, etwas in der gewünschten Richtung zu *tun*. Denn das Tun bündelt meine Aufmerksamkeit. Eine mehr oder weniger stetige Aufmerksamkeit, also geistige Energie, scheint in jedem Fall förderlich zu sein.

Ihr kennt doch den Volksgauben: Wenn man in dem Moment, wo eine Sternschnuppe runterkommt, einen Wunsch denkt, geht dieser in Erfüllung.

E: Ja, aber meistens fällt einem so schnell nichts ein.

M: Richtig; mir wird nämlich nur dann etwas einfallen, wenn ich einen so intensiven Wunsch habe, dass dieser praktisch *immer* gegenwärtig ist. Nur dann ist er *auch dann* da, wenn die Sternschnuppe gerade fällt. Das erklärt – wenn an dem Glauben etwas Wahres ist –, warum dieser Wunsch in Erfüllung geht. Er ist nämlich so stark, dass er unser Bewusstsein dauernd besetzt hält und damit auch in dem kurzen Moment der Sternschnuppe gegenwärtig ist. Damit ist ja nicht gesagt, dass die Sternschnuppe etwas direkt damit zu tun hat. Die Tatsache, dass ich fähig bin, in diesem Moment den Wunsch zu haben, ist nur ein Indiz, dass dieser Wunsch – weil er mich ganz erfüllt – die Kraft zur Verwirklichung in sich trägt.

Im Übrigen habe ich den Verdacht, dass die Wünsche, an die wir fast kontinuierlich denken – also unsere *starken* Wünsche –, dass die sich *deswegen* verwirklichen, weil wir mit ihnen ab und zu mal absacken in tiefe Bewusstseinsschichten. Wir transzendieren sozusagen mit ihnen und kommen – noch gesättigt mit ihnen – in die stillen Bereiche. Und das subtile Gegenwärtighaben des Wunsches ist nichts anderes als eine Eingabe in den kosmischen Computer – und zwar eine effektive. Wenn wir dauernd an eine Sache denken, werden wir auch einmal müde – vielleicht sogar aus Erschöpfung; wir entspannen uns dann völlig und lassen los. Dann geht vielleicht unser Geist für einen Augenblick in einen Zustand ohne Gedanken, d. h., er transzendiert und kommt damit automatisch auch in den Bereich, von wo aus die kosmischen Gesetze wirken. Die bearbeiten dann unseren Wunsch – vermenschlicht gesprochen.

Wie dem auch sei: Es scheint, dass eine stetige Aufmerksamkeit auf unseren Wunsch zumindest sehr hilfreich ist. Damit wird allerdings die Gedankenenergie von anderen Bereichen abgezogen. Das war es, was ich mit dem Wort „bezahlen" ausdrücken wollte: Andere Lebensbereiche werden notgedrungen vernachlässigt. Ich *bezahle* also für meinen Wunsch mit Schwachpunkten anderswo.

H: Also, damit bin ich keineswegs zufrieden. Wir wollten doch etwas Leichtes: Wunscherfüllung durch schlichtes Denken. Jetzt aber heißt es: dauernde Aufmerksamkeit, möglichst noch Arbeit bis zur Erschöpfung und Vernachlässigung anderer Lebensbereiche. Da ist dein Ansatz offensichtlich wesentlich schlechter als z. B. der von Bärbel Mohr in ihren Büchern. Nach ihr braucht man nur kurz **beim Universum zu**

bestellen – das heißt, den Wunsch auszusprechen – und die Sache vergessen. Daraufhin wird das Bestellte geliefert.

M: Sehr gut, sehr gut. Wie gesagt, es war ja auch nur mal eine Idee, die ich zur Diskussion stellen wollte. Bärbel Mohrs Methode scheint ja definitiv zu funktionieren, nach dem, was sie berichtet. Und vielleicht braucht man die ganze Bezahlung in Form von stetiger Aufmerksamkeit tatsächlich überhaupt nicht. Aber ich frage mich, ob ihre Methode wirklich bei *allen* klappt. Bei ihr ja offensichtlich. Ich könnte mir aber vorstellen, dass es daran liegt, dass sie einen entsprechenden Bewusstseinszustand hat, der nicht jedem gegeben ist. Sie *kann* es einfach: bestellen und dann loslassen. Sie hat dieses Vertrauen und die entsprechende lockere Art. Sie wird nicht von Zweifeln geplagt oder behindert. Sie hat offensichtlich ein *entspanntes* Bewusstsein. Und das bedeutet für mich – wenn man so etwas überhaupt von außen beurteilen kann –, dass sie auch Zugang zu sehr subtilen Bewusstseinsbereichen hat. Von Geburt an oder durch Schulung oder wie auch immer. Und ich hatte ja schon gesagt: Wenn man tiefe Bereiche mit einbezieht und wenn damit der Wunsch auch auf dieser sehr feinen Ebene lebendig ist, dann werden die kosmischen Kräfte aktiv, uns zu unterstützen.

Was ich besonders gut finde, ist, dass sie empfiehlt, den Wunsch nach der Bestellung sofort zu vergessen...

H: ...was schon mal gar nicht leicht ist.

M: Nein, aber dahinter steht genau der Mechanismus, den ich schon erwähnt habe: Vergessen heißt loslassen. Durch das Loslassen sickert sozusagen der „Nachklang" des Wunsches automatisch in die tiefsten Bewusstseinsbereiche ein, bis hin zu der absoluten Stille. Und in dieser dynamischen Stille, d. h. in dem, was wir das Absolute genannt haben, da wohnen die allermachtvollsten kosmischen Gesetze, die mächtigsten Devas. Und wenn *die* einen Impuls bekommen und aufnehmen, dann kann nichts sie stoppen. Dann wird unser Impuls, unser Wunsch, verwirklicht.

Was ich sagen möchte, ist: Man muss vielleicht einen entsprechenden Bewusstseinsstand haben, um diesen Mechanismus überhaupt anwenden zu können. Und wenn man den hat, braucht man keine ausgedehnte Aufmerksamkeit.

Wenn das aber nicht der Fall ist, dann empfehle ich, dieses entspannte und erweiterte Bewusstsein erst mal zu *entwickeln*. Das heißt, man sollte sein Bewusstsein schulen. Das kann man z. B. durch regelmäßiges Meditieren. Ich habe den Verdacht, dass Bärbel Mohr in der Vergangenheit ihr Bewusstsein in der einen oder anderen Weise intensiv trainiert hat – wenn nicht in diesem Leben, dann in einem früheren. Dadurch hat sie allmählich diese Lockerheit, diese Entspanntheit und dieses Vertrauen kultiviert.

H: In gewisser Weise meinst du also: Sie hat auch wieder Zeit, Energie und Aufmerksamkeit investiert – um ihre Fähigkeit zu entwickeln, Wünsche ganz leicht und quasi nebenbei zu verwirklichen.

M: Richtig. Auch sie hat wahrscheinlich auf diese Weise „bezahlt“ – vielleicht sogar mit *Geld* für Meditationsseminare!

H: Also, du meinst: Bezahlen muss man auf jeden Fall, entweder für die Verwirklichung des speziellen Wunsches – oder aber, um die allgemeine Fähigkeit zu entwickeln, sich seine Wünsche zu erfüllen, dann aber beliebige und ganz leicht.

M: Genau. Das eine ist der kurzsichtigere Weg: Man haut alles rein, um ein neues Auto zu bekommen, konzentriert sich darauf, investiert Zeit, Aufmerksamkeit, Arbeit usw. und vernachlässigt vieles andere. Auf dem *anderen* Weg entwickelt man sein Bewusstsein, verfeinert es, sodass man von der feinsten Ebene aus seine Wünsche ganz leicht manifestieren kann. Damit vermeidet man Einseitigkeit und Unausgewogenheit im Leben und entwickelt die Fähigkeit, *jederzeit* seine Wünsche zu erfüllen.

Man macht es wie ein Bauer: Er bearbeitet lange den Acker, um dann schließlich nur noch die Samen auszustreuen. Die Samen gehen dann ganz von alleine auf. Das besorgt die Natur. Aber er musste vorher lange den Boden bereiten. Er hätte sich stattdessen auch um jeden einzelnen Samen kümmern können, ihm ein passendes Stück Erde vorbereiten und Dünger darein tun können usw. Aber dann hätte er längst nicht so viele Samen zum Sprießen gebracht, und große Teile seines Ackers wären brach geblieben.

So ist es auch beim Menschen. Es ist letztlich ökonomischer, sich zuerst um die Entwicklung des Bewusstseins zu kümmern und dann, mit der gewonnenen geistigen Kraft, alles zu verwirklichen, was man braucht.

W: Das entspricht wohl dem, was Jesus sagt: Suchet zuerst das Reich Gottes und seine Herrlichkeit, und alles andere wird euch gegeben werden…

M: Super. Das ist genau das.

Dankbarkeit

M: Dies ist jetzt wohl ein guter Moment, zu dem nächsten Punkt zu kommen: Dankbarkeit. Diesen Punkt habe ich aufgenommen, weil ich mich an folgende Geschichte erinnerte – es soll eine wahre Begebenheit sein:

Eine alte Frau war durch eine Krankheit oder einen Unfall vollständig gelähmt. Sie lag sechs Monate in ihrem Bett, völlig verzweifelt und mit dem Schicksal hadernd. Jeder Tag dieselbe immer neue Qual. Eines Tages aber hatte sie es so außerordentlich satt, dass sie plötzlich losließ. Ihr wurde klar, dass es ihr überhaupt nicht half, verzweifelt zu sein. Und was machte sie? Sie erinnerte sich, dass ihr linker kleiner Finger, als einziger Körperteil, noch beweglich war. Sie bewegte ihn hin und her, und eine gewisse Dankbarkeit überkam sie. Vielleicht hatte sie sich auch rein intellektuell überlegt, dass man es mal mit Dankbarkeit versuchen sollte. Und so bewegte sie täglich den kleinen Finger und motivierte sich zu einer gewissen Dankbarkeit. Das tat sie einige Wochen, bis sie plötzlich merkte, dass inzwischen auch der Ringfinger etwas beweglich geworden war. Jetzt bewegte sie die beiden Finger und dankte jedes Mal für diese Beweglichkeit. Nach einigen Wochen war auch der Mittelfinger etwas beweglich geworden. Sie bewegte die drei Finger und dankte immerzu. Kurz und gut, nach vielen Monaten, vielleicht auch erst nach Jahren, konnte sie, Stück für Stück, schließlich alle ihre Gliedmaßen wieder leidlich bewegen. Da war sie natürlich echt dankbar.

P: …und wenn sie nicht gestorben ist, lebt sie noch heute.

M: Ja, es klingt wie ein Märchen. Es wurde als eine wahre Geschichte berichtet – soweit ich mich erinnere, in einer seriösen Publikation.

P: Keine schlechte Geschichte. Und was folgt daraus?

M: Für mich folgt daraus, dass Dankbarkeit die Verwirklichung von Wünschen unterstützen kann.

H: Dann kommt gleich meine Standardfrage: Was sind die Mechanismen dahinter?

M: Das müssen wir mal gemeinsam überlegen.

W: Die erste Frage wäre vielleicht: Was ist eigentlich Dankbarkeit? Welche Haltung, welche Geistesstruktur steht dahinter?

M: Gut.

E: Also erstens ist es eine *positive* Haltung. Dankbarkeit konzentriert sich auf das Gute und vernachlässigt das Negative.

W: Zweitens ist die Aufmerksamkeit nicht so sehr auf sich selbst gerichtet, sondern vielleicht auf eine andere Macht, also auf Gott – oder auch einen anderen Menschen.

H: Außerdem hört man auf, gegen etwas zu kämpfen. Man bejaht, und man entspannt sich dadurch.

M: Da haben wir doch schon einige wichtige Ingredienzien: Dankbarkeit geht in die Richtung von *Einheit* und Verbindung; sie überwindet die Trennung und Isolierung; der Kampf gegen etwas hört auf; und es geschieht eine Hinwendung zum anderen oder zum Höheren.

Zweitens: Dankbarkeit bejaht das *Positive*, also das *Erwünschte*, statt das Unerwünschte abzulehnen.

Und drittens: Dankbarkeit führt zur Entspannung. Man hat dadurch bessere Voraussetzungen für effektives Wünschen – wie wir besprochen haben.

P: Zur Positivität: Wir haben gesagt, dass der kosmische Computer nur Positives registriert, das Wort „nicht“ aber unberücksichtigt lässt. Also, diese Frau z. B. konzentrierte sich auf das Gewünschte und nicht auf das Unerwünschte. Dadurch gab ihr Bewusstsein die *erwünschte* Qualität in den Computer ein, nämlich Gesundheit. Und da sie das immer wieder tat, konnte sich die Gesundheit verwirklichen.

M: Das ist, glaube ich, der Hauptpunkt.

W: Ich glaube, der Hauptpunkt war, dass sie sich Gott oder den höheren Mächten – in Dankbarkeit – zugewandt hat, sodass Gott dann wohlwollend reagierte.

M: Ja. Man könnte auch sagen: Gott freut sich, wenn sich jemand ihm zuwendet, sich mit ihm verbindet. Denn er ist ja die Quelle; und er wünscht sich, dass alle Wesen wieder zu ihm zurückkehren. Und so eine dankbare Hingabe ist ein erster Schritt zu dieser Heimkehr. Und alle kosmischen Gesetze sind ja letztlich auch Wesenheiten. Und sie freuen sich, wenn wir sie in Dankbarkeit würdigen. Sie freuen sich, weil wir damit einen Schritt in Richtung Einheit gehen.

H: Wenn Dankbarkeit so wirkungsvoll ist, ist man fast versucht, sie wie eine Art *Methode* anzuwenden, um seine Wünsche zu erfüllen.

M: Viele tun das mit Erfolg. Und ich glaube, Gott und die Engel nehmen uns das nicht übel. Aber es ist sicher besser – vor allem für unsere eigene Bewusstseinsentwicklung –, wenn wirklich eine echte Hingabe und ein echtes Gefühl dahinterstehen.

Ich habe in der esoterischen Literatur den Ratschlag gefunden, schon gleich mal für die Erfüllung des Wunsches zu danken, sobald man ihn ausgesprochen oder visualisiert hat etc. – also bevor das Ergebnis eingetreten ist.

E: Das wirkt wohl etwas künstlich…

M: Das finde ich auch, aber in gewisser Weise ist es im Sinne der Gesetze, die wir analysiert haben, konsequent.

E: Wieso?

M: Wir signalisieren damit zumindest unser Vertrauen, dass der Wunsch sicher erfüllt wird, nachdem wir ihn jetzt in den kosmischen Computer eingegeben haben. Und wenn es einigermaßen von Herzen kommt, fördert es auch die guten Qualitäten, die wir besprochen haben: Hingabe, Positivität und Entspannung. Und das hat sicher seine Wirkung.

Auf jeden Fall aber ist es gut zu danken, wenn man eine Unterstützung der Natur erfahren *hat.* Das schafft auch für zukünftige Situationen eine gute Basis und erhält uns in der Einheit mit dem Ganzen.

H: Ich habe das Gefühl, bei dieser Geschichte geht es um mehr als nur Dankbarkeit. Es geht um Positivität allgemein. Ich kenne einige Leute, die immer so optimistisch sind, alles loben und wertschätzen, und denen irgendwie auch immer alles zufällt.

M: Ja, ich kenne auch einige von diesen beneidenswerten Menschen… Vielleicht könnte man hier den Begriff der **Resonanz** einführen: Wer immer das Positive sieht, zieht auch das Positive an. Seine Aufmerksamkeit schwingt gewissermaßen auf der Wellenlänge der Positivität; er lebt in einer Welt der Positivität. Nur Gutes ist mit ihm in Resonanz. Dadurch zieht er es an…

Gut; ich würde jetzt am liebsten dazu übergehen, den nächsten Begriff zu besprechen:

Hingabe

E: Dieser Begriff klang ja eben schon an.

M: Ja. Als ich ihn aufschrieb, dachte ich dabei an eine Erfahrung, die wohl schon jeder gemacht hat: Wenn man sich etwas lange vergeblich wünscht, kommt dann manchmal der Moment, wo man völlig loslässt und aufgibt. Und dann erscheint das Gewünschte – ganz unerwartet.

E: Ja, das kommt häufig vor.

M: Mir fällt ein Typ ein, der viel trampte. Der erzählte mir von seiner Erfahrung: Manchmal hielt stundenlang niemand an. Er wurde dann zuerst ungeduldig und schließlich frustriert. Und dann kam der Moment, wo er völlig aufgab und schon weggehen wollte – und in dem Moment hielt einer und nahm ihn mit.

P: Genau das habe ich auch festgestellt.

M: Sogar in den Upanishaden gibt es eine entsprechende Geschichte: Ein Mönch bettelt in einem Dorf. Nachdem er den ganzen Tag nichts bekommen hat, beschließt er, nichts mehr von diesen Leuten anzunehmen, und er setzt sich außerhalb des Dorfes zum Meditieren hin. Und da kommen plötzlich die Leute aus dem Dorf und bringen ihm etwas zu essen.

W: Also der Wunsch erfüllt sich erst, wenn man ihn aufgegeben hat.

M: So ungefähr.

H: Und wie kommt das?

M: Es ist wieder dasselbe Prinzip: Wenn man loslässt, entspannt man sich. Man hört auf, innerlich zu kämpfen oder sich zu verkrampfen. Dann wird der Geist ruhig. Man kommt in tiefere Bewusstseinsschichten. Dabei ist aber trotzdem der Geist noch gesättigt mit diesem Wunsch, mit dem man sich ja die ganze Zeit beschäftigt hat. Und dann sickert der Wunsch automatisch in die grundlegenden Ebenen des kosmischen Bewusstseins ein, wo er von den Naturkräften aufgegriffen wird.

W: So definierst du also Hingabe?

M: Hm. Unter „Hingabe“ versteht man bestimmt noch etwas mehr.

Da muss sicher noch immer eine Instanz sein, an die man sich hingibt, also z. B. Gott.

W: Ich denke, Hingabe beinhaltet immer das Aufgeben des Egos, also des eigenen Willens. Man vertraut sich einem anderen oder einer höheren Macht an. Im Sinne von „Dein Wille geschehe".

M: Ja, das ist Hingabe. Es ist immer ein Loslassen des eigenen Willens, ein Anvertrauen – sei es Gott, sei es dem Kosmos oder der Natur. Es ist ein Gefühl des Vertrauens und in gewisser Weise der Entgrenzung dabei. Man kämpft nicht um seinen eigenen Willen, sondern ordnet sich ein in etwas Übergreifendes. Und das scheint irgendwie eine Unterstützung mit sich zu bringen.

E: Das ist paradox: Wenn man nicht mehr will, dann bekommt man.

M: Ich glaube, hier liegt wieder das Prinzip zugrunde: Wenn ich der Evolution diene, unterstützt mich die Evolution. Die Evolution geht nämlich, wie schon oft gesagt, in Richtung Einheit. Sie kommt aus der Einheit und geht zurück in eine – bewusst verwirklichte – Einheit. Das heißt aber auch, dass die individuellen Begrenzungen wegfallen. Das sich abgrenzende Ego, das normalerweise seinen Eigenwillen gegen alles andere durchzusetzen versucht, muss sich einordnen in den kosmischen Gesamtplan. Und jeder Schritt des Individuums in diese Richtung wird vom Kosmos quasi belohnt. Also alles, was aus der Einstellung „Dein Wille geschehe" entspringt, findet seine Unterstützung. Und dadurch kommt diese häufige Paradoxie zustande, von der du sprachst: Wenn ich *will*, bekomme ich *nicht* – denn damit würde der Kosmos ja den begrenzten Eigenwillen unterstützen –; und wenn ich dann nicht mehr will, bekomme ich.

H: Aber auch nur dann, wenn ich vorher gewollt habe.

M: Ja, der Wunsch muss noch gegenwärtig sein. Du musst – mit dem Gedanken daran noch zart im Bewusstsein – diesen Wunsch loslassen.

H: Und das kann man wahrscheinlich noch nicht einmal manipulieren…

M: …denn jede Manipulation käme ja aus dem Ego und würde es stärken. Der Kosmos arbeitet tatsächlich unglaublich trickreich. Er zwingt uns letztlich – wenn wir wirklich erfolgreich sein wollen –, uns dem Ganzen völlig und echt hinzugeben und unseren Eigenwillen zurückzustellen.

E: Wünsche, die *gegen* die Gesamtheit gerichtet sind, werden sich daher wohl auch schlechter verwirklichen lassen.

M: Das scheint die Folgerung zu sein. Denn letztlich erfüllt ja gerade die *Ganzheit* den Wunsch. Sie wird nichts fördern, was gegen sie läuft.

H: Das kann aber eigentlich nicht heißen, dass sich kein Wunsch mit Gewalt durchsetzen lässt.

M: Nein, ganz sicher nicht. Denn das sehen wir ja überall. Überall wird gegen die Natur gearbeitet. Die Umwelt wird zerstört, die Gene werden verändert, die Nahrung wird denaturiert, die Atome werden mit Gewalt gespalten – und die entsprechenden Firmen leben sehr gut.

Man muss ja sehen, dass wir uns hier und heute ausschließlich mit der „eleganten", subtilen, mehr spirituellen Art der Wunscherfüllung befassen – durch richtige Handhabung unseres Bewusstseins. Die grobe, materielle Art bleibt daneben natürlich bestehen. Das ist ja das Normale. Man wird immer noch Autokarosserien pressen, Baugruben ausheben usw., um etwas zu schaffen und aufzubauen. Und das muss ja auch – zumindest für lange Zeit – weiter gemacht werden. Mit unseren subtilen Bewusstseinsimpulsen können wir im Augenblick nur relativ subtile Mechanismen beeinflussen. Und dabei stellen wir fest, dass Wünsche, die im Einklang mit dem Strom der Evolution sind, sich leichter verwirklichen lassen. Aber mit viel grober Kraft ist es immer auch möglich, gegen den Strom zu schwimmen.

W: Aber es ist anstrengend, und man wird es auch nicht lange durchhalten.

M: Ich glaube auch, dass die **Natur** letztlich **immer gewinnen wird**. Man kann für einige Zeit die kosmischen Gesetze verletzen, indem man Dinge schafft, die nicht im Einklang mit der Evolution sind. Aber schließlich wird man dadurch so viel Leiden auf sich ziehen, dass man aufgeben muss. Leiden kommt ja eigentlich *nur* durch Verletzung der Gesetze. Wenn man im Strom mit der Evolution schwimmt, wird es kein Leiden geben. Leiden ist *der* Mechanismus, durch den die Natur ihren Willen durchsetzt.

Und deshalb ist es angenehmer, gleich in Richtung der Evolution zu *wünschen*. Zumal wir dann all die subtilen Gesetzmäßigkeiten einsetzen können, die wir bis jetzt besprochen haben…

Liebe

W: Also dies war jetzt das Gesetz der Hingabe.

M: Wir hatten noch zwei weitere Punkte auf unserer Liste.

W: Das Nächste wäre „Liebe“.

M: Das ist ein etwas hochgestochener Titel, unter den ich zwei kleine Geschichten subsumieren wollte:

Die erste Geschichte, die ich neulich gerade hörte: Ein Geschäftsmann versandte zu Neujahr eine Grußkarte an seine Kunden und wünschte ihnen allen darin einen Lottogewinn von einer Million. Kurze Zeit später gewann er selbst eine Million im Lotto!

P: Echt gut.

M: Er erhielt also das, was er anderen wünschte.

E: Und in diesem Fall war das noch nicht einmal unbedingt von Herzen, nur mehr oder weniger äußerlich und als Werbetrick.

M: Wahrscheinlich. Man weiß es nicht. Auf jeden Fall hat die Natur – nach dem Gesetz der Reziprozität – ihm selbst die Wirkung seines „altruistischen“ Wunsches zurückgebracht.

E: So scheint es.

M: Die andere kleine Geschichte betrifft mich selbst: Ich hatte durch Zufall erfahren, dass in unserer Organisation die meistbegehrte Position frei würde. Ich selbst traute sie mir in dem Moment noch nicht zu. Ich nahm mir daher vor, zwei Freunden von dieser Chance zu erzählen, sodass sie sich darum bemühen konnten. Ich weiß nicht mehr, ob ich tatsächlich dazu kam, es ihnen zu sagen. Auf jeden Fall bekam *ich* kurz danach diese Position – ganz unerwartet und ohne Bemühung. Auch hier also die quasi selbstlose Absicht oder Handlung, die mir *selbst* das Ergebnis brachte, das ich anderen gewünscht hatte. Ich habe das Gefühl: Hier liegt wieder ein Gesetz vor.

H: Nämlich…

M: Na ja, ich habe es das Prinzip der Liebe genannt. Also, was ich anderen gönne, das bekomme ich.

H: Und woraus ergibt sich das?

M: Ich denke: Selbstloses Denken an andere vergrößert die *Einheit* in der Welt. Und Einheit ist die Basis und gleichzeitig das Ziel der

Evolution. Wenn ich Einheit fördere, unterstütze ich die Evolution, und sie unterstützt mich – nach dem Gesetz der Reziprozität bzw. nach dem Gesetz von Ursache und Wirkung.

W: In den beiden Geschichten war eigentlich gar nicht so richtig das *Gefühl* der Liebe da – oder? Nur eine Art Selbstlosigkeit.

M: Wie gesagt, ich habe hier einen etwas hochgestochenen Titel gewählt. Ein ausgesprochenes Gefühl der Liebe war sicher nicht da. Aber man muss auch sehen, dass **Liebe** im eigentlichsten Sinne **kein *Gefühl*** ist. Wenn ich liebe, sollte ich doch dem Geliebten alles Gute wünschen, nicht wahr?

W: Ja.

M: Und wann tue ich das? Wenn ich keine Trennung zwischen mir und dem anderen sehe, wenn ich keinen Unterschied zwischen mir und dem anderen mache. Und das ist, wenn ich sehe, dass der andere mein eigenes Selbst ist.

E: Aber er ist ja niemals mein Selbst.

M: Im tiefsten Sinne doch. Denn, wie wir gesehen haben, ist alles Bewusstsein, und alles ist *ein* Bewusstsein. Also ist mein Selbst auch das Selbst aller anderen. Da ist kein Unterschied und keine Trennung.

Und wenn ich den anderen als mein eigenes Selbst sehe, will ich natürlich auch alles Gute für ihn. So wie ich z. B. meinem eigenen Finger auch nur alles Gute wünsche. Selbst wenn er schmutzig geworden ist, werde ich ihn dafür nicht bestrafen. Denn er ist ja ich selbst. Ich werde ihn liebevoll abwaschen. Dazu brauche ich aber kein großes *Gefühl* der Liebe zu ihm. Es ist eine völlige Selbstverständlichkeit. Ich bin eine Einheit mit ihm, er ist mein Selbst; und daher sorge ich für ihn.

H: Wenn ich liebe, liebe ich also letztlich mich selbst. Und dann sorge ich natürlich ganz selbstverständlich für mich selbst.

M: Ja; und jetzt kommt der Punkt: Der Unterschied zwischen so genannten Egoisten, die nur sich selbst lieben, und Altruisten, die anscheinend andere lieben, besteht darin, wie umfassend sie ihr Selbst ansetzen: Sehe ich mich selbst als meinen Körper, dann werde ich nur für meinen Körper sorgen und ihm alles Gute tun. Und da die anderen nicht mein Körper sind, werde ich kein tiefes Interesse haben, mich um sie zu kümmern. Und wenn ein Konflikt da ist – wenn also z. B. nur ein kleines Stück Kuchen für zwei da ist –, dann werde ich sehen, dass *mein* Körper den Kuchen bekommt – also *ich*, wie ich meine. Das nennt man dann Egoismus. Und der ist ganz natürlich.

E: Natürlich? Sieh dir doch die Mutter an, die *zunächst* einmal an ihr Kind denkt, bevor sie sich selbst was zu essen nimmt.

M: Das ist es ja genau. Die Mutter sieht ihr Kind als einen Teil von sich selbst. Es ist ja aus ihr herausgekommen, sie hat es so lange schon genährt: Es gehört zu ihr. Es ist ein Teil von ihr – gar nicht einmal auf der Ebene des höheren Selbst, sondern noch auf der Ebene des Körpers. Das Kind ist eine Ausweitung ihrer eigenen Person. Und daher behandelt sie es auch so. Wenn das Kind dann erwachsen wird und die Mutter zutiefst in diesem Verständnis hängen bleibt, dann ist das nicht immer angenehm für das Kind. Es möchte ja auch einmal ein eigener Mensch werden. Aber viele Mütter lassen ihre Kinder nicht.

H: Die Tatsache, dass wir an unserem **Besitz** hängen, beruht vielleicht auf demselben Prinzip: Wir sehen unseren Besitz als eine Ausweitung unserer selbst.

M: Sehr gut. Wir identifizieren uns mit unserem Eigentum. Es gehört zu uns – weil es uns gehört!

Und was zu uns gehört, was unser ausgeweitetes Selbst ist, das schützen wir dann auch. Wie könnten wir es denn auch vertragen, wenn man einen Teil von uns wegnimmt? Dann würden wir ja *uns selbst* verlieren. Die Besitzgier der Leute ist letztlich eine Angst um ihre Existenz. Und die Angst, die eigene Existenz zu verlieren, ist die tiefste Angst überhaupt. Die Angst hat ja gerade die Funktion, die Existenz zu bewahren. Und daher klammern sich die Menschen in überdimensionierter Weise an ihren Besitz. Denn sie sehen den Besitz als ihr ausgeweitetes Selbst und wollen ihr Selbst auf alle Weise bewahren.

P: Es ist alles also eine Frage der Sicht. Jeder ist ein Egoist, er liebt nur sich selbst…

M: …gemäß der bekannten Klage: „Jeder denkt nur an sich! – Nur *ich* denke an mich!“ ☺

H: …Die Frage ist dann nur: *Was* sieht er als sein Ich – den Körper, die Person… oder das höhere Selbst, das alle kleinen Selbste – wenn es so etwas gibt – umfasst.

M: **Das Selbst ist letztlich eines.** Wir sind alle eins. Weil wir uns aber mit dem Körper identifizieren, glauben wir uns getrennt.

H: „Gut-Sein" ist damit also eine Frage des Wissens: Wenn ich weiß, dass der andere ich selbst ist, dann werde ich automatisch das Beste für ihn tun.

M: Ganz genau. Schon Platon sagte: Tugend ist Wissen. In unserem Zusammenhang können wir sagen: **Liebe ist Wissen**, nämlich Wissen, dass wir mit allem anderen eins sind. Und ganz in der Tiefe weiß das jeder. Ich glaube, ohne diese tiefe Sicherheit könnten wir gar nicht leben. Fühl mal in dir nach: Da ist doch dieses ganz grundlegende Gefühl der Verbundenheit, des Nicht-allein-Seins…?

E: Eigentlich ja.

M: Und dann stell dir vor, du wärest absolut getrennt von allem andern… Es geht nicht. Du könntest es nicht aushalten.

E: Du magst Recht haben.

M: Wenn das so ist, heißt das: Wir sind alle in der Liebe – in dem Seinszustand der Liebe.

W: Deswegen sagt man ja auch immer: Gott ist Liebe.

M: Ja, Gott ist Liebe, und wir sind alle ein Teil Gottes, deswegen sind auch wir Liebe. Liebe ist unsere tiefste Natur.

H: Nur sind wir uns dessen im Allgemeinen nicht bewusst. Deswegen handeln wir häufig so, als seien die anderen getrennt von uns oder sogar unsere Gegner.

M: Und wenn wir so handeln und denken, dann sind wir nicht im Einklang mit der wahren Struktur des Seins. Und unsere Wünsche werden nicht unterstützt – weil wir sozusagen gegen die Natur wünschen. Wenn wir aber im Bewusstsein leben, dass wir eins sind mit den anderen…

Sieh mal die Geschichte mit dem Millionengewinn: Wir haben schon einmal gesagt: Der kosmische Computer kennt kein „nicht".

P: Richtig.

M: Und genauso scheint er den **Unterschied zwischen Ich und Du** nicht zu kennen. Für ihn gibt es nur Einheit, keine Spaltung in Gegensätze. Wenn ich daher etwas für einen anderen wünsche, bringt er das automatisch auch mir.

P: Eine gute Erklärung.

M: Der Kosmos muss den Wunsch irgendwie verwirklichen. Und der, der das Resultat am meisten anzieht, bin ich selbst. Denn *ich* hatte ja den Gedanken – in diesem Fall die Million. Und ich habe das Ergebnis am meisten verdient, da ich im Sinne der Einheit wünschte – nämlich zugunsten der anderen. Damit habe ich signalisiert, dass ich die anderen wie mein Selbst ansah.

W: Liebe deinen Nächsten wie dich selbst, wie die Bibel sagt.

M: Siehst du!

H: Was können wir nun aber machen, um diese tiefe Wahrheit mehr zu integrieren – sodass wir die Einheit bei allen Situationen mehr in unserem Bewusstsein behalten?

M: Hier würde ich wieder einmal sagen: Wir müssen unser Bewusstsein erweitern – z. B. durch Meditation. Wir müssen vertrauter werden mit unseren tieferen Bewusstseinsschichten, die näher am Absoluten liegen. Denn das sind die Ebenen, wo mehr Einheit ist; denn die tiefste Ebene ist vollkommene Einheit.

Und wenn ich die feineren Ebenen *im Innern* besser kenne, verfeinert sich auch meine Wahrnehmung *im Äußeren*. Ich sehe ganz unmittelbar die liebenswerteren Aspekte der Welt und der anderen Menschen. Und warum sind sie für mich liebenswerter? Genau, wie wir gesagt haben: weil ich die Einheit sehe. Bei den feineren Frequenzen der Wirklichkeit lässt sich die Illusion der Getrenntheit nicht mehr aufrechterhalten. Mein Blick wird auf das Vereinheitlichende gelenkt. Ich sehe die Einheit, und das heißt: Ich sehe *mich selbst* in den anderen. Und dadurch die Verbundenheit.

Unsere tiefste und wahre Natur *ist* Liebe. Daher brauchen und können wir letztlich gar nichts *tun*, um mehr zu lieben. Wir brauchen nur zu sein, was wir wirklich sind. Es kommt lediglich darauf an, die Liebe hervortreten zu lassen. Und wie lassen wir sie hervortreten? Indem wir alles abbauen, was sie verdeckt. Und was verdeckt die Liebe? Letztlich ist es Unwissenheit. Unwissenheit darüber, dass wir auf der Ebene unseres tiefsten Selbst engstens verbunden sind, ja, letztlich eins sind. Wenn wir diese Einheit erkennen, sind wir automatisch im Zustand der Liebe.

Und nicht nur den anderen müssen wir in der Tiefe erkennen, nein, auch uns selbst. Denn auch wir sind genauso liebenswert wie jedes andere Wesen, nicht mehr und nicht weniger.

H: Das ist ein sehr wichtiger Gedanke! Oftmals hassen wir uns im

Grunde nämlich selbst. Und das führt dazu, dass wir auch den anderen hassen. Jeder, der hasst, projiziert etwas, was er an sich selbst nicht mag und deswegen verdrängt, auf einen anderen – den er dann hasst. Im Grunde hasst er sich aber selbst.

M: Sehr richtig. Und auch hier ist die Abhilfe wiederum Erkenntnis. Das Mittel gegen Unwissenheit ist immer nur eines: Erkenntnis. Dazu gehört auch Selbsterkenntnis. Z. B. müssen wir unsere eigenen Schwächen, unsere Blockaden, unseren inneren Schmerz aufdecken. Und wenn wir sie erkannt haben, dann kommt es darauf an, dass wir sie verstehen und *akzeptieren*. Dazu gehört eine gewisse Arbeit. Wenn diese Arbeit aber geschafft ist, dann kann die Liebe frei fließen – zunächst einmal die Liebe zu uns selbst!

Liebe zu mir selbst ist die absolute Vorbedingung dafür, dass ich *irgendjemanden* lieben kann. Und ich behaupte: Sie ist nicht nur die *notwendige* Bedingung, sondern auch die *hinreichende* Bedingung: Wenn ich mich selbst liebe, liebe ich auch meinen Nächsten. Das ist vollautomatisch. Denn ich kann mich nur lieben, wenn ich mich verstehe. Wenn ich mich aber verstehe, verstehe ich auch den anderen. Und dann kann meine wahre Natur an die Oberfläche treten, welche Liebe ist.

Diese Gedanken gehen eigentlich schon in Richtung auf mein nächstes Thema: Wahrheit. Seid ihr damit einverstanden, dass wir jetzt dazu übergehen?

W: Wie wäre es, wenn wir damit erst nach dem Abendessen anfangen?

M: Auch gut.

4. Kapitel

Wahrheit

Warum erfüllen sich nicht alle unsere Wünsche?

Am Abend trafen wir uns wieder in der üblichen Weise.

M: Also, wir wollten uns über das Thema „Wahrheit“ im Zusammenhang mir der Wunscherfüllung unterhalten. Als Ausgangspunkt dazu möchte ich gerne noch einmal die Frage stellen: Warum erfüllen sich nicht alle unsere Wünsche? Die Sache sieht doch so einfach aus: Wir sind alle Teil des Einen großen Bewusstseins. All unsere Gedanken gehen automatisch in den kosmischen Computer ein. Und in seiner Gutartigkeit hat der nichts Besseres zu tun, als unsere Wunschinputs zu prozessieren und für ihre Erfüllung zu sorgen. Das kann er, indem er entsprechende Impulse an die „Bewusstseine“ anderer Menschen weiterleitet oder indem er direkt die Materie beeinflusst. Diese Beeinflussung sollte zumindest über die quantenmechanische Ebene möglich sein, wo noch am meisten Formbarkeit und Unbestimmtheit herrschen – wo die Bewusstseinsnatur der Welt noch am meisten manifest ist. Das haben wir alles besprochen.

Jetzt also die Frage: Warum läuft es nicht immer so leicht nach unseren Wünschen? Der Mechanismus der Wunscherfüllung arbeitet doch so einfach und natürlich: Bewusstsein wirkt auf Bewusstsein. Und was soll daran schwierig sein? Wir machen es ja in jedem Moment in unserem eigenen Geist. Wir denken an einen Gegenstand, und ein inneres Bild davon manifestiert sich vor unserem Auge. Wir haben damit diesen Gegenstand „geschaffen“. Wenn aber *alles* Bewusstsein ist – warum sollten wir damit nicht *alles* hervorbringen können, was wir wollen?

H: Na, eine Sache ist, dass unser Bewusstsein nicht klar genug ist. Wir sind nicht entspannt genug. Wir nutzen nicht die tieferen und feineren Schichten des Bewusstseins. Deswegen ist unsere Eingabe in den kosmischen Computer nicht präzise oder nicht kraftvoll.

M: Beziehungsweise wir erreichen dann nicht die machtvollsten Naturgesetze, die ja auf den feinsten Ebenen der Schöpfung oder im Transzendenten angesiedelt sind.

H: Ja.

M: Das ist sicher *ein* wichtiges Hindernis.

Entgegengesetzte Wünsche anderer Menschen

E: Eine andere Schwierigkeit könnte sein: Da ja alle Menschen sich dauernd etwas wünschen und jeder sich aber zunächst einmal etwas für sich selbst wünscht – so wünschen verschiedene Menschen auch Verschiedenes. Die Wünsche widersprechen einander.

M: Also du meinst, meinem eigenen Wunsch könnten Wünsche anderer entgegenstehen.

E: Ja.

M: Das ist sicher eine Einschränkung, die unser Wünschen erfährt: Jeder von uns, mit seinem individuellen Bewusstsein, ist zwar eng mit dem Ganzen, also dem kosmischen Computer, vernetzt. Er hat aber doch auch eine gewisse *Abgrenzung* gegenüber dem Ganzen, eben seine Individualität. Jede der „Workstations" – also jeder von uns – hat seinen eigenen Prozessor, hat seine eigenen Speicher mit eigenen Datenbanken. Das heißt, jeder Mensch hat sein individuelles Gedächtnis, seine eigenen Tendenzen und Bedürfnisse, seine eigene Vorgeschichte usw. Und vor allem hat er seine Freiheit. Daher kann es vorkommen, dass jemand sich etwas wünscht, das unseren Wünschen entgegensteht.

Das scheint zwar sehr einleuchtend. Ich persönlich glaube aber, dass diese Beeinträchtigung durch andere nur sehr selten ein Grund für Misserfolg ist. Meine Erfahrung ist, dass der Kosmos so unendlich clever und einfallsreich ist, dass er auch die unterschiedlichsten Wünsche miteinander vereinbaren kann. Dieses Denken, dass nicht alle zufriedengestellt werden können, beruht auf einem Bewusstsein des ***Mangels***. Wir glauben, das aus dem täglichen Leben zu kennen, aus der Ökonomie: Von jedem Rohstoff ist nur begrenzt viel da. Es geht nicht, dass jeder so viel davon haben kann, wie er will. Oder auch mit dem Geld: Nicht jeder kann reich sein, denn es ist nur begrenzt viel Geld da.

Ich glaube, das stimmt alles nicht. Die Erde kann z. B. genug Nahrung erzeugen, dass alle satt werden könnten. Es ist nur eine Frage, wie man sie bebaut und wie man die Nahrung verteilt.

Es ist genug natürliche Energie da. Nur wenn wir durch gewisse Manipulationen der Großkonzerne auf Erdölenergie festgelegt werden, dann kann sicher eine Energieknappheit auftauchen.

Ebenso mit dem Reichtum. Wenn die Wirtschaft entsprechend strukturiert und organisiert wird und wenn alle Menschen ein klares und kreatives Bewusstsein hätten, gäbe es keinen Grund, dass nicht alle so reich sein sollten, dass sie sich alle ihre materiellen Wünsche erfüllen könnten.

Die Welt ist Fülle. Sie enthält alle Möglichkeiten. Für jedermann ist genug da. Auch im Einzelleben: Es gibt fast immer Möglichkeiten, alle Parteien zufriedenzustellen, sodass jeder bekommt, was er braucht.

E: Wie ist es z. B., wenn zwei Frauen denselben Mann wollen? Oder wenn ein Mann aus der Ehe raus will, sie will ihn aber unbedingt halten?

M: Du hast Recht. In diesen Fällen widersprechen die Wünsche einander und können offensichtlich nicht zur selben Zeit erfüllt werden. Woran liegt das? Ich glaube, in diesem speziellen Fall kommt ein Prinzip zur Geltung, das wir schon besprochen haben: Wünsche, die gegen die kosmischen Gesetze verstoßen, werden vom Kosmos nicht erfüllt.

W: Welche Gesetze werden hier denn verletzt?

M: **Das Gesetz der Freiheit** des Menschen. Dies ist eines der grundlegendsten Gesetze unserer Welt. Auf ihm beruht das ganze Spiel unserer Schöpfung.

H: Wieso?

M: Ich hatte schon angedeutet, dass sich das Eine – oder Gott oder das kosmische Bewusstsein – aufteilt – *scheinbar* aufteilt! – in Bewusstseinsfragmente, die dann – scheinbar – miteinander interagieren. Das ist das Spiel der Schöpfung. Und jeder von uns ist ein solches Fragment. Der Sinn und Zweck dieses Spiels – soweit wir uns anmaßen können, Gottes Willen erkennen zu wollen – scheint zu sein, dass diese Einheiten wieder *freiwillig* zu ihrem Ausgangspunkt zurückkehren, d. h. zur Einheit – genauer: zur *Erkenntnis* ihrer Einheit mit dem Ganzen. Denn in Wahrheit konnte diese Einheit gar nicht verlassen werden und wurde auch nie verloren. – Wenn das so ist, sieht man, dass die *Freiheit der Entscheidung* fast die wichtigste Regel dieses Spiels ist. Ohne sie gäbe es dieses Spiel nicht.

Freiheit ist also eines der wichtigsten Prinzipien der Schöpfung. Und daher gilt: Nur Wünsche, die mit diesem Gesetz übereinstimmen, haben die Unterstützung der Natur.

H: Und auf unsere Fälle angewandt…

M: Besonders im letzten Fall ist es klar: Die Frau will etwas, das dem freien Willen des Partners entgegensteht. Ihr Wunsch ist zwar sehr verständlich; aber Tatsache ist, dass sie nicht den freien Willen des anderen respektiert. Sie versucht etwas zu erkämpfen, was Angelegenheit der Freiheit des anderen ist. Nebenbei: Wenn sie irgendwelche magischen Praktiken anwenden würde, um den Geist des Mannes zu beeinflussen, wäre das noch schlimmer. Dann wäre es eine echte Verletzung des Gesetzes. Der bloße Wunsch ist sicher kein Verbrechen. Aber er wird nicht effektiv sein, weil er sich auf etwas bezieht, was Angelegenheit der Freiheit des anderen ist. Er geht damit gegen den Strom der Evolution.

Und so kann es tatsächlich Situationen geben, wo gegensätzliche Wünsche einander ausschließen. Dann kann nur einer von beiden erfüllt werden. Das ist meist aber nur deswegen, weil zumindest *einer* falsch liegt.

W: Wie wäre es, wenn die Frau so lange zu Gott oder den Engeln *beten* würde, bis der Mann von innen heraus, aus freiem Willen, zu der Frau zurückkehrt.

M: Also, krass gesagt: Ich glaube, diese Gebete würden nicht zu Gott vordringen. Denn sie sind gegen die Evolution. Sie würden bestenfalls – oder auch schlimmstenfalls – von anderen Instanzen aufgegriffen werden. Und dann wäre es eine Art schwarzer Magie. Das gibt es auch. Aber dadurch würde der „Betende“ schließlich ziemliches Leiden auf sich ziehen. Denn die kosmischen Gesetze sind im Endeffekt unbesiegbar.

P: Darf man sich denn gar nicht wünschen, z. B. eine bestimmte Frau zu bekommen?

M: Auch darüber hatten wir schon mal gesprochen: Es ist besser, sich *das* zu wünschen, was man letztlich wirklich haben will – und nicht das, was wir als ein *Mittel* dazu ansehen.

P: Wie meinst du das?

M: Was wir uns in diesem Fall wirklich wünschen, ist: eine glückliche und erfüllende Beziehung. Wir *glauben*, dass gerade *diese* Frau uns glücklich machen würde. Aber, banal gesagt, ist sie für uns ein *Mittel* zu unserem Ziel des Glücklichseins. Und darin können wir uns *sehr* täuschen, wie jeder weiß. Besser ist: Wir wünschen uns gleich das, was wir wirklich wollen – eine glückliche Beziehung –, und warten dann mal, wen die Natur uns schickt. Vielleicht ist es *diese* Frau, vielleicht aber auch eine andere. Sich auf diese eine Person zu versteifen ist ungeschickt. *Und* es verletzt in gewisser Weise das Gesetz der Freiheit des anderen. Wenn man sich aber wirklich das eigentliche Ziel wünscht – eine glückliche Beziehung –, dann gibt es eigentlich keinen Grund, warum sich das nicht verwirklichen sollte. Es gibt keinen *Mangel* an Frauen und Männern.

W: Wie man so sagt: Auf jeden Topf passt ein Deckel!

M: Sehr richtig.

H: Wir haben also einen Grund gefunden, warum sich manche Wünsche *nicht* erfüllen: Sie widersprechen gewissen Naturgesetzen.

M: Gut. Können wir noch andere Ursachen finden?

E: Ich denke, manche Wünsche erfüllen sich einfach deshalb nicht, weil wir z. B. gar nicht richtig glauben, dass sie sich erfüllen können.

M: Das ist der Punkt, auf den ich eigentlich hinaus wollte.

Behindernde Glaubenssätze

Eigentlich gibt es keinen Grund, warum sich nicht jeder Wunsch erfüllen sollte – bis auf die seltenen Fälle, wo unser Wunsch durch denjenigen eines anderen krass behindert wird. Der kosmische Computer ist so extrem intelligent. Er könnte fast immer einen Weg finden, die Bedürfnisses jedes Menschen zu befriedigen. *Selbst* wenn wir einen Wunsch nur auf einer etwas oberflächlichen Ebene denken, sollte er eigentlich in einzelnen Momenten der tiefen Entspannung auf tiefere Ebenen sickern, sodass er dann vom kosmischen Bewusstsein aufgenommen werden könnte. *Aber* das kann *dann* nicht recht funktionieren, wenn wir gleichzeitig gegenteilige Meinungen oder Glaubenssätze, z. B. **Zweifel**, in unserem Geist haben.

W: Da liegt der Hase im Pfeffer.

M: Es ist ja ganz klar. Wir sagten: Wir sind Außenstellen des kosmischen Computers; unser Bewusstsein ist Teil des großen kosmischen Bewusstseins. Daher ist jeder Gedanke und jeder Denkinhalt sofort auch im allumfassenden Bewusstsein des Ganzen drin – das nichts Besseres zu tun hat, als unsere Gedanken zu verwirklichen, zu manifestieren. Wenn ich jetzt eine Sache bewusst wünsche, aber in tieferen Schichten meines Geistes lauert ein Zweifel, der das gar nicht für möglich hält – ja, worauf soll denn der Computer reagieren? Was soll er manifestieren: was wir bewusst gewünscht haben, oder den Glaubenssatz, den wir in der Tiefe haben?

H: Der Zweifel, da er mehr *in der Tiefe* liegt, ist wahrscheinlich sogar wirkungsvoller als der oberflächliche Wunsch!

P: Da hat der Zweifler ein echtes Problem.

M: Und – was soll er da machen?

P: Ganz einfach: aufhören zu zweifeln.

W: Das ist einfacher gesagt als getan.

M: Insbesondere, wenn die dahinterstehenden Glaubenssätze im Unbewussten sind. An die kommt er gar nicht ran.

W: Er *weiß* vielleicht noch gar nicht einmal, dass er zweifelt.

M: Genau.

W: Das andere ist: Für manche Menschen ist Zweifeln oder negatives Denken so tief verwurzelt und zur zweiten Natur geworden, dass sie gar nicht mehr anders können.

M: Zumal sie sich dessen auch gar nicht mehr bewusst sind. Sie halten sich nicht für negativ. Sie denken nur: Die Welt ist so. Alles ist schlecht. Oder sie haben das Dauergefühl: Nichts klappt bei mir; ich bin immer vom Unglück verfolgt. – Das ist ihre tiefe Weltsicht.

H: Diese Weltsicht ist dann auch gar nicht korrigierbar. Selbst wenn etwas Gutes passiert, interpretieren sie es gleich in pessimistischer Weise.

M: Ja, so ist es häufig.

W: Manche haben vielleicht auch tiefsitzende **Schuldgefühle**. Dadurch sind sie unterbewusst überzeugt, dass sie nichts Gutes verdienen.

M: Und dann wird auch nichts Gutes zu ihnen kommen, weil sie nur das anziehen, was sie glauben, verdient zu haben.

Es muss uns auch klar sein, dass jede ***Angst*** – da sie ja mit einer Erwartung, zumindest einer Befürchtung, von etwas Schlimmem verbunden ist – genau das anzieht, was wir befürchten. Jeder Gedankeninhalt manifestiert sich.

E: Es wäre also besser, keine Angst zu haben.

M: Die Angst hatte ja früher – und hat sie z. T. noch – eine wichtige Funktion im Überlebenskampf. Sie ließ uns wachsam sein und reaktionsbereit, sodass wir jeden Moment vor einem wilden Tier oder einem Feind flüchten konnten, wenn nötig. Ohne Angst würde die Menschheit wohl nicht mehr existieren. Aber heute ist sie sehr häufig völlig unangebracht, weil wir die Welt ja ziemlich unter Kontrolle haben. Es gibt diese ursprünglichen Gefahren nicht mehr.

W: Aber es gibt neue Gefahren: Kriminalität, Krieg usw.

M: Ja, natürlich. Man muss aber sehen, dass viele dieser Gefahren wiederum nur existieren, *weil* die Menschen Angst haben. Der Kriminelle raubt Geld, *weil* er die tiefsitzende Angst hat, ohne das nicht zu überleben. Die Staaten fangen Krieg an, *weil* der Bevölkerung eingeredet worden ist, dass der Nachbar einen Krieg plant oder sonst wie böse ist. Die Angst wird ja durch die Medien erzeugt und ausgenutzt, damit die Waffenindustrie ihren Profit einfahren kann.

H: Also die Gefahren werden erst durch die Angst geschaffen.

M: Jedenfalls zu einem guten Teil.

H: Also sollte man versuchen, die Angst loszuwerden.

M: Das wäre gut. Denn sie behindert uns ganz gravierend in unserem Bestreben, glücklich zu sein und unsere Wünsche zu erfüllen. Eben weil sie genau das anzieht, was wir befürchten und nicht haben wollen.

Wir machen dann sozusagen widersprüchliche Eingaben in den kosmischen Computer: auf der einen Seite unseren bewussten Wunsch; auf der anderen Seite die gegenteilige Überzeugung: unseren tiefen Glauben, dass der Wunsch nicht erfüllt werden kann. Ja, woran soll er sich dann halten?

P: Er könnte beides verwirklichen.

M: Das tut er dann wohl auch. Oder er macht einen Kompromiss – je nachdem, was stärker ist. Und dann kommt natürlich etwas sehr

Mittelmäßiges raus. Mal haben wir Glück, dann wieder haben wir „Pech". Das Pech ist aber nur das, was wir selbst durch unser Denken angezogen haben.

P: Oder das Glück ist auch nur *halb.*

M: ...weil wir der versteckten Meinung sind, dass wir so ein richtiges, volles Glück gar nicht verdienen. Jeder kennt das Gefühl: Warum soll gerade *ich* so superreich sein oder diese Superfrau bekommen? Ich habe das doch gar nicht verdient! *Jeder* kann das ja sowieso nicht haben!

H: Können wir da irgendwas dran machen? Können wir diese Gefühle ändern? Können wir uns positiv machen?

M: Es ist sicher nicht ganz einfach, denn diese Glaubenssätze sitzen so tief. Sie sind uns meist gar nicht bewusst.

Positives Denken als Lösung?

H: In jeder Buchhandlung findet man ja diese Bücher über positives Denken: Murphy usw. Die Leute haben doch offensichtlich gute Erfolge damit...

M: ...nach dem Motto: Immer drauf mit den positiven Affirmationen etc.; die werden dann schon ins Unterbewusste einsickern. Und die positiven Glaubenssätze werden dann die negativen allmählich verdrängen.

H: Es wirkt!

M: Es wirkt wohl. Aber ich glaube, der Erfolg ist doch vorübergehend. Hat jemand das schon mal über Jahre gemacht?

H: So ein bisschen schon. So allmählich wird meine Grundeinstellung schon positiver. Aber ich bin auch nicht richtig konsequent.

M: Ja, das ist normal. Man hält es meist nicht lange durch. Es wird einem dann zu dumm. Wenn man etwas Erfolg damit hat, lässt man es, weil es auf die Dauer zu anstrengend ist. Und vielleicht ist es auch besser so.

H: Wieso?

M: Prüf dich mal selbst ganz genau: Wenn du solche positiven Affirmationen denkst oder dich in eine Haltung von Optimismus hineinversetzt, ist da nicht im Hintergrund noch ganz zart der Zweifel? Ist da nicht das Wissen, dass dieses Denken – noch – nicht deiner wahren

Natur entspricht? Hast du nicht das Gefühl, dass da etwas Künstliches ist, etwas Aufgesetztes?

H: Du meinst: In der Tiefe weiß ich: Die Welt ist nicht so. Ich bin es nicht wirklich wert, so glücklich zu sein. Ich benutze jetzt nur eine äußerliche Technik; aber dadurch wird meine pessimistische Erwartung nur in den Hintergrund gedrängt...?

M: Ja.

H: Wenn ich so in mir nachfühle: Da ist wohl was dran.

M: Sonst würde man dieses technische positive Denken ja gar nicht machen. Wenn man schon in der Tiefe positiv wäre, dann bräuchte man es nicht. Man macht es, weil man nicht so erfolgreich und glücklich ist, wie man gerne möchte – und das liegt daran, dass man keine wirklich positive Grundeinstellung hat. Und das weiß man auch. Und dann geht man quasi gewaltsam und mechanisch dagegen an und hofft, durch positives Denken die pessimistische Grundeinstellung zu eliminieren. Aber mir scheint das mehr oder weniger nur ein Übertünchen zu sein. Die Negativität wird nur noch mehr in den Untergrund gedrängt.

P: Wie die Widerstandskämpfer.

M: Ja, und von da führen die negativen Grundeinstellungen dann einen Guerillakrieg gegen unsere heile und positive Welt.

P: Klingt nicht gut.

M: Überlege auch mal, was passiert, wenn du eine positive Affirmation aussprichst, z. B. „Ich bin gesund". Gesundheit ist das Gegenteil von Krankheit. Gesundheit ist abgegrenzt gegen Krankheit. Man kann sagen, dass der Begriff „Gesundheit" für uns u. a. auch durch sein Gegenteil, nämlich Krankheit, *definiert* ist, das bedeutet ja „abgegrenzt". Und das bedeutet: Immer wenn ich „gesund" denke, denke ich implizit auch an Krankheit.

H: Ich *will* ja auch die Krankheit beseitigen. Meine Krankheit ist in meinem Bewusstsein gegenwärtig – als das, was weg soll.

M: Ganz genau. Und wir wissen inzwischen, dass all das, was in unserem Bewusstsein ist, damit automatisch in den kosmischen Computer eingeht. Das heißt: In gewisser Weise schaffen wir genau das, was wir nicht wollen. Wenn wir „Gesundheit" eingeben, setzen wir damit auch das Gegenteil, Krankheit, in Gang.

Etwas anderes wäre es, wenn man ganz allmählich seine tiefen

Überzeugungen ändert und dadurch wahrhaft positiv wird. Ich habe jetzt mehr von den etwas künstlichen und fast gewaltsamen Affirmationen gesprochen, die man quasi in das eigene Bewusstsein hineinzwingt. Diese Art von positivem Denken kommt mir manchmal vor wie die westliche Medizin im Vergleich zu ayurvedischen oder anderen wirklich ganzheitlichen Heilsystemen.

H: Wieso?

M: In der westlichen Schulmedizin behandelt man ja im Wesentlichen nur die Symptome. Das ist bekannt. Wenn man eine Infektion hat, gibt man halt Antibiotika, damit die Entzündung verschwindet. Was die tiefere Ursache der Krankheit ist – die vielleicht sogar im Seelischen liegt –, darum kümmert man sich nur wenig. Hauptsache, die Symptome sind erst einmal weg, und der Patient leidet nicht mehr.

Dass dadurch die Krankheit vielleicht in einen ganz anderen Bereich abgedrängt wird und dass das Medikament Nebenwirkungen hat, die sich später in anderen Krankheiten äußern können –, das beschäftigt den Arzt zunächst einmal nicht so sehr. Damit will ich nicht sagen, dass die westliche Medizin keinen Wert hat. Wenn man eine Mittelohrentzündung hat, ist es sicherer, die Entzündung schnell wegzumachen, damit keine bleibenden Schäden entstehen. Aber die wahre Ursache dieser Krankheit – *die* mag noch immer bestehen und kann sich in späteren Ohrproblemen oder anderen Schwierigkeiten äußern.

Und ähnlich ist es mit positiven Affirmationen: In manchen konkreten Situationen sind sie sehr nützlich und auch wirkungsvoll. Ich denke z. B. an folgende Situation: Es gibt so fürsorgliche Menschen, die meinen, einen immer vor Krankheiten warnen zu müssen. Wir wissen aber: Jede solche Warnung – die ja eine Angst vor der Krankheit *erzeugt* und die Idee davon überhaupt erst in das Bewusstsein einpflanzt – ist eine Suggestion. Und diese Suggestion kann das Befürchtete dann sehr leicht manifestieren.

So eine Warnung, so eine Suggestion, ist wie eine Infektion – nur eben auf der seelischen Ebene. Und eine akute Infektion kann man sehr gut und schnell mit einem Antibiotikum bekämpfen. Eine positive Affirmation wie „Ich bin immer gesund“ o. ä. wirkt dann wie geistiges Antibiotikum. Ich mache das selbst in solchen Situationen und merke dann jedes Mal, wie der Geist wieder frei wird von dieser minimalen

Befürchtung und wie das Gefühl einer Unbesiegbarkeit gegenüber Krankheiten sofort zurückkehrt.

H: Ich frage mich immer noch, ob bewusstes positives Denken nicht doch allmählich eigene tiefere negative Überzeugungen ersetzen kann – ich meine, eben nicht in den Untergrund *verdrängen*, sondern wirklich *ersetzen*.

M: Lass uns das mal überlegen. Die Idee, dass eine Form die andere ersetzen kann, ist aus dem Bereich des Materiellen entlehnt: Ich kann einem Stück Gold, das z. B. die Form eines Pferdes hat, eine neue Form geben und eine Kuh daraus machen. Die Form des Pferdes ist dann für alle Zeiten verloren – so scheint es. Aber auf den feineren Ebenen ist das wohl nicht so. Man sagt, dass niemals irgendeine Information verloren geht. Und schon gar nicht im Bereich des Bewusstseins! Gold ist nur in begrenzter Menge vorhanden – nicht so Bewusstsein! Die Speicherfähigkeit des Bewusstseins ist unbegrenzt. Es gibt nicht den geringsten Grund, irgendwann mal irgendetwas löschen zu müssen. Und so bleibt tatsächlich auch alles erhalten.

Das heißt, auf das positive Denken angewandt: Ein neuer Glaubenssatz wird niemals den alten vernichten.

H: Aber vielleicht kann man die alten Glaubenssätze doch irgendwie „entschärfen" – sodass sie nicht mehr wirksam sind. Vielleicht ist es ja doch möglich, wenn man immer nur positive Gedanken denkt – Affirmationen und überhaupt –, dass dann schließlich die *Menge* der neuen Gedanken überwiegt und diese damit die alten in den Hintergrund treten lassen. So, als ob neue Rillen in einer Schallplatte immer mehr ausgefahren werden: Unser Denken wird dann schließlich automatisch nur noch in positiven Bahnen verlaufen.

M: Das könnte tatsächlich der Fall sein. Die *Menge* der Eingaben und quasi ihre Frische und Aktualität spielen sicher eine Rolle für das kosmische Bewusstsein. Wenn ich immer nur positiv denke, geraten die – verborgenen – negativen Denkmuster in die Minderzahl. Damit überwiegen die nützlicheren so sehr, dass die *alten* Muster kaum noch eine Wirkung im Kosmos zeitigen.

H: Mit den neuen Affirmationen ist außerdem noch der bewusste *Wunsch* verbunden, dass sie sich verwirklichen mögen. Das ist also eine positive Gefühlsqualität.

M: Du hast wohl Recht, dass damit noch eine zusätzliche *Verstärkung* stattfindet. Denn ein Gefühl ist ja auch eine *Information*, da es eine Struktur im Bewusstsein ist. Wir geben damit also nicht nur die abstrakte *Sach*information ein, sondern zugleich auch die *Gefühls*information – dass wir es nämlich haben *wollen* – und das Gegenteil nicht.

H: Das sollte eigentlich die positive Seite deutlich verstärken.

M: Könnte aber gleichzeitig auch die negative Seite verstärken! Denn alles, was ich auch nur im geringsten bekämpfe, stärke ich! Das ist ein allgemeines Gesetz. Denn durch Bekämpfen gebe ich Aufmerksamkeit. Und Aufmerksamkeit – das ist sozusagen die größte Kraft, die wir haben. Weil nämlich alles Bewusstsein ist!

Es gibt ja den Satz, dass Druck Gegendruck erzeugt. Das ist eine alltägliche Erfahrung: Je mehr ich jemanden zu etwas drängen will, umso mehr leistet er Widerstand. Jegliche Gewalt ist gegen die Evolution, denn die Evolution entfaltet sich spontan und leicht, nach ihren kosmischen Gesetzen. Wo immer ich meinen eigenen Willen einsetze und etwas – vom abgegrenzten Ego her! – erzwingen will, handle ich gegen die Natur, und die blockiert dann.

Und so leistet auch der negative Glaubenssatz seinen Widerstand, wenn man einen positiven dagegensetzt. Ganz besonders, wenn man es mit dem Gefühl macht, ihn beseitigen oder verdrängen zu wollen. Man stärkt ihn letztlich dadurch – auf eine subtile Weise.

Ich habe sogar mal gelesen, dass gewaltsames Affirmieren zu einer Art Schizophrenie führen kann. Die Argumentation war, dass jeder der entgegengesetzten Glaubenssätze in der Tiefe des Bewusstseins verwandte Sätze und Bestätigungen an sich zieht, sodass sich schließlich zwei widerstreitende Weltsichten in dem Menschen herausbilden. Er wechselt dann zwischen diesen beiden Weltbildern hin und her. Das kann so weit führen, dass er quasi zwei Persönlichkeiten entwickelt. Und das ist doch so etwas wie Schizophrenie. – So etwas wäre natürlich ein absolutes Extrem.

P: Es scheint, von dieser ganzen Positivdenkerei hältst du nicht allzu viel.

M: Vorsichtig! Positives Denken ist das A und O der Wunscherfüllung!

P: Nun bin ich aber ganz verwirrt.

M: Wenn ich etwas Positives erreichen will, muss vorher ein positiver Gedanke da sein. Wovor ich etwas gewarnt habe, ist das *künstliche* positive Denken.

W: Aber wie können wir nun zu einem *echten* positiven Denken kommen?

M: Echtes positives Denken heißt, dass wir ganz und gar positiv sind, auf allen Ebenen des Bewusstseins. Wir haben keine negativen Glaubenssätze mehr in unserem Unterbewusstsein, die gegenteilige Eingaben in den kosmischen Computer machen könnten. Dann werden wirklich alle unsere Wünsche erfüllt.

E: Das wäre allerdings himmlisch! – Wie können wir uns diesem Ideal nähern?

M: „Nähern" ist ein gutes Wort. Man schafft es ganz sicher nicht von einem Tag auf den anderen.

Erkennen der Wahrheit

Ich habe für diesen Punkt die Überschrift „Wahrheit" gewählt: Wir müssen zunächst einmal die Wahrheit *erkennen*.

E: Du meinst sicher: die Wahrheit darüber, was wirklich in unserem Bewusstsein sitzt, was wir wirklich glauben usw.

M: Ganz genau. Wenn ich den Ist-Zustand nicht kenne, kann ich ihn auch nicht verändern. Ich muss mir erst einmal wirklich klarmachen, welche tiefen Glaubenssätze ich habe, welche Ängste, welche Schuldgefühle – all die versteckten Strukturen in meinem Bewusstsein, die mich daran hindern, das zu erreichen, was ich will.

Das Prinzip ist, dass diese Glaubenssätze erst einmal in das Licht des Bewusstseins, in das Licht der Wahrheit gebracht werden müssen, bevor man an ihnen arbeiten kann. Das ist wie zwischen Menschen: Wenn der eine seine Meinung verheimlicht, kann der andere sich nicht damit auseinandersetzen oder sie gar widerlegen. Wenn mein Unterbewusstes mir nicht offenlegt, was es glaubt, kann ich nicht mit ihm argumentieren und es umstimmen.

E: Ich muss also das Unterbewusste ins Bewusstsein holen.

M: So *könnte* man es ausdrücken.

E: Das klingt nach Psychoanalyse.

M: Das ist ein Weg, der sich hier bei uns in den letzten hundert Jahren herausgebildet hat.

E: Du hältst wohl nicht viel davon.

M: Nun, die Psychoanalyse hat schon einen gewissen Wert – wenn es ganz schlimm ist. Aber die Therapeuten, die ich kennen gelernt habe, haben mich tatsächlich nicht überzeugt. Auf der Oberfläche war es einigermaßen glatt, aber in der Tiefe meinte ich immer eine Verkrampfung und etwas Starres zu spüren. – Das mag ein persönlicher Eindruck sein. Im Übrigen hat selbst Freud, der Begründer der Psychoanalyse, seine persönlichen Probleme nicht bereinigen können – ganz und gar nicht.

Ich glaube sogar, die Analyse kann Probleme durch die lange Beschäftigung mit ihnen sogar noch verfestigen. Diesen Eindruck hatte ich. Die Rillen in der Schallplatte werden noch vertieft, statt geglättet zu werden.

Das Gesetz dahinter ist: Das Ego, der Verstand, kann sich nicht selbst aus dem Sumpf ziehen. Wenn gewisse Denkstrukturen des Verstandes verquer sind, wird er diese falsche Struktur in alles hineinbringen, was er tut. Er kann gewisse äußere Ebenen bereinigen, aber die gestörte Ausgangsposition zieht sich dabei nur weiter zurück – in Bereiche, die nur noch unzugänglicher sind.

E: Was du da schilderst, ist aber nur *eine* Art der Therapie. Das Wichtige bei den meisten Methoden ist ja wohl, dass man sich aussprechen und damit lösen kann.

M: Ja, das ist ganz richtig. Man gewinnt durch die Gespräche immer mehr Mut, seine, wie man glaubte, absolut unsagbaren Sündhaftigkeiten offen auf den Tisch zu legen. Man merkt, wie der Therapeut das alles gar nicht so schlimm findet, und wird dadurch noch wieder mutiger usw. Das ist tatsächlich ein sehr guter Effekt. Dadurch wird man auch sich selbst gegenüber ehrlicher.

Außer der klassischen Psychotherapie gibt es inzwischen noch eine ganze Reihe von Methoden und Systemen, die dem Menschen helfen können, an verborgene Glaubenssätze ranzukommen. Das Beste, was ich in dieser Richtung selbst mal mitgemacht habe, ist die **„Kinesiologie"**. Diesem System liegt die Erkenntnis zugrunde, dass unsere Muskeln – bzw. gewisse spezielle Testmuskeln – stark und kräftig sind, wenn wir an etwas Wahres oder Förderliches denken. Dieselben Muskeln werden dagegen – auf einen Druck – schwach reagieren, wenn der Geist unter Stress steht, etwas ablehnt oder an etwas Unwahres denkt. Indem die Kinesiologen dieses Prinzip anwenden, können sie unsere verborgenen Meinungen an die Oberfläche bringen, sodass wir sie selbst erkennen. Und nicht nur das – die Kinesiologie hat auch diverse Methoden an der Hand, einmal erkannte falsche Glaubenssätze „abzulösen", wie sie es nennen, d. h. irgendwie aus unserem System rauszuwerfen, sodass sie unser Denken und Handeln danach nicht mehr beeinflussen.

Es ist ein erstaunlich wirksames Verfahren. Ich habe selbst mit Erfolg an einigen Kinesiologiesitzungen teilgenommen. Eins der frappierendsten Ergebnisse war dabei Folgendes: Ich hatte ein Buch geschrieben, fand aber über ein halbes Jahr lang keinen Verlag. Der Kinesiologe führte mich nun durch gezielte Fragen und Muskeltests zu der Erkenntnis, dass ich mich selbst sabotierte, indem ich nicht an meine Fähigkeiten und an mein Recht auf Erfolg glaubte. Er half mir, die entsprechenden Glaubensätze zu klären und „abzulösen". Direkt am Tag nach der Sitzung rief mich ein Verleger an und sagte mir, dass er das Buch veröffentlichen wolle. Das war für mich schon ein sehr signifikanter „Beweis" für die Wirksamkeit dieses Systems. Durch mein verändertes Denken hatte ich offensichtlich sofort den Erfolg angezogen – den ich vorher durch mein behinderndes Denken blockiert hatte.

Die ganze Kinesiologie beruht auf der Einsicht, dass unser Körper intelligent ist. Er ist in vieler Hinsicht sogar intelligenter als unser Verstand. Er hat direkteren Zugang zu unserem höheren Selbst, welches wiederum in dauerndem Kontakt mit der Quelle allen Wissens ist. Durch das simple Verfahren des Muskeltests können wir ein Wissen anzapfen, das in unseren tiefen Schichten des Bewusstsein verborgen liegt.

Ehrlichkeit

Hinsichtlich der Psychoanalyse und anderer „therapeutischer“ Hilfen möchte ich nun aber darauf hinweisen, dass man nicht unbedingt einen Therapeuten braucht, um an verborgene Glaubenssätze heranzukommen.

Man kann jede Gesprächssituation nutzen, um Freunden gegenüber – oder sogar Fremden – immer *noch* etwas ehrlicher und offener zu sein. Das meine ich regelrecht im Sinne einer ständigen Übung, einer dauernden Wachheit: in jedem Gespräch sehen, dass man noch etwas mehr Echtes, Persönliches hineinbringt. Sich mehr öffnen. Die Angst überwinden, dass man vielleicht belächelt oder verachtet werden könnte. Man wird mehr und mehr merken, dass der andere erstens ähnliche Schwächen hat – die er dann auch mehr offenlegt –, und zweitens, selbst wenn dies nicht der Fall ist, dass er viel mehr akzeptiert, als man jemals erwartet hätte.

Viele von uns haben in der Kindheit gelernt, dass es nicht gut war, offen unsere Gefühle und Meinungen zu äußern, weil wir dann gleich korrigiert oder getadelt wurden. Und das war oft schmerzlich, weil ja die Eltern für uns *alles* waren. Und dadurch haben wir uns häufig Zurückhaltung angewöhnt. Aber jetzt sind wir in einer anderen Situation: Wir sind nicht auf die Anerkennung von gerade *diesem* Menschen angewiesen. Und der andere hat i. Allg. auch nicht mehr die Idee, uns erziehen zu müssen. Er ist meist bereit, uns so zu nehmen, wie wir sind.

W: Also Mut zu Ehrlichkeit.

M: Ja. Wenn ich merke, dass meine Gefühle und Einstellungen gar nicht so furchtbar und abwegig sind, wie ich dachte, werde ich sie nicht nur dem anderen leichter zugeben können, sondern auch *mir selbst*. Das heißt: Ich lerne, der Wahrheit ins Auge zu sehen. Ich akzeptiere meine Schwächen und bekomme Mut, sie zunächst einmal *mir selbst* zuzugeben. Das ist die Voraussetzung dafür, dass ich meine tiefen negativen Glaubenssätze ins Bewusstsein treten lassen kann. Und erst dann kann ich sie bearbeiten und korrigieren. Einen Feind, der sich versteckt, kann ich nicht angreifen. Er muss sich erst einmal der offenen Schlacht stellen.

H: Kennst du noch irgendwelche speziellen “Taktiken“, die Glaubenssätze aus dem Versteck zu locken?

Weitere Methoden der Wahrheitsfindung

M: Eine gute Methode, die ich gelesen habe, ist folgende: Wir denken eine Affirmation, etwa: „Ich bin reich“ oder: „Ich bekomme immer alles, was ich brauche“, „Die Natur sorgt für mich“ – nur als Beispiel. Und dann warten wir, was für Gefühle hochkommen. Vielleicht habe ich wirklich viel Geld. Dann wird nichts weiter passieren. Aber wenn ich tatsächlich arm wie eine Kirchenmaus bin, dann werden i. Allg. entsprechende Zweifel und Armutsgefühle an die Oberfläche kommen. Die schaue ich mir dann an, nehme sie bewusst wahr.

Allein das objektive Wahrnehmen kann schon etwas bewirken. Denn überall, wo Aufmerksamkeit hinfließt – und das ist *Energie*, wie wir gesehen haben –, geschieht Heilung. Das ist ein ganz wunderbares Gesetz. Man braucht darüber hinaus meist gar nicht mehr viel zu tun.

W: Du sagst „Heilung“. Sind diese Gefühle der Armut z. B. denn „krank“? Sie entsprechen doch der gegenwärtigen Situation!

M: Nicht wirklich! Vielleicht stimmt es, dass ich kein Geld habe. Aber heißt das, dass mir die Natur nicht trotzdem alles zukommen lassen kann, was ich brauche? *„Reich“* bedeutet doch, dass ich mir alle meine Wünsche erfüllen kann. Und das kann ich tatsächlich, wenn ich richtig denke – nicht nur im Sinne von mood-making und „positivem Denken“, sondern vielleicht auch, indem ich kreative Ideen entwickle und praktische Schritte unternehme. Dieses Armutsgefühl ist tatsächlich „falsch“. Das Gefühl der Armut ist daher wirklich etwas, was „geheilt“ werden sollte und geheilt werden kann.

Nach dieser Methode kommen also durch **Affirmationen,** ***an die ich noch nicht wirklich glaube,*** unterschwellige Zweifel ans Tageslicht. Durch das bewusste Wahrnehmen dieser Zweifelsgefühle können sie etwas von ihrer Kraft verlieren. Wenn ich immer wieder dieselbe Affirmation ausspreche und immer wieder die auftauchenden Gefühle betrachte – und akzeptiere! –, treten sie mehr und mehr in den Hintergrund und verblassen allmählich. Und gleichzeitig nimmt der neue Glaubenssatz mehr und mehr Platz in unserem Bewusstsein ein.

Das Ideal wäre natürlich, dass er eines Tages das Bewusstsein vollständig ausfüllt – sozusagen von oben nach unten, also von der gröbsten

Ebene bis hin zur feinsten. Sobald das der Fall ist, *muss* er sich verwirklichen. Denn dann wird keine gegenteilige Information mehr in den kosmischen Computer eingegeben; nur noch das, was wir wirklich wollen.

P: Bis es so weit kommt, dauert es wohl eine ganze Weile.

M: Das ist allerdings wahr. Auf jeden Fall aber kann diese Methode dazu beitragen, uns unsere tiefen Zweifel usw. bewusst zu machen. Sie wirkt! Man kann sie noch verstärken, indem man nach jeder Affirmation nachfragt, z. B. „Bin ich wirklich reich?“, „Wird wirklich für mich gesorgt?“ Dann fühlt man in seinem Körper nach, was hochkommt. Man nimmt so den ganzen Körper wahr und schaut, durch welches Gefühl er ausgefüllt wird. Entweder ist da wirklich das Gefühl des Versorgtseins. Dann ist es gut. Oder aber man spürt z. B. die leise Sorge, dass man doch nicht gesichert ist. Auf diese Weise werden mir die versteckten Zweifel und Ängste bewusst. Das ist eine gute Methode, um Klarheit über die verborgenen Glaubenssätze zu gewinnen.

Aber wir brauchen gar nicht mit Tricks zu arbeiten. Das Wichtigste ist: **dauernde Ehrlichkeit**. Ehrlichkeit gegen andere; Ehrlichkeit gegen uns selbst – eins bedingt das andere! Ich kann nicht ehrlich gegen mich selbst sein, wenn ich gewohnt bin, andere zu täuschen. Eine solche Gewohnheit überträgt sich auf die Beziehung zu mir selbst. Je mehr Mut ich gewinne, anderen gegenüber offen zu sein, umso mutiger bin ich auch, mir selbst meine Schwächen zuzugeben, meine Schuldgefühle, das Gefühl, unwert zu sein usw.

Es müssen aber nicht immer nur Schwächen sein, die ich vor mir selbst verberge und die ich hervorholen muss. Auch Unklarheit über meine wahren Motive kann verhindern, dass sich meine Wünsche erfüllen.

Nehmen wir mal an, ich arbeite hart in meiner Firma, um eine bestimmte Position zu erreichen; aber ich komme nicht recht voran. Dann könnte ich mich in einer stillen Minute mal fragen: *Warum* will ich eigentlich das erreichen? Wenn ich es gründlich und ehrlich prüfe, könnte mir z. B. klar werden, dass ich letztlich immer noch meinem Vater imponieren will – der aber schon lange nicht mehr lebt! Das heißt, es könnte mir klar werden, dass ich eigentlich gar nicht meinen eigenen Vorlieben folge, sondern jemand anderem gefallen will – der es zudem gar nicht mehr würdigen kann! Das wäre in gewisser Weise ein unsinniges, also ***falsches Motiv***. Und da es nicht wirklich meinen eigenen tiefen Wünschen entspricht, werde ich darin auch keinen Erfolg haben. Denn meine eigene Natur wird mich darin boykottieren.

H: Das ist ein sehr gutes Beispiel für das, was du erklärt hattest: Die eigenen tieferen Vorlieben können mich daran hindern, meine oberflächlichen – in diesem Fall unwahren – Wünsche zu verwirklichen.

M: In einem anderen Fall könnte mir bewusst werden, dass ich irgendwelche versteckten ***Schuldgefühle*** habe. Wenn ich dann weiter nachforsche und mich nach dem Warum frage, wird mir vielleicht klar, dass die Ursache ein tiefsitzendes Ressentiment gegen meine Eltern ist. Dieses nämlich bringt Schuldgefühle mit sich, weil ich so erzogen worden bin – explizit oder auch implizit –, dass man seine Eltern ja lieben muss. Wenn ich das nicht tue, so bin ich offensichtlich schlecht und nichts wert. Ich habe das Gefühl, bestraft werden zu müssen. Um das zu verhindern, bestrafe ich mich lieber gleich selbst, indem ich Unglück auf mich ziehe.

Das Verrückte in diesem Fall ist also, dass ich selbst mein Unglück unbewusst herbeiwünsche, um damit zu verhindern, vielleicht für ewig verdammt zu sein. In einem solchen Fall wäre also die religiöse Erziehung und kollektive Moralvorstellung so verinnerlicht worden, dass sie meinem bewussten Wunsch nach Glück entgegensteht.

Es braucht Zeit und Ausdauer, sich die verborgenen Motive, Ängste, Schuld usw. bewusst zu machen. Aber die Sache ist die: Das so genannte „Unbewusste“ ist nie völlig unbewusst. Es ist nicht wie unter der Erde, wo man nicht rankommt. Es ist in gewisser Weise immer offensichtlich, wenn man sich die Zeit nimmt, genau hinzuschauen.

W: Und wohl auch den *Mut* hat, den eigenen vermeintlichen Schlechtigkeiten in die Augen zu sehen.

M: Genau.

Spiegelung

Ich würde gerne noch zwei wichtige Möglichkeiten nennen, an die eigenen verborgenen Denkstrukturen heranzukommen. Das eine ist Spiegelung, das andere Krankheit.

P: Klingt interessant.

M: *Spiegelung* – damit meine ich hier das Prinzip, dass alles, was mir im Äußeren begegnet, eine Widerspiegelung von etwas Innerem ist. Z. B. sehen wir in anderen Menschen nur das – und *können* auch nur das sehen –, was auch in uns ist. Wenn wir also einen anderen als boshaft einschätzen, dann zeigt das, dass wir selbst in unserem Innern noch eine entsprechende Bosheit haben.

E: Immer?

M: Da gibt es keine Ausnahme! Wir würden sonst keine Bosheit bemerken! Ihr kennt sicher auch den Begriff der **„Projektion"** aus der Psychologie. Ist heute ja gang und gäbe.

H: Ja.

M: *Projektion* bedeutet, dass ich eine Qualität, die ich in mir habe, aber nicht wahrhaben will, in den anderen hineinverlege. Ich schiebe sie bei mir weg, in den Untergrund, weil sie nicht dem makellosen Image entspricht, das ich von mir selbst bewahren möchte. Aber die Wahrheit lässt sich nicht foppen: Dieselbe Qualität erscheint dann in meinem Gegenüber. Und ich ärgere mich dann scheinbar über *ihn*, aber in Wahrheit ärgere ich mich über mich selbst – über die Eigenschaft in mir, die ich ablehne und nicht wahrhaben will. Nur deshalb ist auch eine so starke Emotion damit verbunden – weil ich unzufrieden mit mir selbst bin.

Wenn ich also an irgendeinem Menschen etwas bemerke, was mir nicht gefällt, kann ich sicher sein: Ich habe es selbst. Wenn man dieses Prinzip richtig nutzt, ist das ein Supermittel, sich selbst auf die Schliche zu kommen. Man prüfe sich jedes Mal ganz genau: Ist diese Eigenschaft, diese Einstellung, nicht auch in irgendeinem Winkel meines Bewusstseins? Man wird sie finden, wenn man ehrlich mit sich selbst ist.

Das ist die *eine* Art der Spiegelung: durch Projektion eigener Schwächen – u. U. auch Stärken – auf andere. Die anderen mögen sie wirklich haben oder auch nicht – oder auch nur ein wenig davon.

Dies ist also die *subjektive* Art der Spiegelung. Das andere ist die scheinbar *objektive* Spiegelung. Ich habe schon gesagt: Wir ziehen das an, was wir glauben und denken. Wenn ich also Angst im Bewusstsein habe, wird das Befürchtete tatsächlich zu mir kommen – von außen! Andere sprechen auch von **„Resonanz“**: Alle Dinge und Ereignisse haben eine gewisse Eigenschwingung. Alles ist ja Energie – schwingendes Bewusstsein. Und nur *das* kann in meine Nähe kommen, was zu meiner eigenen Schwingung passt, zu meinen Gefühlen und Gedanken.

Selbst in der Psychologie gibt es schon die Erkenntnis, dass jemand, der z. B. Opfer eines Überfalls wird, dies durch seine Einstellung angezogen hat. Das Opfer sendet gewisse subtile Signale aus; die sind vielleicht sogar äußerlich wahrnehmbar; aber häufiger existieren sie einfach auf der Ebene des Gefühls, der Erwartung etc. Ein potentieller Täter nimmt diese Schwingung auf und eilt herbei. Man sagt: Es gibt eine Resonanz zwischen Täter und Opfer.

Das ist jetzt nur ein Extrembeispiel. Aber ganz allgemein gilt: Es ist meine eigene Bewusstseinsqualität, die mir in der „objektiven“ Realität entgegentritt. Ich kann also bei jedem Ereignis, das mich betrifft, fragen: Wie habe ich das wieder angezogen? Was wollte ich mir dadurch beibringen? Was kann mir das sagen?

Das gilt natürlich nicht nur in Beziehung zu anderen Menschen, sondern zu allem. Wenn z. B. eine Maus in der Wand zu meinem Zimmer verendet und bald danach ein höllischer Verwesungsgeruch mich belästigt, gegen den ich nichts machen kann, muss ich mich fragen, ob das nicht ein Hinweis ist, dass ich eigentlich aus diesem Zimmer raus will – in dem Sinne: „Es stinkt mir hier!“ ☺

Also alles ist letztlich eine Spiegelung meiner tieferen Einstellungen, Wünsche und Absichten.

Auf diesem Prinzip beruhen übrigens auch die Omen.

P: Die schwarze Katze und so…

M: Ja. Auch diese **Omen** sind symbolische Hinweise, die mir meine Seele, mein höheres Selbst, schickt, um mich auf gewisse herannahende Ereignisse aufmerksam zu machen – wenn ich zu dumpf bin, sie direkt in mir zu spüren.

E: Wieso kann meine Seele diese Dinge denn voraussehen?

M: Sollte eigentlich klar sein: Die Seele ist integrierter Teil des allumfassenden und damit allwissenden Bewusstseins. Dieses Bewusstsein ist jenseits von Raum und Zeit. Die Zukunft – oder vielleicht genauer: die *wahrscheinliche* Zukunft – ist ihm genauso gegenwärtig wie die Vergangenheit. Wenn ich einen klaren Zugang zu meinem höheren Selbst habe, also zu meinen feineren Bewusstseinsschichten, brauche ich eigentlich keine Omen. Wenn das aber nicht der Fall ist, greift mein Selbst zu gröberen Mitteln, um mich mit der Nase auf die Wahrheit zu stoßen. Es schickt mir äußere Hinweise, eben die Omen.

H: Und wie verstehe ich, was mein Selbst mir sagen will?

M: Wie ich es sehe, gibt es einerseits eine kollektive Symbolsprache, die seit Urzeiten vom höheren Bewusstsein benutzt wird. Das sind die Standardomen, die man überall nachlesen kann: die schwarze Katze, das Käuzchen, die Schlange, die Blume usw. Andererseits entwickelt i. Allg. jeder Mensch sein eigenes Set von Symbolen und Omen – aufgrund von eigenen Erfahrungen. Wenn irgendein Lebewesen z. B. immer wieder bei glücklichen Situationen auftaucht, wird es allmählich zum Omen für etwas Gutes. Für mich sind z. B. Falken immer ein glücklicher Hinweis.

Es kann aber auch sein, dass ich mich einfach *entscheide*, dass eine bestimmte Sache die und die Bedeutung für mich hat. Ich lege es also selbst fest. Und das höhere Selbst wird sich im Allgemeinen in seiner Ausdrucksweise danach richten. Ich persönlich habe z. B. entschieden, dass eine schwarze Katze für mich *kein* böses Omen ist, weil ich fast jeden Tag einer solchen begegne, die unheimlich sympathisch ist.

P: Das ist nett. – Im Übrigen: Wenn man diese Gedanken – Spiegelung usw. – konsequent zu Ende denkt, gibt es eigentlich keine **Zufälle**.

M: Richtig. So sehe ich es im Wesentlichen auch. Was mir widerfährt, ist – mit wenigen Ausnahmen – *für mich* arrangiert und von mir selbst angezogen. Um mich nämlich auf irgendetwas aufmerksam zu machen, was ich noch bearbeiten muss – damit ich schließlich das Klassenziel erreiche: vollkommene Integration aller Teile meiner Persönlichkeit in eine Ganzheit.

„Krankheit als Weg"

Ich wollte noch von den *Krankheiten* sprechen. Krankheiten sind ein Spezialfall desselben Prinzips. Fast jeder kennt ja heute das Buch von Dethlefsen und Dahlke, „Krankheit als Weg". Der Titel ist in sich schon eine Provokation: Krankheit nicht als ein Missgeschick, sondern als ein Mittel, das die Natur benutzt – genauer: das *ich selbst* benutze! –, um mich auf falsche Denkstrukturen aufmerksam zu machen. „Falsch" heißt: nicht förderlich für meine Gesamtevolution. Ich *selbst* bin es – mein tieferes Selbst –, der diese Krankheiten in meinem Körper hervorbringt, damit ich etwas lernen kann.

Das genannte Buch – wie auch andere ähnliche Bücher – enthält nun lange Listen von Symptomen, mit Hinweisen, welche inneren Einstellungen etc. durch sie widergespiegelt werden. Es handelt sich immer um symbolische Entsprechungen. Ein Beispiel: Schwerhörigkeit kann ein Ausdruck davon sein, dass ich nicht „gehorchen" will, nicht auf die Natur, auf Gott oder andere Menschen „hören" will usw.

H: **Der Körper spricht also in Symbolen.**

M: Besser sagt man vielleicht: Mein höheres Selbst möchte mir, der ich etwas dickköpfig und borniert bin, etwas klarmachen und benutzt dazu eine körperliche Symbolsprache, von der es hofft, dass ich sie verstehe.

W: Meistens verstehe ich trotzdem nicht.

M: Ja, leider. Ich nehme dann lieber ein Medikament, das diesen Hinweis, d. h. das Symptom, beseitigt.

W: Sodass der Körper dasselbe noch einmal sagen muss.

M: Ja; mit anderen Worten! Also in einem anderen Körperteil, mit anderen Symptomen, die einen entsprechenden Symbolgehalt haben.

W: Wahrscheinlich muss das Selbst jedes Mal etwas deutlicher werden.

M: Ja, der Leidensdruck dürfte von Mal zu Mal größer werden – bis wir endlich verstehen, dass wir etwas Grundsätzliches in unserer Einstellung ändern müssen.

E: Helfen denn diese Bücher, von denen du sprachst?

M: Nicht so sehr; das ist meine Erfahrung. Sie können nur Hinweise geben. Jeder Körper benutzt andere Symbole, und das rein intellektuelle Wissen nützt sowieso nichts. Das Wichtigste wird immer bleiben, in sich selbst nachzufühlen und auf diese Weise herauszufinden, was der Körper einem wohl sagen will. Man kann den Körper fragen: Was meinst du damit? In irgendeiner Form wird man eine Antwort erhalten. Seltener in Worten – selbst das kommt vor –, häufiger aber in Form irgendeines Gefühls oder einer Intuition.

Überwindung falscher Glaubenssätze

H: Jetzt haben wir die ganze Zeit besprochen, wie man die verborgenen Gedankenstrukturen an die Oberfläche bringt. Aber damit sind sie doch sicher noch nicht automatisch beseitigt!

M: Ich denke, sie verlieren allein dadurch schon an Kraft! Es ist wie mit dem Drachen im Märchen: In der dunklen Höhle ist er stark. Sobald er aber an die Oberfläche gelockt wird, ist er schwach und schwindet dahin im Licht der Sonne. Die Sonne ist die Wahrheit. Alles Falsche, das dem Licht der Wahrheit ausgesetzt ist, verliert zumindest seine Bedrohlichkeit und seinen unmittelbaren Einfluss.

P: Also viel mehr braucht man gar nicht zu tun?

M: So einfach ist es wohl doch nicht. Man muss etwas tun. Ich denke, es gibt im Wesentlichen zweierlei, was man tun kann: Das eine ist, wie wir schon gesagt haben, ***Aufmerksamkeit***. Insbesondere bei *Gefühlen* bringt das schon viel, z. B. bei Angst vor Krankheit, Schuldgefühlen, Selbsthass usw. In diesen Gefühlen sind ja zwei Komponenten: einerseits eine *Meinung*, z. B. dass die objektive Gefahr einer Ansteckung besteht, dass ich Strafe verdient habe, dass ich ein schlechter Mensch bin usw. Der andere Aspekt ist die damit verbundene *Emotion*: die Angst, die Scham, der Ärger.

Diese Emotionen haben auch immer eine körperliche Seite: eine mehr oder weniger konkrete Empfindung im eigenen Körper. Meist kann man sie regelrecht lokalisieren. Die Angst sitzt vielleicht im Herzbereich etc. Wenn man jetzt die Aufmerksamkeit auf diesen Bereich gehen lässt, wird damit automatisch dieses Gefühl „geheilt".

In der Informationstheorie kennt man das Phänomen, dass Bewusstsein organisierende Kraft hat – auch in der Quantentheorie. Aufmerksamkeit bewirkt etwas. Es verändert das Beobachtete. Und die Kraft des Bewusstseins ist immer *positiv*, das heißt: evolutionär.

H: Wieso eigentlich?

M: Das ist wieder eine echte Philosophenfrage! Du hast Recht: Es ist eigentlich nicht selbstverständlich. Denn Bewusstsein in reiner Form ist ja einfach nur flach und unstrukturiert – wie reines Wasser; und Wahrnehmen als solches ist auch einfach nur Aufnehmen, passiv, ohne eine bestimmte Form zu geben. Wie kann daher etwas Ungerichtetes eine Richtung geben – in diesem Fall eine positive?

Aber Bewusstsein ist eben nicht nur flach! Bewusstsein hat offensichtlich eine innere Struktur, zumindest potentiell. Denn sonst könnte sich der ganze komplexe Kosmos nicht aus ihm entwickeln, und zwar in geordneter Form! Der Kosmos ist ja die Entfaltung des ursprünglichen reinen Bewusstseins – durch eine Wechselwirkung mit sich selbst. Potentiell muss die ganze Ordnung schon in ihm angelegt sein. Man könnte es fast so ausdrücken, dass die Naturgesetze, welche die ganze Evolution lenken, in dem reinen Bewusstsein „wohnen". Sie lenken die geordnete Entfaltung des *einen* Bewusstseins und ebenso auch die „Rückkehr" der Vielfalt zur Einheit.

Deswegen – durch seine innewohnende Gesetzmäßigkeit – wirkt Bewusstsein also immer in Richtung Ganzheit, also geeinte Vielheit. Wenn sich daher Bewusstsein auf irgendetwas *richtet*, wird es dort immer seine eigenen evolutionären Qualitäten hineinbringen, es wird immer Ganzheit schaffen. Und Ganzheit ist Heil-heit, Gesundheit. Bewusstsein, das heißt Aufmerksamkeit, wird immer heilen und fördern.

H: Wunderbar. Also praktisch empfiehlst du, die Aufmerksamkeit auf den Körper zu richten – dorthin, wo die Gefühle sich manifestiert haben…

M: In diesem Satz sind zwei Worte nicht ganz korrekt: Die körperliche Empfindung ist nicht eine „Manifestation“ des seelischen Gefühls, sondern geradezu die andere Seite davon. Körper und Geist gehen immer zusammen, sie sind zwei Seiten ein und derselben Sache. Die körperliche Empfindung *ist* das Gefühl; da ist kein Unterschied.

H: Okay, verstanden.

M: Und das andere: Das Wort „richten“ suggeriert eine *Aktivität* von unserer Seite. Besser sollte man sagen: Wir *lassen* die Aufmerksamkeit auf *den* Bereich des Körpers gehen, wo was los ist. Da geht sie von alleine hin, wenn man nicht vor der Empfindung flüchtet.

H: Also, *meine* Aufmerksamkeit geht normalerweise nicht auf den Körper, wenn ich z. B. Angst habe oder so.

M: Das ist wohl richtig. Präziser sollte man formulieren: Wir nehmen bewusst den Körper wahr und lassen *dann* die Aufmerksamkeit dorthin gehen, wo sie hingezogen wird.

H: Ja, das ist jetzt klar.

M: Und dann geschieht Heilung. Dabei ist es eben sehr wichtig, dass wir nichts erzwingen wollen. Wir *wollen* also nicht, dass z. B. die Angst verschwindet.

H: Aber das *wollen* wir doch gerade!

M: Ja, das ist eine typische Paradoxie. Es ist ein bisschen wie mit der Erleuchtung. Es gibt einen Spruch, der ungefähr so lautet: „Um Erleuchtung zu erlangen, musst du *alles* dafür einsetzen. Wenn du nach der Erleuchtung strebst, wirst du sie nicht finden. Wenn du aufhörst zu suchen, wird sie zu dir kommen.“

W: Also wieder *loslassen.*

M: Ja, es muss natürlich eine gewisse Intention da sein, um überhaupt anzufangen. Aber dann muss ich die Idee hinter mir lassen, dass ich irgendetwas loswerden will. Ich muss mich ganz in das Gefühl hineinbegeben, es erforschen und quasi genießen. Nicht mehr die Vorstellung, dass es weggehen soll! Denn jeder kleine Wille, es zu beseitigen, ist ja wie ein Kampf, ein Druck. Und wir wissen: Druck erzeugt Gegendruck. Das Gefühl wird sich also gegen seine eigene Vernichtung heftig wehren und *nicht* so leicht verschwinden!

P: Das ist ja richtig kompliziert.

M: Es ist nur *paradox*! Der *Verstand* findet es paradox. Aber der Verstand versteht eben nichts wirklich. *Praktisch* ist es dagegen ganz einfach… Obwohl man es auch erst langsam lernen muss.

Das Wichtigste ist: keine *Flucht* vor dem Gefühl. Es kostet Mut, da ganz hineinzugehen! Denn wenn man sich ihm ganz zuwendet, wird es häufig zunächst einmal stärker und unangenehmer. Das *erscheint* so! Einfach, weil es dann nicht mehr verdrängt wird. Aber es wird sich verändern. Alles, was überhaupt veränderlich ist, dauert nicht ewig und wird eines Tages vergehen. Darauf kann man sich verlassen.

H: Also, ich habe das schon mal probiert, mit einem Angstgefühl. Es wurde tatsächlich nach einiger Zeit schwächer, und dann habe ich es vergessen. Aber am nächsten Tag ist es wiedergekommen.

M: Sicher, man kann nicht erwarten, dass eine so tiefsitzende Bewusstseinsstruktur, die sich vielleicht in vielen Leben etabliert hat, durch eine einzige Sitzung verschwindet. Diese Gefühle werden für lange Zeit immer wiederkommen. Aber allmählich werden sie schwächer. Das ist einfach die Erfahrung. Stück für Stück werden sie vom Bewusstsein aufgefressen.

W: Also noch mal die Schritte…

M: …Aufmerksamkeit auf den Körper; wahrnehmen des Gefühls bzw. seiner körperlichen Entsprechung; hineinfallen lassen in diese Empfindung; nicht flüchten, sondern aushalten, wenn es unangenehm wird; nicht das Gefühl loswerden wollen, sondern es quasi erforschen und genießen.

Dabei aber – und das ist wichtig! – nicht analysieren! Wenn ich „erforschen“ sagte, meinte ich nicht: intellektuell analysieren, woher es kommt usw. Dadurch würde ich nur Denkstrukturen verfestigen. Auch jede Bewertung – gut oder schlecht, richtig oder falsch – bestätigt nur das alte Denken. Meistens mündet so etwas auch in einer Selbstrechtfertigung – in dem Sinne: Ich habe ja Recht, auf ihn wütend zu sein; warum hat er meine Anstrengungen nicht anerkannt? Dann dreht man sich nur im Kreis; das Gefühl wird bestätigt und damit auch der alte Glaubenssatz. Also nicht gedanklich damit beschäftigen. Eli Jaxon-Bear in seinen Büchern nennt es: „nicht berühren“. Also einfach nur das Gefühl als solches wahrnehmen.

E: Und wenn überhaupt keine körperliche Empfindung da ist, sondern nur das Gefühl selbst?

M: Wenn man genau hinschaut, ist fast immer auch eine körperliche Empfindung damit verbunden. Und wenn nicht, dann nimmt man halt einfach das Gefühl als solches wahr – sozusagen im subtilen Körper.

Korrektur falscher Meinungen

H: Es klingt gut. Ich werde es probieren. – Wenn nun die negativen Gefühle an die Oberfläche gelockt worden sind und durch Wahrnehmen und Fühlen so langsam ausgedünnt werden, lösen sich dann automatisch auch die damit verbundenen *Meinungen* und Einstellungen auf?

M: Aha. Das ist jetzt die nächste Frage. Wir haben ja gesagt: Manche Glaubenssätze sind mit einer Emotion verbunden, manche dagegen nicht so deutlich. Angst vor Krankheit z. B. hat zwei Komponenten: die Angst als solche und die *Meinung*, dass eine Gefahr besteht, krank zu werden.

H: Wie gehen wir nun also mit dem „theoretischen" Teil um?

E: Und mit den Glaubenssätzen, die *keinen* Gefühlsanteil haben.

M: Wenn es denn so etwas gibt…

Also, die Erfahrung ist: Wenn z. B. die Angst vor Ansteckung durch längeres Körperfühlen verschwunden ist, dann hat damit auch die *Meinung*, dass man sich anstecken könnte, praktisch kein Gewicht mehr. Sie tritt so sehr in den Hintergrund, dass sie kaum noch als eine wirksame Eingabe in den kosmischen Computer fungieren kann.

Die „Mutter", die Gefährtin von Aurobindo, sagte einmal: Wenn man absolut keine Angst vor einer Krankheit hat, kann man sie auch nicht kriegen. Das sei ein allgemeines Gesetz. Sie erzählt u. a., dass sie – Anfang des Jahrhunderts – in Tokio lebte, wo gerade eine extreme Grippe grassierte. Ein großer Teil der Bevölkerung starb. Alle Leute hatten Angst, und viele um sie herum waren infiziert. Aber sie selbst hatte keine Angst, und so blieb sie gesund.

Es ist heute schon allgemein bekannt, dass man das anzieht, wovor man Angst hat. Was man dagegen nicht befürchtet, zieht man nicht an und bekommt es auch nicht.

H: Wir haben aber doch gesagt, dass jeder Gedanke, den wir haben, automatisch auch in das kosmische Bewusstsein einsickert. Und der Glaube, dass eine Ansteckungsgefahr besteht, ist doch sicher nicht einfach verschwunden!

M: Vielleicht doch. Denn der Verstand ist keineswegs autonom. Er folgt dem Gefühl. Meistens rechtfertigt er unsere Gefühle – *nachträglich*! Wenn also jetzt plötzlich keine Angst mehr da ist, ändert der Verstand sofort seine Meinung. Zwar wird er nicht behaupten, dass sich *niemand* mehr anstecken kann; aber *ich* jedenfalls kann nicht mehr krank werden. Das Gefühl der Unbesiegbarkeit ist dann u. U. viel zu stark. Und der Verstand folgt dem neuen Gefühl und rechtfertigt es nun nachträglich, durch eine geänderte Meinung.

H: Das ist ja gut. Das hatte ich mir noch niemals so klargemacht.

M: Aber jetzt sollten wir uns mal *die* Glaubenssätze vorknöpfen, die kaum oder gar nicht mit einer erkennbaren Emotion verbunden sind.

P: Als da sind…

M: Gut, sammeln wir mal etwas… Ich dachte da z. B. an kollektive Moralvorstellungen…

H: Wie ist es mit dem ganzen materialistischen Weltbild, welches ja *nicht* glaubt, dass man z. B. nur durch *Bewusstsein* den Körper oder die Außenwelt beeinflussen kann?

M: Sehr gut.

W: Der ganze Glaube an die moderne Wissenschaft gehört dazu.

H: …der Glaube, dass es so etwas wie Zufall gibt – der mich aus heiterem Himmel treffen könnte.

M: Ja, das hängt damit zusammen. Etwas Ähnliches ist, dass man voreilig von der Vergangenheit auf die Zukunft schließt. Der Glaube: Wenn ich bis jetzt arm war, werde ich es sicher auch weiter sein….

W: Der Glaube, dass der Mensch sündig und schuldig sei.

E: Der Glaube, dass nicht genug für alle da ist – wir haben schon davon gesprochen.

M: Gut, da haben wir schon einiges. Womit sollen wir anfangen?

H: Erst mal das Prinzip, wie wir diese Glaubenssätze bearbeiten!

M: Das Prinzip ist, glaube ich, ganz einfach: **Wir müssen uns die Wahrheit klarmachen**.

E: Also gewissermaßen mit den falschen Glaubenssätzen argumentieren?

M: Würde ich sagen!

W: Wollen wir uns mal ein **Beispiel** vornehmen?

M: Okay, welches?

W: **Der Glaube an die moderne Wissenschaft.**

M: Ist der falsch?

W: Nicht unbedingt, aber die Wissenschaft ist doch sehr begrenzt.

M: Das stimmt. *Falsch* ist, dass die Leute glauben: Alles, was man in der Wissenschaft nicht messen kann, gibt es nicht, z. B. feinstoffliche Schwingungen… oder überhaupt den Einfluss des Geistes auf den Körper!

H: Das Verrückte ist, dass man in gewissen Instituten tatsächlich schon Fernwirkungen des Bewusstsein auf die Materie gemessen hat. Aber das wird von der Schulwissenschaft ignoriert.

M: Weil es nicht zu ihren Grundannahmen passt.

W: Man kann sagen: zu ihrem Glauben!

M: Richtig. Die Wissenschaft scheint in sich rational zu sein, aber sie basiert auf völlig irrationalen Glaubenssätzen…

H: …die zum Teil sogar effektiv widerlegt sind!

M: Dazu muss man sagen: Die Spitzenwissenschaftler, besonders in der Physik, sind heute ja schon sehr offen; man hat ja z. B. den Einfluss des Beobachtens auf das Beobachtete erkannt. Man sieht, dass Materie Energie ist und damit Schwingung. Man ahnt auch, dass es zwischen Energie und Bewusstsein eigentlich keinen Unterschied gibt usw. Aber die Masse der Bevölkerung lebt in gewisser Weise noch immer im Weltbild der Physik des neunzehnten Jahrhunderts – mit ihren Wirklichkeitsklötzchen, die durch Druck und Stoß miteinander reagieren.

H: Bestenfalls durch Kraftfelder…

M: …über welche man aber wiederum gar nicht nachfragt, was sie eigentlich sind. *Das* kann nämlich die Physik gar nicht erklären. Das Einzige, was sie wirklich feststellen kann, sind gewisse rein mathematische – also geistige – Beziehungen zwischen Messgrößen. Die „Felder“ sind nur Metaphern, die kaschieren, dass da etwas ist, das man nicht direkt erfahren kann.

Aber, wie gesagt, die Physik ist schon ganz nahe dran. Am borniertesten scheint mir noch die **Schulmedizin** zu sein, die vielfach den menschlichen Körper immer noch als eine Art biochemischer Maschine ansieht, die man mit ein paar chemischen Substanzen wieder heil machen kann, wenn sie mal kaputtgeht.

W: Ich glaube, dahinter könnte auch die pharmazeutische Industrie stehen, die sicher einigen Einfluss darauf nimmt, dass die Ärzte und Wissenschaftler in diesem Weltbild verharren. Denn nur dann werden sie kritiklos die Pharmaprodukte verschreiben…

M: …mit all ihren Nebenwirkungen, die wiederum den Umsatz fördern – dadurch dass sie neue Krankheiten zur Folge haben.

W: Ganz abgesehen davon, dass sie von vornherein gar nicht heilen, sondern höchstens Symptome lindern.

M: Die sollen auch gar nicht heilen! Ich habe mal durch eine vertrauliche Quelle erfahren, dass man Medikamente, die aus Versehen wirklich heilen, sogar modifiziert, sodass sie nur noch „lindern".

E: Da hat man ja keine Worte mehr!

M: Ich selbst glaube aber gar nicht, dass es überhaupt chemisch hergestellte Präparate gibt, die wirklich heilen. Es ist immer die *Intelligenz* des Körpers, die heilt. Es gibt allerdings immer Pflanzen – *ganze* Pflanzen und nicht herausisolierte so genannte „Wirkstoffe" –, welche dem Körper die fehlende Intelligenz zuführen können. *Darauf* beruht die Heilwirkung der Pflanzen! Und nicht auf chemischen Materialien, die in die Körpermaschine reingekippt werden!

Wir müssen uns immer wieder klarmachen, dass der Körper eben keine Maschine ist, sondern lebendiges Bewusstsein – ein hochintelligentes Wesen, mit dem man kommunizieren kann und das alle Selbstheilungskräfte in sich trägt.

Das war jetzt nur ein Beispiel, wie man die falschen Weltbilder bearbeiten muss: immer wieder ans Licht der Wahrheit zerren und sie mit Argumenten und Erfahrungen widerlegen. Wir stecken selbst in diesen Denkmodellen noch ganz schön drin. Wir sind darin aufgewachsen. Es ist ein langwieriger Prozess, diese alten Vorstellungen allmählich rauszuwerfen.

H: Mit der Wissenschaftshörigkeit und dem gesamten materialistischen Weltbild hängt sicher auch der Glaube an den **Zufall** zusammen.

M: Du implizierst offensichtlich, dass es in Wahrheit keinen Zufall gibt.

H: Ja.

M: Jemand hat einmal gesagt: Man kann entweder an Gott glauben oder an den Zufall, aber nicht beides.

H: Das ist gut gesagt.

M: Zufall würde ja bedeuten, dass Gott nicht alles im Griff hat.

H: Ich glaube nicht an den Zufall. Ich habe das Gefühl, dass alles in der Welt wohlgeordnet geregelt ist.

M: Ich sehe es auch so, dass die kosmischen Gesetze allmächtig sind und voll wachsam und dass sie alle Wesen in jedem Moment zu ihrem Ziel hinführen.

P: Aber es gibt doch Zufälle! Dass man jemanden auf der Straße trifft, an den man gerade gedacht hat, oder so etwas.

M: Wir haben schon darüber gesprochen: Das sind in Wirklichkeit keine Zufälle. Dafür passiert so etwas zu oft. Die Wahrheit ist: Ich selbst ziehe durch mein Bewusstsein und meine subtilen Intentionen diese Zusammentreffen an. Oder aber: Ich hatte durch meinen Kontakt mit den tieferen Schichten des – allwissenden – Bewusstseins die *Intuition*, dass dieser Mensch gleich um die Ecke biegen musste. Es ist also *Wissen* und kein Zufall!

W: Beziehungsweise mein eigener untergründiger Wille.

M: So ist es.

Wenn man an Zufall glaubt, dann muss man dauernd Angst haben, dass einem was auf den Kopf fällt oder dass ein Auto von der Fahrbahn abkommt und mich umfährt. Wenn man aber an einen wohlgeordneten Kosmos glaubt, in dem alles so geregelt ist, wie es am besten für alle Beteiligten ist, dann kann man sich entspannen. Man weiß: Mir passiert genau *das*, was sein soll, was ich verdient habe – oder wie man das auch immer ausdrücken will. Ich brauche keine Angst zu haben. Und das ist sehr wichtig zu wissen. Denn durch Angst ziehe ich ja gerade an, was ich befürchte! Die Angst ist es, die mich an einem glücklichen Leben hindert und die meine Bestrebungen durchkreuzt. In einer Welt des Zufalls kann ich nicht glücklich werden! Dieses Zufallsdenken müssen wir durch dauerndes Prüfen und Nachdenken eliminieren.

H: Und gleichzeitig die damit verbundene **Angst** – dadurch dass wir sie *wahrnehmen*.

M: Sehr richtig. Und mit anderen Ängsten ist das genauso.

W: Nehmen wir doch noch mal eine andere Angst: die Angst abgelehnt zu werden.

M: Ja, das ist eine Angst, die viele haben. Die *Meinung*, die damit verbunden ist, besteht darin, dass ich nichts wert bin, dass ich nicht attraktiv bin, dass ich ein Außenseiter bin, dass ich langweilig bin usw. Dies sind Glaubenssätze, die häufig aus der Kindheit stammen – dadurch entstanden, dass ich von *den* Menschen, die mir alles bedeuteten, nicht voll akzeptiert oder anerkannt wurde. Das heißt, dass mir die Eltern – vielleicht nur unterbewusst – den Eindruck vermittelt haben, dass ich dumm, nutzlos usw. sei; oder dass sie einfach nicht genug Zeit für mich hatten. Dadurch konnte dann die Grundüberzeugung in mir entstehen, dass ich kein liebenswerter Mensch sei. Das sitzt sehr tief; und jedes Mal, wenn ich dann einem Menschen begegne, dessen Aufmerksamkeit ich gerne hätte, blockiert mich dieses „Wissen".

P: Ja, und was kann man da machen?

M: Da hilft nur, sich diese Mechanismen klarzumachen. Und sich zu vergegenwärtigen, dass jetzt ja eine ganz andere Situation ist. Erstens haben es die Eltern in den allermeisten Fällen gar nicht so gemeint – ich habe es nur so aufgefasst. Und zweitens: Dieser Mensch hier ist ein ganz anderer. Es gibt absolut keinen Hinweis darauf, dass er mich ablehnt.

P: Ich glaube, so eine Argumentation mit sich selbst nützt meistens nur sehr wenig.

M: Da hast du wohl Recht. Es ist nur eine kleine Hilfestellung. Was dann kommen muss, ist: Mut und **Handeln**! Also z. B. allen Mumm zusammenreißen und das Mädchen ansprechen! Dann wirst du merken, dass sie gar nicht so abweisend ist. Dadurch wird dein untergründiger Glaube wirksam widerlegt! Das ist überhaupt das beste Mittel gegen *jede* Angst: *gegen* die Angst handeln! *Trotz* der Angst. Mut. Mut bedeutet nicht, dass man keine Angst hat. Das wäre gar kein Mut. Sondern: die Angst akzeptieren, annehmen – und dann *trotzdem* handeln. Dadurch wird die Angst widerlegt. Und zugleich der zugrunde liegende Glaube!

H: Vielleicht können wir in diesem Zusammenhang mal zu den allgemeinen **Moralvorstellungen** kommen, die du erwähnt hast. Ich denke da besonders an die Sexualität. Mir scheint, dass die Vorstellung, Sexualität sei etwas „Sündiges", noch immer tief im kollektiven Bewusstsein verankert ist. Und das kann einen noch immer ganz schön behindern.

W: Heute ist das doch eigentlich nicht mehr so.

M: Da bin ich mir nicht so sicher. Ich glaube, dass z. B. der extensive Einsatz von sexuellen Bildern und Anspielungen in der Werbung und im Film gerade ein *Ausdruck* dessen ist, dass wir diesen Bereich noch nicht integriert haben. Es ist immer noch eine riesige Hemmung da; und jede sexuelle Freizügigkeit wird daher immer noch als eine Befreiung vom kollektiven Moraldruck empfunden. Gerade *dadurch* bekommt das Sexuelle diese Überbetonung.

Auf der anderen Seite kenne ich viele Fälle, wo die Verdrängung des Sexuellen im eigenen Innern noch immer verheerende Wirkungen zeitigt: tiefe Schuldgefühle und dadurch Angstgefühle, weil die Person weiß, dass da in ihr etwas brodelt, von dem sie glaubt, dass es sündhaft sei.

H: Freud lässt grüßen.

M: Ja, ja. Ich glaube, dass in diesem Punkt Freud noch immer hochaktuell ist. Es ist manchmal tragisch zu sehen, wie sich Menschen ihr eigenes Leben versauen, weil sie sich wegen ihrer vermeintlich zu starken Sexualität schuldig fühlen. Dadurch bestrafen sie sich, wo sie nur können. Wir kennen die Mechanismen. Sie ziehen von überall her die Bestrafungen an sich und können deshalb nicht richtig glücklich werden.

P: Was kann man denn dagegen tun?

M: Wie immer: zunächst einmal die Wahrheit ans Licht holen. Das heißt: sich einerseits die eigenen Bedürfnisse zugeben – und andererseits die Ängste und Schuldgefühle. Dazu können die Methoden helfen, die wir diskutiert haben. Es ist ein langer Weg.

Wenn wir uns die verborgenen Glaubenssätze bewusst gemacht haben, müssen wir dann versuchen, sie zu entkräften. Wir können uns *zum Beispiel* sagen – wenn wir es in religiösen Begriffen ausdrücken wollen –, dass Gott die Sexualität nicht geschaffen hätte, wenn er sie für schlecht hielte. Die Sexualität ist etwas so Fundamentales in unserem Leben – das kann doch keine Sünde sein! Sie ist doch *der* Faktor in dem ganzen Spiel des Lebens und der Evolution, der am meisten zur Freude und Erfüllung in diesem Spiel beiträgt. Und der Sinn des Evolutionsspiels ist doch Freude! Gott will sich in uns und durch uns freuen. Wie könnte er das Erfreuliche, das er uns selbst gegeben hat, verdammen?

Außerdem ist die Sexualität ja Ausdruck der ursprünglichen Schöpferkraft. Ihr kennt vielleicht die religiösen Bilder aus dem Hinduismus und Buddhismus: Aus der Vereinigung des ursprünglich Männlichen mit dem ursprünglich Weiblichen entsteht letztlich die ganze Schöpfung.

Versteht mich bitte nicht falsch. Ich plädiere keineswegs für ein unbekümmertes Verausgaben der sexuellen Energie. Die Sexualität ist ja schließlich Ausdruck der *fundamentalen Lebenskraft*. Es ist dieselbe Kraft, die auf der anderen Seite unsere geistige Klarheit und körperliche Spannkraft aufrechterhält. Für unsere Evolution zur schließlichen Erleuchtung ist es daher gut, nicht *zu viel* Energie in sexuelle Aktivitäten einzusetzen. Ihr kennt diese Gedanken von den „Fünf Tibetern".

Aber auf der anderen Seite ist es klar, dass jedwede Verkrampfung und jede Unterdrückung der Sexualität abwegig ist und auf keinen Fall im Sinne der Evolution sein kann. Selbst wenn jemand vorhat, seine Sexualität zu sublimieren und in Bewusstheit zu transformieren – hier wie überall gilt der allgemeine Satz: Man kann nur das loslassen, was man liebt! Sexualität kann man nicht „überwinden", indem man sie verdrängt! Man muss sie zunächst einmal akzeptieren.

W: Vielleicht sollten wir noch ein paar Worte über **Schuld** sagen.

M: Ja; das wäre wichtig. Denn Schuldgefühle sind ja immer mit einer tiefen Angst vor Bestrafung verbunden. Wenn ein Mensch sich schuldig fühlt, zieht er das Unglück geradezu an – weil er glaubt, es verdient zu haben. Ich habe sogar festgestellt, dass es immer noch Menschen gibt, die unbewusst eine riesige Angst vor den Höllenstrafen haben und deshalb lieber schon *hier* kräftig leiden, damit es drüben nicht mehr so schlimm kommt.

Also, wenn man sich schuldig fühlt, wird man sich leicht selbst Hindernisse in den Weg legen. Dann kann es mit der Wunscherfüllung natürlich nicht so recht klappen.

H: Vielleicht sollten wir erst einmal fragen, was Schuld überhaupt *ist*.

M: Das wäre der richtige Anfang.

W: Ich würde zunächst einmal sagen: Es gibt zwei Arten von Schuld – Schuld gegenüber Menschen und Schuld gegenüber Gott.

M: Gut. Nehmen wir einmal diese Aufteilung. Zunächst einmal: **Schuld gegenüber Menschen**. Was wäre das?

W: Schuld lade ich auf mich, wenn ich jemanden schädige, beeinträchtige, ihm seine Freiheit nehme usw. „Schuld" ist es deswegen, weil ich ihm dann etwas „schulde", eine Wiedergutmachung oder so. Schuld ist also etwas *Objektives*. Ich betone das, denn ich habe den Verdacht, du willst darauf hinaus, dass es eigentlich keine Schuld gibt und dass man deswegen keine Schuldgefühle zu haben braucht…

M: Nein, da schätzt du mich nicht richtig ein. Ich stimme dir vollkommen zu: Wenn ich jemanden geschädigt habe, insbesondere in einer Weise, die ihn in seiner Evolution beeinträchtigt, dann habe ich eine wirkliche, objektive Schuld auf mich geladen. Ich habe ein Ungleichgewicht geschaffen; und dadurch ist eine Bindung – eine Schuld – für mich entstanden, dieses Ungleichgewicht wieder auszugleichen. Ich muss die Sache wieder ins Lot bringen. Ich muss diesen Menschen entsprechend fördern, sodass er seinen Weg wieder ungehindert weitergehen kann. Dahinter stehen einfach kosmische Gesetze: Eine Schuld muss ausgeglichen werden, sonst belastet sie die Menschen weiterhin und bindet sie in negativer Weise aneinander. Eine ungehinderte Evolution kann erst weitergehen, wenn diese negative Bindung gelöst ist.

W: Ich bin froh, dass du das auch so siehst.

H: Wie ist es denn, wenn jemand einen anderen Menschen umgebracht hat? Das kann er ja an ihm selbst nicht mehr gutmachen.

M: Nicht in diesem Leben. Dann muss er es in einem späteren Leben tun… Diese Gedanken sind euch ja wohl geläufig – oder?

W: Ja, durchaus.

M: Durch solch eine Tat, die ja den Evolutionsweg des anderen unterbricht, ist eine Schuld entstanden, und das ist eine Bindung. Man spricht da von einer „karmischen" Bindung. Die beiden werden wieder zusammenkommen – letztlich auf ihren eigenen Wunsch –, um einen Ausgleich zu schaffen. Und worin besteht dieser Ausgleich und was löst die Bindung? Nicht die Tatsache, dass das Opfer sich rächt und der Täter jetzt auch umgebracht wird oder in anderer Weise leidet. Die Bindung löst sich erst dann, und der Ausgleich ist erst dann geschaffen, wenn beide ihren gegenseitigen Hass überwunden haben, vergeben haben und eine gewisse Wiedergutmachung geleistet haben. Kurz, wenn eine Liebe oder zumindest eine Neutralität wiederhergestellt ist. Letztlich dienen ja alle kosmischen Gesetze dazu, die bewusste Einheit der Menschen miteinander und mit dem Ganzen zu fördern. Auch dieses „karmische"

Gesetz des Ausgleichs ist erst dann befriedigt, wenn wieder eine gewisse Einheit, das heißt: eine Art Liebe, zurückgewonnen ist.

Wir haben also festgestellt: Wenn jemand schuldig geworden ist, muss er etwas *tun*. Wir müssen handeln. Es gibt aber viele Menschen, die etwa folgendes tiefe und unklare Gefühl haben: Wenn da etwas nicht in Ordnung ist, was ich getan habe, wenn ich eigentlich etwas wiedergutmachen sollte, dann habe ich es eigentlich nicht verdient, glücklich bzw. erfolgreich zu sein; dann sollte ich lieber etwas leiden; dann sollte ich lieber erfolglos sein. Vielleicht ist dann der andere – oder auch Gott – nicht mehr so böse und straft mich nicht, da er ja sieht, wie ich zum Ausgleich selbst schon leide.

W: Ja, so ein Gefühl kennt man.

M: Und dieses Gefühl ist natürlich völlig unsinnig und falsch. Denn was nützt es dem andern, wenn ich leide?

W: Gar nichts.

M: Nein. Aber wenn ich ein solches Gefühl in der Tiefe habe, behindert es meinen Erfolg. Unbewusst bestrafe ich mich selbst durch Misserfolg und sabotiere mein Glück. Und das ist überhaupt nicht sinnvoll und, objektiv gesehen, völlig unnötig.

Damit sind wir bei unserem Thema: Solche verborgenen Einstellungen und falschen Glaubenssätze müssen ans Licht gebracht werden. Wir müssen uns über sie klar werden. Und wenn wir klar erkannt haben, was da abläuft, dann wissen wir zumindest intellektuell, dass unser Gefühl unsinnig ist. Und dann müssen wir handeln. Wir müssen das Unrecht wiedergutmachen, den anderen fördern. Aber es wäre verkehrt, uns selbst zu bestrafen.

Das ist gar nicht leicht. Denn dieses ungute Gefühl, dass etwas unerledigt ist, ist einfach da. Aber wir dürfen nicht zulassen, dass unser Unterbewusstsein deswegen unser Glück sabotiert, in der Meinung, die Gerechtigkeit damit wiederherzustellen.

W: Das war eigentlich recht gut hinsichtlich der Schuld anderen Menschen gegenüber. Wie ist es jetzt mit der **Schuld gegenüber Gott**?

M: Worin könnte eine solche Schuld bestehen?

W: …dass wir seine Gebote, seine Gesetze, übertreten.

M: Würden wir Gott durch so etwas beeinträchtigen oder schädigen?

W: Nein. Denn wir können Gott ja nicht „schädigen".

M: Wieso ist dann die Gesetzesübertretung eine „Schuld"?

W: Wir sollten besser nicht von Schuld, sondern von **„Sünde"** sprechen. „Sünde" hängt ja mit „absondern" zusammen: Wir haben uns durch solch ein Verhalten von Gott abgetrennt.

M: Ja; das ist genau, was man unter Sünde versteht: Absonderung von Gott. Wird Gott nun durch eine solche Absonderung leiden?

W: Nicht im strengen Sinne. Höchstens insofern, als er sieht, dass *wir* Leiden dadurch auf uns ziehen.

M: Richtig. Denn wir müssen ja auch sehen, dass seine Gesetze und Gebote – die wir vielleicht übertreten haben – nicht irgendwelche willkürlichen Anordnungen eines Despoten sind. Sie sind vielmehr total sinnvoll. Sie schreiben nämlich diejenigen Verhaltensweisen vor – und verbieten gegenteilige –, die uns zu der Einheit mit Gott, mit den anderen Menschen und mit der Natur als Ganzem führen bzw. zurückführen sollen.

H: Vielleicht mal ein Beispiel.

M: Nehmen wir wieder diesen Extremfall von eben: Wenn ich jemanden töte, behindere ich ihn in seiner Entwicklung. Das ist nicht gut für ihn – das haben wir schon abgehakt. Es ist aber auch nicht gut für *mich*. Denn ich habe mit dieser Tat eine Trennung geschaffen. Trennung zwischen zwei Seelen, die in der Tiefe letztlich eine Einheit bilden. Ich habe damit das Ziel meiner Evolution in Frage gestellt: Verwirklichung der Einheit. Ich habe eine Trennung zwischen mir und dem Ganzen, zwischen mir und Gott geschaffen.

Diese Trennung muss aufgehoben werden. Ich muss wieder in die Einheit kommen. Und wie mache ich das? Wie schon gesagt, indem ich wieder in die Liebe, das heißt: in die Einheit mit dem anderen komme. Und dann aber unbedingt auch, dass ich in Zukunft mein Verhalten ändere. Wie Jesus mehrfach zu Menschen sagte, die er geheilt hatte: Gehe hin und sündige hinfort nicht mehr. Denn weiteres Sündigen würde ja erneute Trennung schaffen.

Was ist also zu tun? Wiedergutmachung gegenüber dem Geschädigten! Gott dagegen haben wir nicht geschädigt. Daher brauchen wir ihm gegenüber nichts wiedergutzumachen. Aber um unserer selbst willen ist es total wichtig, dass wir die Trennung, die wir geschaffen haben, wieder aufheben. Dazu müssen wir zunächst einmal den Vorsatz fassen, Derartiges nicht wieder zu tun. Auch eine Art Reue wird notwendig sein. Bereuen heißt aber nicht, dass wir vollkommen zerknirscht sind und uns selbst verdammen. Wir sollten vielmehr *erkennen*, dass wir falsch gehandelt haben; sollten verstehen, aufgrund welcher falschen Sichtweise wir so gehandelt haben, und sollten unsere Sichtweise korrigieren. Dann werden wir „hinfort nicht mehr sündigen", und dadurch ist die Trennung von Gott – jedenfalls soweit sie durch diese spezielle Handlung zustande gekommen ist – wieder aufgehoben.

Worauf es mir in unserem Zusammenhang ankommt, ist, dass es in keiner Weise sinnvoll ist, sich selbst zu bestrafen, sich selbst Leiden zuzufügen, sich selbst zu sabotieren. Gott legt keinen Wert darauf, dass wir als Ausgleich für unsere falsche Handlung jetzt unglücklich sind. Es reicht, wenn wir zur Einsicht gekommen sind und nicht mehr sündigen.

E: Aber es gibt doch auch so etwas wie **Strafe**!

M: Strafe ist eine menschliche Erfindung. Gott straft nicht!

E: Bist du dir da so sicher? Woher kommt denn diese Idee der Strafe?

H: Diese Angst vor Strafe steckt doch sehr tief in uns drin.

M: Ja. Und dann haben wir häufig das Gefühl: Lieber füge ich mir schon einiges Leiden selbst zu, damit es nachher nicht mehr so schlimm kommt.

Ich behaupte: Dieses Gefühl, dass ich für einen Fehler von einer äußeren Instanz bestraft werden muss, ist verkehrt. Es ist wahrscheinlich in unserer Kindheit entstanden, wo die Eltern uns bestraft haben. Sie wollten uns durch Strafen erziehen. Vielleicht hatten wir sie auch aus der Fassung gebracht, und sie reagierten ihren Ärger an uns ab. Wir hatten dann das Gefühl, dass wir ihre Liebe, wenigstens zeitweilig, verloren hatten. Wenn wir dann eine Strafe bekommen haben, schien es wieder gut zu sein. Dadurch bildete sich allmählich in uns die Idee heraus, dass eine Bestrafung notwendig ist, um die Liebe wiederherzustellen.

H: Dabei muss man auch bedenken, dass die Eltern für das Kind das Ein und Alles waren. Wenn es deren Liebe verloren hatte, dann war wirklich alles zu spät!

M: Gott ist aber anders als diese Eltern. Gott wird nicht ärgerlich – wenn es auch nach manchen Passagen aus dem Alten Testament so aussehen mag. Gott kann nicht ärgerlich werden. Er ist reine Liebe. Diese Liebe ist nicht *bedingt.* Das heißt: Gott liebt uns nicht nur, wenn wir brav sind. Er liebt uns immer, denn wir sind ein Teil von ihm.

Denkt an das Gleichnis vom verlorenen Sohn: Der Vater liebt den Sohn, der allen möglichen Mist verzapft hatte, genauso sehr und fast noch mehr als den braven Sohn, der immer bei ihm geblieben war. Sobald sich der Sohn entschieden hatte, wieder zurückzukommen, wurde er ohne jegliches Ressentiment aufgenommen. Und das ist die Wahrheit: Niemand kann aus Gottes Liebe herausfallen! Und es ist ganz ausgeschlossen, dass Gott will, dass wir leiden.

W: Könnte man nicht sagen, dass Gott das Leiden als ein Mittel geschaffen hat, um uns wieder auf den Weg der Evolution zu bringen, wenn wir zu weit abgekommen sind?

M: Es ist zwar richtig, dass wir manchmal durch Leiden gezwungen werden, unseren Weg zu korrigieren. Insofern muss man in gewisser Weise zugeben, dass Gott die *Möglichkeit des Leidens* geschaffen hat und dass das Leiden manchmal eine wirksame Funktion erfüllt. Es ist jedoch nicht so, dass Gott oder irgendwelche höheren Kräfte das Leiden quasi als ein Korrekturmittel *aktiv* einsetzen, um uns zu erziehen. Man muss es vielmehr so sehen: Gott ist das Ganze, er ist das Eine; und – wie es z. B. in den vedischen Schriften heißt – Gott ist Glückseligkeit. Eine Entfernung von Gott ist damit *automatisch* mit einer Entfernung vom Glück verbunden. Und nichts anderes bedeutet „Leiden“: ein Fehlen der Glückseligkeit, die ansonsten der normale Zustand des Seins wäre. Das heißt: Die Entfernung von Gott, von der Einheit, *ist* Leiden. Leiden ist nicht die *Folge* der Trennung von Gott. Es ist keine Korrekturmaßnahme und schon gar nicht eine auferlegte Strafe! Der verlorene Sohn leidet, als er fern vom Vater ist – einfach durch die Entfernung. Deshalb kommt er wieder zurück. Er wird dann aber nicht noch extra bestraft, weil er ungehorsam war – wie es irdische Eltern vielleicht tun würden.

W: Wie ist es denn mit dem Fegefeuer?

P: Gibt es so etwas überhaupt?

M: Nicht im wörtlichen Sinne. Es kann allerdings passieren, dass die Seele auf der Astralebene ein derartiges Schuld*gefühl* empfindet, dass es für sie eine brennende Qual ist. Das fühlt sie dann wie ein Fegefeuer.

Es gibt aber kein Fegefeuer als eine von Gott oder sonst einer Instanz auferlegte Strafe! Es ist die Seele selbst, die sich quält, weil sie merkt, dass sie das Lernziel, das sie sich für dieses Leben vorgenommen hatte, nicht erreicht hat. Es gibt keinen objektiven Platz, der Hölle heißt! Wohl aber gibt es auf der Astralebene anscheinend Orte, wo die Energie der Seele wieder aufgefrischt wird, damit sie im nächsten Leben besser zurechtkommt.

P: Eine ewige Verdammnis in der Hölle gibt es also hoffentlich nicht!?

M: Nie und nimmer kann es eine ewige Verdammnis geben! Das dürfte aus allem, was wir besprochen haben, klar sein. Wie sollte Gott einen Teil seiner selbst in ein ewiges Leiden schicken? Dann würde er ja selbst quasi leiden. Er will nur unser Bestes, weil wir ja er selbst sind. Seine Liebe zu uns ist letztlich seine Beziehung zu sich selbst. Gott kann gar nicht anders als lieben, weil Liebe sein eigenes Sein ist. Das eigene Selbst kann man nicht verleugnen – sonst würde man ja aufhören zu existieren.

Vielleicht sollten wir jetzt mal den Punkt „Schuld“ zusammenfassen: Die Frage der Schuld zu klären, war für uns wichtig, weil Schuldgefühl sehr, sehr häufig ein Faktor ist, der uns daran hindert, glücklich zu sein und aus vollem Herzen die Erfüllung unserer Wünsche anzustreben. Wir haben jetzt gesehen: Sowohl die Schuld gegenüber anderen Menschen als auch die Sünde – eine Art „Schuld“ gegenüber Gott – verlangen zwar ein Handeln und eine aktive Korrektur unserer Einstellung, aber keins von beiden rechtfertigt in irgendeiner Weise, dass wir uns selbst sabotieren oder uns unbewusst Steine in den Weg zu unserem eigenen Glück legen. Durch eigenes Leiden wird nichts ausgeglichen. Im Gegenteil: Das Beste, was wir für andere Menschen und auch gegenüber Gott tun können, ist, dass wir selbst glücklich sind.

„Karmische" Hindernisse für die Erfüllung unserer Wünsche

So. Was wir eben gemacht haben, ist: Wir haben uns einige Beispiele von Glaubenssätzen vorgenommen, die im Unterbewusstsein vieler Menschen ihr Unwesen treiben, indem sie deren Glück und ihren Erfolg behindern oder vereiteln. Wir haben versucht, diese tief verwurzelten, unsinnigen und verschwommenen Meinungen zu klären und auseinanderzunehmen, um damit den Geist frei zu machen für sinnvollere und richtigere Einstellungen, die dem Glück und der Erfüllung nicht mehr im Wege stehen.

Jetzt möchte ich noch auf einen anderen Punkt zu sprechen kommen, der auch mit dem Thema Wahrheit zusammenhängt und der für unser Gesamtthema von zentraler Wichtigkeit ist. Ich habe gesagt, dass es niemals sinnvoll ist, sich selbst zu strafen oder sich selbst ein Leiden aufzuerlegen. Dieser Satz gilt für mich als kleines Individuum, hier auf der Erde, in dieser Inkarnation. Etwas ganz anderes aber ist es, dass u. U. meine unsterbliche Seele mir – als ihre Manifestation – ein Leiden schickt, z. B. als eine Warnung, durch die sie mich zur Umkehr bewegen will.

H: Du unterscheidest anscheinend immer zwischen der Seele und ihren Manifestationen.

M: Nach allem, was ich in den verschiedensten Quellen gelesen habe, muss man davon ausgehen, dass die Seele sich jeweils nicht *als Ganzes* auf der Erde inkarniert. Die Seele ist eine riesengroße Entität, die gleichzeitig auf verschiedenen Existenzebenen – in verschiedenen Dimensionen, wie man auch sagt – gegenwärtig ist. Sie sendet immer nur Teilausprägungen ihrer selbst auf die Erde. Diese Seelenteile können nacheinander verschiedene Inkarnationen durchlaufen. Sie sind also quasi die *Person*, die wir in diesem Leben für unser Selbst halten.

Die große Seele nun, deren Teil wir als Individuum darstellen, hat ein ganz anderes Interesse als unsere begrenzte Person hier auf der Erde. *Wir* wollen ja im Wesentlichen glücklich sein, gesund, erfolgreich, abgesichert gegen Armut, Unfälle und Einsamkeit. Wir wollen geliebt werden usw. Die Seele jedoch will vor allem eines: Sie will *lernen* und vorankommen. Sie will Erfahrungen machen, will die Gesetze des Seins erkennen und verinnerlichen – und sie will nach all diesen Erfahrungen wieder zurückkehren in die Einheit mit dem Ganzen, mit Gott, und dort ihre gemachten Erfahrungen einbringen. Um der Erfahrungen willen, um der Entwicklung und um der Rückkehr in die Einheit willen nimmt sie „gerne" auch Schmerzen, Leiden, Trauer usw. in Kauf. All diese Dinge sind für sie ziemlich unwichtig im Vergleich zu ihrem Hauptziel: Lernen, Lernen und noch mal Lernen.

Und wenn das so ist – wie man immer wieder liest und wie es mir auch einleuchtet –, dann versteht ihr auch, wieso hier ein zentraler Punkt für unser Hauptthema liegt. Nämlich: **Es ist praktisch nicht möglich, dass wir *alle* unsere Wünsche erfüllen können.** Mit „unseren" Wünschen meine ich jetzt die Wünsche unseres kleinen Ich, wie ich sie eben aufgezählt habe.

H: Das ist natürlich eine ziemliche Enttäuschung für uns – wenn es wahr ist, was du sagst.

M: Wie schon gesagt: Für die Seele sind Bequemlichkeit, Annehmlichkeit, Wohlbefinden u.s.w. keine wirklichen Ziele. Wohl aber im Allgemeinen für uns. Und so entsteht halt eine Diskrepanz. Die Seele setzt sich im Regelfall durch. Warum? Weil ja die Seele unser tieferes *Selbst* ist. Die Wünsche der Seele sind *unsere* Wünsche. Nur sind es halt nicht die oberflächlichen Wünsche, die man so hat. Sondern es sind unsere ganz tiefen, verborgenen Wünsche – tiefer noch, als was man normalerweise als das Unterbewusste bezeichnet. Und diese Wünsche gehen oft gar nicht in Richtung Annehmlichkeit usw.

Faktisch sieht es ungefähr so aus: Die Seele „setzt sich" vor der jeweiligen Inkarnation ihrer Einzelmanifestation mit dieser „zusammen" und plant in großen Zügen den Ablauf des Lebens, das jetzt beginnen soll.

H: Das „Zusammensetzen" ist wohl nur im übertragenen Sinne gemeint.

M: Richtig. Im Jenseits gibt es keine materiellen Stühle. Und wie die Planung im Einzelnen abläuft, braucht uns hier auch nicht zu interessieren. Es nehmen bei der „Sitzung" dann noch die Geistführer, die Meister und vielleicht die „Herren des Karmas" teil – wie auch immer. Wichtig ist, dass das Leben in Grundzügen geplant wird. Und bei dieser Planung geht es, wie gesagt, nicht um das Erreichen eines oberflächlichen Glücks, sondern darum, wie die Inkarnation am besten ihre Lernaufgabe erfüllen kann – Lernaufgabe im Sinne der Gesamtseele. Die Seele andererseits führt ihre Lernaufgabe im Auftrage *größerer* Einheiten durch – man spricht von der „Seelenfamilie“, dann der „Seelensippe“ usw.

P: Kannst du uns mal an einem Beispiel klarmachen, was mit „Lernaufgabe“ gemeint ist?

M: Zum Beispiel könnte es sein, dass sich die Seele zum Ziel gesetzt hat, alles über Heilen und Heilung zu lernen. Sie wird dann immer wieder Inkarnationen auf die Erde schicken, die das Leben eines Arztes, eines Heilers, eines Helfers usw. führen. Und jetzt wird es interessant: Sie wird auch Inkarnationen als Kranker und als Patient auf sich nehmen, um die Sache einmal von der anderen Seite zu erfahren. Das tut sie freiwillig, um ihre Lernaufgabe in deren Ganzheit zu erfassen!

H: Das ist interessant. Man denkt ja meist, dass Krankheit ein schlechtes „Karma“ ist, das die Person jetzt abarbeitet.

M: Wie das auch immer mit dem Karma sein mag – es ist letztlich immer die Seele selbst, die sich für ein solches Leben entscheidet! Es mag sein, dass sich eine Seele dieses Mal die Inkarnation eines Krüppels aussucht, weil eine ihrer Manifestationen in einem früheren Leben jemand anders zum Krüppel geschlagen hat. (Jetzt rede ich nicht von der Heiler-Seele!) Das heißt, sie will dadurch einmal selbst sehen, wie es ist, behindert zu sein. Vielleicht will sie damit eine Sinnesänderung in sich erwirken, sodass sie niemals wieder jemanden zusammenschlägt. Besser: dass sie Mitgefühl und Liebe lernt. In solch einem Fall würde man am ehesten von „schlechtem Karma“ sprechen. Aber gleichwohl hat es sich die Seele *ausgesucht*, in diesem Leben derartiges „Karma“ auf sich zu nehmen.

Eine andere Seele mag sich ein Dasein als Behinderter aus ganz anderen Lerngründen ausgewählt haben. Eine Heiler-Seele hat sich vielleicht tatsächlich nur für das Phänomen Krankheit in all seinen Facetten interessiert und nimmt jetzt ein Leben voller Schmerzen auf sich. Wieder eine andere Seele will vielleicht lernen, wie es sich anfühlt, hilflos zu sein.

Ein weiterer Fall, der sehr häufig vorkommt: Eine Seele will einer anderen Seele, die sie liebt, die Möglichkeit geben, Liebe und Mitgefühl zu entwickeln. Sie begibt sich selbst in die Position des Pflegebedürftigen, um z. B. in der Mutter Mitleid und Opferbereitschaft hervorzulocken. All so etwas gibt es.

H: Das ist schon interessant!

M: Ja; und daraus folgt: Wenn sich die Seele, und damit die Person, vor diesem Leben entschlossen hat, ihr Leben als Kranker und Hilfsbedürftiger zu verbringen, dann wird es nicht viel helfen, wenn sie im Bett liegt und affirmiert: „Ich bin gesund, ich bin gesund." Denn in der tiefsten Tiefe will ihre Seele gar nicht gesund sein. Sie will Krankheit erfahren. Da helfen also alle Wunschtechniken nur sehr wenig – höchstens, um vielleicht in einer Einzelsituation zu lindern.

W: Kann es sein, dass sich die Person in der Tiefe bewusst ist, dass sie eigentlich krank sein will?

M: Durchaus. Dazu gehört aber schon einiges an Selbsterforschung. Es ist ja immer das eigene Selbst, das diesen tiefen Wunsch hat, auch wenn er dem natürlichen, oberflächlichen Wunsch – nämlich endlich gesund zu werden – widerspricht.

H: Jetzt müsste es eigentlich, theoretisch, möglich sein, dass der Mensch sich um-entscheidet. Wenn er z. B. in stillen Momenten erkannt hat, dass seine Krankheit auf seiner ursprünglichen eigenen Entscheidung beruht, dann müsste er sich doch jetzt auch anders entscheiden können – also für Gesundheit.

M: Ja; richtig. Das kommt auch wohl vor. Denn das Leben ist durch die ursprüngliche Entscheidung nie völlig *festgelegt*. Die Seele hat immer die Freiheit, sich anders zu entscheiden, wenn neue Gesichtspunkte hinzugekommen sind. Ebenso hat die individuelle Manifestation der Seele, also die Person, die Freiheit, sich *nicht* an den ursprünglichen Plan für dieses Leben zu halten. Nur: *Wenn* der Mensch schon mal auf diese tiefe Ebene gekommen ist und dort den Originalwunsch der Seele erspürt hat, heißt das, dass er sein Bewusstsein schon sehr stark erweitert hat. Er ist mit seinem Bewusstsein dann auf der Ebene der Seele. Er ist mit der Seele vereint. Dann wird er wahrscheinlich auch den ursprünglichen Wunsch der Seele als sinnvoll anerkennen und übernehmen. Er wird dann so weise sein, dass er auf die Gesundheit verzichtet, weil er erkennt, dass die Krankheit in diesem Leben der Seele am besten dient – für ihre und damit auch seine Entwicklung.

Trotzdem ist es auch möglich, dass er dann mit dem alten Entschluss *nicht* übereinstimmt und jetzt tatsächlich aus der Tiefe Gesundheit wünscht. Und dann wird er sie auch bekommen.

W: Könnte man sagen, dass das Horoskop ein Ausdruck, quasi eine graphische Darstellung der Entscheidungen der Seele für dieses Leben ist?

M: Sehr gut. Ja, so ist es. Nachdem der Lebensplan aufgestellt ist, wählt sich die Seele zunächst einmal die Eltern und die Umgebung aus, mit denen und in der sie die Erlebnisse bekommen kann, die sie sich wünscht. Und dann sucht sie sich auch den Zeitpunkt aus, an dem die kosmischen Einflüsse an dem Geburtsort genau so sind, wie sie es für ihren Lebensgang braucht. Und das sind die planetarischen Einflüsse, wie sie im Horoskop zum Ausdruck kommen. Ihr wisst ja, dass im Horoskop auch zu ersehen ist, in welcher Lebensphase bestimmte Einflüsse aktualisiert werden. All das entspricht dem Lebensplan der Seele bzw. der Person.

Wichtig ist zu verstehen, dass das Leben durch diesen Plan und das heißt: durch dieses Horoskop keineswegs bis ins Einzelne determiniert ist. Das Individuum hat innerhalb des vereinbarten Rahmens alle Freiheiten, wie es mit den vorausberechneten Einflüssen umgeht und was es daraus macht. Und, wie schon gesagt, selbst die Grundentscheidungen können abgewandelt werden – dazu gehört allerdings schon einige Bewusstseinsentwicklung. Häufig *erwartet* sogar die Seele, die unsere Persönlichkeit während unserer Inkarnation führt, dass sich ihre Manifestation nicht mit den Gegebenheiten abfindet. Sie hat die Bedingungen vielleicht gerade so gewählt, dass ihr Seelenteil – und damit sie selbst – durch die Auseinandersetzung mit Schwierigkeiten *stark* wird. Das ist sogar sehr häufig der Fall.

H: Auch einen entsprechenden Kampfgeist müsste man eigentlich im Horoskop sehen.

M: Sehr richtig. Und ich möchte sogar auf die Gefahr hinweisen, die darin bestehen kann, seinem Horoskop zu viel Aufmerksamkeit zu widmen. Es könnte z. B. passieren, dass die Astrologie mir sagt: In deiner jetzigen Lebensphase kann nicht viel Gutes kommen. Dann werde ich u. U., vielleicht auch unbewusst, abschlaffen und mich dem Schicksal ergeben – wo es eigentlich darauf angekommen wäre, gegen die ungünstigen Umstände anzugehen, sie zu bezwingen und dadurch stark zu werden. Man muss schon recht klar im Kopf sein, um wirklichen Nutzen aus dem Horoskop zu ziehen. Yogananda sagte z. B., dass er seine Vorhaben immer auch trotz ungünstiger planetarischer Einflüsse durchgezogen und verwirklicht habe – wenn auch manchmal unter größeren Schwierigkeiten...

H: Ich möchte noch einmal darauf zurückkommen, dass du vorhin sagtest, es sei nicht möglich, *alle* Wünsche zu erfüllen. Das stimmt eigentlich nicht. Denn selbst dann, wenn sich der ursprüngliche Plan der Seele gegenüber meinen oberflächlichen Wünschen durchsetzt, so sind es doch schließlich *meine* Wünsche, die in Erfüllung gehen. Denn die Seele – das bin ja letztlich ich selbst, sogar mein tieferes, wahreres Selbst.

M: Genau richtig. Wir können also letztlich bei unserem ursprünglichen Ansatz bleiben, dass sich praktisch *alle* unsere Wunschgedanken verwirklichen. Diese sind zwar nicht immer mit unseren oberflächlichen Vorlieben identisch. Aber es ist schließlich doch mein tiefstes Selbst, welches die Welt, in der ich lebe, formt und bestimmt.

Die Lebensaufgabe

W: Wir haben jetzt die Seele quasi in der Rolle eines *Hemmnisses* für die Wunscherfüllung gesehen – jedenfalls hinsichtlich der Wünsche unserer kleinen Person. Ich kann mir andererseits denken, dass die Seele unseren Erfolg etc. auch sehr *fördern* kann. Dann nämlich, wenn wir im Sinne unseres ursprünglichen Lebensplanes denken, wünschen und handeln.

M: Das ist eine sehr gute Bemerkung. Das ist tatsächlich der Fall. Nehmen wir wieder ein Beispiel: Angenommen, eine Seele hat vor dem Leben den Plan gefasst, das Leben einer Künstlerin zu leben. In ihrer Jugend ist dieser Plan als eine tiefe Sehnsucht in ihr gegenwärtig. Sie äußert auch den Wunsch, Malerin zu werden. Aber der Vater, den sie sich für dieses Leben ausgesucht hat, hält von einer solchen „brotlosen" Kunst überhaupt nichts. Er zwingt sie stattdessen in die Laufbahn einer Postbeamtin. Was wird passieren? Es mag sein, dass dieses Mädchen sich nach einiger Zeit mit ihrem Leben abfindet. Aber je länger sie in ihrem ungeliebten Beruf dahinlebt, desto unglücklicher wird sie. Und wenn sie nicht auf ihre innere Sehnsucht hört oder hören kann, wird die Seele – die ja nach wie vor interessiert ist, ihre Lernaufgabe durchzuziehen – deutlichere Signale senden. Die Frau fängt dann vielleicht an zu kränkeln und wird immer lustloser. Und außerdem wird sie vielleicht merken, dass ihr mehr und mehr Dinge schieflaufen. Sie hat Pech, nicht nur im Beruf, sondern auch im Privatleben. Sie hat laufend Streit mit ihrem Chef usw… Wenn sie weiterhin all diese Signale überhört, kann es sein, dass die Seele – ihr tiefstes Selbst! – dafür sorgt, dass diese Frau eine Krankheit entwickelt, durch die sie gezwungen ist, ihren Beruf aufzugeben. Das empfindet dann die ganze Familie, sie selbst eingeschlossen, als eine große Katastrophe. Aber in der Tiefe jubiliert die Seele. Endlich ist sie diesen verhassten Beruf los! Und wenn sie Glück hat, versteht sie, dass die Krankheit ein Hinweis war, sich endlich der Sehnsucht ihrer Seele hinzugeben. Dann fängt sie vielleicht tatsächlich an, ihr künstlerisches Talent auszubilden, und versucht sogar, ihren Lebensunterhalt mit der Malerei zu verdienen. Und erstaunlicherweise wird sie feststellen, dass sie erstens wieder gesünder wird und dass sich zweitens all die Schwierigkeiten, die sie hatte und die sie erwartet hatte, in nichts auflösen. Das ist einfach deswegen, weil die Seele mit ihren Wünschen alle Umstände so lenkt und beeinflusst, dass die Hindernisse aus dem Weg geräumt werden.

W: Das klingt jetzt wieder so ein bisschen nach Märchen.

M: Aber solche Märchen werden immer wieder Wirklichkeit! Es ist nur leider so, dass viele Menschen nicht den Mut finden, sich ganz ihrer tiefen Sehnsucht hinzugeben. Selbst in solchen Fällen, wo ihre Seele sie zwingt, eine ungeliebte Laufbahn aufzugeben, zögern sie dann vielleicht, wirklich ihrer inneren Stimme zu folgen. Sie gehen weiter auf Nummer sicher und vollziehen nur eine halbherzige Änderung. Die Frau unseres Beispiels würde dann vielleicht in einer Boutique arbeiten – das ist zwar schon mal etwas mehr in Richtung Kunst bzw. Ästhetik. Aber es ist doch nicht das, was die Seele ursprünglich vorhatte. Dann wird wahrscheinlich ihr Leben weiterhin voller Hindernisse sein, wenn auch nicht so unerträglich wie vorher.

Das Prinzip ist: Wenn und sobald wir in Einklang mit unserem ursprünglichen Lebensplan, mit unserer Lebensaufgabe leben – in der vedischen Kultur nannte man sie **„Dharma“** –, wird die Seele unsere Wünsche in vielfältiger Weise unterstützen. Das werden wir daran merken, dass unsere Wünsche fast immer in Erfüllung gehen. Dann stehen nämlich unseren oberflächlichen Wünschen keine tieferen und damit machtvolleren Wünsche unserer Seele entgegen. Im Gegenteil strukturiert unser gesamtes Denken – das oberflächliche gemeinsam mit dem subtilen – die Welt so, wie es für die Erfüllung unserer Aufgabe passt. Nach dem Prinzip, das wir von Anfang an propagiert haben.

H: Leben in Einklang mit der Lebensaufgabe scheint also der Supermechanismus für die Wunscherfüllung zu sein!

M: Ganz genau. Und noch mehr: Das Leben der Lebensaufgabe *ist* Wunscherfüllung, nämlich die Erfüllung des Wunsches der Seele!

H: Dann ist die nächste Frage natürlich: Wie kriegen wir raus, was unsere Lebensaufgabe ist?

M: Man muss einfach seine tiefe Sehnsucht zu erfühlen suchen. Falls mir meine Sehnsucht nicht sowieso klar ist, heißt das: in die Stille gehen, meditieren, nachfühlen im Körper.

P: Noch spezielle Tricks?

M: Kaum. Es ist im Grunde ganz einfach. Aber wenn du ein paar Tricks willst: Finde heraus, bei welchen Aktivitäten du Spaß hast; über welchen Tätigkeiten du die Zeit vergisst; welche Sachen du einfach gerne machst. Was sind deine Hobbys? Gäbe es eine Möglichkeit, dein Hobby zu deinem Beruf zu machen? Oder gäbe es zumindest einen Beruf, der deinem Hobby verwandt wäre und in den du deine Vorlieben und speziellen Fähigkeiten einbringen könntest?

Außerdem stell dir folgende Fragen:

- Wenn ich eine Erbschaft gemacht hätte und kein Geld zu verdienen brauchte: Welche Tätigkeit würde ich freiwillig, ohne Bezahlung, gerne ausführen?
- Welcher Beruf, welche Art von Leben wären zu schön, um wahr zu sein?

Im Übrigen ist das Herausfinden der Lebensaufgabe meist das geringere Problem. Das größere ist, dann auch den **Mut** zu haben, sie in Angriff zu nehmen. Man muss da manchmal ein ziemliches Risiko eingehen. Man muss gewisse – meist finanzielle – Sicherheiten aufgeben; eventuell Freunde und Verwandte schockieren usw. Das erfordert ein Vertrauen in das Leben, in die Unterstützung durch die kosmischen Kräfte. Das schaffen viele nicht, und daher leben sie weiter in einem zwar gesicherten, aber unerfüllten Leben.

Mein Rat an alle, die vor der Entscheidung stehen, einen Sprung ins Unbekannte zu wagen und das Ziel ihrer Sehnsucht anzugehen, wäre u. a.: Sorgt euch nicht zu sehr um eure Alterssicherung! Erstens: Vielleicht werdet ihr ja gar nicht alt! Und zweitens stellt euch vor, wie ihr am Ende eures Lebens zurückblickt und euch fragt: Hat es sich gelohnt, ein langweiliges Leben zu führen, nur damit ich mich jetzt in diesem gehobenen Altersheim genauso langweile?

Das Leben sollte ein Abenteuer sein, immer frisch und jeden Tag neu erfüllend. Und nicht ein quälendes Dahinschleppen! Jeder sollte sich überlegen: Will ich dieses Leben so weiterführen? Wenn keine Freude da ist, dann sollte man seinen Beruf wechseln oder wenigstens grundlegend neu strukturieren. Es ist nie zu spät. In jeder Buchhandlung findet man Berichte von Menschen, die ihr Leben noch im Alter völlig umgekrempelt haben, eine neue Tätigkeit aufgenommen haben und sich damit ihren Lebenstraum erfüllt haben. Es ist oft unglaublich, welche Unterstützung der Natur die Leute oft erfahren, wenn sie sich dazu entschließen, ihre Träume wahr zu machen.

Natürlich weiß ich, dass viele der Familie und anderer Verantwortlichkeiten wegen nicht einfach ihren Beruf wechseln können. Aber dann sollten sie wenigstens überlegen, wie sie mehr Abenteuer und mehr erfüllende Tätigkeiten in ihren Alltag integrieren können – in Form von Hobbys, ehrenamtlichen Aufgaben, Fortbildung usw.

Im Übrigen muss man auch immer etwas wachsam im Leben sein, ob sich nicht die Lebensaufgabe *geändert* hat. Eine Frau war vielleicht lange Zeit sehr zufrieden in ihrem Beruf als Krankenschwester. Aber dann kommt ein Tag, wo sie merkt: Eigentlich ist diese Zeit vorbei. Ich möchte jetzt etwas anderes machen. Auch das gibt es. Die Lebensaufgabe bleibt nicht immer die gleiche das ganze Leben hindurch. Die Seele hat sich u. U., und sogar sehr häufig, mehrere Aufgaben für das Leben gestellt, die sie in verschieden Phasen abarbeiten wollte.

Gelübde und Verträge aus früheren Leben

Gut. Damit hätten wir wohl dieses Thema abgehandelt, das für die Frage der Wunscherfüllung ziemlich wichtig ist.

Ich wollte jetzt noch eine besondere Art innerer Selbstbehinderung bei der Erfüllung unserer Wünsche erwähnen. Die klingt etwas esoterisch. Sie kommt aber weit häufiger vor, als man denkt: Oftmals haben wir nämlich in früheren Leben – oder auch früher in diesem Leben – gewisse Verträge geschlossen oder gar Gelübde abgelegt, die unseren jetzigen Zielen entgegenstehen. Ein krasses Beispiel: Jemand war im letzten Leben eine Nonne und hat vor der Äbtissin – oder wem auch immer – ein ewiges Keuschheitsgelübde abgelegt. Dieses Gelübde sitzt jetzt drin in tiefen Schichten des Bewusstseins. Und was passiert? Immer wenn diese Frau sich jetzt einem Mann hingeben will, kommt eine innere Stimme, die sagt: Das darfst du nicht! Du hast ein Gelübde abgelegt, niemals einen Mann zu haben! Es kann sogar sein, dass diese Frau nicht nur ein unerklärliches schlechtes Gewissen beim Geschlechtsverkehr hat oder dass sie frigide ist, sondern dass sie sogar eine Krankheit entwickelt, derentwegen sie überhaupt keinen Geschlechtsverkehr haben kann. Das ist natürlich tragisch.

Diese Situation dürfen wir jetzt nicht mit dem Lebensplan und der Lebensabsprache verwechseln, die wir eben gerade besprochen haben – die kamen ja aus der *Zwischenphase* zwischen diesem Leben und dem letzten. Jener Lebens*plan* war und ist für die Seele etwas sehr Sinnvolles und Gutes. Das Gelübde aus dem *früheren Leben* ist dagegen nichts anderes als hinderlich. Es ist nichts Gutes mehr daran, denn jetzt sind wir ja in einem ganz anderen Leben, mit einer anderen Zielsetzung.

E: Das Gelübde war damals wohl auch gar nicht so gemeint, dass es sich über mehrere Leben erstrecken sollte.

M: Nein. Und dennoch sitzt es häufig noch im Bewusstsein und behindert uns nun.

E: Kann man da etwas machen?

M: Ja. Und ich würde eigentlich jedem empfehlen, sicherheitshalber etwas zu tun – ob er nun meint, unter einem solchen Gelübde oder Vertrag zu leiden oder nicht. Denn die meisten von uns haben tatsächlich gewisse

Verträge geschlossen oder Zusagen gemacht, an die sie sich unterbewusst immer noch irgendwie gebunden *fühlen* – selbst wenn sie oberflächlich meinen, davon frei zu sein. Das Unterbewusstsein kann nämlich manchmal schon eine einfache Aussage in einem verliebten Gespräch als bindend auffassen, obwohl sie gar nicht unbedingt so gemeint war, z. B.: „Ich werde dich nie verlassen." Unter einer solchen „Zusage" wird jede spätere Beziehung leiden. Denn eine neue Partnerschaft bedeutet für das Unterbewusstsein den Bruch des früheren „Schwurs". Also erstens: Seid in Zukunft vorsichtig mit solchen Versicherungen. Und zweitens: Löst alle alten Gelübde ab – seien sie aus diesem Leben oder aus einem früheren –; kündigt sie – soweit sie euren jetzigen Zielen und eurer Evolution nicht mehr förderlich sind! Dabei fällt mir ein: Es ist auch nicht selten, dass jemand in früheren Leben Gelübde mit negativen Kräften oder Orden geschlossen hat. Von denen sollte man natürlich als Erstes freikommen.

H: Wie macht man jetzt die Loslösung?

M: Es ist relativ simpel. Ich sage euch mal, wie ich es vor gar nicht langer Zeit gemacht habe – aufgrund eines Hinweises von einer höheren Ebene. Ich habe mich vor meinen Computer gesetzt, meinen Briefkopf aufgerufen und ein offizielles Schreiben verfasst – mit Datum und allem. Der Text, den ich mir ausgedacht habe, war ungefähr wie folgt:

„An alle Menschen, Seelen oder Wesenheiten, denen gegenüber ich jemals Gelübde abgelegt habe oder mit denen ich Verträge geschlossen habe

Ich, ..., kündige hiermit alle Gelübde und Verträge, die ich jemals, zu irgendeiner Zeit, auf irgendeiner Ebene und in irgendeiner Welt abgeschlossen oder geleistet habe, soweit sie nicht mehr meinem jetzigen Guten und meiner endgültigen Befreiung und Erleuchtung förderlich sind. Ich bitte alle meine Vertragspartner und alle, denen gegenüber ich ein Gelübde geleistet habe – auf welcher Ebene, in welcher Welt und in welcher Zeit sie sich auch befinden mögen –, diese meine Kündigung zu akzeptieren, gutzuheißen und mich von diesen Verträgen und Gelübden zu entbinden.

So sei es, und so ist es."

Unterschrift

Ihr seht, ich war sehr gründlich und habe versucht, alle Eventualitäten einzubeziehen. Und das Tolle war: In dem Moment, wo ich den entscheidenden Satz geschrieben habe, ist tatsächlich etwas passiert. Es war wie „Wumm" – jetzt hat sich etwas getan. Jetzt bin ich frei davon. Sicherheitshalber habe ich den Brief noch ausgedruckt und dem Feuer übergeben – auf Deutsch: verbrannt –, damit das Element des Feuers, diese große Wesenheit, die Botschaft an alle Beteiligten weiterleitete.

H: Du meinst: passiert ist etwas auf der *subjektiven* Ebene.

M: Auch! Natürlich. Aber nicht nur. Ich hatte das deutliche Gefühl, dass etwas *Objektives* geschehen war. Ich war offensichtlich tatsächlich in Verträgen gebunden gewesen, die in dem Moment gelöst wurden. Verträge und Zusagen darf man nicht auf die leichte Schulter nehmen. Sie sind anscheinend irgendwo im Kosmos registriert – wie überhaupt alles. Und ein Vertrag ist ein Vertrag! Er ist nicht nur leere Formalität oder eine rein psychologische Angelegenheit, sondern ein Vertrag ist eine objektive Bindung. Und die löst man nur sozusagen vor dem Höchsten und mit Zustimmung aller Beteiligten. Dahinter steht ein kosmisches Prinzip: Die ganze Welt beruht auf Verträgen und Verpflichtungen. Menschlich gesprochen: Wie könnte die Welt bestehen, wenn nicht alle Naturgesetze sich stetig an ihre Aufgabe hielten, die sie übernommen haben? Ich glaube, so ungefähr kann man es sehen. Deswegen wird auch in allen Kulturen das einmal gegebene Wort so hochgehalten. Derjenige, der sein Wort bricht, wird mit schweren Strafen belegt bzw. aus der Gemeinschaft ausgestoßen. Dahinter steht sicher etwas Archetypisches. Es ist wohl die Widerspiegelung eines kosmischen Gesetzes.

H: Mir fiel auf, dass du in deinem Brieftext von „Zeiten, Welten und Ebenen" sprichst. Kannst du dazu noch etwas sagen?

M: Ja. Wie schon gesagt, ich wollte mich in jeder Weise absichern, dass alle Verträge erfasst wurden. Bei „Welten" dachte ich an mögliche Parallelwelten oder Ähnliches. Wer weiß, wo ich mich im Laufe meiner vielen Leben überall herumgetrieben habe und wo sich meine Vertragspartner jetzt befinden. Mit „Ebenen" meinte ich die Astralebene und andere höhere – eventuell auch tiefere – Schwingungsebenen. „Zeiten" gibt es drei: Vergangenheit, Gegenwart und Zukunft. Die Verträge mögen in ferner Vergangenheit geschlossen worden sein. Aber auf den höheren Schwingungsebenen ist alles noch gegenwärtig.

Dort sind Vergangenheit und Zukunft *jetzt*. Raum und Zeit spielen im Wesentlichen nur auf der materiellen Ebene eine Rolle. Und u. a. deswegen funktioniert die Kündigung der Verträge: Die Partner sind auf einer gewissen Ebene *jetzt* gegenwärtig.

Damit haben wir auch diese Art von Behinderung kurz abgehandelt: frühere Gelübde und Verträge, die uns „verbieten", erfolgreich oder glücklich zu werden. Dies hing nur sehr indirekt mit dem Thema „Wahrheit" zusammen. Denn in diesem Fall brauchen wir eigentlich gar nicht im Einzelnen zu *wissen*, was da früher abgelaufen ist. Wir können die Bindungen pauschal auflösen.

Gibt es noch weitere Gesichtspunkte zum Bereich „Wahrheit"?

H: Mir fällt nichts mehr ein.

W: Mir auch nicht.

M: Vielleicht können wir dann für heute Schluss machen.

5. Kapitel

Wunscherfüllung im Bereich Gesundheit

H: Ich habe mir heute Nacht überlegt: Könnten wir noch einmal kurz durch die verschiedenen Lebensbereiche gehen und zusammenfassen, wie die Prinzipien der effektiven Wunscherfüllung jeweils darin wirken?

M: An welche Bereiche dachtest du denn?

H: Im Wesentlichen an drei:

- Gesundheit,
- Erfolg und Reichtum,
- Beziehungen.

M: Gut, warum fangen wir nicht gleich mit dem Ersten an, wenn es allen recht ist.

E: Sehr gut.

M: Wir wünschen uns ja alle, gesund zu sein. Unsere Frage ist wohl im Wesentlichen: Können wir mit mentalen Methoden Gesundheit erreichen bzw. aufrechterhalten? Oder auch anders herum: Inwieweit können wir durch richtiges Denken und Wünschen Krankheiten überwinden und beseitigen?

E: Genau.

M: Ich glaube, wir müssen zunächst einmal **zwei grundlegende Arten von Krankheiten** unterscheiden: Krankheiten, welche die Seele gewollt hat, also solche, welche sie bei ihrer Lebensplanung vorgesehen hat – und alle anderen, die nicht geplant waren. Zu der ersten Gruppe gehören auch die meisten erblichen Krankheiten.

E: Könntest du die erste Kategorie noch einmal etwas erläutern und auseinandernehmen?

Krankheiten, die von der Seele gewollt sind

M: Gut. Diese Krankheiten würde man im Allgemeinen wohl als **„karmische" Krankheiten** bezeichnen. Wir können ruhig bei diesem Begriff bleiben. Ich möchte nur darauf hinweisen, dass das übliche simple Verständnis von Karma nicht unumstritten ist. Man stellt sich normalerweise, wenn man von „Karma" redet, eine Art Institution vor, die alle Taten aufzeichnet und dem Täter dann die Wirkungen seiner Taten zurückgibt. Ob diese Auffassung nun richtig ist oder nicht – ich glaube, wir sollten das jetzt nicht diskutieren –, jedenfalls ist es selbst nach dieser klassischen Karmalehre letztlich der *Entscheidung der Seele* überlassen, welches Karma sie in das einzelne Leben mit hineinnimmt, um es dort abzuarbeiten. Denn im Laufe ihrer vielen, vielen Leben hat sie – nach dieser Lehre – in jedem Fall einen solchen Riesenberg Karma angesammelt, dass dieser unter keinen Umständen in einem Zug bearbeitet werden kann.

Außerdem aber gilt: Die Seele plant das Leben ihrer Inkarnationen keineswegs *nur* aufgrund karmischer Überlegungen! Ihr Hauptziel ist es, wie ich schon sagte, Erfahrungen zu machen und zu lernen. Und so kann es gut sein, dass sie einfach auch einmal erfahren möchte, wie es ist, z. B. chronisch krank oder gelähmt zu sein. Einfach um zu erfahren, wie sich so etwas anfühlt. Vielleicht handelt es sich, wie ich schon einmal sagte, um eine Heiler-Seele, die alles über Heilung wissen will und damit sinnvollerweise auch Krankheit kennen lernen muss. Oder die Seele will, wie ich gestern schon erwähnt habe, in einem anderen Menschen Liebe hervorrufen. Sie nimmt ihre Krankheit also für eine andere Person auf sich, mit der sie seit langer Zeit liebend verbunden ist.

Eine ähnliche Geschichte finden wir in der Bibel, wo Jesus einen Blindgeborenen trifft. Die Jünger fragen: Ist es, weil seine Eltern gesündigt haben oder weil er selbst gesündigt hat? – Das hätte ja übrigens nur in einem früheren Leben sein können! – Jesus sagt so ungefähr: Keins von beiden, sondern er ist blind geboren, damit die Herrlichkeit des Menschensohnes – Jesus – durch ihn offenbar werden konnte. Dieser Mensch hatte sich also offensichtlich vor dem Leben entschieden, als Blinder geboren zu werden, damit er durch Jesus geheilt werden konnte!

Es gibt also unendlich viele Wege der Seele und unendlich viele Gründe für ihre Entscheidungen. Im Übrigen kann es auch sein, dass eine in dieser Weise gewollte Krankheit nicht von Geburt an da ist. Sie kann sich – gemäß dem Lebensplan – in einer späteren Phase entwickeln. Sie kann auch durch einen – in diesem Fall geplanten – Unfall hervorgerufen werden. Alles ist möglich.

Wir müssen verstehen, dass unser Körper ein *Instrument* für unsere Entwicklung ist. Und Entwicklung heißt: Entwicklung unseres *Bewusstseins. Das* ist es, was wir wollten, als wir uns inkarnierten. Und dazu haben wir unseren Körper. Wir haben uns einen Körper gewählt, um uns durch ihn – und damit in dieser materiellen Welt – zu *entwickeln.* So ist der Körper wie eine Art Hindernis, das unsere Seele sich selbst in den Weg legt, um daran flexibler und schließlich frei zu werden. Je schneller wir lernen, mit ihm umzugehen, umso besser. Und wenn wir schließlich gelernt haben, was wir wollten, werden wir eine Freude erfahren, die viel größer ist, als wir sie jemals ohne dieses Training hätten erfahren können. Das ist wieder ähnlich wie mit dem verlorenen Sohn. Ich denke, er war hinterher glücklicher, als wenn er gar nicht hinausgegangen wäre.

Und auch schon *während* des eingeschränkten Lebens im Körper hat die Seele eine Art Freude, die sie sonst nicht hätte – so seltsam es klingen mag. Es ist wie mit unseren normalen Spielen: Bei allen Spielen gibt es Regeln oder auch Geräte usw., die unsere Handlungsfreiheit einschränken. Und die Freude besteht gerade darin, mit diesen Einschränkungen umzugehen und sie zu überwinden. So ist unser Körper in gewisser Weise das Spielgerät unserer Seele. Selbst wenn er uns einschränkt – u. U. noch besonders durch eine Behinderung –, so genießt die Seele doch irgendwie diese interessante Erfahrung. Den Schmerz nimmt sie in Kauf, wenn sie nur ihre Sucht, etwas zu erleben und zu erkennen, ausleben kann.

E: Das klingt schon fast makaber. Dennoch leuchtet mir irgendwie ein, dass es so ist. Nun aber vielleicht zurück zu diesen Krankheiten, die wir „karmisch“ genannt haben: Wie wäre unsere Strategie gegenüber dieser Art von Einschränkungen? Sollen wir sie einfach akzeptieren?

M: Nein. Wie ich schon sagte: Ich glaube, die Seele erwartet im Allgemeinen, dass ihre Inkarnation gegen die Krankheit ankämpft. Das ist ja das Normale. Jeder Mensch wird das tun. Niemand will leiden. Die Seele will vielleicht gerade, dass wir in der Auseinandersetzung mit der Krankheit stark werden. Und sie will vielleicht auch, dass wir die Krankheit überwinden, sobald der geplante Lerneffekt erreicht ist. Das heißt: Sie wünscht sich u. U. gerade auch die Erfahrung des Gesundwerdens.

E: Das alles kann man ja aber nicht wissen.

M: Nein, im Allgemeinen nicht. Deswegen ist die Strategie ganz klar: alles tun, damit man gesund wird. Denn: *Falls* die Seele absolut nicht gesund werden will, dann wird kaum irgendeine Bemühung unsererseits helfen. Denn das Seelenbewusstsein, welches ja unsere tiefste Schicht ist, ist in der stärksten Kontrollposition und wird alle Heilbemühungen vereiteln – vom Bewusstsein her –, falls sie es so will. Höchstens wird es mit westlicher Medizin vielleicht gelingen, die Symptome in einen anderen Bereich zu verschieben. Ganz heilen wird man in einem solchen Fall aber kaum können.

Wenn man dagegen *nichts* täte, könnte man nie herausfinden, ob nicht doch schließlich eine Heilung geplant oder zumindest erlaubt war.

So, jetzt kommen wir zu den anderen Krankheiten, den nicht geplanten. Das ist sicher die weitaus größere Gruppe.

Die nicht von der Seele geplanten Krankheiten

Die würde ich gerne in drei Untergruppen aufteilen:

1. Krankheiten, durch die uns gezeigt wird, dass wir nicht in unserem Dharma sind, d. h. nicht unsere Lebensaufgabe leben,
2. Krankheiten, die darauf hinweisen, dass wir in anderer Weise eine falsche Grundeinstellung haben oder hinderliche Glaubenssätze mit uns herumtragen,
3. Krankheiten, die rein körperliche Ursachen haben bzw. darauf beruhen, dass wir den Körper nicht richtig behandeln.

E: Ist die **erste Gruppe** nicht mit der vorher besprochenen identisch?

M: Nicht ganz. Die Seele hat sich, wie wir sagten, ja eine **Lebensaufgabe** gesetzt, in der sie etwas erfahren und lernen will – durch uns, ihre Manifestation bzw. Inkarnation. Wenn die Seele eines Tages merken sollte, dass wir durch äußere Einflüsse oder eigenes begrenztes Denken diese Aufgabe nicht erfüllen, dann wird sie uns irgendwelche Zeichen geben. Das kann zunächst einmal eine gewisse Unzufriedenheit mit unserem Leben sein, Schwierigkeiten mit Vorgesetzten und Mitarbeitern, ständige Probleme im Privatleben usw. Wenn wir nicht darauf reagieren, sondern im alten Trott weitermachen, wird die Seele irgendwann deutlicher werden. Und einer ihrer stärkeren Hinweise ist vielleicht eine Krankheit. Und wenn das immer noch nicht hilft, könnte die Krankheit sogar chronisch werden. Im allerschlimmsten Fall kann sie auch zum Tod führen, wenn nämlich die Seele jede Hoffnung aufgegeben hat, dass das Leben ihrer Inkarnation noch irgendeinen Sinn hat. Das ist aber ein extrem seltener Fall.

Der Unterschied ist jetzt wohl klar: Die Seele hat die Krankheit nicht von vornherein gewollt, sondern sieht sich eher nachträglich gezwungen, uns durch Leiden und Schmerzen immer deutlichere Hinweise zu geben, dass wir unser Leben ändern sollen.

E: Ja, den Unterschied habe ich verstanden. Was kann man jetzt für diese Kategorie von Krankheiten *tun*? Können wir überhaupt jemals *wissen*, ob unsere Symptome durch ein Verfehlen der Lebensaufgabe bedingt sind?

M: Das können wir wohl niemals eindeutig feststellen. Es ist aber auch nicht wichtig. Zunächst einmal muss ich sagen, dass sich meine eben genannte Einteilung in der Praxis niemals klar durchziehen lässt. Wir haben meist Mischungen aus den verschiedenen Krankheitsursachen vor uns. Da aber ein Verfehlen des Dharma sehr häufig beteiligt ist, wäre mein Rat, *immer und in allen Fällen* von Unwohlsein *als Erstes* zu prüfen: Lebe ich das Leben meiner Sehnsucht? Habe ich Freude an meinem Beruf? Ist mein Familienleben – wenigstens im Großen und Ganzen – erfüllend? Arbeite ich auf ein sinnvolles Ziel hin – und nicht nur für die Alterssicherung? Und wenn ich nicht all diese Fragen mit Ja beantworten kann, dann heißt es: nachdenken. Dann muss ich u. U. mein Leben ändern, vielleicht sogar grundlegend. Viele, viele Menschen haben festgestellt, dass ihre Symptome sang- und klanglos verschwanden, sobald sie ihr Leben gründlich umgestellt hatten und es mehr nach ihrer tiefen Sehnsucht ausgerichtet hatten. Ich habe gestern ja schon einige Tipps gegeben, wie man seine Herzenswünsche herausfindet.

E: Gut. So eine Umstellung ist sicher nicht immer leicht und kostet ganz schön Mut. Ich muss richtig heftig atmen, wenn ich mir das vorstelle.

Vielleicht können wir jetzt aber zur **zweiten Untergruppe** kommen. Wie unterscheidet die sich von der ersten?

M: Nur geringfügig. Bei diesen Gesundheitsproblemen dachte ich an alle anderen falschen Grundeinstellungen – solche, die nicht ein Verfehlen der Lebensaufgabe implizieren. **Beispiel Schuldgefühle.** Wir haben die besprochen: Wenn ich das Gefühl habe, eine Schuld auf mich geladen zu haben und daher eine Strafe zu verdienen, so kann es sein, dass das Unterbewusstsein eine Krankheit im Körper erzeugt, um den Schulddruck loszuwerden. Um sich sozusagen selbst zu bestrafen. Und jetzt ist wichtig: Das ist *nicht eine Erziehungsmaßnahme der Seele*! Es ist unser eigenes kleines Unterbewusstsein, das dieses Leiden an sich zieht – in dem unsinnigen Verständnis, dass auf diese Weise eine schlimmere Strafe vermieden werden könnte. Durch welche frühkindlichen Erlebnisse ein solches Verständnis auch entstanden sein mag – darauf möchte ich jetzt nicht eingehen; man kann es in psychologischen Büchern nachlesen.

E: Das Unterbewusstsein ist manchmal ganz schön kindisch!

M: Ganz genau. Eine solche Krankheit hat keinen wirklichen Wert für die Seele bzw. für mich.

E: Sie ist also völlig sinnlos.

M: Das würde ich so hart auch wieder nicht sagen. Die Krankheit wird auf jeden Fall *den* Effekt haben, dass wir auf unser falsches Denken aufmerksam gemacht werden. Also ein gewisser Sinn ist immer darin. Deswegen sollte man auch nur in Ausnahmefällen die Symptome einfach durch Medikamente unterdrücken, ohne sich zuerst die tiefere Ursache klargemacht zu haben.

E: Die **Krankheit** ist also **ein Mittel zur Selbsterkenntnis**.

M: Richtig, der Körper ist sozusagen unser Erkenntnisinstrument. Er zeigt uns unsere tiefsitzenden Schwächen.

E: Da wäre es nun interessant: Wie kriege ich raus, welche Symptome *was* „bedeuten"? Welches Krankheitsbild entsteht aus einem Schuldgefühl, welches aus einer verdrängten Wut usw.? Denn nur wenn ich das weiß, kann mir ja die Krankheit helfen, meine Schwächen, falschen Glaubenssätze und verdrängten Gefühle zu erkennen und aufzulösen.

M: Wie ich gestern schon sagte: In jeder spirituellen Buchhandlung findest du mengenweise Bücher mit ganzen Listen von Symptomen: was sie bedeuten bzw. auf welche falschen Einstellungen etc. sie hinweisen. Das sind aber alles nur Hilfen. Man kann nicht so schematisch vorgehen. Jeder Körper hat seine eigene „Sprache", durch die er die Botschaften des Unterbewussten ausdrückt. Doch ist die Symbolik der Krankheit häufig recht frappierend.

E: Kannst du noch einmal einige Beispiele nennen?

M: Ja. Z. B. könnte eine chronische **Verstopfung** ein Hinweis sein, dass dieser Mensch Schwierigkeiten hat, loszulassen und wegzugeben. Insbesondere Geld. Das wird sogar in der freudschen Tiefenpsychologie so gesehen – als *mögliche* Ursache. Die allgemeine Tendenz dieses Menschen, Dinge oder Geld festzuhalten, äußert sich dabei dann auch in dem unbewussten Festhalten des Kots. Dadurch hat er ein *Problem*, das ihn auf seine Fehleinstellung aufmerksam macht.

W: Da muss ich mal über mich nachdenken.

M: Du siehst, wie die Seele in Symbolen spricht. „Symbol" heißt: die gleiche Struktur in verschiedenen Bereichen – hier auf der Ebene des Körpers und des Geistes.

Ein anderes Beispiel wäre die **Schwerhörigkeit**, die ich schon einmal erwähnt habe. OM C. Parkin sieht sie z. B. als ein Indiz für Ungehorsam gegen Gott: Man weigert sich zu hören, was die Natur einem mitteilen will.

Ein anderes Beispiel sind **Entzündungen**, die häufig ein Ausdruck verdrängter Wut sind. Sie weisen mich darauf hin, das ich u. U. noch Wut oder Hass in mir aufgestaut habe. Wir können unmittelbar die Verbindung nachvollziehen: Entzündung – das ist Hitze und ein innerer Kampf des Körpers gegen Eindringlinge etc. Hasserfüllte Gefühle sind dasselbe – nur auf einer anderen Ebene. Die Sprache der Natur ist eigentlich fast überdeutlich.

E: Aber dennoch hören wir meist nicht darauf.

M: Weil wir so in unserem objektivierenden Weltbild befangen sind, nach dem es so etwas wie eine Sprache der Natur nicht gibt. Es gibt nur biochemische Prozesse, die in der Maschine des Körpers ablaufen. Stell dir vor, du würdest diese objektivierende Weltsicht auch auf die Beziehung zu anderen Menschen ausdehnen. Dann würdest du das Sprechen eines Menschen nur als eine Bewegung gewisser Mundpartien mit dabei entstehenden Lauten betrachten. Dann könntest du natürlich nichts „verstehen". Probiert das mal. Es ist gar nicht so einfach. Daran siehst du, wie unnatürlich diese Haltung ist.

E: Sie ist völlig unnatürlich.

M: Und ebenso unnatürlich ist unser üblicher Umgang mit der Natur und mit unserem eigenen Körper.

Noch ein anderes Beispiel: häufige **Erkältungen**. Sie könnten ein Hinweis sein, dass wir uns in unserer menschlichen Umgebung „kalt" fühlen, nicht warm und geborgen. Und das wiederum hat vielleicht seine Ursache darin, dass wir selbst „kalt" sind, d. h. nicht genügend lieben.

E: Das sind interessante Überlegungen.

M: Wie gesagt, dies sind nur Beispiele. Jeder Mensch hat seine eigene innere Struktur. Und so können wir niemals eindeutig sagen: Aha: Verstopfung, also ist er geizig. Das wäre voreilig. Jeder muss für sich selbst prüfen, was wohl bei ihm hinter dem jeweiligen Symptom steht. Obwohl die Symbolik ihm meist doch recht klare Hinweise geben wird. Es gibt vielleicht doch eine Art Universalsprache der Psyche, denn wir sind ja alle Teil der kosmischen Psyche.

E: Gibt es da noch irgendwelche Hilfen, wie man die Aussage des Körpers besser verstehen kann?

M: Ganz einfach: Wir müssen uns selbst, unser höheres Selbst oder **den Körper** selbst in einer wirklich ruhigen Minute **fragen** – ganz konkret in Worten – und dann einfach still sein und auf eine Antwort warten.

E: Und die kommt dann?

M: In den seltensten Fällen in Worten – aber selbst das kommt vor. Manche Menschen erhalten richtige klare Antworten, die in ihrem Geist irgendwie auftauchen. Aber das sind Ausnahmen. Im Normalfall wird nach einiger Zeit, vielleicht auch nach wiederholtem Fragen – man braucht Geduld! – ein leichtes Gefühl oder eine Art Intuition hochkommen, die die Situation von innen klarmacht.

E: Okay; angenommen, ich habe jetzt so ungefähr rausgekriegt, was hinter meinem Symptom steht. Was nützt mir das?

M: Nicht viel, wenn es nur intellektuell bleibt. Also wenn du z. B. nur in einem Buch nachgeschlagen hast. Es nützt aber, wenn dir ein Glaubenssatz oder ein verdrängtes Gefühl in der Tiefe *bewusst* geworden ist – wenn du dieses Gefühl nun wirklich *erfährst.* **Der „Sinn" der Krankheit** war ja, dich auf etwas aufmerksam zu machen. Wenn du jetzt aufmerksam geworden bist, ist der Sinn also erfüllt; dann kann die Krankheit gehen. Wie heißt es doch: „Der Mohr hat seine Schuldigkeit getan; der Mohr kann gehen." Die Krankheit war ja entstanden, weil du z. B. nicht auf deine Gefühle gehört hattest, sie nicht beachtet hattest. Wenn du sie jetzt beachtest, fühlt sich die Krankheit überflüssig.

Nun haben wir unter diese Kategorie im Grunde ganz verschiedene Fälle subsumiert. Da sind *verdrängte Gefühle*, z. B. Wut. Hier wäre das Ziel, diese Wut zu erkennen, zu akzeptieren, in gewisser Weise zu leben – nicht notwendig abzureagieren! Beim Schuldgefühl demgegenüber handelt es sich eher um einen *Glaubenssatz.* Bei ihm käme es zunächst darauf an, ihn klar zu erkennen und sich mit ihm auseinanderzusetzen. Der Geiz ist dagegen ein *Charakterzug.* Über den muss man sich klar werden, aber gleichzeitig noch einiges *tun*, um ihn zu überwinden. Jede dieser Tiefenstrukturen muss man jeweils in eigener Weise behandeln. Aber im Prinzip kann man schon sagen: Wenn das Gefühl, oder was auch immer, wirklich in seiner Tiefe erfahren und durchlebt wird, dann hat die Psyche es nicht mehr nötig, durch Krankheitssymptome symbolisch darauf aufmerksam zu machen. Viele Leute berichten, dass durch eine solche Klärung die Symptome allmählich verschwinden. Dann hat die Krankheit ihren Zweck erfüllt – nämlich ein Mittel zur Erkenntnis zu sein. Die Wahrheit ist erkannt, das Erkenntnismittel wird nicht mehr gebraucht.

E: In diesem ganzen Zusammenhang hat die Krankheit – im Gegensatz zum Normalverständnis – also eine regelrecht positive Funktion, einen Wert. So unangenehm die Symptome auch sein mögen, man sollte sich nicht entgehen lassen, ihre Botschaft zu hören. Da fragt man sich natürlich: Ist es überhaupt noch sinnvoll, zum Arzt oder Heilpraktiker zu gehen? Der Arzt macht ja nur die Symptome weg, und damit geht man des Erkenntnismittels verlustig. Besser wäre doch, die Krankheit durch Bewusstmachen der wahren – psychischen – Ursachen zu überwinden.

M: Das ist natürlich eine etwas theoretische Überlegung. Die meisten Menschen werden nicht gerne für längere Zeit leiden, in der Hoffnung, dadurch mehr Klarheit über ihre Psyche zu gewinnen.

Im Übrigen wird der Arzt zwar viele Symptome beseitigen können. Die Erfahrung ist aber häufig, dass an anderer Stelle neue Symptome auftauchen. Man spricht sehr viel von den „Nebenwirkungen" der Medikamente. Nicht selten steht hinter diesen Nebenwirkungen aber ein ganz anderer Mechanismus: Es sind gar nicht physische Effekte der Medizin als solcher, sondern die Psyche sucht sich einfach einen anderen *Ausdruck* derselben inneren Problematik. Sie drückt dieselbe innere Struktur – z. B. ein verdrängtes Gefühl – mit anderen „Worten" aus: Statt Entzündung sind es jetzt Hitzewallungen. Oder es ist ein rasendes Herz. Die Psyche gibt sich nicht so leicht zufrieden. Wenn sie etwas ausdrücken will, dann schafft sie es auch. Sie ist recht erfinderisch und lässt sich nicht so leicht foppen. Das nennt man dann manchmal „Nebenwirkungen".

Jetzt möchte ich euch aber inständig bitten: Schiebt auf Grund unserer Betrachtungen nicht einen **notwendigen Arztbesuch** hinaus! In vielen Fällen ist eine ärztliche Behandlung nämlich doch sehr sinnvoll. Es gibt immer Ausnahmen für alles.

Eine solche Ausnahme könnte z. B. sein, dass eine Entzündung oder eine Infektion dabei ist, in unserem Körper bleibende Schäden zu erzeugen. Dadurch würden wir noch lange hinterher leiden, auch wenn gar kein Lerneffekt mehr damit verbunden wäre. In solchen Fällen sollte man möglichst an den akuten Symptomen arbeiten.

Ein zweiter Fall: Wir haben vielleicht einen Unfall angezogen – unsere Psyche hat den angezogen! Ein gewisser Lerneffekt ist damit ganz sicher eingetreten. Aber jetzt ist es doch wichtig, unser Instrument, den Körper, wieder in Ordnung zu bringen, damit wir das Spiel unseres Lebens weiterspielen können. Das ist sehr sinnvoll.

Eine dritte Möglichkeit: Die Symptome sind so extrem schmerzhaft, dass man lieber den Lerneffekt etwas verschiebt, bevor man weiter so leidet. Solch eine Entscheidung ist durchaus legitim.

Und eine vierte Situation: Die Krankheit hat zwar ihren Zweck erfüllt. Ich habe daraus gelernt, was zu lernen war – man könnte sagen: Das „Karma" ist vorbei –; aber die Symptome hören trotzdem nicht auf.

E: Wie kann das sein?

M: Wie z. B. eine Kugel weiterrollt, die einmal angestoßen wurde. Es wirkt zwar keine Kraft mehr auf sie, aber durch das Gesetz der Trägheit läuft sie doch weiter.

E: Und entsprechend könnte es sein, dass Krankheiten sich fortsetzen, selbst wenn die seelische Ursache nicht mehr existiert?

M: Ja, das gibt es häufig. Und dann wäre es natürlich sinnvoll, die Symptome durch den Arzt beseitigen zu lassen.

E: Aber wie soll der Arzt so etwas erkennen können?

M: Ein gewöhnlicher Arzt kann das natürlich nicht. Er kann nur einfach behandeln. Und dann wird er sehen, ob die Behandlung anschlägt. Wenn nicht, ist er entweder unfähig, oder aber die eigentliche Ursache ist noch nicht beseitigt. Wenn er aber erfolgreich ist, heißt das, dass die Heilung wirklich „dran" war – oder aber, er hat die Krankheit einfach nur in den Untergrund geschoben, und sie könnte später woanders wieder rauskommen.

Wenn man dagegen zu einem **Heiler** geht, wird man häufig feststellen, dass der erst einmal eine höhere Instanz fragt, ob es in diesem Fall sinnvoll und erlaubt ist zu heilen oder ob die Sache „karmisch" noch nicht abgeschlossen ist. Er wird nur dann heilen, wenn er „darf".

E: Wo findet man überhaupt solche Heiler?

M: Die verstecken sich. Denn der Gesetzgebeber hat beschlossen, dass nur ein Arzt oder ein Heilpraktiker heilen darf.

H: Ist das nicht eigentlich eine Anmaßung? Ich müsste doch die Freiheit haben, mich behandeln zu lassen, wie ich will. Ist das nicht eine Grundfreiheit des Menschen?

M: Sollte es eigentlich sein. Ich habe ja sogar das Recht, *Fehler* zu machen, wenn es keinen anderen schädigt. Deswegen müsste ich mich auch mit Methoden behandeln lassen können, die von manchen für wirkungslos gehalten werden.

H: Das Argument der offiziellen Stellen ist wahrscheinlich, dass sie nachher das Problem haben, wenn der Kranke noch kränker wird.

M: Mehr Probleme als jetzt mit der westlichen Medizin kann man eigentlich nicht haben! Das sieht man an den jährlich steigenden Gesundheitskosten! Außerdem sollte die Freiheit des Menschen das oberste Prinzip sein.

H: Hinter diesen Gesetzen steht wahrscheinlich wieder die Lobby der Pharmaindustrie.

M: Gut möglich.

Krankheiten durch falschen Umgang mit dem Körper

Jetzt haben wir noch die dritte Untergruppe von Krankheiten zu behandeln. Das sind diejenigen, welche direkt durch eine falsche Behandlung unseres „Instruments", also des Körpers, entstehen.

E: Du meinst: durch falsche Ernährung und so.

M: Ja; falsche Ernährung, schlechte Tagesroutine, Überanstrengung, sitzende Lebensweise, Stress im Beruf und im Zusammenleben…

E: …Hier kommen wir natürlich gleich wieder in den seelischen Bereich…

M: Richtig. Der Übergang ist fließend. Aber viel Schaden fügen wir eben auch dem Körper unmittelbar zu, durch unser unachtsames oder liebloses Verhalten ihm gegenüber bzw. durch unsere Unwissenheit. Wer ist sich z. B. schon bewusst, wie schädlich die Gen-Nahrung ist! Oder das Fleisch – mit den Angsthormonen der Tiere angereichert! Über all die Fehler, die wir täglich machen, könnte man Bücher füllen! All die Belastungen, denen wir den Körper aussetzen, können sich in Krankheiten niederschlagen.

E: Und die muss man dann natürlich auch behandeln.

M: Nein! Wir müssen unsere Gewohnheiten ändern! Wir müssen uns darüber informieren, was dem Körper guttut und was nicht. Und dann danach handeln! Es ist doch völlig unsinnig, den Körper erst krank zu machen und dann zum Arzt zu laufen, um ihn heil machen zu lassen. Warum nicht *gleich* richtig mit ihm umgehen?

E: Ja, aber es gibt doch so viele verschiedene Lehrmeinungen darüber, was nun für den Körper gut ist und was nicht.

M: Das ist zum Teil richtig. Die Übereinstimmungen überwiegen aber. Nur: Die meisten Menschen bemühen sich überhaupt nicht systematisch darum zu erfahren, was gesund und was ungesund ist.

E: Welche **Ernährungslehre** würdest du z. B. empfehlen?

M: Ganz klar: die ayurvedische.

E: Warum?

M: **Ayurveda** ist das älteste Gesundheitssystem...

E: Sagt das was?

M: Es sagt insofern etwas: Der Ayurveda, wie überhaupt der ganze Veda, ist im Wesentlichen nicht so sehr durch *Erfahrung* erkannt worden, sondern durch „Sehen". Die alten Seher, die „Rishis", haben die Strukturen der Schöpfung direkt, in ihrem Innern „gesehen". Das ging in den Anfangszeiten der Zivilisation noch besser, da damals die Atmosphäre noch nicht so belastet war. Das kollektive Bewusstsein der Menschheit war reiner. Man konnte klarer „sehen". Und in ihrer klaren Sicht haben die Rishis auch die Gesetze eines gesunden Funktionierens des Körpers erkannt. Erst *danach* hat sich dann gezeigt, dass dieses Wissen sich bewährt. Und es hat sich über viele Jahrtausende bewährt. Das spricht für dieses System. In den letzten Jahren ist der Wert des Ayurveda auch durch moderne Untersuchungen vielfach bestätigt worden.

Was natürlich in den überlieferten Schriften noch nicht steht: Es ist klar, dass man möglichst **organische Nahrungsmittel** essen sollte – nicht künstlich gedüngt, nicht gespritzt, nicht chemisch behandelt, vor allem nicht genmanipuliert.

E: Das ist allerdings viel teurer.

M: Heutzutage leider ja. Aber es ist eigentlich nicht nötig. Wenn man die biologisch-dynamische Anbauweise in größerem Rahmen durchführen würde, mit derselben staatlichen Unterstützung wie die konventionelle und mit entsprechender Aufmerksamkeit und Intelligenz, könnte die Nahrung genauso günstig produziert werden. Man hat sogar errechnet: noch günstiger. Auf längere Sicht wird man da auch gar nicht herumkommen. Unsere Böden sind ja – durch die künstliche Düngung – schon alle tot. Erinnert ihr euch noch, wie vor 40 Jahren die Gemüse schmeckten, die Erdbeeren und die Tomaten?

W: Ein Unterschied wie Tag und Nacht zu heute!

Ein Heilansatz: Mit den Organen sprechen

Was ist Gesundheit?

E: Jetzt würde ich doch gern mal wissen: Welche *Behandlungsmethoden* würdest du empfehlen, wenn jemand schon krank ist? Angenommen, es liegt *nicht* an einer falschen Lebensweise.

M: Gut. Was haltet ihr davon, wenn wir erst einmal fragen: Was ist überhaupt Gesundheit? Hat jemand vielleicht einen Vorschlag, wie man sie definieren könnte?

E: Man sagt immer: Gesundheit ist Ganzheit – Heil-heit.

W: Gesundheit bedeutet, dass alle Teile, also die Gewebe und Organe, ihre Aufgabe erfüllen.

M: Ich glaube, das sind schon ganz gute Definitionen. Der Körper ist offensichtlich eine Ganzheit aus verschiedenen Organen usw., die zusammenarbeiten, um das Leben aufrechtzuerhalten. Jedes Organ hat seine bestimmte Funktion – „Aufgabe“ –, und wenn es diese Aufgabe im Sinne des Ganzen ausführt, ist der Körper als Ganzes „gesund“.

E: Die einzelnen Organe sind wiederum Ganzheiten, die aus Unterorganen bestehen, bis hinunter zu den Zellen.

M: Ja, also die Organe in sich können auch wieder gesund sein oder nicht – je nachdem nämlich, ob ihre Unterorgane in ihrem Sinne arbeiten oder nicht. Und die Zellen haben auch wiederum Organe. Schließlich geht es bis hinunter zu den Molekülen, Atomen und Elementarteilchen. Jede Einheit muss im Sinne der übergeordneten Ganzheit funktionieren, damit diese gesund sein kann.

H: Die Atome werden ja wohl immer ihre Aufgabe erfüllen, denn sie sind, wie sie sind, und bewegen sich in ihren festgelegten Bahnen.

M: Da bin ich nicht absolut sicher. Wir haben ja gesehen, dass jedes Teilchen eine Wesenheit ist, sozusagen eine Konkretion von Bewusstsein, ein kompaktes Paket von Bewusstseinsschwingung. Und als solches hat es eine gewisse Freiheit. Sogar die Physik hat ja gezeigt, dass das Verhalten der Teilchen nicht determiniert ist. Nach dem, was wir anfangs besprochen haben, unterliegt es auch den Einflüssen des umgebenden Bewusstseinsfeldes – der Wissenschaftler Ervin Laszlo spricht auch vom Psi-Feld. Dadurch lassen sich dann solche Phänomene wie Telekinese erklären…

P: …wieder Uri Geller, der Löffel aus der Ferne verbiegt?

M: Ja. Vielleicht ist Uri Gellers „Kraftakt“ gar nicht ein einfaches „Beherrschen“ der Materie, sondern vielmehr eine Art Überredung bzw. Motivierung der Metallteilchen, sich entsprechend seiner Idee umzustrukturieren. Es gibt übrigens inzwischen eine ganze Reihe von Leuten, die Uri Geller nacheifern. Ihren Aussagen nach reden sie zuerst liebevoll zu dem Löffel, den sie verbiegen wollen, und bitten ihn, weich zu werden. Und nach den Berichten gehorcht der Löffel in den meisten Fällen tatsächlich und lässt sich ganz leicht verformen. Ich habe es selbst mal probiert, allerdings ohne Erfolg.

Wenn also die Berichte wahr sind, und das scheint der Fall zu sein, dann weisen diese Erfahrungen sowie auch die Beispiele von Telekinese in der Tat darauf hin, dass das Verhalten der **Teilchen nicht festgelegt** ist, sondern dass sie sich nach Bewusstseinseinflüssen ausrichten können. In dieser Weise könnte ein Teilchen auch das Funktionieren von übergeordneten Ganzheiten – z. B. von Zellorganen – unterstützen – oder aber nicht.

Die Hierarchien im Körper nutzen

Wir müssten praktisch nur den Trick finden, auf intelligente Weise möglichst viele Teilchen in unserem Körper davon zu überzeugen, dass sie das reibungslose Arbeiten der Zellorgane, Zellen und Organe nicht sabotieren, sondern fördern.

H: Und die Zellen als Ganzes müssen wir ebenso mit unserer Propaganda bearbeiten, genau wie die Organe und Gewebesysteme.

E: Sicher keine leichte Aufgabe, wenn man kein Mediziner ist und nicht weiß, wie das Ganze ineinandergreift.

M: Es ist leichter, als man denken mag. Die Mediziner werden übrigens sicher die Letzten sein, die mit den Organen kommunizieren. Denn sie sehen ja sogar den Körper *als Ganzes* mehr als eine biochemische Maschine denn als ein bewusstes Wesen – ganz zu schweigen von den Organen, Zellen oder gar Atomen.

W: Aber die Milliarden oder Billionen von Molekülen und Atomen in unserem Körper sind doch sicher nicht so leicht unter einen Hut zu bringen.

M: Wozu gibt es **Hierarchien**? Es ist wie beim Militär: Der General braucht nicht alle einfachen Soldaten zu inspirieren – kann er ausnahmsweise auch mal. Aber im Allgemeinen wird er Befehle an die Obersten geben – oder was auch immer unter ihm kommt. Die werden es an ihre Untergebenen weiterleiten usw. bis hin zum letzten Schützen.

E: Und wie sollen wir die **Organe ansprechen**?

M: Die Organe als Ganzes haben ja auch ihr Bewusstsein. Sie *sind* Bewusstseinseinheiten. Und diesen muss man sich ja auch irgendwie mitteilen können!

E: Wie zum Beispiel?

M: Man kann ganz **einfach mit ihnen reden**. Sie freuen sich, wenn man zu ihnen spricht.

E: Das habe ich noch gar nicht so überlegt. Man redet ja normalerweise nicht mit ihnen.

M: Deswegen fühlen sie sich auch meist recht vernachlässigt. Das inspiriert sie natürlich nicht, ihr Bestes zu geben. Eine bewusste Hinwendung bewirkt hier, wie überall, Wunder. Dann blühen sie richtig auf – wie Kinder, die man lobt und mit denen man sich befasst.

Was die Menschen im Allgemeinen machen, ist aber nicht loben, sondern im Gegenteil: fordern und tadeln. Der Körper soll immer schön und jugendlich sein. Wir puschen und kritisieren ihn dauernd und verlangen immer mehr Leistung von ihm. Das kann ihn auf die Dauer nur entmutigen. Wir sollten mehr liebevoll mit ihm umgehen. Ich habe mir z. B. angewöhnt, gewisse innere Organe, mit denen ich früher Schwierigkeiten hatte – in meinem Fall die Nieren – zu streicheln.

E: Du meinst: die Haut über ihnen.

M: Ja. Dabei stelle ich mir ihre *Form* vor – im Brockhaus nachgeschlagen! – und sende ihnen gute Gedanken. Ich merke dann jedes Mal richtig, wie sie aufleben und dankbar sind.

E: Und jetzt hast du keine Probleme mehr mit ihnen?

M: Nein; nicht dass ich wüsste.

H: Wenn man es genau nimmt, müssten diese Organe ja wiederum die Inspiration an ihre Untergebenen – die Suborgane – weiterleiten.

Wie machen sie das denn? Sie werden ja nicht mit ihnen sprechen können!

M: Auch wenn ich mit meinen Nieren rede, so ist es ja nicht die sprachliche Information, die auf sie einwirkt. Sie verstehen sicher kein Deutsch. Es ist die emotionale Zuwendung, die mit den Worten verbunden ist – falls man überhaupt Sprache benutzt und nicht nur einfach liebevolle Gefühle dahin schickt.

E: Du willst also sagen, dass die Nieren dann Liebe an ihre Unterorgane senden?

M: Ja. Auch die Nieren kennen **Liebe**. Alles, was existiert, kennt Liebe! Wir haben schon gesagt: Liebe ist untrennbar mit dem Sein als solchem verbunden. Jede Seinsstruktur ist ja aus Bewusstsein aufgebaut. Insofern *ist* jedes Organ Bewusstsein und *hat* Bewusstsein! Und Bewusstsein enthält immer das Wissen um die Verbundenheit mit dem Ganzen in sich. Und das ist Liebe.

P: Also gibt es verliebte Nieren…

M: Nicht verliebt in unserem Sinne. Verliebtheit ist nicht eigentlich Liebe. Liebe ist die unmittelbare Bezogenheit auf das Andere, das Gefühl der Einheit und das Wohlwollen, das daraus folgt. Wir können natürlich nicht nachvollziehen, in welcher Weise einfacher strukturierte Wesen – wie Organe oder z.B. auch Tiere, Bäume oder sogar Steine – Liebe empfinden. Aber irgendetwas, was unserem Gefühl der Freundlichkeit und der Zuwendung entspricht, muss es auch bei diesen einfacheren Gemütern geben. Und diese ihnen eigentümliche Liebe strahlen sie dann auf ihre Teilsysteme aus. Oder man könnte auch sagen: Sie geben das Glücksgefühl, das sie durch unsere Zuwendung erfahren haben, an ihre Unterorgane weiter.

E: „Gefühl" natürlich in *ihrem* Sinne.

M: Ja, ihrem Bewusstseinsniveau entsprechend. Etwas „Analoges", wenn man so will. Und so geht es dann weiter bis hinunter zu den Atomen. Wobei sich die Art der „Gefühle" natürlich von Stufe zu Stufe ändert, bis sie für unser Bewusstsein kaum noch nachvollziehbar wird.

Die Liebe zwischen den Atomen verstehen wir eigentlich nicht mehr, aber es gibt sie. Ein Ausdruck davon ist die *Anziehung* zwischen den Teilchen, die Vereinigung zu Molekülen usw. Liebe ist überall die Basis, die alles zusammenhält. Eine gewisse Form der Liebe und eine Art Glücksgefühl gibt es auf allen Ebenen. Und so gibt es auch eine Kommunikation von der jeweilig höheren Ebene zu der tieferen – bis zum Allerkleinsten. Und so können auch „wir“, von unserem Alltagsbewusstsein ausgehend, unsere Organe ermutigen, ihnen gut zureden, ihnen Liebe senden. Diese Information und Ermutigung wird dann durch die Ränge hinuntersickern – bis idealerweise alle Ebenen ihre Pflicht freudig erfüllen.

Wir könnten aber auch, wie ein Feldherr, **alle Ränge gleichzeitig ansprechen** und inspirieren – die ganze Armee der Zellen und sogar der Atome. So etwas wäre zum Beispiel eine **Affirmation** wie „Ich bin gesund“. Eine gewisse Verständigung haben wir nämlich mit allen Ebenen. Wir sind alle aus demselben Stoff gemacht: Glückseligkeitsbewusstsein. Die Zellen werden nicht unsere deutschen Worte verstehen und nicht unsere differenzierten Gefühle. Aber sie werden die allgemeine, positive und liebevolle Ermutigung aufnehmen, die wir allen unseren Milliarden Mitarbeitern zusenden.

E: Wenn man das so sieht, ist also der Wortlaut der Affirmationen nicht von großer Bedeutung. Es geht nur um das allgemeine Gefühl, z. B. kernige Gesundheit.

M: Richtig.

Hat ein Organ eine eigene Seele?

H: Wenn wir jetzt die ganze Zeit von der Kommunikation mit den Organen, mit den Zellen, ja mit den Atomen sprechen, setzt das doch voraus, dass sie alle eine Art Seele haben.

E: Wir gehen doch sowieso davon aus, dass alles aus Bewusstsein besteht!

H: Ja, das ist klar. Materie ist letztlich auch Bewusstsein – von außen gesehenes Bewusstsein. Aber, nehmen wir mal an: ein toter Körper – der besteht auch aus Bewusstsein. Aber wir können nicht mit ihm reden. Damit ich mit einem Menschen kommunizieren kann, muss er von einer Seele bewohnt sein. Und so müsste es dann auch bei den Organen sein.

M: Das ist ein sehr guter Punkt. Ich bin tatsächlich der Meinung, dass praktisch alle Dinge und alle Lebewesen so etwas wie eine Seele haben. Bei Tieren ist es ja offensichtlich. Sie sind Partner für uns, wir sprechen mit ihnen. Und niemand – denn ein verstockter Materialist – wird leugnen können, dass sie irgendwie beseelt sind.

Beim Menschen ist es sowieso klar: Er hat eine Seele. Die unsterbliche Seele – wenn man ganz genau sein wollte, müsste man sagen: der Seelen*teil*, der sich inkarnieren will – sucht sich bei der Geburt einen Körper, den er während seiner Lebenszeit als Vehikel für seine Entwicklung benutzt. Der Körper ist also nur die äußerste Hülle, der äußerste Panzer. Er besteht aus einem sehr grob schwingenden „Bewusstsein". Innerhalb dieser Schicht gibt es noch subtilere Hüllen: die Pranahülle, dann den Emotionalkörper, dann den „mind", d. h. den Geist, und den Intellekt – es geht mir hier nicht um Vollständigkeit, sondern nur um das Prinzip. Ganz im Innersten ist dann die unsterbliche Seele, die man häufig als den göttlichen Funken bezeichnet, der aus dem göttlichen, allumfassenden Urfeuer „hervorgegangen" ist, aber letztlich ewig mit diesem verbunden bleibt.

Wie ist es nun bei so genannten „toten" Dingen? Haben die auch einen Seelenkern und um diesen herum verschiedene „Hüllen" – bis hin zu der Hülle, die wir mit unseren Sinnen wahrnehmen können? Ihr habt vielleicht von der „Gaia-Hypothese" gehört. Es gibt eine Reihe von Autoren, die fest davon überzeugt sind und begründen können, dass auch unsere Erde – griechisch Gaia – ein Lebewesen ist wie wir; mit Seele, feinstofflichen Körpern und allem. Dabei gehören wir quasi zu ihren Zellen.

Und ebenso sind auch unser Planetensystem, die Milchstraße usw. vollständige Lebewesen.

Und wie ist es nun mit unseren Organen, Zellen usw.? Es gibt ja den alten Satz von Hermes Trismegistos: „Wie oben, so unten." Von daher sollten eigentlich auch die kleineren Einheiten, aus denen wir bestehen, jeweils eine Seele haben – sodass wir eben mit ihnen reden können.

H: Wie verhält es sich mit den Atomen?

M: Dazu kommt mir folgende Idee: Ihr wisst vielleicht, dass man i. Allg. den Tieren keine Individualseele zuspricht. Man sagt, sie haben eine „Gruppenseele". Jeweils eine ganze Tiergemeinschaft oder sogar eine ganze Gattung hat zusammen *eine* gemeinsame Seele. Das kann man sehr gut bei einem Bienenvolk nachvollziehen. Die einzelnen Bienen sind nicht völlig unabhängige Individuen. Das ganze Volk ist *ein* Wesen, von dem die einzelnen Bienen nur quasi Organe sind. Sie handeln nicht auf eigene Verantwortung, sondern werden von ihrer „Volksseele“ gesteuert.

Und ich habe den Verdacht, dass z. B. auch alle Eisenatome durch eine gemeinsame Seele verbunden sind. Diese übergeordnete Seele wäre das, was man als das „Element“ Eisen kennt. Diese Wesenheit hat sich in einem frühen Stadium der Schöpfung, sobald Eisenatome entstanden waren, quasi in diesen „inkarniert“.

P: Ein ganz schön wilder Gedanke!

M: Die übergeordneten **Elemente** wären danach Lebewesen, mit denen man dann auch – von Seele zu Seele – kommunizieren kann. Man könnte z. B. zum Element Eisen sagen: Liebes Element Eisen, die Ärzte sagen mir, dass in meinem Körper zu wenig Eisenatome vorhanden sind. Deswegen bin ich immer so schlapp. Könntest du nicht eine größere Anzahl deiner Atome dafür abstellen, dass sie sich in meinen Körper bewegen? Du wirst schon wissen, wie du das anstellst. Vielen Dank im Voraus. ☺

P: Das klingt eher etwas witzig.

M: Das war beabsichtigt. Aber ich glaube, es steckt doch eine Wahrheit darin.

Diese Theorie der beseelten Elemente ist übrigens nicht nur so eine verrückte Idee von mir. Zumindest die fünf esoterischen „Elemente“ – Feuer, Wasser, Luft, Erde und Äther – werden von allen „Eingeweihten“ als lebende Wesen betrachtet, mit denen man reden kann. Man kann sie um Unterstützung bitten usw.

Ich selbst hatte da mal eine Erfahrung: Bei einer nächtlichen Autobahnfahrt wehte mir ein extrem heftiger Schneesturm schräg von vorne entgegen und machte das Lenken sehr anstrengend. Es war schon recht gefährlich. Bei einer Raststätte bin ich dann ausgestiegen, habe mich vor dem Wind verbeugt, ihn mit seinem vedischen Namen angesprochen – Vayu – und ihn um Milderung gebeten. Als ich dann weiterfuhr, war schlagartig die Situation ganz anders. Ich wurde nicht mehr von dem Sturm beeinträchtigt.

P: Vielleicht hätte er sowieso gerade aufgehört.

M: Das kann man natürlich niemals wissen. Aber es war signifikant.

H: Jetzt aber zu deinem Ausgangspunkt, den Organen. Du meinst einerseits, die Organe hätten eine eigene Seele, aber die einzelnen Bienen, die ja quasi Organe des Bienenvolkes sind, haben keine. Da stimmt doch was nicht.

M: Dir entkomme ich nicht so leicht. Du hast natürlich Recht. Haben vielleicht doch die Organe – also Entitäten, die ihr Leben ausschließlich in einer Abhängigkeit von einem Ganzen führen – keine eigene Individualseelen? Sind sie nur integrierter Teil des Organismus, der *als Ganzes* eine Seele hat?

H: In gewisser Weise sind wir *alle* aber doch „nur" integrierte Teile von größeren Ganzheiten, z. B. von dem Ökosystem der Erde.

M: Das ist ein guter Punkt... Was mir dazu einfällt, ist, dass auch unsere Seelen wiederum „Teile" von größeren Einheiten sind, also z. B. Seelenfamilien – die dann wiederum Teil von umfassenderen Wesenheiten sind, den Seelenstämmen usw.

W: Bis hin zu der umfassendsten Ganzheit: Gott.

M: Ja. Sehr richtig. Es gibt im strengen Sinn also keine *Individual*seelen. Jede Seele ist nur jeweils eine „Unterabteilung". Und analog vermute ich, dass auch die Organe eine Art Unterseele haben. Sie sind jedenfalls nicht nur Materie. Materie ist nur ihre äußere „Hülle"; in dieser Hülle aber sind subtilere Schichten, wie bei uns auch. Und schließlich haben sie einen rein subjektiven Aspekt, mit dem man reden kann.

P: Klingt nicht schlecht.

Exkurs: Subjektive und objektive Bewusstseinseinheiten

H: Dazu kommt mir eine Frage: Du hast jetzt die ganze Zeit zwischen der Seele und ihrem Körper unterschieden. Vorher hatten wir gesagt, dass *alles* Bewusstsein *ist* und aus Bewusstsein besteht. Daher dürfte auch der Körper nichts anderes als Bewusstsein sein... Du verstehst: Da ist irgendwie eine Schwierigkeit. Der Körper scheint bei dieser Unterscheidung in gewisser Weise *weniger* Bewusstsein zu sein, da er für die bewusste Seele nur ein Instrument der Entwicklung bzw. eine äußere Hülle ist. Es scheint also zwei Arten von Bewusstsein zu geben. Ein mehr subjektives, die Seele, und ein mehr objektives, quasi materielles: den Körper…

M: Oha; da bist du auf einen grundlegenden Punkt gekommen. Dazu muss ich doch etwas weiter ausholen. Ich muss nämlich erklären, wie die Vielheit aus der ursprünglichen Einheit, die wir auch Gott nennen, „hervorgekommen“ ist.

H: Das wäre in sich schon mal interessant zu verstehen.

M: Wenn ich mal in zeitlichen Begriffen reden darf – was eigentlich unberechtigt ist: Am „Anfang“ war das *eine*, undifferenzierte, unbegrenzte Bewusstsein.

Da es Bewusstsein war, musste es bewusst sein. Bewusstsein ist aber immer Bewusstsein von *etwas*. Und da es kein anderes außerhalb seiner selbst gab – und gibt –, konnte und kann es nur seiner selbst bewusst sein.

H: Das scheint logisch zu sein.

M: Man kann es also so sehen, dass sich das Bewusstsein quasi in zwei Aspekte aufteilte: auf der einen Seite das Bewusstsein als Objekt – als das Gewusste, der Gegenstand der Erkenntnis – und auf der anderen Seite das Subjekt, das Wissende.

H: Verstehe.

M: Beides ist und bleibt Bewusstsein. Aber das eine ist der subjektive Aspekt desselben, das andere der objektive Aspekt. Als Drittes muss man noch die *Beziehung* zwischen den beiden ansetzen: den „Vorgang“ des Erkennens…

H: …insofern das Bewusstsein sich selbst *weiß*…

M: Sehr gut. Wir haben also diese ursprüngliche Dreiheit: das Wissende, das Gewusste und den Vorgang des Wissens.

Und aus dieser Dreiheit entsteht dann irgendwie die ganze Schöpfung … Denn jedes dieser Teile ist und bleibt natürlich selbst wiederum Bewusstsein und kann dadurch die anderen Aspekte *wahrnehmen*.

Durch Wahrnehmen aber verändert es sich selbst, denn Wahrnehmen bedeutet ja, dass das Wahrnehmende in gewisser Weise das Wahrgenommene in sich aufnimmt. Es modifiziert sich dadurch. Durch das Wahrnehmen seiner selbst und der anderen beiden Aspekte vervielfältigt sich jeder Teil also wieder in neue Dreiheiten usw. Heraus kommt fast augenblicklich eine unendliche Vielfalt – so, als ob man Spiegel einander gegenüberstellt, und ein einzelner Gegenstand, der in die Mitte gestellt wird, erscheint plötzlich unendlich oft. Die Einzelheiten brauchen wir nicht auszuführen. Wichtig für uns ist nur: Das Ganze ist herausgekommen aus einer ursprünglichen Dreiheit: Wissender, Vorgang des Wissens und Gewusstes.

H: Ich merke schon, worauf du hinaus willst: Aus den Vervielfältigungen des subjektiven Aspektes gehen die Seelen hervor; und aus dem objektiven Aspekt entsteht die Materie…

M: …und damit der Körper. Sehr gut! In dem körperlichen Aspekt ist das Bewusstsein als solches nicht offensichtlich. Die Bewusstseinsqualität ist verdeckt. Darauf sind ja auch die Materialisten und fast die ganze moderne Wissenschaft reingefallen.

H: Wo bleibt aber der dritte Aspekt?…

M: Der *Vorgang* des Erkennens? Er bleibt in den *Vorgängen*, den Wechselwirkungen usw. Interessanterweise kennt man in den Quantenfeldtheorien zwei grundlegende Arten von Feldern: die Kräftefelder und die Materiefelder. Nach den Theorien der Supervereinheitlichung werden diese zwar zu *einem* einheitlichen Feld, aber auf einer geringfügig energieärmeren Ebene sind sie unterschieden. Die Materiefelder bringen alle *Teilchen* hervor; und die Kräftefelder enthalten alle *Wechselwirkungen* zwischen ihnen.

P: Und wo ist in der Physik der Wissende?

M: Ja, wo wohl? Es ist das Bewusstsein des Physikers. – Schon daran sieht man, dass der Physiker ein Teil des Systems ist. Es gibt keine **„objektive" Wissenschaft**, wo sich der Beobachtende aus der Sache heraushalten könnte. In der modernen Physik weiß man heute, dass es keine objektive Erkenntnis, das heißt: Erkenntnis aus der Distanz, geben *kann*.

Aber ***kommunizieren*** kann ich sehr wohl – nicht mit einem Objekt, wohl aber mit einem Gegenüber, einer Seele. Und warum? Weil im Kern jede Seele mit jeder anderen Seele *eins* ist. Kommunikation beinhaltet, dass diese Einheit belebt und aktualisiert wird. Kommunikation bedeutet Einheit zwischen Getrennten. Dabei entsteht die *Trennung* durch die „Hüllen", von denen wir gesprochen haben: Jede Seele hat eine andere Hülle, die aus „objektivem" Bewusstsein besteht, also aus etwas, was wir gemeinhin als Materie bezeichnen. (Dabei muss man wieder zwischen grober und feiner Materie unterscheiden, denn unsere feinstofflichen Körper, z. B. der Mentalkörper, sind im strengen Sinne auch wieder eine Form von „Materie".)

Der Kern aller Wesen jedoch ist *nicht getrennt.* Er ist identisch. Und nur deshalb kann es zu einem Gespräch, zu einer Verständigung etc. kommen. Kommunikation hat also eine ganz besondere Struktur: auf der Oberfläche eine scheinbar objektive Wechselwirkung mit einem Gegenüber – z. B. durch Austausch von Lauten bzw. Informationen –, auf der subtilsten Ebene aber eine *Einheit* zwischen dem Kern der beiden Entitäten, welche durch die äußere Wechselwirkung belebt wird und aufscheint.

Um zu unserem Ausgangspunkt zurückzukommen: Wie ich es sehe, hat auch ein „Element" einen Kern, eine Seele, die mit meiner Seele auf der tiefsten Schicht verbunden ist. Daher kann dieses „Element" für mich ein Gegenüber sein, mit dem ich reden und kommunizieren und das ich um Unterstützung bitten kann. Und schon gar kann ich mit den *Organen* reden und sie zur Kooperation bewegen. Kooperation der Organe aber – das ist Gesundheit.

Vorbeugen ist besser als Heilen

E: Zurück zu den Therapien: Könntest du noch weitere Behandlungsmethoden empfehlen, für den Fall, dass jemand schon krank ist? – Angenommen, es liegt nicht an einer falschen Lebensweise.

M: Eins ist ja wohl klar: Ich empfehle keine Methode, welche nur die Symptome unterdrückt oder verschiebt. Es sei denn, es handelt sich um eine sehr schwerwiegende und akute Angelegenheit.

Ich habe für den Körper zwei Prinzipien. Erstens: Vorbeugen ist besser als Heilen; und zweitens: Achte auf „side-benefits".

E: Bitte erklären!

M: Das Erste ist klar: Heutzutage geht man zum Arzt, wenn man krank ist. Ich zahle den Arzt dafür, dass er mich wieder gesund macht. In der alten vedischen Zivilisation scheint es anders gewesen zu sein: Jeder Arzt hatte eine Gruppe von Leuten, für deren Gesundheit er verantwortlich war und die ihn unterhielten. Er gab ihnen Anweisungen, wie sie sich richtig ernähren sollten usw. – entsprechend den Jahreszeiten, dem Wetter; ob eine Reise bevorstand, ob besondere Belastungen da waren usw. Dafür wurde er unterhalten. Wenn jemand krank wurde, bedeutete das, dass er in dem Punkt versagt hatte. Dann konnte er natürlich keine besondere Bezahlung für seine Heilbemühungen verlangen.

Was daran interessant ist: Die ganze Aufmerksamkeit in einem solchen System war auf *Gesundheit* gerichtet. Bei uns hat man die Beseitigung von *Krankheit* im Auge. Man denkt immer an Krankheiten.

E: Und worauf die Aufmerksamkeit geht, das wird gestärkt.

M: Ganz genau! Durch das Reden über Krankheiten erzeugt man eine subtile Angst vor ihnen. Und wir wissen, dass Angst genau das anzieht, was man befürchtet. Das hat man so häufig festgestellt. Vielleicht ist das Phänomen der Epidemien zu einem guten Teil auf diesen Mechanismus zurückzuführen: Wenn ich in meiner Umgebung lauter Grippekranke sehe bzw. von ihnen höre, dann wird mein Unterbewusstsein so von dieser Idee der Krankheit erfüllt, dass ich sie mir auch ranziehe.

E: Im Grunde müsste man auch unser Medizinstudium reformieren. Da liegt ja die Betonung fast ausschließlich auf den Krankheiten und ihrer Behandlung…

M: …und was *Gesundheit* eigentlich bedeutet, darüber macht man sich weniger Gedanken. Das führt auch dazu, dass die meisten Menschen froh sind, wenn sie nur keine Krankheiten haben. Das halten sie dann für gesund. Wirkliche Gesundheit ist aber etwas ganz anderes: Es ist ein Zustand von dauernder überschäumender Lebenskraft und Freude – wo dann auch kaum eine Gefahr besteht, angesteckt zu werden. Das sollte der Normalzustand sein – für alle. Krankheit könnte dann eine klägliche und wenig beachtete Ausnahme sein.

E: Letztlich bräuchten wir ein Gesundheitssystem und eine Gesundheitserziehung, die im Wesentlichen die *Gesundheit* behandelt. Wo die Leute zunächst mal lernen, wie man richtig lebt, sich richtig ernährt usw. Ich vermute, dein ayurvedisches System ist so etwas.

M: Ja. Die Hauptaufmerksamkeit des **Ayurveda** ist tatsächlich auf Gesundheit gerichtet. Man unterscheidet da die verschiedenen Konstitutionstypen der Menschen; und für jeden Typ gibt es spezifische Anweisungen – z. B., was er essen sollte und was nicht und wann; welche Aktivitäten für ihn gut sind; wo er am besten wohnt; welche Maßnahmen er bei welchem Wetter und zu welcher Jahreszeit ergreifen sollte, um nachteilige Wirkungen auszugleichen usw.

E: Es ist also ein riesiges System von Informationen.

M: Ja, aber letztlich doch recht einfach. Aber es braucht schon Fachleute, die einen beraten. Das sind in Indien die Vaidyas – entsprechend unseren Ärzten. Letztlich sollten sie primär Berater für *Gesundheit* sein. Heutzutage hat aber der westliche Einfluss dazu geführt, dass auch die Vaidyas in Indien hauptsächlich nur zu Rate gezogen werden, wenn die Leute schon krank sind. Für den Fall haben sie natürlich auch eine ganze Menge auf Lager.

E: Wahrscheinlich werden sie aber nicht, so wie bei uns, nur die Symptome behandeln.

M: So ist es. Ihr Ziel ist Wiederherstellung der Ganzheit. Es geht letztlich darum, die **körpereigene Intelligenz** anzuregen, sodass der Körper selbst seinen normalen gesunden Zustand wiederherstellt.

E: Auch dort sieht man anscheinend den Körper als ein intelligentes Lebewesen – wie wir es schon besprochen haben.

M: Ja. Der Körper *ist* Intelligenz, weil er Bewusstsein ist. Wenn er nicht stark behindert wird – durch falsches Leben oder falsches Denken! –, wird er seine eigene intelligente Struktur immer wieder herstellen, wenn die äußeren Umstände sich geändert haben. Und das tun sie ja dauernd.

E: Man gibt aber im Ayurveda doch auch Medizin – oder?

M: Das stimmt. Aber **„Medizin"** hat dort ganz andere Assoziationen als bei uns. Unsere Ärzte sehen den Körper mehr als eine biochemische Maschine, die man durch Zuführung von gewissen Stoffen wieder zum Laufen bringt. Das nennt man Medizin. Im Ayurveda dagegen werden i. Allg. Pflanzenpräparate verordnet – aber nur aus *ganzen* Pflanzen. Man isoliert keine „Wirkstoffe", wie es bei uns meist gemacht wird. Hinter der Idee der „Wirkstoffe" steckt wieder dieses Maschinendenken. Im Ayurveda sieht man es so, dass jede Pflanze eine bestimmte Intelligenzstruktur hat. Wenn nun jemand krank ist, so bedeutet es, dass gewisse Komponenten der Intelligenz seines Körpers quasi ausgefallen sind. Die Intelligenz fließt nicht richtig, weil irgendwo Information – Intelligenz – fehlt. Und der Vaidya weiß – aus seiner Tradition – welche Pflanze – oder welche besondere Verbindung von Pflanzen – genau diese Information und Intelligenz liefern kann.

Diese Information wird häufig durch langwierige Aufbereitungsverfahren noch besonders herausgearbeitet, sodass sie vom Körper leicht absorbiert und aufgenommen werden kann.

E: Also letztlich basiert dieses ganze System auf dem Prinzip des *Bewusstseins.* Passt also zu unserem ganzen Ansatz.

M: Richtig. Der Körper ist Bewusstsein, das sich selbst reguliert. Krankheit bedeutet: Die Intelligenz ist gestört. Heilung geschieht durch Herstellung der inneren Ordnung des Bewusstseins.

Side-Benefits – positive Nebenwirkungen

E: Du hast vorhin noch etwas anderes gesagt. Was sind „side-benefits"?

M: Ja; „side-benefits" heißt: positive Nebenwirkungen. So wie die meisten westlichen Medikamente negative Nebenwirkungen haben, so gibt es auch Maßnahmen mit *guten* Nebeneffekten. Und ich habe es mir im Laufe der Jahre angewöhnt, möglichst nur solche Mittel und Methoden einzusetzen, die auf mehreren Ebenen Vorteile haben.

E: Beispiel?

M: Z. B. die Yoga-Asanas, **Yogaübungen**. Kennt jeder. Diese Übungen sind unheimlich gut für die Gesundheit. Aber sie bringen nicht nur den Körper in Schwung, sondern zugleich auch eine gute Klarheit in den Geist. Eine innere Stille und Ausgeglichenheit. Eine Art erweitertes Bewusstsein.

Auch **Atemübungen** wirken so. Sie sind sehr gut für die Gesundheit, klären aber auch den Geist. Ich habe gemerkt, dass durch die Klärung des Bewusstseins alles im Leben leichter und leichter läuft. Auch **Meditation** ist so eine Methode mit positiven Nebenwirkungen. Man meditiert zunächst einmal, um seinen Geist zu beruhigen. Aber nebenbei profitiert der Körper auch davon – einfach durch die tiefe Entspannung, die dabei entsteht.

Es gibt so viele Methoden auf dem Markt. Wenn man auch nur einige anwendet, braucht man eigentlich nicht krank zu werden – vorausgesetzt natürlich, es liegen keine unerkannten seelischen oder „karmischen" Ursachen vor. Der Körper ist anscheinend enorm flexibel. Wenn so viele Leute, die wertlose Nahrung essen, Medikamente schlucken, rauchen, sich nicht bewegen und überhaupt unzählige Naturgesetze verletzen – wenn *die* sogar noch einigermaßen gesund sind, dann wird deutlich, dass mit etwas Aufmerksamkeit und intelligenten Methoden Arztbesuche fast überflüssig sein sollten.

P: Wann bist du zuletzt zum Arzt gegangen?

M: Vor ca. zehn Jahren. Und da auch nur zur Untersuchung. Ich war allerdings ein paar Mal bei Heilpraktikern und auch bei Heilern.

P: Du hast wahrscheinlich eine gute Konstitution.

M: In der Kindheit hatte ich das nicht! Ich war dauernd krank! Eine Grippe nach der anderen, und auch einige gravierendere Sachen.

P: Und wann hat sich das im Wesentlichen geändert?

M: Seit ich regelmäßig Asanas mache. Und noch mehr, als ich dann anfing zu meditieren. Die Asanas habe ich seinerzeit an der Uni gelernt. Zufällig war da ein Sportdozent, der das Wissen von einer Indienreise mitgebracht hatte. Die haben mir enorm geholfen.

Weitere mentale Heilmethoden

E: Könntest du uns nicht noch ein paar mentale Heilmethoden nennen? Wir sind doch schließlich beim Thema Wunscherfüllung. Möglichst wollen wir unsere Gesundheit durch reines Denken herstellen! Einiges hast du ja schon erwähnt: Klärung verborgener Glaubenssätze, Sprechen mit den Organen usw. Wie ist es aber mit unseren Standardverfahren, z. B. **Affirmationen**?

M: Ich hatte schon angedeutet, dass ich Affirmationen nur bedingt empfehle. Im Zusammenhang mit Gesundheit würde ich sie eher in die Kategorie Symptomkurieren einordnen. Man darf ja nicht alle geistigen Techniken allein schon deswegen für ganzheitlich und evolutionär halten, weil sie das Bewusstsein benutzen.

E: Sie sind doch sicher besser als rein materielle.

M: Jedenfalls als solche, die aus dem materialistischen Denken stammen. Sie zeigen immerhin, dass man an die Kraft des Bewusstseins glaubt; und das ist evolutionärer, als wenn man nur die Materie anerkennt.

Aber lasst uns noch einmal rekapitulieren, was wir über Krankheiten herausgefunden haben: Krankheiten sind zum einen Teil Folge davon, dass wir den Körper nicht richtig behandelt haben. In dem Fall reicht es aus, dass man sein *Verhalten* ändert, sich richtig ernährt usw. Wenn man eine falsche Lebensweise durch Affirmationen ausbalancieren wollte, wäre das doch idiotisch.

Der Hauptteil der anderen Krankheiten hat seelische Ursachen – verborgene Glaubenssätze, Ängste usw. Oder aber sie sind bedingt durch Karma bzw. Entscheidungen vor diesem Leben. Bei Letzteren wird man sowieso nicht so leicht etwas machen können – weder durch körperliche Maßnahmen, noch durch Affirmationen etc.

Eine weitere Kategorie waren die Krankheiten, durch die unser höheres Selbst uns darauf hinweist, dass mit unseren Grundeinstellungen etwas nicht stimmt oder dass wir nicht unser Dharma leben. Alle diese Krankheiten haben ihren Sinn und Zweck. Es wäre verkehrt, einfach die Symptome abblocken zu wollen. Richtig ist vielmehr, die Lehre daraus zu ziehen und sein Denken zu ändern bzw. sein Gefühlsleben zu klären. Oder sich zu einer Entscheidung durchzuringen.

Es gibt nun aber auch die Fälle, wo „die Kugel noch weiterrollt" – wo also das „Karma" abgeschlossen ist, aber die Symptome mich unnötigerweise noch weiter quälen. Und da ich nicht oft nicht weiß, ob *diese* Situation gerade vorliegt, ist es vielleicht kein Schaden, es mit Affirmationen zu versuchen. Zumindest wenn man sie zart und vorsichtig anwendet und sie nicht gewaltsam in das System hineinhaut. Wenn gegenteilige tiefe Wünsche der Seele einer Heilung entgegenstehen, werden die Affirmationen sowieso kaum wirken.

Mit den Affirmationen und dem ganzen positiven Denken ist es immer so, dass die *Gefahr* besteht, dass sie die tieferen Probleme einfach überdecken und weiter in den Untergrund schieben. Schlimmstenfalls können sie sogar innere Konflikte erzeugen. Das hatte ich schon erwähnt. Deswegen also: sanfte und anstrengungslose Anwendung!

Wie ich schon einmal sagte, sehe ich persönlich die Affirmationen mehr als ein Mittel an, die Wahrheit herauszukriegen. Ich benutze die Affirmation von vornherein in einer sozusagen fragenden Weise und horche dann in mir nach, was für Reaktionen darauf aus meinem Innern kommen. Das ist eine ganz tolle Möglichkeit, Widerstände, Ängste usw. an die Oberfläche zu locken. Das hilft zur Klärung dessen, was man eigentlich glaubt, und zur Bereinigung der eigenen Tiefenstruktur. Und das ist die Basis der Gesundheit.

E: Also die *Wahrheit* ist auch hier wieder das Wichtigste und Grundlegende.

M: Gesundheit ist sozusagen der positive Nebeneffekt – „side-benefit" – der Wahrheit. Aber Wahrheit geht natürlich weit darüber hinaus. Sie ist die Basis unserer gesamten Evolution!

Vielleicht sollte ich euch in schnellem Überblick noch ein paar weitere Methoden nennen, die sich auf Gesundheit beziehen.

E: Ja, bitte!

M: Eine Sache habe ich schon einmal erwähnt: das **„charakterisierte Atmen"** – erinnert ihr euch?

E: So in etwa.

M: Das ist eine sehr wirkungsvolle Technik: Man stellt sich dabei vor, wie man beim Einatmen heilende Kräfte aufnimmt und beim Ausatmen Schlacken und Krankheitsstoffe ausscheidet. Man kann auch innerlich mitsprechen, z. B. „heilende Kräfte rein – Krankheit raus – heilende Kräfte rein…" usw. Die Worte kann man sich aussuchen, je nachdem, was einem liegt. Idealerweise macht man dieses Atmen in der Nähe von Bäumen. Diese haben im Allgemeinen eine für Menschen heilsame Ausstrahlung. Es ist so ihre Art, dass sie die Menschen ergänzen und unterstützen. Sie geben uns ja auch den Sauerstoff, den wir brauchen.

H: Was passiert faktisch bei dieser Technik?

M: Das kann man natürlich nicht so präzise sagen, weil man es nicht sehen kann. Am ehesten wird man es wohl so deuten, dass die elementare Lebenskraft, das „Prana", vermehrt in den Körper hereingezogen und aufgenommen wird. Oder auch andere, noch subtilere Heilkräfte. Alle Kräfte in der Natur, sozusagen alle Felder, auch die subtileren, sind ja letztlich Bewusstsein, und sie können durch unsere Aufmerksamkeit gelenkt werden.

Und unsere Krankheitsstoffe können auf dieselbe Weise nach außen komplimentiert werden. Wie gesagt: Ich weiß selbst nicht genau, was da geschieht. Ich weiß nur, dass es wirkt. Die Wirkung könnte theoretisch allein schon darauf beruhen, dass der *Gedanke an Heilung* eine Umstrukturierung in unserem Körper bewirkt. Oder dass gewisse Engelkräfte zur Hilfe eilen, wenn jemand damit um Heilung bittet. Die unsichtbaren Welten des Bewusstseins sind unendlich vielfältig und haben viele Ebenen. Wir werden es nicht so leicht durchschauen.

H: Also mit der Luft, die man einatmet, hat es gar nicht so viel zu tun…?

M: Das Prana, die kosmische Lebenskraft, ist ganz wesentlich mit der Luft verbunden. Prana heißt ursprünglich Atem. Daher kann man diese Kraft auch am ehesten durch das Atmen in den Körper ziehen. Aber Prana ist letztlich überall. Der Strom des Prana geht nicht nur in die Lungen. Man kann ihn in alle Körperbereiche und Organe hineinlenken. Also z. B. auch in den Bauch. Die Luft geht natürlich nicht in den Bauch, wohl aber die Heilkraft. Ähnlich empfehlen manche, die Heilkräfte durch die Fersen einzuatmen!

P: Gibt's das?

M: Dadurch kann man die **Kraft der Erde** in den Körper holen! Die Erde ist ja unsere Mutter und gibt uns gerne ihre Heilkräfte. Es kommt ganz sicher keine Luft im Sinne von Sauerstoff etc. durch die Fersen in den Körper. Wohl aber eine subtile Kraft, die eine Form von Intelligenz ist und Heilung bewirken kann. Probiert es mal aus. Ihr werdet deutlich spüren, wie ein belebendes Gefühl die Beine hochgeht und in den Körper dringt, besonders die Wirbelsäule hoch.

P: Ich merke es jetzt schon.

M: Gut. Es hat also mit dem groben Atem gar nicht so viel zu tun. Es ist ein *subtiler* Atem, der durch den äußeren Atem nur *geführt* wird.

Daher werdet ihr vielleicht auch merken, dass nach einigem Üben das Prana und die Heilkräfte einfach nur durch die *Vorstellung* gelenkt werden können. Das Atmen wird einem fast zu mühselig. Man spürt nur einfach, wie die Gesundheit den ganzen Körper durchströmt. Und dann kommt vielleicht ein Stadium – so war es bei mir –, wo man nur dieses Gefühl der Gesundheit wachzurufen braucht, und automatisch ist es im ganzen Körper. So ein Gefühl, dass der Körper unbesiegbar ist und Krankheiten nicht in ihn eindringen können.

H: Das ist dann schon mehr Visualisieren.

M: Richtig. Aber das Ganze war sowieso schon eine Art **Visualisieren**, auch das gelenkte und „charakterisierte" Atmen: Man *stellt sich vor*, wie die Heilung – mit dem Atem – in den Körper einströmt. Und die Wirklichkeit, die Bewusstsein ist, folgt diesem Gedanken.

Auch hier gilt natürlich wieder: Je anstrengungsloser man das Ganze macht, umso wirksamer. Mit *subtilen* Gedanken lenkt man *subtile* Kräfte.

Und die sind machtvoller. Die feinsten und kraftvollsten Naturkräfte haben – wie ich schon sagte – ihren Sitz in einem Bereich jenseits von Raum und Zeit. Diese kosmischen Gesetze erreicht der Geist, indem er – mit diesem ganz feinen Wunsch gesättigt – quasi transzendiert, also völlig loslässt und in die Unbegrenztheit eingeht.

In dieselbe Richtung der Anstrengungslosigkeit geht im Übrigen auch wieder das **„Körperfühlen“**, das ich gestern ausführlich erklärt habe. Beim Visualisieren ist ja – jedenfalls am Anfang – noch immer eine leichte Intention da, also eine Anstrengung: Aus dem Feld aller Möglichkeiten wählt man die Gesundheit und nicht die Krankheit. Man bevorzugt eine Sache und lehnt das andere ab. Beim „Körperfühlen“ aber lässt man die Aufmerksamkeit einfach dorthin gehen, wohin sie will. Und das ist dort, wo etwas los ist, also z. B. ein Schmerz oder ein Unwohlsein. Durch die anstrengungslose Aufmerksamkeit geschieht dann Heilung. Es ist eine erstaunlich wirksame Methode. Man merkt, wie die Schmerzen anfangen, sich zu „bewegen“, und sehr häufig verschwinden sie nach einiger Zeit.

E: Es ist tatsächlich erstaunlich, denn man gibt dem Bewusstsein ja gar keine Richtung, also z. B. Gesundheit statt Krankheit. Das Bewusstsein selbst hat eine heilende Kraft.

M: Richtig. Nach allem, was wir bis jetzt besprochen haben, können wir das auch nachvollziehen. Bewusstsein enthält die geordnete und ordnende Grundstruktur der Schöpfung in sich. Und durch die *Aufmerksamkeit* wird Ordnung in den kranken Körperteil hineingebracht. Damit wird auch die innere Ordnung des entsprechenden Organs, die ja in den Genen niedergelegt ist, belebt und wiederhergestellt.

H: Dem Organ wird dadurch wahrscheinlich auch irgendwie Energie zugeführt.

M: Sehr gut. Wir haben ja schon festgestellt, dass **Aufmerksamkeit Energie** ist. Aufmerksamkeit ist gerichtetes Bewusstsein. Durch sie wird Bewusstsein *bewegt*. Und dasjenige, was etwas bewegen kann, nennen wir Energie. Da die Welt voll und ganz aus Bewusstsein besteht, braucht man auch nur Aufmerksamkeit, um sie zu verändern. Jede Energie ist letztlich Aufmerksamkeit.

H: Auch z. B. die elektrische Energie?

M: Ja, unbedingt. Kein Wissenschaftler weiß, was Elektrizität in sich ist. Man weiß nur, dass sie etwas in Bewegung setzt. Ich glaube, man kann es mit gutem Gewissen so ausdrücken, dass diese Kraftfelder die Aufmerksamkeit des kosmischen Geistes darstellen. Die Elektronen wären dann quasi so etwas wie gebündelte Aufmerksamkeitseinheiten Gottes. – Aber das nur nebenbei.

Für unseren Zusammenhang ist relevant, dass man beim Körperfühlen richtig spürt, wie das Organ mit heilsamer Energie angefüllt wird. Viele Krankheiten lassen sich allein durch dieses Wahrnehmen heilen.

Eine andere, sehr schöne Heilmethode ist das **„Körperfühlen der Gesundheit“**, wie ich es einmal nennen möchte. Ihr erinnert euch an die alte Frau, die sich über ihren beweglichen kleinen Finger freute? Durch ihre Dankbarkeit und ihre Positivität konnte sie bewirken, dass auch die benachbarten Finger anfingen, sich wieder zu bewegen. Wir haben das analysiert. Jetzt wollen wir ein richtiges System daraus machen: Wenn ihr in irgendeinem Körperteil ein Problem habt, lasst eure Aufmerksamkeit nicht so sehr dorthin gehen, sondern gerade entgegengesetzt: auf diejenigen Bereiche, die gesund sind. Möglichst solche, die sich richtig gut und wohlig anfühlen. Genießt dieses Wohlgefühl, kostet es richtig aus, seid dankbar dafür. Bleibt dabei, bis ihr merkt, dass dieses Wohlgefühl sich ausdehnt und auch benachbarte Bereiche mit einbezieht. Ihr werdet merken: Das Gefühl von Gesundheit greift allmählich auch auf die belasteten Teile über; es breitet sich aus. Beschäftigung mit Gesundheit erzeugt Gesundheit. Das ist ein Prinzip, das uns inzwischen klar sein dürfte. Man muss etwas Geduld haben, aber allmählich wird diese Technik ihre Wirkung zeigen. Und sie ist so schön, weil wir dabei unser Bewusstsein in keiner Weise mit Negativität belasten. Das wird sich auf unser ganzes Lebensgefühl auswirken, auch in anderen Bereichen des Alltagslebens.

Eine in gewisser Weise ähnliche Methode besteht darin, dass man sich vorstellt, der Körper oder ein einzelnes Organ sei in **Licht** gebadet. Durch diese Vorstellung wird eine subtile Form von Licht tatsächlich in den Körper geleitet. Und Licht hat auch eine heilende Wirkung – ähnlich wie Bewusstsein. Man kann auch mit verschiedenen **Farben** experimentieren. Z. B. hat violettes Licht speziell eine reinigende Wirkung, ebenso wie das weiße.

H: **Licht und Bewusstsein** sind wahrscheinlich überhaupt verwandt.

M: Hier stoßen wir wieder an letzte kosmische Prinzipien. Meinem Verständnis nach ist Licht die feinste und umfassendste Schwingung, sobald das Bewusstsein angefangen hat, mit sich selbst in Wechselwirkung zu treten. Es ist vibrierendes Bewusstsein. Insofern ist es nicht auf derselben grundlegenden Ebene angesiedelt wie das Bewusstsein als solches. Licht hat bereits einen Gegensatz: Dunkelheit, also Mangel an Licht. Dadurch gibt es räumliche Unterschiede: Hier ist es dunkel, dort ist es hell. Bewusstsein selbst dagegen kennt keine Unterschiede, es hat keinen Gegensatz. Es ist überall unvermindert vorhanden. Es gibt nichts *ohne* Bewusstsein. Licht ist also eine erste abgeleitete Stufe des Seins. Gleichwohl hat es – weil es die *positive* Seite der ursprünglichen Dualität der Schöpfung darstellt – eine enorme Kraft zum Positiven. Und die äußert sich dann auch als Heilkraft.

Eine andere Methode, die ich erwähnen möchte, ist, eine **Krankheit** einfach **hinauszubitten**. Viele Krankheiten, insbesondere Infektionskrankheiten, sind nämlich Wesenheiten mit einem eigenen Bewusstsein. Die entsprechenden kleinen Mikroben stellen ihren Körper dar. Sie sind die Zellen, die durch den Geist der Krankheit zusammengehalten werden. Und diesen Geist kann man dann auch sehr deutlich auffordern, den Körper zu verlassen. Manchmal gehorcht er – wenn man genug geistige Kraft hat und genügend Nachdruck dahinter setzt. Die kleinen Tierchen verschwinden dann automatisch. Es scheint zu funktionieren.

In dieselbe Richtung gehen **Heilungen von Krebs**, die sehr gut belegt sind. Einige Patienten haben sich vorgestellt, wie die weißen Blutkörperchen den Tumor von allen Seiten angreifen und ihn auffressen. Jemand anders hat lauter kleine weiße Hunde visualisiert, die in gleicher Weise das Krebsgeschwür Stück für Stück auffraßen. In sehr vielen Fällen war nach längeren derartigen Visualisierungen der Krebs verschwunden. Die Ärzte nannten das dann „spontane Remissionen“, weil sie es sich nicht erklären konnten.

Bevor wir mit diesem Thema aufhören, möchte ich vielleicht noch eine „Methode“ erwähnen: das **Lachen**. Da gibt es die inzwischen schon berühmte Geschichte von Norman Cousins. Der lag mit einer schwierigen Krankheit im Krankenhaus. Eines Tages hörte er mit, wie die Ärzte sich darüber unterhielten, dass man Norman jetzt wohl aufgeben müsse. Da dachte er: Wenn ich jetzt sowieso sterben muss, dann will ich in der restlichen Zeit wenigstens noch meinen Spaß haben. Er ließ sich alle möglichen witzigen und lustigen Bücher kommen und ebenso die komischsten Videobänder. Und den ganzen Tag las er diese Bücher und sah die Bänder. Vom Flur aus hörte man immer wieder brüllendes Lachen. Und es ergab sich, dass nach einiger Zeit die Krankheit zurückging und er schließlich wieder ganz gesund wurde – zum ungläubigen Staunen seiner Ärzte.

Nachdem Norman Cousins aus dem Hospital entlassen worden war, schrieb er ein Buch über seine Erfahrungen. Er wurde mit seiner Geschichte so berühmt, dass man ihn später sogar zum Präsidenten der nationalen medizinischen Gesellschaft machte – und das, obwohl er überhaupt kein Mediziner war. Er war der erste Nichtmediziner, der jemals dieses Amt innehatte.

Inzwischen gibt es schon viele andere, die sich auf die Heilkraft des Lachens gestürzt haben und damit tolle Erfolge haben, z. B. Barbara Rütting und der indische Arzt Madan Kataria. Der hat sogar eine ganze Bewegung ins Leben gerufen, wo die Leute in Gruppen zusammenkommen, nur um bewusst zu lachen. Sehr viele Heilerfolge werden von dort berichtet.

E: Die Heilung geschah offensichtlich nicht nur durch die physiologische Aktivität des Lachens, sondern wohl eher durch die Freude und den Spaß, den man hatte.

M: Du hast ganz Recht. Zwar spielte das Physiologische sicher eine gewisse Rolle. Aber ich glaube auch, dass die **Freude** der wesentliche **„Wirkstoff"** dabei ist. Das hängt wieder damit zusammen, dass die tiefste Natur des Seins Glückseligkeit ist. Wenn wir krank sind, bedeutet das u. a., dass die Verbindung mit unserer Quelle, dem universalen Glückseligkeitsbewusstsein, gestört ist. Durch Lachen und Freude wird das fehlende Element wieder hinzugefügt. Umgekehrt gilt, das weiß man: Wenn man längere Zeit in einer Situation lebt, wo man keine Freude hat, wird man krank.

E: Freude ist wie ein Grundnahrungsmittel.

M: Ganz richtig. In den Upanishaden heißt es: Durch Glückseligkeit leben die Wesen, durch Glückseligkeit werden sie erhalten. Wir sollten immer sehen, dass wir in Kontakt mit dieser Freude bleiben.

W: Also, ich bin so erzogen, dass ich immer so ein bisschen das

Gefühl habe, es ist nicht richtig, für mich selbst Freude zu suchen. Ich sollte erst mal an die anderen denken.

M: Das liegt wohl so in unserer Kultur. Aber wie können wir den anderen lieben, d. h. glücklich machen wollen, wenn wir selbst unglücklich sind?

E: Das wird schwer gelingen.

M: Also, für sich selbst Freude zu suchen ist das A und O. Wenn wir selbst erfüllt sind, wünschen wir automatisch auch dem anderen das Beste. Anders herum wird es nicht funktionieren. Es würde höchstens eine ganz künstliche „Nächstenliebe" herauskommen, bei der man im Hintergrund die Selbstüberwindung spürt.

Also Freude, Lachen, Witze – das ist regelrechte Medizin! **Witze** beruhen übrigens immer darauf, dass Begrenzungen durchbrochen werden – Begrenzungen durch Moralgesetze, Tabus usw., aber auch Begrenzungen in Form von allem Normalen, Bekannten, Üblichen. Die Pointe in einem guten Witz gibt uns jedes Mal eine Ahnung der absoluten Freiheit, die eigentlich unser Geburtsrecht ist: Wir *sind* das Ganze – „Aham Brahmāsmi" – und haben deshalb eigentlich alle Möglichkeiten in uns, d. h. vollkommene Freiheit. In diesem Leben haben wir uns in die Begrenzungen der Materie mit ihren Widerständen hineinbegeben; und durch die Gesellschaft wurden noch reichlich Regeln und Zwänge hinzugefügt. Ein Witz durchbricht kurzfristig diese Begrenzungen; und das gibt dieses Gefühl der Freiheit und damit der Freude.

E: Also Unbegrenztheit und Glückseligkeit sind die eigentlichen „Wirkstoffe" der Lachtherapie.

M: Sehr gut gesagt. Das zeigt: In uns selbst ist alles vorhanden, was wir zur Heilung brauchen. Wenn wir krank sind, ist das ein Zeichen, dass wir mit unserer eigenen Natur, die Unbegrenztheit und Glück ist, nicht verbunden sind. Krankheit ist ein Indiz, dass wir etwas unternehmen sollten, uns wieder in Richtung auf unsere wahre Natur zu bewegen.

So, ich glaube, jetzt haben wir über Gesundheit eigentlich genug gesprochen. Es gibt natürlich *unzählige* geistige Heiltechniken. Aber fast alle von ihnen fallen letztlich in dieselben Kategorien, die wir erarbeitet haben.

Ich selbst würde Krankheit immer als eine Gelegenheit sehen, *Erkenntnis* über mich selbst zu gewinnen. Aber wenn ich die Krankheit in dieser Weise ausgenutzt habe, würde ich mich auf jeden Fall bemühen, sie zu überwinden. Denn ich glaube, dass im Allgemeinen unsere Seele *will*, dass wir die bestehende Situation nutzen, um uns daran zu entwickeln. Leiden ist *immer* ein Ansporn, etwas zu verändern. Wir sollten immer etwas *tun* bzw. etwas versuchen.

Aber dabei würde ich immer auf *Anstrengungslosigkeit* achten. Denn bei mühelosen Methoden kann ich am ehesten sicher sein, *mit* dem Strom der Evolution zu schwimmen. Anstrengung dagegen bedeutet immer, dass man vom begrenzten Ich aus handelt. Anstrengung ist eine Art Kampf. Und Kampf richtet sich immer *gegen* das, was ist.

Auch unter diesem Blickwinkel ist für mich persönlich immer die **Meditation** das Wichtigste. Meditieren ist anstrengungslos, bringt mich direkt in Verbindung mit dem kosmischen Bewusstsein und mit all seinen Gesetzen – und fördert damit unmittelbar auch die Gesundheit.

E: Was haltet ihr davon, wenn wir jetzt eine Mittagspause machen?

P: Gute Idee.

6. Kapitel

Geld und Erfolg

Am Nachmittag:

W: Könnten wir jetzt mal zu dem nächsten Punkt kommen – Finanzen und allgemeiner Erfolg?

M: Gut. Wie beginnen wir?

Hindernisse für den Erfolg

W: Könnte man irgendwie nach denselben Gesichtspunkten vorgehen wie bei der Gesundheit? Dort haben wir ja zunächst einmal festgestellt, dass eine negative Gesundheitssituation ein Hinweis dafür sein kann, dass etwas mit unserem Leben oder mit unserem Denken nicht in Ordnung ist. In derselben Weise könnten wir prüfen: Wenn ich z. B. arm und erfolglos bin – was soll mir das sagen? Mache ich etwas falsch? Denke ich falsch?

M: Gut. Fangen wir doch gleich mit der gröbsten Ebene an: Es kann ja sein, dass ich arm bin, weil ich schlicht und ergreifend **dumme Fehler** im praktischen Umgang mit Geld mache, z. B. verantwortungslos viel Geld ausgebe, weit über meine Verhältnisse lebe, ungeschickt mit Geschäftspartnern, Vorgesetzten und Mitarbeitern umgehe, mein Geld vertrinke, faul und träge bin usw.

W: Das ist sicher das Erste, was man untersuchen muss.

M: Diese „gröbste Ebene" ist allerdings so grob vielleicht auch wieder nicht. Denn es ist nicht völlig auszuschließen, dass dieses Fehlverhalten ganz tiefe seelische Gründe hat. Die allertiefste Unsache könnte z. B. sein, dass sich die Seele vor diesem Leben vorgenommen hat, eine

Inkarnation in Armut durchzuziehen – ganz parallel zu dem, was wir bei der Krankheit besprochen haben. (Wenn ich von den „Inkarnationen der Seele“ spreche, bitte ich immer im Auge zu behalten, dass sich die Seele nicht als *Ganzes* in einen Körper inkarniert, sondern dass sie i. Allg. nur einen Teil ihrer selbst in die Inkarnation schickt, der dann in ihrem Auftrag die gewünschte Erfahrung macht.)

W: Was könnte der Grund für so einen Armutswunsch sein?

M: Wie ich schon sagte: Erfahrungen machen. Als Beispiel: Eine Seele, die sich als ihr spezielles Lernziel den Bereich Geld, weltlichen Erfolg und Reichtum auserkoren hat, wird auch einmal sehen wollen, wie es ist, arm zu sein.

Eine andere Möglichkeit: Dieser Mensch hat in früheren Leben jemanden skrupellos betrogen und ihn dadurch ins Elend gebracht. Seine Seele möchte jetzt seine eigene innere Fehleinstellung korrigieren und wählt sich ein Leben im Elend, um dadurch Mitgefühl mit verarmten Menschen zu lernen. Der Wunsch der Seele, Armut zu erfahren, kann die verschiedensten Gründe haben.

Und wie stellt es die Seele nun an, die Erfahrung von Armut zu machen?

Z. B. könnte sie sich einfach in eine sehr arme Familie inkarnieren bzw. in eine arme Umgebung. Es gibt aber andere Möglichkeiten. Die Seele könnte z. B. ihrem inkarnierten Teil gewisse psychische Tendenzen und Eigenarten mitgeben, die immer wieder dazu führen, dass diese Person Geld verliert. Du siehst, es ist von außen schwer zu erkennen, was los ist. Vielleicht sind die „Fehlhaltungen“ von der Seele aus der Tiefe manipuliert worden – oder sie hat sich einen Körper mit einem entsprechend unfähigen Gehirn ausgesucht –, um immer wieder die Erfahrung von Armut und Erfolglosigkeit heranzuziehen. Solche Armut könnte man dann „karmisch“ nennen.

W: Okay, das war vielleicht ein Sonderfall.

M: Man weiß nicht, wie häufig so etwas vorkommt.

Ein ähnliches Szenario, in dem eine **„gewollte“ Armut** sich manifestiert, könnte folgendermaßen aussehen: Jemand arbeitet ordentlich, tut seine Pflicht, lebt einigermaßen vernünftig, ist mäßig im Geldausgeben – und trotzdem kommt er auf keinen grünen Zweig, hat immer wieder Pech, wodurch er Geld verliert; oder ihm wird sein Job gekündigt; oder er wird bei der Beförderung übergangen usw. Auch dieses „Pech“ kann durch einen tiefen Wunsch der Seele angezogen sein, die auf diese Weise ihren Armutswunsch verwirklicht. Dieser Mensch wird immer die Qualität „Armut“ bzw. „Erfolglosigkeit“ ausstrahlen und dadurch das Geld und den Erfolg von sich fernhalten. Seine Seele wird lauter Situationen erschaffen und anziehen, die verhindern, dass er finanziell erfolgreich ist.

W: Mit dieser ganzen Idee der gewollten Armut oder der gewollten Krankheit muss ich mich erst ganz langsam anfreunden.

M: Jetzt mal zu einer ganz anderen Kategorie von Minderbemittelten. Es sind diejenigen, die irgendwelche **unbewussten Grundeinstellungen** haben, welche sie daran hindern, reich und erfolgreich zu werden. Dabei meine ich jetzt: Einstellungen, die sich *in diesem Leben*, durch Erziehung oder was, entwickelt haben. Vielleicht hat sich aufgrund von irgendwelchen Erfahrungen oder Programmierungen in der Kindheit bei ihm die tiefsitzende Überzeugung festgesetzt, dass er nicht reich werden kann; oder dass er es *nicht verdient* hat, erfolgreich zu werden; dass Geld zu besitzen etwas Schlechtes sei o. ä. Da könnten dann z. B. auch **Schuldgefühle** mit hineinspielen.

In all diesen Fällen muss man sich nicht geschlagen geben. Denn es ist diesmal nicht die *Seele*, die aufgrund ihrer eigenen Wahl hinter der Armut steht, sondern „nur“ das Unterbewusstsein der *Person*.

W: Da ist also Hoffnung, dass man eine zugrunde liegende falsche Einstellung korrigieren kann.

M: Ja, man kann versuchen, die **verborgenen Glaubenssätze an die Oberfläche zu holen**.

W: Das ist kein leichtes Unterfangen, wie wir schon gesehen haben.

M: Aber es kann sich lohnen, in diesem Fall sogar finanziell. Ich muss mich immer wieder prüfen, ob ich im Grunde gar nicht reich sein will. Oder ob ich meine, nichts wert zu sein. Dabei könnten wieder die zarten und vorsichtigen Affirmationen helfen, die ich schon erwähnt habe. Ich könnte z.B. versuchen, mir zu suggerieren: „Ich bin reich und erfolgreich… ich bin reich und erfolgreich…“. Nach jedem solchen Satz sollte man warten und genau zuschauen, was für Gefühle sich einstellen.

W: Es werden höchstwahrscheinlich leise Zweifel hochkommen.

M: Das ist zu vermuten. Dann könnte er aber mit diesen Zweifeln argumentieren und sich klarmachen, dass es tatsächlich gar keinen Grund gibt, arm zu bleiben – in dem Sinne: Was andere können, kann ich auch; es gibt genug Geld auf der Welt; auch ich habe gewisse Talente, womit ich einen Beitrag leisten kann; es hängt alles von meinem Denken ab usw. So kann er allmählich sein Weltbild ändern und dadurch positivere Lebensumstände anziehen.

Es gibt in Hinsicht Armut auch noch einen anderen vertrackten Fall, ähnlich dem, den wir gestern besprochen haben: Manche Menschen haben in früheren Leben **Armutsgelübde** abgelegt – vielleicht waren sie Mönche. Das Bewusstsein dieses Versprechens, das sie einmal gegeben haben, wirkt noch immer in ihnen nach. Deswegen werden sie unbewusst alles tun, um arm zu bleiben. Auch wenn sie auf der bewussten Oberfläche nach Erfolg streben, wird ihr Unterbewusstsein sie dauernd behindern. Ich habe euch gestern Abend erzählt, wie ich mit solchen Gelübden umgehen würde.

Ein anderer Grund für Armut und Erfolglosigkeit könnte sein, dass wir **nicht in unserem Dharma** leben, dass wir unsere Lebensaufgabe verfehlen. Um rauszukriegen, ob das der Fall ist, müssen wir uns z. B. prüfen: Habe ich Freude an meinem Beruf? Folge ich meiner Sehnsucht? usw.

Es könnte nämlich sein, dass die Seele mich durch Missgeschicke und Misserfolge darauf hinweisen will, dass ich mein Leben „vergeude" – besser gesagt: es nicht im Sinne meines Lebensentwurfes führe. Wenn ich mich dann besinne und mich an meinen ursprünglichen Plan „erinnere" – das heißt einfach: auf meine Sehnsucht achte –, dann gibt sich die Seele zufrieden und braucht mich nicht mehr durch Hindernisse zu triezen.

Bei keiner der Möglichkeiten, die wir eben durchgegangen sind, muss ich mich jedoch mit der Situation abfinden – *falls* ich überhaupt den Wunsch habe, mich zu verbessern. Selbst in dem so genannten „karmischen" Fall nicht. Denn der Punkt ist: Ich weiß ja niemals, welche der Alternativen, die wir besprochen haben, vorliegt! Ich sollte *immer* erst mal probieren, ob sich nicht doch etwas machen lässt. Mit allen ehrlichen Mitteln! *Falls* wirklich ein Armutswunsch der Seele vorliegt, wird es sich dann zeigen: Ich werde dann trotz aller Bemühungen keinen Erfolg haben. Es kann aber sogar sein, dass die entsprechende „Karma"-Phase gerade abgeschlossen ist: Die Lernaufgabe der Seele ist erfüllt – und plötzlich wird es dann flutschen. Das werde ich aber nur dann erfahren, wenn ich nicht die Hände in den Schoß gelegt habe!

In allen anderen Fällen ist es sowieso klar, dass wir versuchen werden, aus dem Elend herauszukommen. Und wir werden dazu all unsere Wunschtechniken einsetzen können.

Was ist Reichtum, und wie bekommt man ihn?

W: Beim Thema „Gesundheit" haben wir erst einmal definiert, was Gesundheit eigentlich ist. Wie wär's, wenn wir auch hier mal definieren, **was Geld ist** und warum es überhaupt so einen Wert hat.

M: Was würdest du selbst dazu sagen?

W: Ich würde sagen, Geld ist ein allgemeines Tauschmittel: Statt dass man Nahrungsmittel, nützliche Gegenstände und anderes gegeneinander austauscht, geht man über den Vermittler „Geld". Das ist viel praktischer und schneller. Man braucht nicht notwendig in jedem einzelnen Fall wieder zu verhandeln, z. B. wie viel Kamele man für eine Frau hergeben muss ☺.

M: Na ja, in solch einem Fall würde Geld den Prozess auch nicht gerade abkürzen. Aber im Prinzip ist die Definition natürlich richtig. Man braucht keine Kühe oder Kamele hinter sich her zu schleppen, wenn man Geld in der Tasche hat.

Was man an dieser Definition sieht, ist, dass Geld nur ein **Mittel zum Zweck** ist. Es bringt *in sich* keinen Lustgewinn, sondern nur dadurch, dass ich die *Vorstellung* damit verbinde, mir etwas dafür kaufen zu können.

W: Es ist ganz gut, sich das klarzumachen. Man vergisst es meist, und die Leute sind hinter dem Geld her, als wenn es das Höchste wäre.

M: Inzwischen gibt der Besitz von Geld tatsächlich eine gewisse Befriedigung, häufig sogar eine große. Aber den Wert hat es nur durch die Konvention und die kollektive *Vorstellung.*

Mir kommt da ein Gedanke: Die irrationale und übermäßige Wertschätzung des Geldes hat vielleicht ihre psychologische Grundlage in

Folgendem: So, wie das **Bewusstsein** die Grundlage alles Seienden ist – in ihm sind alle Dinge als Möglichkeit enthalten –, so ist das **Geld** die gemeinsame Basis all dessen, was einen Wert hat; es kann in jeden einzelnen konkreten Wert umgewandelt werden. Es ist damit die Vereinheitlichung aller Werte – ähnlich wie in der Physik das „vereinheitlichte Feld" der Materie und Kräfte. Im menschlichen Bewusstsein ist vielleicht die tiefverwurzelte Vorstellung verankert, dass das Vereinheitlichende immer das Höchste und Erstrebenswerteste ist. Da das Geld quasi ein *Abbild der letzten Einheit* ist – ein Abbild im Bereich des Materiellen –, erfährt es damit eine überproportionierte Wertschätzung… Aber das nur nebenbei.

W: Letztlich ist es gar nicht das Geld, was den Wert hat, sondern nur die Dinge, die man damit kaufen kann.

M: Genau. Von daher könnte man eine **neue Definition des Reichtums** formulieren: Reich ist nicht derjenige, der viel Geld hat, sondern derjenige, der hat und bekommt, was er sich wünscht. Unabhängig davon, ob er es gekauft hat, geschenkt bekommen hat oder was auch immer.

W: Diese Definition hat allerdings einige interessante Konsequenzen…

M: …nämlich?

W: Jemand, der sich seine *wenigen Wünsche* erfüllt, obwohl er gar nicht viel besitzt – den müsste man nach dieser Definition als reicher bezeichnen als jemanden, der sich, obwohl er viel Geld verdient, immer noch nicht alle Wünsche erfüllen kann.

M: Das ist nicht so dumm. Der Anspruchslose – *wahrhaft* Anspruchslose! – ist reich, der immer Unzufriedene dagegen ist arm, auch wenn er viel Geld hat. Ich finde, das ist eine gute Definition.

Dazu fällt mir ein, dass unser gesamtes **Wirtschaftssystem** ja darauf beruht, dass unendlich viele Wünsche erst einmal *erzeugt* werden. Dadurch wird letztlich die Bevölkerung immer „ärmer", weil immer mehr unbefriedigte Wünsche erschaffen werden. Als Beispiel: Ich mag vielleicht gar nicht gern rauchen; aber wenn mir auf großen Plakaten die angebliche Freiheit und Romantik des Cowboylebens vorgegaukelt wird, und wenn ich dazu noch eine Spritze für mein Männlichkeitsgefühl brauchen kann, dann bekomme ich plötzlich doch Appetit auf eine Zigarette. Da ist also gar kein ursprünglicher Wunsch vorhanden; er wird künstlich hervorgerufen – durch Assoziation mit tiefer liegenden Wünschen.

Mein persönliches Gefühl ist, dass gut und gerne drei Viertel aller Produkte, die angeboten werden, gar nicht notwendig wären. Und ebenso sind drei Viertel aller Wünsche, die die Leute so haben, künstlich erzeugt. Also gar nicht notwendig. Das macht die Bevölkerung, in unserem Sinne, „arm"!

W: Oha, oha. Da rüttelst du aber an den Grundfesten unseres Systems.

M: Ich will hier keine Stammtisch-Wirtschaftspolitik machen. Ich bin kein Wirtschaftler. Aber ich könnte mir denken, dass – bei einer vernünftigen Grundeinstellung – die Jungs sich doch etwas einfallen lassen könnten, die Wirtschaft so zu strukturieren, dass die Bevölkerung wirklich „reich" wird, das heißt wahrhaft erfüllt. Da könnte nebenbei auch eine ganze Menge Kriminalität entfallen.

W: Die *Arbeitsplätze* sind natürlich gebunden an dieses System der dauernden Expansion – die wiederum von der ständigen Anheizung der Bedürfnisse abhängt.

M: Ob man sich da nicht auch was Grundsätzliches einfallen lassen könnte? Wenn man sich die Leute anguckt, die täglich acht Stunden im Büro hocken und abends erschöpft nach Hause kommen – das ist doch eine Vergeudung von menschlichem Potential. Vier Stunden wären doch völlig ausreichend, um einem das Gefühl zu geben, etwas Sinnvolles getan zu haben.

W: Aber *das* zu organisieren…!

M: Ist sicher nicht ganz leicht. Aber wer *denkt* überhaupt in die Richtung? Wenn viele Fachleute sich darüber Gedanken machen würden – ich bin sicher, man fände Möglichkeiten, das zu strukturieren. Statt dessen laufen alle hinter der Vollbeschäftigung bei einer 40-Stunden-Woche her, wohl wissend, dass die Mehrzahl der Bevölkerung gar nicht gerne in ihrem Beruf arbeitet, und schon gar nicht so *ausgedehnt*. Bei unserer Technisierung und Automatisierung käme man mit weniger Arbeit aus.

W: Was würden dann die Leute mit ihrer Zeit machen?

M: Dann könnten sie sich um das kümmern, was sie wirklich interessiert; insbesondere auch um ihre geistige und spirituelle Entwicklung.

W: Gerade unter *dem* Gesichtspunkt haben die Kräfte, die hinter dem gesamten Weltwirtschaftssystem stehen, wohl auch nicht das geringste Interesse, die Situation zu ändern.

M: Nein; denn das würde den Menschen ja nur mehr Freiheit und geistige Unabhängigkeit geben. Nur indem man die Bevölkerung durch immer neue künstliche Wünsche und Versprechungen am Gängelband hält, kann man sie unter Kontrolle behalten.

W: Empfiehlst du also nun, dass wir unsere Wünsche einschränken?

M: Nein, keineswegs. Ich wollte nur auf zweierlei hinweisen: Erstens: Wünscht euch das Ziel und nicht die Mittel – in diesem Falle: nicht das Geld, sondern direkt das, was ihr haben wollt. Und zweitens: Schaut mal zu, ob der **Wunsch**, den ihr habt, wirklich **euer eigener** ist **und echt** oder ob er euch durch andere suggeriert worden ist. Wollt ihr eine Sache haben, weil sie euch wirklich Befriedigung verschafft, oder nur, weil der Nachbar sie auch hat oder weil sie in der Werbung durch leicht bekleidete Mädchen angepriesen worden ist?

W: Dem Nachbarn zu imponieren kann ja auch schon eine Befriedigung geben.

M: Das ist wohl richtig. Aber ob es sich wirklich lohnt, für diese kleine Befriedigung zu leben? Die Abhängigkeit von der Meinung anderer ist doch irgendwie kümmerlich und bringt letztlich Leiden mit sich. Die Menschen sind doch viel zu unstetig. Wenn du dich am Ende deines Lebens fragen würdest: Was habe ich aus meinem Leben gemacht? Und du würdest antworten: Ich habe so gelebt, dass ich immer anderen Leuten imponiert habe. Oder: Ich habe mir immer das gekauft, was „in“ war…

W: Das würde ich nicht als ein authentisches Leben ansehen.

M: Ganz sicher nicht. Nach dem, was wir die ganze Zeit besprochen haben, kommt es doch darauf an, dass wir unsere *eigenen* Anlagen entfalten, unserer *eigenes* tiefstes Lebensziel durchziehen. Das ist doch der Auftrag, den uns das übergreifende Ganze – man könnte sagen: Gott – gegeben hat. Das ist das Ziel, das wir uns *selbst* gesetzt haben. Wir können den Sinn unseres Lebens nur erfüllen, wenn wir unserer eigenen tiefen Natur folgen. Und damit die Erfahrungen machen, die wir machen wollten. Alles andere würde uns nur ein leeres Gefühl hinterlassen.

Und wie verwirklichen wir unser Leben? Indem wir **unseren tiefen Wünschen folgen**! Die Wünsche sind also keineswegs etwas, das man unterdrücken sollte. Ganz im Gegenteil: Sie sind der Motor der Evolution – unsere *echten* Wünsche! Die Wünsche zeigen mir die Richtung meines Lebens. Woher sonst sollte ich wissen, was mein Lebensziel ist? Die Wünsche sind sozusagen die Wegweiser, die mir immer wieder zeigen, was ich mir für dieses Leben vorgenommen habe.

W: Deswegen sagt man wohl auch, dass ich **alles das, was ich mir wirklich wünsche, auch erreichen kann**.

M: Das ist eine gute Weisheit. Es stimmt. Vor diesem Leben habe ich mir gewisse Ziele gesetzt, die ich verwirklichen wollte. Und im Allgemeinen habe ich mir etwas vorgenommen, von dem ich wusste, dass es *erreichbar* sei. Und die Wünsche, die im Laufe des Lebens auftauchen, sind nichts anderes als der Mechanismus, der mich auf dieses Ziel hinlenken soll. In gewisser Weise ist also das Lebensziel die *Ursache* und der Wunsch die *Wirkung* – also genau anders herum, als man denkt. Deshalb kann man einigermaßen sicher sein, dass insbesondere die tiefsten Sehnsüchte des Menschen sich auch erfüllen können und werden.

W: Wenn man sie nicht durch Selbstzweifel behindert...

M: ...oder die eigene Sehnsucht mit *anderen* Wünschen verwechselt, die einem durch Werbung oder andere Menschen eingegeben worden sind.

W: Wahrscheinlich werde ich aber bald merken, dass diese Wünsche dann doch nicht die wahre Erfüllung bringen.

M: Ich muss dir jetzt etwas gestehen – und das wird dich vielleicht enttäuschen: ***Kein* verwirklichter Wunsch wird dir eine *endgültige* Erfüllung bringen.** *Das* aber werde ich nur wirklich realisieren, wenn ich es tatsächlich schaffe, meine Wünsche zu befriedigen! Nur ein Wunsch, der verwirklicht ist, lässt mich erkennen, dass ich noch nicht am Ziel aller Wünsche bin. Unerfüllte Wünsche dagegen behalten ihre Kraft. Zum Beispiel kämpfen viele Menschen ein ganzes Leben darum, Liebe von anderen Menschen zu erhalten, weil sie diese in ihrer Kindheit nicht bekommen haben. Oder glauben, sie nicht bekommen zu haben. Bis ins hohe Alter wird diese Sehnsucht zum Motor für all ihre Handlungen – mit unverminderter Kraft. Dieser Wunsch wird natürlich nie hinreichend befriedigt, jedenfalls nicht in ihren Augen. Wenn ein Wunsch dagegen *erfüllt* ist, kann man sich frei dem nächsten zuwenden. Gerade deswegen ist es von so immenser Wichtigkeit, dass wir unsere Wünsche möglichst schnell und effektiv verwirklichen.

H: Was hilft es uns denn letztlich, wenn wir im Wünschen erfolgreich sind? Es kommen ja doch immer wieder neue Wünsch hoch. Endgültige Befriedigung erreiche ich nicht.

M: Wir gehen immer weiter von Wunsch zu Erfüllung, zu neuem Wunsch und neuer Erfüllung usw.

H: Was nützt uns also dieses ganze Bemühen?

M: Wir müssen sehen, dass der **Wunsch der Mechanismus ist, der die Schöpfung vorantreibt**. Und da die Schöpfung ein Ziel hat, muss dieser Mechanismus so lange in Gang bleiben, bis das Ziel erreicht ist.

H: Ich verstehe, worauf du hinauswillst.

M: Das Ziel – jedenfalls für das menschliche Leben – ist *absolute* Glückseligkeit. Nicht nur eine relative Befriedigung.

H: Das ist logisch. Jede relative Befriedigung lässt noch irgendetwas unerfüllt.

M: Das Ziel ist hundert Prozent. Unter dem sind wir nicht zufrieden. Und diese absolute Glückseligkeit finden wir nur im absoluten Glückseligkeitsbewusstsein – das heißt: *in uns selbst*. Es ist auch das Einzige, was uns nicht genommen werden kann, denn alles Relative ist veränderlich. Es wird vergehen, und es muss vergehen. Absolute Erfüllung kann man dadurch nicht erlangen.

H: Eigentlich ein verrücktes Spiel, dass wir das ganze Leben nach etwas streben – meist im Äußeren –, was wir im Innern schon längst haben.

M: Das ist ein subtiler Punkt. Kurz gesagt: Wenn es *nur* darum ginge, unsere innere Natur – Glückseligkeitsbewusstsein – zu erfahren, wäre die ganze Schau unnötig. Es ist wie mit dem Spiel „Mensch ärgere dich nicht". Wir ärgern uns die ganze Zeit rum, und wenn das Spiel fertig ist, sind wir wieder an dem Punkt der Ruhe, die wir vorher schon hatten. Um *den* zu erreichen, hätten wir gar nicht zu spielen brauchen. Aber die Befriedigung, die wir hinterher haben, ist eine andere als die vorher. Und so ist es auch mit der Glückseligkeit der „Erleuchtung" – am Ende unseres Evolutionsspiels. Es muss eine irgendwie ganzheitlichere Glückseligkeit sein als die flache am Anfang. Eine viel höhere Stufe. Der Erleuchtete weiß, dass es sich gelohnt hat, durch den ganzen Trubel hindurchzugehen. Die Ganzheit – also Gott – ist unendlich bereichert durch die Erfahrungen, die er – durch uns – gemacht hat. Einheitsbewusstsein – das Wissen, dass man Brahman, d. h. das Ganze ist – ist viel, viel mehr als reines flaches Bewusstsein der Stille.

H: Die Wünsche sind also die treibende Kraft, die uns schließlich zur Erfahrung dieses Zustandes führt.

M: Genau. Und deswegen wird nach jedem erfüllten Wunsch ein neuer, größerer, hochkommen – so lange, bis wir uns das Höchste wünschen. Und es dann auch erreichen.

W: Über unser Thema, den Reichtum, mag ich schon gar nicht mehr reden. Es klingt so trivial…

M: Nein, nein. Es ist enorm wichtig, zuerst einmal die relativen Ziele zu erreichen, bevor wir uns dem höchsten zuwenden können. Neulich habe ich bei einem Erleuchteten mal gelesen: Es ist viel leichter, aus einem guten Traum aufzuwachen als aus einem schlechten. Solange wir noch relative Wünsche haben, können wir uns nicht voll dem letzten Ziel zuwenden. Und Reichtum ist offensichtlich die Voraussetzung dafür, dass wir das bekommen können, was wir wollen – jedenfalls bei allen materiellen Wünschen.

H: Wir haben Reichtum sogar so *definiert*… Reich ist der, der sich seine Wünsche erfüllen kann.

M: Genau. Und je effektiver wir darangehen, umso besser.

W: Ich vermute, die Techniken sind dieselben, die wir schon gestern besprochen haben.

M: …und auch heute Morgen… Der erste Schritt ist nämlich immer, die **mentalen Hindernisse** zu **beseitigen**: Armutsbewusstsein, Mangelbewusstsein, Schuldgefühle, Gefühle der eigenen Wertlosigkeit usw. Sobald man das tiefe Gefühl entwickelt hat: Ich bin es wert ist, reich zu sein und alles zu bekommen, was ich brauche – dann werden mir die Dinge auch zufließen. Man wünscht ja sowieso. Und wenn kein entgegengesetzter Glaubenssatz im Untergrund stört, ist jeder Wunsch eine eindeutige Eingabe in den kosmischen Computer. Der wird dann den Antrag bearbeiten und das Gewünschte auswerfen.

W: Handeln muss man natürlich immer noch.

M: **Handeln ist notwendig.** Insbesondere auch deswegen, weil wir unser Denken damit *kanalisieren.* Wir zeigen uns selbst durch unser zielgerichtetes Handeln, dass wir es mit diesem speziellen Wunsch wirklich ernst meinen. Dadurch wird der geistige Input erst richtig kraftvoll.

Das Gesetz des Vakuums

Ich möchte noch ein *spezielles* Gesetz erwähnen, das ganz besonders im Bereich des Geldes und des Reichtums zum Tragen kommt. Vielleicht könnte man es das „Gesetz des Vakuums" nennen.

W: Wie geht das?

M: Die Erfahrung ist: Wenn ich z. B. auf einem geheimen Konto Geld für meine „Altersversorgung" zurückgelegt habe und ich mir jetzt vom Universum Geld für eine größere Reise wünsche, so wird das i. Allg. nicht funktionieren. Das Geld wird nicht kommen – es sei denn, natürlich, durch harte Arbeit. Der Kosmos „weiß" sozusagen, dass da noch Mittel sind, die ich einsetzen könnte. Das Geld wird nur dann fließen, wenn tatsächlich ein Vakuum da ist. Energie geht dahin, wo nichts ist.

W: Das ist interessant. Der Kosmos hat anscheinend eine sehr genaue Buchführung…

M: …eine bessere „Überwachung" als durch unser Bankensystem!… Das nur im Scherz. Denn wenn ich sage „Kosmos", ist das natürlich nur eine objektivierende Redeweise. Letztlich bin ich es selbst, der für Gerechtigkeit sorgt. Ich bin ja ein Teil des kosmischen Computers – und in letzter Analyse bin ich sogar das Ganze. Mein höheres Selbst wird, zu meinen eigenen Gunsten, den Schwindel nicht durchgehen lassen.

W: Es ist doch eigentlich kein „Schwindel"!?

M: Nicht in dem Sinne, dass ich einen anderen Menschen betrüge. Das stimmt. Geld ist genug da. Wenn die Natur mir den anvisierten Betrag zukommen ließe, würde dieser damit niemandem anders abgehen. Aber ich würde *mich selbst* betrügen bzw. den Kosmos – was auf dasselbe rauskommt. Es wäre so, als würde ich sagen: „Lieber Kosmos, ich bin so arm. Ich würde so gerne eine Reise machen, aber ich kann sie nicht bezahlen. Gib mit bitte 3000 Euro!" Der Kosmos würde sagen: „Erzähl mir nix; du hast noch 5000 Euro auf deinem Sparkonto!" – „Aber das brauch' ich doch für meine Altersversorgung!" – „Mein Lieber, du hast kein Vertrauen! Wenn du dich schon an mich wendest – was gut ist –, warum vertraust du mir nicht ganz? Wenn du dich mir hingibst, werde ich mich auch im Alter um dich kümmern. Gib das Geld lieber dafür aus, *jetzt* deinen Spaß zu haben."

W: Wie in der Bergpredigt, mit den Lilien...

M: Genau. Ich habe es jetzt personifizierend ausgedrückt – mit dem Kosmos als Partner. Man kann es aber auch psychologisierend sagen: Da ich *weiß*, dass ich eigentlich noch Geld habe, wird mein Unterbewusstsein querschießen. Es wird verhindern, dass ich diesen Wunsch vollkommen unbefangen, mit gutem Gewissen und mit voller Kraft in den kosmischen Computer hineinprojiziere. Das leichte ungute Gefühl, dass ich mir selbst gegenüber nicht aufrichtig bin und es eigentlich nicht verdient habe, wird zur gleichen Zeit genau die gegenteilige Eingabe machen. Dann wird's nicht klappen.

W: Die Natur lässt einem nichts durchgehen.

M: *Ich* lasse mir nichts durchgehen! Das ganze Programm, dem ich mich unterzogen habe, ist ja zu meiner eigenen Entwicklung! Mein höheres Selbst passt auf wie ein Luchs, dass ich mich mit jeder Entscheidung und jeder Handlung auf die Einheit zubewege.

W: Was hat das Vakuum mit der Einheit zu tun?

M: Es geht hier um **Vertrauen**. Wenn ich mich eins mit dem Ganzen fühle, dann weiß ich, dass mir nichts passieren kann. Dann habe ich Vertrauen. Umgekehrt: Wenn ich vertraue – auch schon mal versuchsweise – , führt mich das näher zu der Erkenntnis, dass ich in dem Ganzen geborgen bin. Es führt mich zu dem Wissen der Einheit. Das Gesetz des Vakuums ist also letztlich ein Ausdruck des Gesetzes der Einheit. Wie übrigens die meisten Gesetze des Erfolgs und des Wünschens.

W: Du meinst also: Wenn ich vertraue, dass der Kosmos für mich sorgt, werde ich leichter den Mut finden, das erst mal wegzugeben, was ich habe. Dadurch wird ein Vakuum erzeugt, in das neue Mittel einströmen können.

M: Ganz genau. Man kann das Geld wie eine Energie sehen, die in den leeren Raum einströmt. Diese Leere muss ich erst einmal schaffen, damit ein Sog entstehen kann. Das ist wie in der Physik – auf allen Ebenen der Schöpfung herrschen ja dieselben Prinzipien. Man könnte sagen: Die Natur des Kosmos ist Fülle. Wenn an irgendeinem Ort keine Fülle ist, strebt die Natur danach, diesen Bereich, der in gewisser Weise ausgeschlossen ist, wieder in das Ganze einzubeziehen. Auch hier wieder Herstellung von Ganzheit und Einheit – das Gesetz der Einheit.

W: Also praktisch: Immer ausgeben, was man hat. Es wird schon wieder etwas nachkommen.

M: Natürlich nicht sinnlos und verantwortungslos ausgeben! Nur für die *wahren* Bedürfnisse und Wünsche. Denn das sind auch wieder Prinzipien der Natur, die man nicht verletzen darf. Alles, was ich tue, sollte mich selbst und alles andere voranbringen. Wenn ich Ressourcen *vergeude*, werde ich keine Unterstützung erfahren.

Aber ansonsten hast du Recht: nichts zurückhalten, z. B. aus Angst, später nichts mehr zu haben. Denn solch ein Verhalten wäre Ausdruck eines Armutsbewusstseins, eines Mangelbewusstseins. Und wir wissen ja: Was ich in der Tiefe glaube, das wird mir geschehen. Wenn ich dagegen das Geld ausgebe – für etwas, was ich mir wirklich wünsche –, dann signalisiere ich mir, dass ich reich bin. Dieses Gefühl des Reichseins wird wiederum den Reichtum anziehen.

W: Es ist übrigens bekannt, dass Leute, die schon reich sind, sehr leicht *noch* größere Vermögen verdienen; Unbemittelte haben es dagegen sehr schwer, auch nur *etwas* Vermögen anzusammeln.

M: Ja; die Reichen haben dieses sichere Gefühl des Reichtums und dieses Selbstvertrauen, durch das sie wie Magneten für weiteren Reichtum wirken. Sie strahlen „Reichtum“ aus, und wie durch eine Resonanz kommen sie mit all den Situationen in Beziehung, wo sie noch mehr Geld verdienen können.

W: Das wird leicht als ungerecht empfunden.

M: Es ist aber die gerechte Belohnung für ihr richtiges Denken.

W: Die Gefahr ist, dass die Reichen leicht geizig werden und sich verhärten.

M: Dadurch würden sie ihr weiteres Wachstum letztlich behindern. Sobald man zu horten anfängt, stagniert der Fluss. Geiz ist Ausdruck von Angst. Und diese wird am Ende gerade das an sich ziehen, was befürchtet wird, nämlich Verlust und Mangel.

W: Ich meinte eigentlich mehr, dass sie *anderen* nichts abgeben wollen – selbst wenn sie für sich selbst vielleicht weiter investieren etc.

M: Da könnte man mal eine Untersuchung machen. Ich habe das Gefühl: Solange jemand *überhaupt* – in intelligenter Weise – ausgibt und den Fluss des Geldes in Bewegung hält, wird ihm auch immer wieder neuer Reichtum zufließen. Denn er hält sich an das Grundgesetz des Reichtums. Auf der anderen Seite kann man, glaube ich, auch beobachten: Diejenigen, die außerdem etwas für soziale, gemeinnützige oder vielleicht auch spirituelle Zwecke abzweigen, erfahren noch eine zusätzliche Unterstützung der Natur. Ich würde sagen: Hier kommt das **Gesetz der Liebe** ins Spiel, das wir schon gestern mal angesprochen haben. Je mehr ich etwas für das Ganze tue und aus der Einstellung heraus handle, dass alles zusammenhängt – dass ich *eins* mit allem anderen bin –, umso mehr werde ich von diesem Ganzen, dem Kosmos, gefördert…

Zum Thema Reichtum und Geld möchte ich hier noch ein anderes Prinzip erwähnen, das ich das **Gesetz der letzten Minute** nenne. Vielleicht habt ihr auch schon folgende Situation erlebt: Eine wichtige Rechnung muss bezahlt werden, aber das Geld ist nicht da. Der absolut letzte Zahlungstermin nähert sich, aber immer noch habe ich keine Idee, wie ich die Rechnung begleichen soll. Und dann, am Abend vor dem entscheidenden Tag, ist das Geld plötzlich – durch irgendwelche unerwarteten Einnahmen – vorhanden. Ich habe so etwas erlebt. Es kommt einem manchmal wie ein Wunder vor.

W: Ich kenne das auch.

M: Das ist das Gesetz der letzten Minute. Es ist ein Gesetz – das sieht man daran, dass diese Situation so häufig eintritt. Und welches kosmische Prinzip steht dahinter? Ganz einfach: Es gibt für den Kosmos keinen Grund, das Geld eher herbeizubringen, als es benötigt wird. Das Universum, der Himmel, unser höheres Selbst – oder wie man es nennen will – hat ja den totalen Überblick und weiß genau, wann etwas wirklich gebraucht wird. Warum vorzeitig liefern?

Wir als begrenzte Wesen, mit unserer Tendenz, uns über die Zukunft Sorgen zu machen, hätten es natürlich wesentlich lieber, wenn schon frühzeitig alles gesichert wäre. Aber unser höheres Selbst hat andere Pläne mit uns. Unsere satte Ruhe, die auf äußerer Sicherheit beruht, ist ihm egal. Es will, dass wir immer wach in der Gegenwart leben, und nicht in der Zukunft. Es will uns zur Wahrheit führen. Und die Wahrheit ist immer jetzt.

Damit hängt zusammen, dass das Universum bzw. unsere Seele uns lehren will zu *vertrauen*. Das Gesetz der letzten Minute ist also ein Erziehungsmittel des Kosmos, mit dem er unsere Gegenwärtigkeit und unser Gottvertrauen fördert. Die kosmischen Gesetze lassen uns gerne zappeln: Sie testen unser Vertrauen. Wer vertraut, wird belohnt. Wer nicht vertraut, „bestraft" sich – in der Zeit vor dem Termin – quasi selbst durch Angst, Stress, Aufregung, wilde Aktionen und was sonst noch. Im günstigsten Falle merkt er hinterher selbst, dass all das gar nicht nötig war. Dadurch wird er fürs nächste Mal klüger.

Wer diese Wunder der letzten Minute ein paar Mal erfahren hat, wird sich mehr und mehr dem Vertrauen in Gottes Plan hingeben.

Und noch ein weiteres wichtiges Prinzip des Reichtums fällt mir ein: das **Gesetz der Vergebung**. Viele Menschen haben festgestellt, dass sie eine ungeahnte Unterstützung des Universums erfuhren, nachdem sie es geschafft hatten, einem Widersacher zu vergeben.

W: Das leuchtet ein, denn durch Vergeben öffnen wir uns ja der Liebe, dem Bewusstsein der Einheit und Verbundenheit.

M: Ja. Aber ich habe mir überlegt: Hier kommt auch das Gesetz des Vakuums zur Geltung.

W: Wie das?

M: Vergeben ist wie das Schaffen eines Vakuums. Solange ich jemandem etwas nicht vergebe, das er mir angetan hat, bleibt bei mir das Gefühl, dass ich noch ein „Guthaben" ihm gegenüber habe. Er *schuldet* mir etwas – eine Genugtuung oder Wiedergutmachung. Ist das nicht so?

W: Stimmt wohl.

M: Und Vergebung bedeutet, dass ich ihm dieses Guthaben einfach schenke. Ich lasse es los. Ich entäußere mich dieses Besitzes.

W: Es ist häufig nur ein vermeintlicher Besitz, zumindest nur ein gedachter.

M: Ganz richtig; aber für mich ist er deswegen real. Und der Kosmos bzw. mein höheres Selbst unterscheidet nicht zwischen gedacht und „wirklich".

H: Das „Wirkliche“ ist ja sowieso nur „gedacht“.

M: Wenn man so will. Nur ist die Materie eine gröbere Manifestationsebene des Gedankens, eine gröbere Schwingung. Aber letztlich hast du Recht. Und für das Unterbewusste ist es auf jeden Fall dasselbe. Und deshalb ist das Vergeben – als Verschenken eines gedachten Guthabens – für unsere Seele dasselbe wie das Verschenken von Geld oder Besitz. Und so wird auch dadurch ein Vakuum geschaffen, das neuen Reichtum einsaugt. – Das wäre eine Erklärung für die Erfahrung, die viele gemacht haben.

W: Vergeben scheint immer sehr wichtig zu sein.

M: Das stimmt unbedingt. Übrigens auch bei der Gesundheit – dort hatten wir es noch gar nicht erwähnt. Man kann sagen, dass viele Entzündungen der Ausdruck eines tiefsitzenden Grolls sind – im Sinne der symbolischen Manifestation, die wir besprochen haben. Wenn man es schafft zu vergeben, kann allein dadurch schon die Heilung eintreten.

Erfolg und Macht

W: Wir haben jetzt die ganze Zeit hauptsächlich nur über Geld geredet. Erfolg besteht aber nicht nur aus dem Gewinn von Geld!

M: Was ist denn Erfolg?

W: Erfolgreich ist z. B., wer eine gute Position im Beruf erreicht. Gutes Einkommen ist nur ein Aspekt davon. Andere Aspekte sind Ansehen, Zufriedenheit, Einfluss…

M: …und Macht…

W: Zum Beispiel.

M: Dazu fällt mir ein: Überall, wo es um Macht oder auch nur um Ansehen geht, muss man ganz besonders aufpassen, keine kosmischen Gesetze zu verletzen.

W: Wieso?

M: Das fundamentalste Gesetz des menschlichen Lebens besteht darin – das haben wir schon gesagt – das **Prinzip der Freiheit**. Ich habe sogar das Gefühl: Fast die einzige „Schuld“ – wenn es so etwas überhaupt gibt – ist, dass man einen Menschen in seiner freien Entfaltung behindert. Durch so etwas entsteht eine – negative – Bindung an diesen Menschen, die eines Tages aufgelöst werden muss. Daneben gibt es nur noch die „Schuld", jemanden runterzuziehen, also von seinem Weg der Evolution abzubringen. Ich vermute, letztlich wird beides auf dasselbe hinauskommen.

Freiheit jedenfalls ist die Grundregel des Spiels der Schöpfung. Gott, der Schöpfer, hat den Seelen das Geschenk der Freiheit gegeben. Der Mensch hat sogar die Freiheit, gegen Gottes Willen zu handeln. Man sagt, dass selbst Gott diese Freiheit respektiert und nicht eingreift, obwohl er es könnte. Gott schaut zu, wie sich der Mensch entscheidet; und gerade dadurch wird das Schöpfungsspiel so spannend. Wenn alles schon festläge, wo wäre da die Freude? Gerade durch Freiheit hat sich Gott im Menschen ein echtes Gegenüber geschaffen – jedenfalls in einem gewissen Sinne. – Aus einer anderen Perspektive gesehen, bleibt die Seele natürlich immer eins mit Gott.

H: Auf die Gefahr hin, dass das wieder zu einem längeren **Exkurs** führt, mal eine Zwischenfrage: Wie kann Gott etwas schaffen – in diesem Fall die Seele –, über das er dann keine vollständige Kontrolle mehr hat? Dessen Handlungen er dann gar nicht mehr voraussehen kann? Denn das bedeutet doch Freiheit!

M: Ich denke, diese Nichtvoraussehbarkeit ist auch nur wieder eine von zwei möglichen Perspektiven. Hier ist vielleicht wieder ein Paradox. Denn in anderer Weise sollte Gott die Entwicklung der Schöpfung als Ganzes doch vorhersehen können. Die Schwierigkeit liegt für uns vielleicht darin, dass wir in zeitlichen Begriffen denken. Letztlich gibt es aber keine Zeit. Für Gott ist alles *jetzt*.

Wenn ich aber einmal in dieser zeitlichen Perspektive bleiben darf, so würde ich sagen: Die Freiheit und Nichtvorhersagbarkeit der Seele beruht gerade darauf, dass sie weiterhin mit Gott verbunden ist. Sie ist ein Teil des Ganzen; nach der vedischen Lehre *ist* sie in gewisser Weise das Ganze, denn Gott, das Eine, kann eigentlich keine Teile haben. Vorhersagbarkeit und Determinismus kann es aber nur geben, wenn ich etwas ganz neutral von außen betrachte – in einer Weise, dass mein Beobachten das Beobachtete in keiner Weise berührt.

In der Quantenphysik hat man erkannt, dass wir das Verhalten von Teilchen nicht mehr voraussehen können, weil jede unserer Beobachtungen einen Einfluss auf sie nimmt und nehmen muss. Kurz: weil die Teilchen nicht mehr vom Beobachter getrennt werden können.

Mit der Seele verhält es sich jetzt analog: Wenn Gott eine Welt geschaffen hätte, die vollkommen von ihm getrennt wäre – das hieße aber auch, dass er sie auch nicht mehr beobachten würde! –, dann könnte man sich vielleicht vorstellen, dass sie ihren eigenen gesetzmäßigen Verlauf nähme, der vollkommen festgelegt und determiniert wäre.

H: Man könnte sich so etwas schon kaum noch vorstellen. Denn wer sollte diesen Determinismus dann noch beobachten? Für wen gäbe es überhaupt einen Sinn, von gesetzmäßiger Entwicklung zu sprechen?

M: Sehr richtig. Da die Seele aber faktisch mit Gott verbunden bleibt und da Gott die Welt weiterhin beobachtet – um das Mindeste zu sagen –, kann ihr Handeln niemals vorhergesehen werden. Selbst vom Schöpfer nicht. Denn angenommen, er weiß: Morgen wird sich diese Seele dafür entscheiden, ein Verbrechen zu begehen. Gott wird dann natürlich auch sofort die Konsequenzen dieses Handelns wissen. Dieses Wissen ist – *soweit* die Seele mit Gott, dem Ganzen, verbunden ist – unmittelbar auch ihr zugänglich.

Solch eine Information – sei sie noch so subtil – kann aber nicht ohne Einfluss bleiben. Denn die Seele handelt ja überhaupt nur aufgrund von Wissen. In diesem Moment ist also die Ausgangsbasis für das Handeln der Seele sofort und unmittelbar vollkommen verändert. Sie kann nicht mehr naiv dieselbe Handlung ausführen, die sie ohne dieses Wissen vollzogen hätte. Sie wird sich u. U., aufgrund der neuen Information, jetzt anders entscheiden.

Stell dir vor, du willst nach Berlin fahren. Und angenommen, es sei durch deterministische Gesetze festgelegt, dass du auf der Fahrt in einen Unfall verwickelt würdest. Wenn du jetzt aber Zugang zu allem Wissen hättest, wäre dir das ja sofort bekannt. Würdest du dann noch nach Berlin fahren? Wahrscheinlich nicht. Denn diese Information hat eine neue Determinante in deinen Entscheidungsprozess eingefügt. Das heißt: Wer Zugang zum Wissen des Ganzen hat, dessen Verhalten kann nicht vorausgesagt werden. Es findet ein unmittelbarer Selbstrückbezug statt, der jede Vorhersagbarkeit unterminiert.

H: Das leuchtet zwar ein, aber irgendwie fehlt noch eine Hälfte der Argumentation: Wenn die Seele Zugang zum gesamten Wissen hat, dann wird sie sich doch normalerweise immer zum Guten entscheiden – da sie ja sofort die Konsequenzen des Schlechten vorhersehen wird. Dann ist sie indirekt doch wieder vorhersehbar.

M: Das ist wieder eine sehr clevere Frage. Du hättest völlig Recht, wenn die Seele ständige und vollständige Verbindung zum Ganzen mit seinem Wissen hätte. Das ist aber keineswegs der Fall. Gott hat zwar die Seele aus seiner eigenen „Substanz", aus Bewusstsein, geschaffen. Insofern ist sie eins mit ihm. Wie ein goldener Ring sagen kann: Ich bin Gold, kann die Seele in derselben Weise sagen: Ich bin das Ganze – „Aham Brahmāsmi", wie es im Vedischen heißt. Aber andererseits ist die Seele natürlich auch begrenzt. Sie hat bei weitem nicht das Wissen wie Gott. Und noch mehr ist der individuelle Mensch, die Inkarnation der Seele, begrenzt. Nämlich durch die Hüllen, die um die Seele herumliegen, insbesondere durch die materielle Hülle. Er gewinnt seine Erkenntnisse ja meist nur durch seine physischen Sinnesorgane. Falls sich der Mensch vollständig mit seinem Körper identifizierte, könnte man sein Verhalten wiederum ziemlich gut voraussehen. Da er aber immer wieder Momente der Stille und der Hingabe ans Absolute hat, kann er damit auch immer wieder am unendlichen Wissen teilhaben – niemals natürlich an *allem* Wissen! Aber *insofern* er diese Möglichkeit hat, ist er eben nicht determiniert, weil dann jeweils ein Selbstrückbezug entsteht, wie ich eben besprochen habe.

Und noch ein anderer Punkt: Du sagtest, die Seele würde sich immer zum Guten entscheiden, wenn sie alle Konsequenzen ihres Handelns kennen würde. Das ist im Prinzip richtig. Deswegen sagte schon Platon: Tugend ist Wissen. Aber: Was ist denn das Gute? Du denkst wohl: Na klar: das, was zurück zur Einheit führt, zurück zu Gott. Dazu frage ich: Damit es eine Rückkehr geben kann, muss die Seele nicht erst einmal hinausgegangen sein?

H: Stimmt.

M: Wozu hätte Gott sonst die Seele aus sich herausgestellt? Er wollte ja offensichtlich, dass sie in die Vielheit geht. Das bedeutet ja „Schöpfung". Und Vielheit heißt immer auch: eine Art Entfernung von Gott, ein Hineingehen in weniger lichtvolle Bereiche. Gott wollte das, denn er wollte ja seine eigenen inneren Möglichkeiten kennen lernen. Und das bedeutet Mannigfaltigkeit, denn *Einheit* ist er ja sowieso.

Insofern tut die Seele sozusagen etwas Gutes, wenn sie zunächst einmal den anderen Weg geht – weg von der Einheit. Es kommt nur darauf an, dass die Seele dann auch wieder zurückkommt.

Denkt wieder an das Gleichnis vom verloren Sohn. Zwar hat ihn der Vater nicht *beauftragt*, in die Welt zu gehen. Der Sohn hat es aus eigenem Antrieb getan. Diesen Antrieb aber hatte er – als seine Natur – vom Vater geerbt. Seiner Natur gemäß wollte er etwas erleben. Der Vater hat ihm daher auch nie seine Liebe entzogen. Ich würde sagen: Er hat ihn immer wohlwollend beobachtet – in dem Sinne: mal sehen, was dabei herauskommt. Und dann war der Vater um so erfreuter, als der Sohn aus eigener Entscheidung nach Hause zurückkehrt – hat der „verlorene Sohn" jetzt doch viel mehr Erfahrung als der Sohn, der bei ihm geblieben war. Gott wünscht sich in gewisser Weise, dass seine Seelen, seine Kinder, Erfahrungen machen. Dadurch lernt er gewissermaßen selbst. Insofern ist, im ersten Evolutionsstadium der Schöpfung, der Weg hinaus aus der Einheit als „gut" zu bezeichnen.

Und so verstehen wir auch, wieso für Gott das Prinzip der Freiheit von höchster Priorität ist. Gott erschafft die Seele mit einer gewissen inneren Tendenz. In ihrer ursprünglichen Natur ist auf jeden Fall der Wunsch enthalten, etwas zu erleben, etwas zu erfahren. Und außerdem hat sie noch *spezielle* Vorlieben, in welche Richtung sie sich entfalten möchte. Und Gott schaut nun zu, wohin sie sich nach ihren eigenen Tendenzen bewegt. Und er ist überhaupt nicht froh, wenn sie von einer anderen Seele in der freien Entfaltung ihrer Natur behindert wird. Denn er will ja sehen, was aus dieser Anfangsbedingung herauskommt. Dadurch kann er sich selbst besser kennen lernen – weil die Seele in gewisser Weise er selbst bleibt. Soweit dieser Exkurs.

H: Sehr gut.

M: So sehen wir also die Bedeutung der Freiheit. Die Freiheit des Menschen ist ein Grundprinzip, das man nicht verletzen kann, ohne von der Natur zurechtgewiesen zu werden.

W: Du willst also sagen, dass unser Wunsch nach einer guten Position – die ja mit **Macht** verbunden ist – nur dann unterstützt wird, wenn wir andere Menschen nicht in ihrer Freiheit einschränken.

M: Richtig. Wir müssen sehen, dass Macht ja keineswegs *unterdrückend* sein muss. Es *muss* Machtpositionen in der Gesellschaft geben, z. B. in der Politik. Jemand muss regieren und darauf achten, dass jeder in der Gesellschaft seinem Dharma folgen kann. Er muss witzigerweise gerade *darauf* aufpassen, dass die Menschen nicht die Freiheit anderer einschränken.

W: Insofern muss er selbst doch auch die Freiheit einzelner Menschen beschneiden.

M: Das ist ein guter Punkt. Der Herrscher muss die Freiheit *jener* Menschen einschränken, welche die Freiheit anderer missachten. Insofern übt er die Funktion der Natur aus. Deswegen wurden die Könige auch immer als Repräsentanten Gottes auf Erden angesehen und verehrt. Ein gutes System. Sie handeln nicht aus ihrem Ego und ihrem persönlichen Machtstreben heraus, sondern im Auftrag des Kosmos.

Nach Platon musste man den König daher auch sozusagen zwingen, sein Amt anzutreten. Er wollte im Allgemeinen gar nicht. In dem idealen Staat nach Platon war es so, dass der Anwärter auf den Thron lange und intensiv zum „Philosophen", also zum Weisen oder Erleuchteten, ausgebildet wurde; danach aber hatte er im Allgemeinen gar keine Lust mehr zum Regieren. Ihm fehlte das persönliche Interesse an der Macht. Er wusste, dass ihm doch nur Kopfschmerz bevorstand. Daher musste man ihn mit allen Argumenten unter Druck setzen, doch das Amt anzutreten.

Das war also das Ideal des Königs bei Platon. Die Position des Herrschenden muss es geben, damit die Ordnung aufrechterhalten wird.

W: Aber die Macht an sich hat nicht so viel Wünschenswertes an sich.

M: Macht kann durchaus eine echte Befriedigung verschaffen. Gott ist ja auch mächtig. Er ist sogar allmächtig. Wenn Gott diese Eigenschaft hat, kann sie so schlecht nun auch wieder nicht sein. – Nein, sie ist überhaupt nicht schlecht! Man darf sie nur nicht missbrauchen, indem man die Freiheit anderer einschränkt.

W: Also, Macht, *ohne* andere zu gängeln, ist gut, meinst du.

M: Ja. Denn Macht heißt ja, dass wir *das* schaffen können, was wir wollen. Dass wir uns selbst verwirklichen können. Wer machtlos ist, kann sich nicht entfalten. Dagegen kann jemand, der in einer Organisation oder einem Staat die Macht hat, ganz besonders kreativ sein, mit viel weitreichenderer Wirkung. Er hat seinen Einflussbereich ausgedehnt und kann dadurch in großem Maßstab schöpferisch sein und etwas Gutes bewirken. Das ist schon sehr befriedigend und in keiner Weise abzuwerten. Wer solche Art von Macht ablehnt, zeigt damit, dass in ihm selbst etwas unausgegoren ist. Er ist vielleicht unterdrückt worden und begrenzt sich jetzt selbst. Die Ablehnung von Macht zeugt von innerer Missgunst und von Neid.

W: Die Befriedigung, die sich aus einer leitenden Position herausziehen lässt, kommt ja ganz wesentlich durch das **Ansehen**, das man bekommt. Ist Anerkanntwerden eigentlich so ein tolles Ziel?

M: Hinter diesem Wunsch steht natürlich die tiefe Sehnsucht, geliebt zu werden. Jeder möchte geliebt werden. Derjenige, für den das *sehr* wichtig ist, hatte meist Probleme in der Kindheit. Er fühlte sich nicht genug geliebt und möchte das jetzt nachholen. Das wird ihm fast nie gelingen. Denn er wird immer das Gefühl behalten, dass er nicht *um seiner selbst* willen geliebt wird, sondern wegen seiner Leistungen. Also nicht sein wahres Sein wird geliebt, sondern nur eine äußere Eigenschaft: seine Tüchtigkeit – oder sogar nur seine Maske, die er aufgesetzt hat.

W: Letztlich kann man Tüchtigkeit als solche gar nicht lieben – und eine Maske schon gar nicht.

M: Richtig. Und das spürt derjenige auch in der Tiefe. Und so wird er weiter und weiter kämpfen: um immer mehr Anerkennung, die ihn aber doch niemals wahrhaft befriedigen wird.

W: Aus einem Geliebt-*Werden* wird man sowieso keine vollkommene Erfüllung gewinnen, scheint mir.

M: Nein; das ist bekannt. Erfüllung wird man nur finden, wenn man *selbst* liebt. Dann erfährt man nämlich die Einheit. Und Einheit ist Glückseligkeit.

W: Also, Ansehen und Anerkennung sind eigentlich nichts besonders Erstrebenswertes.

M: Sie sind ein ganz nettes Indiz, dass man etwas Gutes geschaffen hat. Die Aufmerksamkeit vieler gibt einem ja ein gewisses Hochgefühl. Dagegen ist nichts einzuwenden.

W: Zusammenfassend kann man also sagen: Macht ist gut. Das damit verbundene Ansehen schadet nicht.

M: *Muss* nicht schaden. Solange daraus keine *Abgrenzung* gegenüber den anderen Menschen entsteht. Wenn man sich überlegen und über die anderen erhaben fühlt, bedeutet das eine verstärkte Abgrenzung. Und Abgrenzung ist Begrenzung. Grenzen sind niemals gut. Denn die Erfüllung liegt in der Einheit, nicht in der Begrenztheit. Eine Machtposition birgt in sich immer die Gefahr, in eine Absonderung und damit schließlich in eine Isolierung zu geraten. Man muss schon ein gutes Bewusstsein haben, um nicht in diese Falle zu gehen.

Letztlich ist wohl der Kern der Sache, dass man die Menschen lieben muss, die man leiten will. Man muss rein ihr Gutes im Auge haben. Und wenn das der Fall ist, spricht nichts dagegen, dass man alle Willenskraft und alle Erfolgsprinzipien einsetzt, um in eine Führungsposition zu gelangen. Die allgemeinen Gesetze der Wunscherfüllung sind auch hier anwendbar.

W: Welches sind die wichtigsten in diesem Bereich?

M: Als Erstes, würde ich sagen, wieder die Klärung des eigenen Bewusstseins: Will ich wirklich den Erfolg, oder habe ich gar etwas Angst davor? Weil ich mich nicht wert fühle? Oder weil ich Angst habe, ihn wieder zu verlieren? Und so weiter. Wie man so etwas rauskriegt, haben wir besprochen. Affirmationen können da z.B. helfen. Sie bringen die Widerstände an die Oberfläche.

Wenn die inneren Hindernisse einigermaßen bereinigt oder zumindest bewusst gemacht worden sind, kommt der nächste Schritt: Ich formuliere mein Ziel. Es kann nicht schaden, es *schriftlich* zu machen. Dabei sollte ich es ganz spezifisch und genau machen: mit Zeitangaben, Höhe des Gehaltes und allen wichtigen Einzelheiten. Dafür muss man sich Zeit nehmen.

Als Drittes könnte man sich den *Endzustand* sehr plastisch vorstellen. Der Trick dabei ist, dass man sich eine oder mehrere Einzelheiten sucht, die mit dem erreichten Ziel zusammenhängen...: z. B. das Schild am Direktorenzimmer mit dem eigenen Namen drauf o. Ä. Das visualisiert man dann mit allen Details.

Und dann nicht vergessen, *tätig* zu werden.

W: Das ist ja wohl trivial. Jeder, der vorankommen will, wird ja praktisch etwas dafür *tun*. Wie will man eine Führungsposition einnehmen, wenn man nicht arbeitet?

M: Ja, klar. Wobei man aber mehr an die konkrete Aufgabe als an seine Position denken sollte.

Aber der aktive Einsatz für sein Ziel hat auch noch eine geistige Funktion: Man zeigt damit der Natur, dass es einem ernst ist. Und man bündelt seine geistige Energie. Die konzentrierte, stetige und aktive Aufmerksamkeit auf die Verwirklichung des Ziels ist extrem wichtig. Das ist die „Bezahlung", von der wir gesprochen haben.

Und dann aber nicht verkrampfen! Wir müssen uns immer wieder entspannen – oder in gewisser Weise entspannt *bleiben*. Wir müssen die Sache dem Kosmos anheimgeben. In dem Sinne: Wenn es sein soll, wird es kommen. Wenn es nicht sein soll, dann werde ich auch nicht gegen die Natur *kämpfen*! Durch diese Entspanntheit hat meine Intention die Chance zu „transzendieren", das heißt: in die tiefsten und kraftvollsten Bereiche meines Bewusstseins einzusickern.

Außerdem gelten natürlich, wie immer, die allgemeinen Erfolgsprinzipien: Geordnetheit meiner Handlungen, Wahrhaftigkeit, Ehrlichkeit, Leben in Übereinstimmung mit den Gesetzen usw.

W: Es ist wohl klar, dass diese Prinzipien und Methoden auch für alle anderen Ziele gelten – außer Geld und Position –, oder?

M: Z.B.?

W: Ein Kunstwerk schaffen, ein Haus bauen, eine Firma gründen, ein Projekt erfolgreich durchziehen...

Zusammenarbeit

M: Ja, klar. Ich sollte vielleicht noch kurz erwähnen, dass fast alle diese Projekte eine *Zusammenarbeit* erfordern. Und darin kann man noch vieles falsch und vieles richtig machen. Hier, wie überall, ist das zentrale Prinzip wieder die Einheit – man kann auch sagen: die Liebe. Damit meine ich nicht nur das *äußere* reibungslose Zusammenarbeiten. Denn diesem wird die *geistige* Einheit des Teams oder der Firma vorangehen.

W: Du meinst die Ausrichtung auf ein gemeinsames Ziel.

M: Ja, und das grundsätzliche gegenseitige Wohlwollen. Es ist ja allgemein bekannt, dass eine Firma erfolgreicher ist, wenn sich alle

Mitarbeiter mit ihr identifizieren. Um das zu erreichen, nutzt man verschiedene Tricks, z. B. die Beteiligung der Leute am Umsatz und an den Entscheidungen, gemeinsame Feiern, Logos, Firmenkleidung etc.

Ganz allgemein kann man sagen: Wenn eine Gruppe von Menschen in dieselbe Richtung denkt und wünscht, ist der Input in den kosmischen Computer, von dem wir ja immer sprechen, um ein Vielfaches größer.

W: Das ist ja logisch…

M: Was ich dabei meine, ist Folgendes: Das Ganze ist mehr als die Summe seiner Teile. Wenn zehn Leute dasselbe wünschen, ist die Wunschkraft nicht nur zehnmal so groß wie bei einem Einzelnen, sondern vielleicht hundertmal so groß. Es ist wie mit dem Laserlicht: Im Gegensatz zu normalem Licht werden beim Laser die Lichtwellen sozusagen im Gleichtakt ausgesandt. Dieses kohärente – gleich schwingende – Licht hat dann ungeheuer viel mehr Kraft als gewöhnliches Licht. Es kann u. U. sogar Metall durchschneiden. Und ähnlich ist das Denken einer „kohärenten" Gruppe von Menschen viel effektiver.

Ich habe von einem Experiment gelesen, welches die Wunschkraft messen sollte. Es war ungefähr so: Die Versuchspersonen sollten durch geistige Konzentration die Reihenfolge der Zahlen beeinflussen, die aus einem Zufallsgenerator kamen. Und sie schafften es tatsächlich, dass die Zahlen, die aus dem Computer ausgeworfen wurden, sich den Wünschen und geistigen Vorgaben der Menschen in signifikanter Weise anpassten.

Dabei waren z. B. zwei Leute *zusammen* um ein Vielfaches erfolgreicher als einzelne. Interessanterweise waren Ehepaare und Liebespaare noch einmal um Vieles besser darin.

E: Das ist interessant.

M: Vielleicht weil sie besonders eng durch gegenseitige **Liebe** verbunden waren. Vielleicht schafft aber auch das Zusammenkommen der weiblichen und männlichen Energie einen zusätzlichen Effekt – eine kraftvollere Ganzheit…

Das war also das Prinzip der Liebe. Das andere ist das Gesetz der Freiheit. Die Zusammenarbeit funktioniert umso besser, je mehr jeder das Gefühl hat, seine eigenen Interessen verfolgen zu können. Die Menschen setzen sich viel *mehr* ein, wenn sie, zusätzlich zum Gehalt, noch persönlich engagiert sind. Sei es, dass sie vom Herzen her mit der Firma denken, sei es, dass sie sich freuen, ihre eigenen Anlagen ausleben zu können, sei es, dass sie Spaß an der Tätigkeit haben oder ihre Geschicklichkeit beweisen können etc.

W: Die Kunst eines guten Managers ist also, jeden so einzusetzen, dass er aus innerem Drang sein Bestes gibt und nicht nur arbeitet, weil er bezahlt wird.

M: Ich war mal Leiter einer gemeinnützigen Organisation und hatte nur freiwillige Helfer als Mitarbeiter. Da kam jeder nur, solange er Spaß hatte oder spürte, dass er als Person irgendwie durch die Arbeit weiterkam. Oder weil er vom Herzen her für die Sache engagiert war. Damals musste ich das Prinzip der Freiheit lernen: Man konnte niemanden in etwas hineinpuschen, was er nicht mochte. Aber es klappte gut. Wir schafften alles, weil wir freundschaftlich miteinander verbunden waren und weil jeder das machen konnte, wovon er den Sinn einsah und wohinter er persönlich stand.

W: Liebe und Freiheit als die beiden Grundpfeiler des Managements – da könnte man mal ein Buch drüber schreiben.

M: Könnte man. Liebe und Freiheit gehören im Übrigen immer zusammen. Man liebt nur wahrhaft, wenn man den anderen freilässt. Andernfalls ist es ein Besitzenwollen oder Machtstreben. Es gibt auf dem Markt ein Buch, das heißt: „Wenn es verletzt, ist es nicht Liebe". Entsprechend könnte man ein Buch schreiben mit dem Titel: „Wenn es nicht freilässt, ist es nicht Liebe".

P: Klasse... Damit sind wir eigentlich schon mitten im nächsten Punkt, den wir uns vorgenommen hatten.

M: Stimmt. Das war doch wohl: Wie wünsche ich mir einen Partner herbei? Oder?

E: Und auch allgemeiner: Wie erreiche ich gute zwischenmenschliche Beziehungen?

7. Kapitel

Beziehungen

E: Die Frage wäre: Gibt es für den Bereich „zwischenmenschliche Beziehungen“ **besondere Gesichtspunkte**, die zu berücksichtigen wären?

M: Der Unterschied zum vorhergehenden Bereich ist: **Menschen sind keine Dinge**. Dinge haben und sind zwar auch Bewusstsein, aber sie haben eine *andere* Art von Bewusstsein: Sie haben nämlich keine **Freiheit** in dem Sinne, wie es Menschen haben. Daraus folgt: Ich kann die Menschen nicht so herumschubsen und manipulieren, wie ich das vielleicht mit Dingen gewohnt bin.

E: Irgendwie hatte ich aber den Eindruck gewonnen, dass man auch mit den Dingen einigermaßen respektvoll umgehen sollte.

M: Richtig. Zum eigenen Nutzen. Die mit ihnen verbundenen Elementargeister oder sonstigen seelischen Strukturen werden es mir danken.

P: In dem Sinne: „Die Dinge sind ja auch Menschen“…

M: Das sind sie eben doch nicht. Da ist schon ein gewaltiger Unterschied! Die Dinge und die Materie überhaupt haben eine ganz andere Funktion und Aufgabe in der Schöpfung. Soweit ich gehört habe, sind sie u. a. dazu da, den menschlichen Seelen zu *dienen*. Gerade dadurch entwickeln sie sich.

H: Also auch die **Materie entwickelt sich**?

M: Die Materie ist Bewusstsein. Und auch dieses Bewusstsein entwickelt sich. Und es ist sogar so, dass *eine* Aufgabe des Menschen darin besteht, der Materie in ihrer Evolution zu helfen. Und das tut er gerade, indem er sie formt, bearbeitet usw.

Aber auch da gibt es – sozusagen von Gott gesetzte – Grenzen. Ich denke da an die Atomspaltung. Ich habe Botschaften aus höheren Ebenen gelesen, die sagen, dass Atomspaltung heftig gegen die kosmischen Gesetze verstößt. Sie scheint die Materie in ihrer Evolution zu behindern. So etwas dürfen wir nicht tun. Wir behindern uns dadurch letztlich selbst. Ich interpretiere dieses Verbot so, dass wir durch Kernspaltung die höheren Strukturen zerstören, die sich durch langdauernde Prozesse entwickelt haben. Wir kehren damit den Entwicklungsprozess um. Auf eine sehr gewaltsame Weise.

P: Und wie ist es mit der Kernfusion?

M: Soweit ich gehört habe, ist Kernfusion in Ordnung. Das würde zu dem passen, was ich eben sagte: Wir zerstören dabei ja keine Strukturen, sondern schaffen neue, höher entwickelte.

P: Einleuchtend… Insofern ist es vielleicht bei allen Dingen besser, aufzubauen und zu strukturieren als zu zerstören…?

M: Das stimmt nur bedingt. Denn andererseits gibt es kein Aufbauen, ohne dass etwas zerstört wird. Z. B. muss die Knospe zerstört werden, damit die Blüte hervorkommen kann. Das ist der Gang der Schöpfung. Immer muss das Alte vergehen, um für etwas Neues, Höheres Platz zu schaffen.

P: Sind also **Aufbauen und Zerstören** letztlich gleichberechtigt?

M: Nicht ganz. Schöpfung kommt von „schaffen“. Die Hauptrichtung der Schöpfung ist Expansion, Erweiterung – mehr und mehr Fülle. Das Prinzip der Zerstörung muss dem untergeordnet bleiben. Auf jeden Fall darf es kein Übergewicht des Zerstörenden geben.

P: Gewisse politische Richtungen, z. B. Maos Kulturrevolution, haben sich gerade das Prinzip der ständigen Zerstörung auf die Fahnen geschrieben.

M: So ist es. Aber wenn man hofft, dass durch Niederreißen automatisch etwas Besseres hervortritt, täuscht man sich. Das hat ja der ganze Kommunismus gezeigt. Die Aufmerksamkeit muss auf dem Hervorbringen liegen und nicht auf dem Abreißen.

H: Aber immerhin scheint auch das Zerstörerische etwas „Gutes“ zu haben…

M: Die allgemeine Tendenz, zu bewerten und die Dinge in Gut und Böse aufzuteilen, ist eine sehr menschliche Angelegenheit. An sich gibt es kein Gut und Böse. Die Dinge sind, wie sie sind, und alles hat seinen Sinn im Ganzen. Sogar das so genannte „Böse“ hat seine Funktion in der Gesamtevolution. Es ist unverzichtbar. Denn nichts würde in Bewegung kommen und sich weiterentwickeln, wenn es nicht durch den „negativen" Aspekt der Schöpfung herausgefordert würde. Aber die Sache darf natürlich nicht aus dem Gleichgewicht geraten. Das Negative darf nicht die Oberhand gewinnen. Es muss der Evolution dienen. Goethe redet von der „Kraft, die stets das Böse will und stets das Gute schafft". Die nicht-lichte Seite hat zwar nicht das *Bewusstsein*, dass sie das „Gute schaffen" *will.* Aber sie tut es letztlich. Die Sache darf nur nicht aus dem Lot geraten.

Der Wunsch nach einem Partner

P: Wir waren dabei, dass im Bereich des Zwischenmenschlichen die **Freiheit** eine zentrale Rolle spielt.

M: Ja. Wenn ich unsere schönen Techniken der Wunscherfüllung dafür einsetzen würde, einen Menschen dazu zu zwingen, etwas zu tun, was er eigentlich nicht will, so wäre das ein Verstoß gegen die kosmischen Gesetze. Beispiel: Wenn ich auf diese Weise eine bestimmte Frau für mich gewinnen will, die kein Interesse an mir hat, so liege ich daneben.

P: Es würde nichts bringen…

M: Das will ich gar nicht mal sagen. Es gibt ja wohl sogar Liebeszauber, die ihre Wirkung tun. Und ich könnte auf verschiedene subtile Weisen versuchen, ihren Willen zu beeinflussen. Und vielleicht auch mit Erfolg. Das wird mir aber letztlich nur Unglück bringen.

H: Hier kommt anscheinend auch wieder ein Prinzip zur Geltung, das wir schon mal hatten: dass man sich nämlich das eigentliche Ziel wünschen sollte und nicht die Mittel. Was ich eigentlich suche, ist ja eine glückliche und erfüllte Partnerschaft. Ich erhoffe diese Beziehung durch diese spezielle Frau. Aber sie ist in dem Sinne nur ein „Mittel" zum eigentlichen Zweck.

M: …wenn man es so technisch ausdrücken will… Du hast Recht. Es ist in gewisser Weise „unvernünftig", sich auf diesen einen Menschen zu versteifen. Wenn wir eine ideale Partnerschaft ersehnen, dann sollten wir sie ruhig wünschen, *diesem* Menschen aber die Freiheit lassen, uns abzulehnen.

P: Wie ist es damit, sich eine Vorstellung des idealen Partners im Bewusstsein zu formen, alle Merkmale aufzuschreiben etc. – wie gehabt – und dann zu warten, wen die Natur uns präsentiert?

M: Das hatten wir ja auch schon mal, mit der Geschichte von Bärbel Mohr. Sie kriegte dann zwar jeweils die Männer mit den gewünschten Eigenschaften, stellte dann aber fest, dass sie doch ganz wichtige Kriterien vergessen hatte. Und die Beziehung ging nicht gut. Schließlich kam sie dann darauf, sich einfach nur eine *glückliche Verbindung* zu wünschen. Und die wurde ihr dann auch gegeben.

P: Ich möchte vorschlagen, dass wir doch ganz kurz noch einmal unsere Prinzipien durchgehen – diesmal in Hinsicht auf Partnersuche.

M: Gut. Der erste Schritt ist, wie immer, zu sehen, ob wir selbst irgendwelche **inneren Widerstände** gegen das Erreichen unserer Wünsche haben. Jemand könnte z. B. eine geheime Angst haben, sich zu binden; er hat vielleicht Angst um seine Freiheit. Ein anderer mag das Gefühl haben, keine Liebe zu verdienen oder der letzte Mensch zu sein, den keiner lieben kann etc.

Dann könnte es auch sein, dass jemand in einem früheren Leben ein Keuschheitsgelübde abgelegt hat. Was man da tun kann, haben wir schon besprochen.

H: Und dann kann es ja auch sein, dass wir uns bei der Planung dieses Lebens *vorgenommen* haben, Single zu bleiben.

M: In dem Fall könnte man nicht viel machen. Man wird dann aber auch gar nicht den wirklich tiefen Wunsch haben, eine Frau zu finden bzw. einen Mann.

P: Höchstens, weil es so üblich ist und alle anderen auch ihre Freundinnen haben.

M: So ist es.

P: Wie ist es mit der Angst, abgelehnt zu werden?

M: Die ist bei sehr vielen Menschen da, je nachdem, wie man in der Kindheit angenommen wurde oder nicht. Diese Angst kann man dadurch überwinden, dass man handelt: trotz aller Nervosität die Frau ansprechen, eine meinetwegen verkrampfte Konversation beginnen etc… Dann wird man bald merken, dass man offensichtlich *soo* verabscheuenswürdig doch wieder nicht ist.

Eins wollte ich in dem Zusammenhang noch sagen – das Prinzip der

Wahrheit: Es hat keinen Sinn, bei der ersten Annäherung eine Schau abzuziehen und den lockeren Typen zu spielen, wenn man eigentlich schüchtern ist, oder sonst irgendwelche großartigen Eigenschaften vorzutäuschen. Erstens kommt die Wahrheit eines Tages doch zum Vorschein, *oder* es wird auf die Dauer extrem anstrengend, die angenommene Rolle weiterzuspielen. Und dabei will man sich in einer Beziehung doch gerade entspannen können!

Und zweitens bringt es auch nichts. Im Gegenteil: Man wird sich wundern, wie attraktiv es für den anderen ist, wenn man einfach ehrlich und authentisch ist. Wenn man sagt, was man fühlt und denkt, nichts verheimlicht und sich gibt, wie es seiner Natur entspricht. Solch eine Ehrlichkeit gibt den Eindruck von wahrer Stärke; und dieser Mut imponiert.

P: Gut. Angenommen, wir sind jetzt so weit, unsere inneren Hemmungen erkannt und vielleicht sogar beseitigt zu haben…

M: Nun ja; dann können unsere normalen Wunschtechniken greifen. Im Grunde braucht man überhaupt nicht mehr viel zu machen. Der Wunsch ist i. Allg. sowieso schon sehr prägnant. Entweder ist man verliebt, oder man hat eine sehr tiefe Sehnsucht nach einer Partnerschaft. Natürlich kann es helfen, den Wunsch sehr klar auszusprechen und aufzuschreiben und innerlich dem Kosmos zu übergeben. Das müsste eigentlich reichen – wenn keine inneren Widerstände mehr am Blockieren sind… Denn es gibt ja so viele Wesen des anderen Geschlechts, die entsprechende Wünsche haben. Da dürfte eigentlich keine Schwierigkeit sein, dass mein Wunsch auch in Erfüllung geht.

H: Dann könnten wir diesen Punkt eigentlich abschließen.

M: Sozusagen mit dem Happy End.

H: Wenn es denn happy ist.

Der Wunsch nach Harmonie in der Beziehung

M: Das ist genau der Punkt. Denn jetzt geht die Entwicklungsaufgabe erst los.

P: Du meinst, wenn man z. B. in die Ehe hineingeraten ist.

M: Genau. Dann ist man in der Falle. Und der Kosmos – oder das eigene höhere Selbst – hat mich einigermaßen fest im Griff und kann an mir arbeiten.

H: Das wollte ich letztlich ja wohl auch.

M: Richtig. Meine Seele, mein *höheres* Selbst wollte das. Ich habe mich – vor dem Leben – dazu entschieden, gewisse Sachen zu lernen. Und die Ehe ist eine geradezu ideale Schulungssituation. Durch das Verliebtsein hat mich mein höheres Selbst in dieses Trainingsprogramm hineingetrickst.

H: Raffiniert.

M: Abgesehen davon, dass durch diesen Mechanismus natürlich die Art erhalten wird – sodass weitere Seelen eine Chance haben, sich zu inkarnieren und dadurch zu entwickeln.

P: Du siehst es ja ganz schön distanziert.

M: Letztlich geht es bei allem darum, **Liebe zu lernen**. Und man muss ganz klar sehen, dass Verliebtheit von wahrer Liebe noch recht weit entfernt ist. Verliebtheit ist ein Gefühlszustand, der durch die hormonale Situation des Körpers bedingt ist. Liebe aber ist eigentlich kein Gefühl. Sie ist das tiefe *Wissen* um die Einheit von allem. Sie ist ein *Seins*zustand.

P: Aber enthält Verliebtheit nicht auch Liebe?

M: Kann sein, dass *zugleich* auch Liebe da ist. Man kriegt die beiden leicht durcheinander, weil natürlich Verliebtheit ein sehr nahes *Abbild* der Liebe ist. Genauer: In der Verliebtheit kommt die tiefste *Sehnsucht* der Seele nach vollkommener Einheit zum Ausdruck. Der Einheit, aus der wir alle kommen und die wir noch als ein höchstes Ideal in unseren Genen haben. Wenn man verliebt ist, hofft man, gerade durch *diesen* Menschen die Einheit wieder zu erfahren und zu verwirklichen.

H: Es wird letztendlich wohl nicht klappen.

M: Nein, niemals vollständig. Durch den Körper kann man die Einheit nicht erreichen. Denn die Materie ist ja gerade die gröbste Schwingung des Bewusstseins, die den Aspekt der Trennung manifestiert. Insofern kann durch den Körper nie die Einheit erfahren werden. Selbst nach dem wunderbarsten Beischlaf kommt eine Ernüchterung. Weil eben die ersehnte Einheit nicht erfahren wurde – zumindest nicht dauerhaft.

E: Aber die Ehe kann andererseits doch auch enorm beglückend sein.

M: Ja, sehr. Weil wir uns darin nämlich mehr und mehr zu *wahrer* Liebe und Einheit *entwickeln.*

P: Ich habe noch eine Frage: **Tantra** – was ist das und was ist da dran?

M: Diese Frage passt natürlich hier rein. Tantra beruht, grob gesagt, darauf, dass die zentrale Lebenskraft des Menschen, die so genannte **Kundalini**-Kraft, sich auf zweierlei Weise äußert: erstens als Sexualkraft und zweitens als erweitertes Bewusstsein. Man stellt sich die Kundalini-Kraft vor als eine aufgerollte Schlange, die am unteren Ende der Wirbelsäule ruht. Wenn sie „geweckt" wird, kann diese Energie entweder nach „unten" gehen und sich als sexueller Orgasmus manifestieren. Oder aber sie geht nach „oben", die Wirbelsäule hoch. Dann erlebt man, je nachdem wie hoch sie steigt, „höhere" Gefühle wie reine Liebe, klares Bewusstsein, bis hin zur Erfahrung der Einheit – sozusagen einen „inneren Orgasmus". Man muss dabei verstehen, dass die Kundalini keine *materielle* Kraft ist, sondern die subtile Lebenskraft – also Bewusstsein, das sich als Leben manifestiert.

Eine Weise, die Kundalini zu „wecken", ist die erotische Reizung. Und das ist das Prinzip des Tantra: Man stimuliert durch das Zusammensein mit dem Partner die Sexualität, lässt sie dann aber nicht durch einen körperlichen Orgasmus raus. Dadurch wird die Energie angeregt oder gar gezwungen, nach oben zu gehen und ein erweitertes Bewusstsein zu erzeugen. Im Idealfall erfährt man die vollkommene Einheit mit dem Partner.

Dies wird als eine spirituelle Praxis angesehen. Denn die Idee ist, dass dieses erhöhte Bewusstsein, das Erahnen der Einheit, hinterher etwas anhält und sich auf alle anderen Lebensbereiche ausweitet. Und zwar mehr und mehr durch regelmäßige Praxis. Ein Buch, das ich zu dem Thema empfehlen kann, ist von Daniel Odier; es heißt einfach „Tantra". Als ein weiteres Buch könnte man lesen: Diana Richardson, „Zeit für Liebe".

Wichtig scheint immer die Anleitung durch einen sehr erfahrenen Meister zu sein. Und es bedarf einer intensiven geistigen Schulung. Denn ohne eine solche Schulung sind die Kanäle in der Wirbelsäule nicht offen genug. Die Energie kann nicht recht nach oben gehen. Es bleibt entweder eine verkrampfte Verspannung im System zurück, oder aber die Sexualität geht dann doch letztlich als körperlicher Orgasmus nach unten raus. Und dann war die ganze Zurückhaltung „umsonst".

P: Außer dass man den Spaß hatte.

M: Ja, aber man weiß nicht, wie weit dieses unnatürliche Zurückhalten des Orgasmus nicht unerwünschte Nebeneffekte hat. Es ist ja eine totale Überreizung des Systems.

P: Also es wäre wichtig, einen erleuchteten Lehrer zu haben.

M: Ja. Im Übrigen geht natürlich auch in jedem normalen Geschlechtsakt durch die Reizung der Sexualität ein Teil der Kundalini-Energie nach oben. Das ist die Ursache der Liebe, die man in dem Moment erfährt. Nur kommt danach leider häufig eine Ernüchterung. Es scheint manchmal, als sei die Liebe plötzlich verloren gegangen. Der Partner erscheint einem dann nicht mehr so interessant.

P: Die Verliebtheit kommt dann ja aber meist schnell wieder zurück.

M: Stimmt. Und wie gesagt: Durch solche Verliebtheit lassen wir uns dann leicht verführen, eine vertragliche Bindung einzugehen. Und dann kommt die nächste Aufgabe, eine echte Partnerschaft mit wahrer Liebe zu entwickeln.

W: Warum gestaltet sich eigentlich das **Zusammenleben in der Ehe** häufig so schwierig?

M: Wir haben es uns so ausgesucht.

E: Jeder von beiden wünscht sich aber doch die reine Harmonie.

M: Ja; aber *vor* diesem Leben haben wir uns entschieden, durch solch eine Partnerschaft zu *lernen*. Das war uns das Wichtigere. Wir wollten nicht nur eitel Sonnenschein – das würde ja auch langweilig. Wir wollten uns *entwickeln* und wachsen. Und seltsamerweise ist die „beliebteste" Art zu wachsen immer noch durch Schwierigkeiten und Leiden. Wir wollen zur wahren Einheit, zur wahren Liebe – und als Weg dorthin wählen wir Streit und Zwietracht…

H: …verrückt, nicht?…

M: …bis wir es eines Tages gelernt haben, trotz gravierender Unterschiede in den Neigungen und im Temperament die fundamentale Einheit zu erkennen. Und das ist Liebe.

Die Ehe als Gemeinschaft zweier Wesen von unterschiedlichem Geschlecht ist da geradezu ein ideales Training.

H: Du meinst „ideal“, weil **Frauen und Männer so verschieden sind.**

Jeder Mensch lebt in seinem eigenen Universum.

M: Ganz genau. Männer und Frauen sind total verschieden. Eigentlich passen sie überhaupt nicht zusammen. Das liegt an den Genen und an der hormonalen Ausstattung. Ein Bestseller ist im Moment das Buch von dem Ehepaar Pease: „Warum Männer nicht zuhören und Frauen schlecht einparken“. Da werden auf witzige Weise die grundlegenden Unterschiede von Mann und Frau aufgezeigt. Es lohnt sich, es zu lesen. Es ist köstlich.

Was ich selbst immer wieder beobachte: Wenn Ehepaare sich gegenseitig besuchen und dann zusammen spazieren gehen – nach kürzester Zeit wirst du sehen, dass die Männer mit den Männern und die Frauen mit den Frauen gehen. Da können sich nämlich beide Seiten endlich mal wieder darüber unterhalten, was sie interessiert. Die Männer unterhalten sich über Autos, Technik, Strukturen und Dinge, die Frauen über Menschen, Beziehungen, schöne Sachen usw.

Ich habe von einer Untersuchung in den USA gehört, die ergab, dass Ehepaare durchschnittlich nur vier Minuten pro Tag wirklich miteinander reden. Sie haben einfach zu wenig gemeinsame Interessen, da sie so unterschiedlich ausgestattet sind.

E: Es gibt aber doch auch Frauen mit einer mehr „männlichen“ Denkweise und andererseits auch frauliche Männer.

M: Stimmt. Das liegt meist an Folgendem: In der Abfolge der Inkarnationen wollen häufig Wesen, die z. B. viele Leben ein Mann waren, jetzt mal sehen, wie es als Frau ist. Diese Frauen werden dann viele männliche Züge an sich haben. Umgekehrt gilt dasselbe.

E: Was hältst du eigentlich von der **Gleichberechtigung**?

M: Meine Grundeinstellung ist: Ich kann mir absolut nicht denken, dass die Natur auch nur den geringsten Unterschied *im Wert* zwischen Mann und Frau vorgesehen haben könnte. Das Weibliche und das Männliche sind vollkommen gleichwertige Ausprägungen des Ganzen. So wie es z. B. in dem Yin-Yang-Symbol zum Ausdruck kommt…

H: …die Fische, die umeinander kreisen.

M: Ja. Die dunkle und die helle Fläche sind genau gleich groß. Beide Qualitäten müssen sich ergänzen und sind gleich wichtig zur Strukturierung der Ganzheit. Keiner hat mehr Wert als der andere.

E: Gut.

M: Wir waren jetzt aber bei den Unterschieden. Der durchschnittliche Mann und die durchschnittliche Frau haben verschiedene Grundinteressen und -prioritäten. Wenn man es mal ganz kurz und klischeehaft sagen will: Männer leben mehr vom Verstand her und Frauen mehr vom Gefühl. Und da jeder auf der Basis seiner Grundtendenzen seine eigene Welt konstruiert, leben Männer und Frauen in gewisser Weise in verschiedenen Universen.

E: Halt mal. Nicht so schnell. Wir konstruieren unsere Welt…?

M: Das sollte uns inzwischen eigentlich klar sein. Wir können nicht mehr glauben, dass wir die Welt wahrnehmen, wie sie an sich ist. Denn Wahrnehmung bedeutet ja eine Wechselwirkung. Was wir sehen, ist nicht die Welt selbst; vielmehr erfahren wir die *Wirkung*, welche die Welt auf uns ausübt. Und aus dieser Wirkung konstruiert unser mentaler Apparat ein inneres Bild. Dann denken wir normalerweise: Das ist die Welt; so ist sie. Das ist aber nicht der Fall. Die Welt, die wir sehen, ist eine Konstruktion. Nun sind zwar die Wahrnehmungsorgane aller Menschen im Wesentlichen gleich. Aber bei der Konstruktion des inneren Bildes der Welt spielt mehr mit als nur die Sinnesorgane: nämlich, was ich eben den mentalen Apparat nannte.

Nehmen wir ein Beispiel: Ein Besitzer eines Sägewerkes und ein Naturliebhaber gehen durch den Wald. Der eine sieht die Bäume als Holz oder als Holzlieferanten. Der andere als schöne grüne Lebewesen mit einer beruhigenden Ausstrahlung. Noch klarer wäre der Unterschied vielleicht bei einem Indianer, der von Kind auf an gelernt hat, die Bäume als eigenständige Lebewesen zu erfahren. Die verschiedenen Betrachter gehen von anderen Voraussetzungen aus. Sie haben eine unterschiedliche Art, ihr Universum aus den Sinnesdaten zu konstruieren. Sie leben tatsächlich in einer anderen Welt. Was ist jetzt die Wahrheit? Die vollständigere Wahrheit ist vielleicht die des Indianers. Aber man kann auch die Welt des Holzmenschen nicht als „falsch" bezeichnen. Er hat halt gelernt, so zu sehen.

Ähnlich ist es bei Mann und Frau. Sie haben sogar vom Physiologischen her, von ihrem Hormonhaushalt, jeweils eine andere Weise, die Wirklichkeit aufzunehmen.

Wie schon vereinfachend gesagt: Der Mann benutzt mehr den Verstand, bei der Frau spielt mehr das Gefühl hinein. Nun würdet ihr vielleicht sagen – wenn ihr in dem genannten Klischee bleiben wollt: Na ja, die Frau *reagiert* halt emotional auf die Wirklichkeit, die aber in sich ist, wie sie ist. Nein, die Frau benutzt das Gefühl von vornherein, um ihr Bild der Welt zu *schaffen*. Für sie sind die Dinge selbst quasi mehr gefühlsgeladen, sie haben mehr Lebendigkeit in sich als die Dinge, welche der Mann sich mit seinem kalten Verstand aus den Sinnesdaten zusammenkonstruiert.

H: Dann ist die Weltsicht der Frau – also unserer „Idealfrau“ – in gewisser Weise richtiger als die Weltsicht des Mannes.

M: Richtig und Falsch gibt es hier nicht. Aber man kann vielleicht sagen: Ihre Weltsicht ist vollständiger und ganzheitlicher. Sie sieht in gewisser Weise die Dinge mehr als lebendige Wesen – was sie ja auch sind. Der Mann – der Standardmann in unserem Klischee – mit seiner Rationalität hat die Tendenz, den lebendigen Aspekt der Dinge auszublenden, da es ihm mehr darauf ankommt, die Dinge zu handhaben, zu bearbeiten, zu benutzen und zu beherrschen. Die Frau dagegen sieht die Dinge als Gegenüber, weil ihr das Menschliche – oder allgemein die Beziehung – wichtiger ist. Sie ist mehr für das Leben zuständig, der Mann für das technische Machen.

Jeder lebt also in seiner eigenen Welt. Und daraus ergeben sich die vielfältigsten Probleme. Denn jeder meint ja, seine Sicht sei die wahre: Ich sehe die Welt so, wie sie ist. Und wenn der andere dem nicht zustimmt, dann ist er entweder böswillig oder dumm. Und über beides kann man sich leicht aufregen. Dann ist der Streit vorprogrammiert. Der andere ist aber weder dumm noch boshaft. Er lebt nur in einem anderen Universum.

Wie überbrückt man die Kluft?

H: So, und wie kommen die Paare – oder die Menschen ganz allgemein – denn nun zusammen? Wie kann man die Kluft überbrücken?

M: Vielleicht kennt einer von euch die Bücher von John Gray. Er geht genau diese Frage an. Sein Verdienst ist es, erst einmal auf diesen vertrackten Mechanismus aufmerksam gemacht zu haben. Und er hat auch viele gute Ratschläge auf Lager. Dennoch, finde ich, muss man aufpassen, dass man die Sache nicht zu oberflächlich angeht. Zum Beispiel bringt Gray folgenden Fall. Der Mann kommt von der Arbeit nach Hause. Die Frau klagt ihm, dass die Waschmaschine kaputtgegangen ist. Er sagt: Kein Problem und stürzt in den Keller, um sie heil zu machen. Natürlich denkt er: Was bin ich doch für ein guter Ehemann. Sie aber ist sauer. Warum? Ihr ging es gar nicht so sehr um das technische Problem. Sie wollte zuerst einmal ihr Gefühl der Frustration rauslassen. Sie wollte, dass er die Mühen ihres Tages wertschätzt. Sie wollte eine emotionale Zuwendung und Verständnis – und nicht einfach nur ein Beheben des Schadens. Sie ist jetzt total frustriert, dass er das Problem als trivial abtut, und fühlt sich unverstanden.

Eine andere Anweisung von John Gray ist: Der Mann soll die Frau wenigstens einmal pro Tag umarmen.

W: Wenn die Sache so einfach wäre…

M: Das war auch so ein bisschen meine Reaktion. Es kommt wohl ganz darauf an, mit welcher Einstellung man an die Sache herangeht. Wenn man die Anweisungen nur als äußerliche Techniken nimmt, können sie wohl einen kurzfristigen Effekt haben, aber sie lösen das tiefer liegende Problem nicht. Was soll es bringen, wenn er sich gar nicht danach fühlt, die Frau zu drücken, und er tut es trotzdem – weil er es von John Gray gelernt hat? Oder wenn er sich brav hinsetzt und sich die Klagen anhört, weil er weiß, sie braucht es. Dabei denkt er im Hintergrund: So ein Quatsch, das könnte man doch so leicht bereinigen. Auf diese Weise würde der Mann einfach nur warten, bis es vorbei ist. Er würde seine eigenen Bedürfnisse zeitweise zurückstellen und würde Interesse heucheln, wo keines ist. Um des lieben Friedens willen. Auf diese Weise könnte man tatsächlich die Harmonie eine Zeitlang aufrechterhalten. Aber da die Basis keine völlige Ehrlichkeit ist, wird sich ein gewisser Groll ansammeln, der auf lange Sicht eine Spannung erzeugt und schließlich zur Entladung kommt. Alles, was nicht auf Ehrlichkeit und Wahrheit beruht, kann nicht lange dauern. Wenn man nicht ganz natürlich und authentisch sein kann, wird man sich nicht völlig entspannen. Und was soll denn eine Partnerschaft, wo man nicht völlig loslassen kann und sein kann, wie man ist?

E: Also, du meinst, diese Ratschläge sind nicht viel wert?

M: Das meine ich nicht. Wie gesagt, es kommt darauf an, wie man sie versteht. Es ist völlig richtig, dass man sich auf den anderen *einlassen* muss. Aber wirklich, und nicht nur technisch-mechanisch! Äußerliche Techniken werden nicht viel bringen – oder nur vorübergehend.

Die Lösung wäre, dass man sich wahrhaft und echt in die Welt des anderen hineinbegibt. Und das heißt, dass man seine eigenen Begrenzungen überschreitet. Man muss erkennen, dass die Sichtweise des anderen genauso berechtigt ist wie die eigene. Also Erkennen und **Verstehen**! Dabei reicht es nicht, wenn man nur intellektuell anerkennt, dass die Frauen anders denken und fühlen. Wir müssen in der Tiefe erkennen, dass erstens unsere Weltsicht nicht die einzig wahre ist, und zweitens, dass die Sicht des anderen genauso viel wert ist. Auf diese Weise können wir unser begrenztes Weltbild überwinden, aus unserem Universum heraustreten.

Wenn wir das schaffen, weiten wir jedes Mal unser Bewusstsein. Auf diese Weise können wahre Harmonie und Einheit entstehen. Die beiden Sichtweisen müssen sich ergänzen. *Zusammen* ergeben sie das Ganze. Das Männliche und das Weibliche haben beide ihren Wert und leisten ihren Beitrag.

Damit kann dann ein ganz wichtiger Sinn der Ehe zum Tragen kommen: dass man sich nämlich aneinander und durch einander *entwickelt.* Und das ist gerade das Erziehungsprojekt „Ehe"! Beide dachten, sie wollten ein angenehmes Leben zusammen haben. Oder besser noch: Sie wollten durch ihre Ehe die große Einheit verwirklichen, nach der sich jede Seele sehnt. Die Wut bei einem Ehestreit ist deswegen oft so groß, weil man merkt, dass die erträumte Einheit einfach nicht zustande kommt. Man ist wütend, dass man weiterhin alleine ist. Jetzt noch mehr als vorher, wo man noch auf die Einheit *hoffen* konnte. Verzweifelt versucht man, den anderen in sein eigenes Universum hineinzuziehen, um sich danach wieder geborgen zu fühlen – wie man glaubt. Das funktioniert aber deshalb nicht, weil man im Allgemeinen gar nicht mitkriegt, dass der andere in einem anderen Universum lebt.

Letztlich ist die Lösung der Probleme wieder einmal: Erkenntnis. Erkenntnis der eigenen Begrenzungen und Erkenntnis der umfassenderen Möglichkeiten – in diesem Falle der anderen Möglichkeiten, die Welt zu betrachten.

In der Tiefe ihrer Seele wussten beide bereits vorher, worauf es bei ihrer Verbindung ankam: dass sie sich durch die Reibung aneinander entwickeln konnten. So hatten sie es sich vor diesem Leben ausgesucht. Bequemlichkeit ist nicht die Priorität der Seele, sondern Lernen.

Andere zwischenmenschliche Beziehungen

Die Diskrepanzen, die wir betrachtet haben, tauchen nicht nur in der Ehe auf, sondern überall. Und daraus entstehen fast alle Schwierigkeiten in den zwischenmenschlichen Beziehungen. Fast jeder will das Richtige und das Gute und Wahre, aber jeder sieht es anders. Und wenn ich nicht erkenne, dass der andere in einem unterschiedlichen Universum lebt wie ich selbst, kann ich den anderen nur für böswillig oder für dumm halten. Und beides ist ärgerlich. Ich muss erkennen, dass die Sichtweise des anderen dieselbe Berechtigung hat wie meine. Ich muss ihm seine Sicht lassen. Das nennt man dann Toleranz.

H: Gibt es nicht auch Ausnahmen? Wie ist es z. B., wenn der andere die Vorstellung hat, ich müsse ihm gehorchen? Er sieht halt die Welt so, dass er der Chef ist, dass ich ihm quasi *gehöre*. So wie in manchen früheren Königreichen die Untertanen dem König gehörten. *Ich* aber sehe es nicht so. Ich sehe mich als einen freien, selbstständigen Menschen und will mir von ihm nichts sagen lassen. Da gibt es doch einen Konflikt! In diesem Fall finde ich, dass die eine Weltsicht richtig ist und die andere falsch.

M: Da hast du natürlich ein gutes Beispiel gebracht. Es ist klar: Es gibt eben doch gewisse **„objektive“ Prinzipien** und festgelegte Strukturen der Wirklichkeit. Im Fall deines Despoten: Sein Weltbild verletzt ganz offensichtlich das fundamentale Gesetz der *Freiheit*, auf das wir schon häufig gestoßen sind: Kein Mensch kann dem anderen gehören. Jeder ist ein eigener Mensch und sein eigener Herr.

H: Dann ist mein Weltbild also *richtig* und seines *falsch*.

M: So sieht es aus. Jedenfalls in der Welt der Menschen und überhaupt in dem Kosmos, *den wir kennen*. In unserem gemeinsamen Universum – dem Universum der Menschen – gibt es Strukturen und Gesetze, die für alle Gültigkeit haben. Und eins davon ist das Gesetz der Freiheit.

H: Was machen wir dann, wenn wir so einem Menschen begegnen, der ein „falsches" Weltbild hat?

M: Also, eins kann man wohl sagen: Es wird selten viel nützen, wenn ich versuche, seine Haltung durch Argumente zu korrigieren. Meistens sitzen diese Grundeinstellungen so tief, dass sie der Logik nicht zugänglich sind. Er *weiß* ja noch nicht einmal, dass er eine spezielle Weltsicht hat. Für ihn ist es die Wahrheit. Jeden Korrekturversuch wird er als einen Angriff auf die Basis seines Lebens empfinden. Das Universum, das er kennt, ist für ihn die Sicherheit. Wenn an diesem Fundament gerüttelt wird, gerät er in Panik. Er wird mit allen Mitteln darum kämpfen, dass sein Universum erhalten bleibt. Ein Überzeugungsversuch wird daher i. Allg. nur in Streit enden.

H: Und was können wir tun?

M: Im schlimmsten Fall müssen wir uns entfernen und ihn seinem Schicksal überlassen. Aber vorher gibt es noch Möglichkeiten. Wie schon gesagt: Der erste Schritt ist immer, dass wir versuchen, den anderen zu **verstehen**. Dass wir uns zumindest mal versuchsweise in sein Universum hineinversetzen. Wenn wir es außerdem schaffen, einen gewissen Abstand von unserem *eigenen* Standpunkt zu gewinnen, können wir vielleicht sogar Mitleid mit dem armen Menschen haben. Letztlich ist er ja auch ein Kind Gottes, der versucht, mit diesen schwierigen Begrenzungen in der Dimension der Materie zurechtzukommen. Wenn wir selbst eine derart erweiterte Sichtweise einnehmen können, also letztlich die Einheit mit ihm erkennen, so bedeutet das Liebe. Und Liebe überwindet alles. Sie wird in sein Bewusstsein überschwappen und die Grenzen seiner Weltkonstruktion aufweichen. Wir sind ja alle verbunden.

H: Das bedeutet aber nicht unbedingt nachgeben…

M: Nein, nachgeben sollten wir nicht. Das würde auch ihm nichts nützen. Es würde ihn ja nur in seiner Sicht der Dinge bestätigen... Das Beste ist immer, nach dem eigenen innersten **Gefühl** zu gehen. Wenn wir einen tiefen inneren Widerstand spüren, ihm zu folgen, dann sollten wir es auch nicht tun. Nur wenn wir unserem eigenen Gefühl folgen, können wir erstens selbst etwas lernen. Und zweitens wird es i. Allg. auch das Richtige für *ihn* sein. Denn die Natur gibt uns – durch unser Gefühl und unsere Intuition – immer das ein, was das Beste für *alle* ist. Wir müssen nur offen und aufmerksam für unser wahres Gefühl sein.

Projektion, Muster, Polarisation, Interessenkonflikte

Bis jetzt haben wir nur *einen* Mechanismus besprochen, der das häusliche und zwischenmenschliche Glück beeinträchtigen könnte: die unterschiedliche Weltsicht der Menschen. Ich würde ganz gerne kurz noch drei weitere erwähnen: Projektion, Polarisation und Muster.

Die **Projektionen** haben wir schon einmal angesprochen: Wenn wir gewisse Schwächen haben, die wir uns aber nicht eingestehen möchten, dann projizieren wir diese auf andere Menschen in unserer Umgebung. Stellt euch vor, ich bin von Natur aus sehr faul. In meiner Familie galt aber Fleiß als die größte Tugend. Dann werde ich mich wahrscheinlich mein ganzes Leben lang dazu diszipliniert haben, immer hart zu arbeiten. Von meiner inhärenten Faulheit werde ich nach einiger Zeit gar nichts mehr wissen. Ich werde mir diese Tendenz nicht eingestehen, weil sie mein Selbstbild als fleißiger Bürger beeinträchtigen würde. Faulheit lehne ich strikt ab, und wenn ich jetzt jemanden sehe, der sich vor der Arbeit drückt, kommt mir die Galle hoch. Warum rege ich mich über faule Leute so auf? Weil ich die Faulheit in mir selbst ahne, sie aber verdränge und nicht akzeptieren kann. Man sagt dann: Ich projiziere meine Schwäche auf andere. Wenn ich nicht selbst faul wäre und mich nicht deswegen insgeheim hasste, würde ich mich über faule Menschen nicht aufregen. Die Wut kommt nur hoch, weil ich im anderen meinen eigenen Mangel erkenne, den ich vehement ablehne.

So ein Mechanismus kann natürlich die zwischenmenschlichen Beziehungen sehr beeinträchtigen. Das Verrückte ist nämlich, dass ich mich immer wieder mit Leuten zusammentue, die gerade die von mir abgelehnte Charakterstruktur haben. Mein Unterbewusstsein *sucht* sich geradezu entsprechende Menschen als Partner. Und auf kleinste Anzeichen dieser Schwäche beim anderen fährt es dann voll ab.

Dahinter steht letztlich das Bestreben der Seele, die eigene Ganzheit zu verwirklichen. Die Seele weiß, dass da noch ein unklarer Bereich ist, der nicht integriert wurde. Sie möchte alle ihre Facetten zu einer Ganzheit gestalten; und das heißt auch: alle verdrängten Aspekte bewusst machen, um sie akzeptieren zu können und in vernünftiger Weise zu leben. Daher führt mich die Seele immer wieder mit Menschen zusammen, die meine Schwäche **„spiegeln"**, wie man sagt. Wenn ich nämlich nicht bereit bin, mir meine eigene Charakterstruktur anzuschauen, bleibt nichts anderes übrig, als dass sie mir im Außen entgegentritt. Dadurch kann ich sie sehen und mich mit ihr auseinandersetzen. Der Psychologe Hermann Meyer nennt das „die Wiederkehr des Verdrängten". Diese Spiegelung ist also ein Evolutionsmechanismus, der mich zwingt, meine Ganzheit zu erkennen. Aber im Moment ist dieses Projizieren natürlich sehr unangenehm, weil ich mich dauernd über meinen Partner aufrege und damit Streit erzeuge.

P: Und wie überwindet man das?

M: Der erste Schritt ist ganz einfach: Wir müssen verstehen, dass ich mich *prinzipiell nur* über das im anderen ärgere, was ich in mir selbst habe. Das reicht fast schon. Dann kann ich mich selbst prüfen und allmählich erkennen, dass ich dasselbe Manko auch habe – wahrscheinlich noch viel stärker als mein Partner. Mein Partner wird i. Allg. tatsächlich etwas von dieser Schwäche haben. Deshalb habe ich ihn mir ja gesucht: damit er etwas von mir spiegeln und ich dadurch schließlich zur Integration kommen kann. Aber wahrscheinlich sehe ich diesen seinen „Fehler" völlig übertrieben.

Das ganze Problem wird so lange weitergehen, bis ich diesen Mechanismus des Spiegelns wirklich voll durchschaut habe, meine eigene Struktur erkannt und sie dann wirklich akzeptiert habe…

Das war die Projektion und die Spiegelung. Eine weitere Struktur, die in einer Beziehung zu Schwierigkeiten führt, ist das, was man **Polarisation** nennt. Sehr häufig tritt sie in dem Wechselspiel zwischen dem Wunsch nach Nähe und dem Wunsch nach Freiheit zutage. Jeder Partner, z. B. in der Ehe, wünscht sich Nähe – sonst wäre er ja keine

Beziehung eingegangen. Jeder möchte sich aber auch eine gewisse Selbstständigkeit und Freiheit bewahren.

Jetzt nehmen wir einmal an, zwei Menschen kommen zusammen, die beide ein ungefähr gleiches Maß von Nähe-Wunsch und Freiheitsstreben haben. Die Frau habe dabei ein minimal größeres Bedürfnis nach Nähe als der Mann. So wird irgendwann eine Situation aufkommen, wo sie ihm sehr nahe sein möchte, er aber gerade mal ganz für sich allein bleiben möchte. Sie merkt nun, dass er sich ihr innerlich ganz leicht entzieht, und sie denkt: Oh, liebt er mich vielleicht doch nicht so wie ich ihn? Was passiert jetzt? Sie wird sich vielleicht, in der Angst, ihn zu verlieren, noch etwas näher an ihn anschmiegen und ganz subtil auf mehr Nähe drängen. Er wiederum merkt das, fühlt sich etwas bedrängt und entzieht sich deswegen noch etwas mehr. Sie ist darüber bestürzt und fängt an, auf ihn einzudringen, ihm vielleicht sogar gewisse Vorwürfe zu machen oder die zentrale Frage zu stellen: Liebst du mich überhaupt noch? Dadurch fühlt er sich wiederum noch mehr unter Druck gesetzt und, was auch immer er sagen mag – sie merkt, dass er ihr mehr und mehr ausweicht, dass er zumacht oder sich in Arbeit oder sonst etwas flüchtet.

Ihr seht, worauf ich hinaus will: Ein kleines, kleines Ungleichgewicht am Anfang beginnt sich aufzuschaukeln. Wenn sie nun immer wieder merkt, dass er sich entzieht, und wenn sie ihn daher mehr und mehr bedrängt und er dadurch mehr und mehr seine Freiheit gefährdet sieht, kommt es zu einer immer stärkeren „Polarisierung". Wobei sie – in unserem Beispiel – *den* Part übernimmt, der Nähe sucht, und er die Rolle des Freiheitskämpfers. Das Tragische ist, dass ja ursprünglich beide dieselben Bedürfnisse in sich hatten und sie auch noch immer haben! Nur sie wissen es bald nicht mehr. Jeder hat eines dieser Bedürfnisse verdrängt und projiziert es auf den anderen – in extremer Form: Sie wird für ihn die Allesverschlingende, und er ist für sie der Bindungsunfähige. Es kommt nie mehr dazu, dass sein tiefer Wunsch nach Nähe zum Ausdruck kommen könnte; denn er hat ja Angst, verloren zu gehen. Und sie kommt niemals in die Situation, sich durch zu viel Nähe bedrängt zu fühlen.

Ein anderes Beispiel für so eine Polarisierung wäre: *Er* hat vielleicht etwas mehr als sie die Tendenz, alles im Voraus zu bedenken und zu organisieren. Sie hat dadurch bald das Gefühl: Er plant und macht ja sowieso alles; da komme ich ja kaum zum Zuge. Warum soll ich da noch viel nachdenken; er hat ja alles gut im Griff. Sie zieht sich zurück und überlässt ihm alles Planen. Er dagegen sieht mehr und mehr, dass er selbst an alles denken muss, da sie sich nicht einbringt. Schon recht unwillig, steigert er sich noch mehr in das Organisieren der gemeinsamen Angelegenheiten hinein – worauf sie noch mehr loslässt. Und das, obwohl sie ursprünglich auch so ein Typ war, der gerne alles im Voraus bedachte und plante. Auch hier wieder eine Polarisierung, diesmal in den „Verantwortungsbewussten" und die „Sich-treiben-Lassende".

Der Psychologe Watzlawick vergleicht diesen Prozess mit der Situation zweier Menschen in einem kleinen Boot, die sich auf den beiden Bootsrändern gegenübersitzen. Wenn der eine das Gefühl hat, das Boot neige sich zu sehr nach der anderen Seite, will er es „trimmen" und neigt sich etwas mehr hinaus. Dadurch hat der andere seinerseits das Gefühl, trimmen zu müssen und lehnt sich mehr hinaus. Dadurch muss der Erste erneut das Gleichgewicht herstellen, wie er meint. Und so weiter – bis beide sich ganz verkrampft so weit wie irgend möglich zu ihrer jeweiligen Seite rauslehnen, um das Boot vorm Kentern zu bewahren.

Um diesen Teufelskreis zu durchbrechen, ist wieder das Wesentliche, sich über den Mechanismus klar zu werden. Die beiden Bootsinsassen könnten sich ganz einfach verständigen und gemeinsam den Versuch wagen, sich mehr zur Mitte zu lehnen. Oder der eine könnte es riskieren, sich nach vorne zu lehnen. Dann wird der andere schnell ausgleichen müssen und sich auch zur Mitte hin bewegen.

W: Und die Anwendung auf Nähe und Freiheit?

M: Zum Beispiel könnte *sie* sich einmal für einige Zeit mehr auf Distanz halten. Dann wird er vielleicht anfangen, sich Sorgen zu machen, ob sie ihn nicht mehr liebt, und er wird seinerseits auf mehr Nähe drängen.

Und der Vorausdenkende könnte sich bewusst zurückhalten und mal nichts planen. Dann wird er wahrscheinlich zu seiner Überraschung feststellen, dass sie durchaus fähig ist, Dinge zu organisieren und zu bedenken.

Wichtig ist immer die Kommunikation; darauf werde ich gleich zu sprechen kommen.

Aber erst einmal noch schnell zu den **„Mustern“**. Ihr kennt den Ausdruck: „Dieser Mensch drückt alle meine Knöpfe.“ Das bedeutet: Ich rege mich dauernd über ihn auf, weil er Seiten in mir anspricht, die noch nicht bereinigt sind. Das können einerseits verdrängte Eigenschaften sein, wie schon besprochen. Unter Umständen sind es aber auch alte „Muster“, d. h. alte Erlebniskomplexe, die mit Schmerz verbunden sind. Wieder ein Beispiel: Angenommen, ich konnte mich in meiner Kindheit nie ausdrücken; sobald ich etwas sagen oder erklären wollte, wurde ich zum Schweigen gebracht. Ich fühlte mich unverstanden – und das war für mich mit großem Schmerz verbunden, da ich doch als hilfloses Kind so auf das Verständnis meiner Eltern oder Erzieher angewiesen war. Wenn ich jetzt wieder in so eine Situation komme, dass mich jemand, den ich liebe, nicht anhören oder verstehen will, wird dieses Muster belebt, und der alte Schmerz kommt wieder an die Oberfläche.

Und wieder die „verrückte“ Situation, dass sich das Unterbewusstsein, oder aber die Seele, sich immer wieder *genau solche* Partner sucht, die dieses alte Muster anpieken. Ich *suche* mir also Menschen, die mich nicht ausreden lassen oder die meine Selbstoffenbarung verständnislos abtun. Und so erfahre ich immer wieder die gleichen Schmerzen in meinen Beziehungen.

Warum ist das so? Auch hier wieder das Bestreben der Seele, sich zu entwickeln und ganz zu werden. Wenn da so ein nicht verarbeiteter Schmerz in der Tiefe ist, dann muss er wieder an die Oberfläche kommen. Er muss bewusst werden, damit er angenommen und aufgelöst werden kann. Erst dann ist die Seele heil – und das ist ihr oberstes Ziel. Und deshalb führt sie mich immer wieder mit Menschen zusammen, die diesen Heilungsprozess in Gang setzen, indem sie die entsprechenden „Knöpfe drücken“.

Auch in diesem Fall kann ich den Heilungsprozess fördern, indem ich mir über diesen Mechanismus klar werde. Ich muss *verstehen*, dass der Partner gar nicht so viel für meinen Schmerz kann. Es ist *mein* Problem und *mein* Schmerz. Ich kann dem anderen dankbar sein, dass er ihn an die Oberfläche holt. Wenn ich das erreicht habe, dann wird es mir leichter fallen, den Schmerz auszuhalten. Ich kann ihn heilen, indem ich ihn wahrnehme und nicht vor ihm flüchte. Das ist, was ich gestern mit „Körperfühlen“ bezeichnet habe. Aufmerksamkeit heilt. Wenn der

Schmerz dann lange wahrgenommen worden und dadurch geheilt ist, ist das Problem vorbei.

H: Dann kann ich mir einen anderen Partner suchen, der andere Knöpfe drückt. ☺

M: So ist es fast. Jedenfalls kann ich dann anfangen, meine Beziehung wirklich zu genießen.

Das waren also die Mechanismen, Projektion, Polarisation und Muster. Und jetzt kommt noch ein ganz triviales Problem in jeder zwischenmenschlichen Beziehung: Schlicht und einfach haben alle Menschen **verschiedene Interessen**. Sie haben verschiedene Naturen und dadurch verschiedene Vorlieben. Es fängt schon mit dem Fernsehprogramm an, das man am Abend sehen will. Oder ob man den gemeinsamen freien Tag für eine Bergwanderung nutzen will oder fürs Shopping. Oder ob man ein Haus im Grünen oder in der Stadt kaufen möchte.

Und was macht man da? Das ist auch wieder trivial: Man muss einfach **miteinander reden**! Das ist das Mittel der Wahl nicht nur bei Interessenkonflikten, sondern bei allem: wenn jemand sich verletzt fühlt, wenn er über den anderen enttäuscht ist, wenn er eifersüchtig ist usw. Miteinander reden ist der Kern jeder Beziehung; das ist eigentlich klar.

Hinsichtlich der verbalen Kommunikation kann man auch wieder vieles falsch und vieles richtig machen. Aber ich würde vorschlagen, dass wir das jetzt nicht im Einzelnen diskutieren. Wer seine Fähigkeit, fruchtbare und verbindende Gespräche zu führen, verbessern will, dem würde ich gerne ein paar Bücher empfehlen, und zwar: „Das Bingo!-Prinzip“ von Gay Hendricks, „Liebe macht glücklich“ von Kathlyn und Gay Hendricks und „Die Wahrheit beginnt zu zweit“ von Michael Lukas Moeller.

Liebe

Gut. Jetzt gibt es natürlich noch tausend subtilere Verfahren, die Beziehungen zum anderen Menschen zu verbessern: z. B. ihm gedanklich Licht und Liebe senden, sich eine Lichtbrücke zu ihm vorstellen, in Gedanken umarmen und in die Augen schauen usw. Aber ich selbst empfinde diese Techniken oft als etwas künstlich – zumindest wenn man sie als *Mittel* benutzt, um eine kaputte Beziehung zu heilen. Wenn so etwas allerdings aus einer schon vorhandenen Liebe, also aus dem Herzen, kommt, kann es sehr helfen, eine Beziehung zu vertiefen.

Die Sache ist die: Liebe braucht man nicht zu erzeugen, und man *kann* sie auch nicht erzeugen. Unsere Natur *ist* letztlich Liebe. Wir *sind* Liebe. Wir brauchen nur unsere eigenen Barrieren und Begrenzungen niederzureißen. Dann wird automatisch die Liebe hervorsprudeln. Und dann braucht man nichts mehr zu „tun". Denn in jeglichem „Tun" ist wieder das Ego involviert. Und es wird dadurch *gestärkt* – weil es denkt, es ist ja doch irgendwie nützlich. Aber es ist in diesem Bereich nicht nützlich. Wir brauchen nur zu *sein*, was wir wirklich sind: Liebe.

Geben

Zum Schluss möchte ich doch noch einen „Trick" nennen, und das ist: Geschenke machen, **Geben**. Das kann manchmal wie ein Initialzünder wirken, wenn die Beziehung nicht ideal ist. Man gibt sich dabei einen kleinen Ruck; und dadurch kann sich erstens die *eigene* – vielleicht negative – Sichtweise vom anderen ändern. Vor allem aber wird der Partner wachgerüttelt! Er wird plötzlich aus seiner bisherigen Sicht herausgerissen. Er merkt: Vielleicht ist der andere – also ich – ja gar nicht so ein schlechter Mensch, vielleicht hat er ja gar nichts gegen mich.

W: Sollte man Geben als einen Trick bezeichnen?

M: Nein, das ist eigentlich nicht richtig. Geben ist ja die äußere Manifestation der Liebe: ein materieller Austausch, der auch die Seele nährt und daher die Einheit auf der Erde vermehrt. Ein Geschenk tut etwas für den physischen und den emotionalen Körper des anderen, aber zugleich werden damit die tiefsten Seinsschichten belebt. Freude erzeugt Dankbarkeit, und Dankbarkeit erzeugt Liebe.

Wenn ich von Trick sprach, meinte ich nur die Fälle, wo man etwas schenkt, selbst wenn das entsprechende Gefühl noch gar nicht da ist. Also in gewisser Weise eine kleine Unwahrhaftigkeit. Aber dann kann dadurch ein echtes Gefühl entstehen, und die Handlung wird quasi nachträglich noch wahr gemacht.

H: Also eine Vorwegnahme der Wahrheit...

M: Ja, sozusagen ein kleiner Kredit bei der universalen Liebe, die ja letztlich sowieso meine tiefste Wahrheit ist.

H: Das ist kein großes Vergehen gegen das Prinzip der Wahrhaftigkeit.

M: Ganz sicher nicht. Die Handlung ist sozusagen wahrer, als wir in dem Moment wissen...

„Karmische" Beziehungen

H: Ich würde gern noch etwas über die „karmischen" Beziehungen sprechen. Man sagt ja, dass die meisten Seelen, mit denen wir in diesem Leben enger zusammen sind – also hauptsächlich in der Familie, aber auch in engen Geschäftspartnerschaften –, ...dass wir die schon aus früheren Leben kennen.

M: Ja, so ist es – wenn wir in unserem normalen linearen Zeitverständnis sprechen! Viele kennen das ja: Man trifft jemanden, und sofort ist ein enormes Gefühl der Vertrautheit da – als ob man den anderen schon ewig kennt. Aus solchen Begegnungen werden dann sehr schnell ganz heiße Liebesbeziehungen...

P: ...wenn Geschlecht und Alter passen.

M: Natürlich. Und Ehen basieren häufig auf solchen „karmischen" Verbindungen. Ebenso waren Eltern und Kinder meist schon in früheren Inkarnationen zusammen.

P: Aber wohl nicht immer im selben Verwandtschaftsverhältnis.

M: Nein, meistens sogar nicht. Also, der Sohn von heute war letztes Mal vielleicht der Ehemann oder die Ehefrau...

P: Man wechselt ja auch manchmal das Geschlecht.

M: Genau.

W: Zwischen den Familienmitgliedern herrscht ja nun eigentlich nicht immer die reine Liebe. Häufig können sie sich sogar überhaupt nicht ausstehen und hassen sich gegenseitig. Ich vermute, da kommen uralte Feindschaften aus früheren Leben zum Ausbruch.

M: Das kann sein; das ist die eine Möglichkeit. Aber in vielen Fällen spielt sich hinter der Bühne etwas ganz anderes ab.

Es gibt ja Leute, die sich ziemlich genau an ihre früheren Leben und die Zwischenleben erinnern. Viele wurden auch durch Hypnose usw. „zurückgeführt“. Nach deren Berichten geschieht in der Zwischenphase zwischen den Leben, wenn das neue Leben geplant wird, sehr häufig Folgendes: Eine Seele hat sich z. B. entschieden, die Erfahrung zu machen, wie es ist, von einem nahen Verwandten gequält zu werden. Die Gründe, warum eine Seele so einen „perversen“ Wunsch hegen könnte, haben wir schon besprochen. Vielleicht hat sie selbst jemanden gequält und will jetzt sehen, wie es von der anderen Seite aussieht – sie will das letztlich, um Liebe zu lernen.

P: Also nicht, um es wiedergutzumachen?

M: Wie könnte man etwas dadurch gutmachen, dass man leidet? Nein. Sie will diese *Erfahrung* machen.

Und jetzt fragt diese Seele sozusagen herum: Wer ist bereit, im neuen Leben eine solche Beziehung mit mir einzugehen, dass ich dieses sehnlich erwünschte Leiden ☺ erfahren kann? Die meisten Seelen werden in dieser Situation – mit all dem Abstand von den Dingen und all dem Wissen, das sie da drüben haben – sagen: Nee, lass mich damit in Ruhe. Das gibt ja nur wieder Stress. Ich werde danach auch wieder leiden müssen usw.... Nur eine Seele, die unsere Seele *ganz tief liebt*, wird sich bereitfinden, uns großen Schmerz zuzufügen. Nur eine solche Seele ist bereit, ein solches Opfer für uns zu bringen. Es ist ein **Opfer**, denn sie wird ja durch eine solche Beziehung selbst wieder tiefer verwickelt und gebunden!

P: Es ist demnach also genau anders herum, als man gemeinhin denkt! Unsere größten Quälgeister, mit denen wir nur Scherereien haben, sind gerade die, die uns am meisten lieben! Ist das wahr?

M: Nicht immer, aber in vielen Fällen! Es kann auch sein: Die Seelen, die bereit sind, sich mit uns näher einzulassen, sind vielleicht gerade die, mit denen wir schon viele Leben lang im Clinch liegen. Sie haben mit uns etwas abzuarbeiten. Auch sie, von ihrer Seite, wollen mit uns zusammenkommen – vielleicht um die Beziehung mit uns zu bereinigen.

Dabei ist es wichtig zu sehen, dass es Hass im Jenseits nicht gibt.

Ich empfehle euch sehr, die Bücher von Michael Newton zu lesen. Er ist Hypnosetherapeut und hat Tausende von Klienten ausgefragt, was in der geistigen Welt in der Zeit zwischen den Inkarnationen passiert. Er berichtet z. B. von folgender Situation: Ein Mann ist in seiner Kindheit sehr von seinem Vater erniedrigt und gequält worden. Nach seinem Tod kommt er, der Sohn, jetzt zurück in die jenseitige Welt und wird von den Mitgliedern seiner engen Freundesgruppe begrüßt. Diese Gruppe besteht aus *den* Seelen, die sich wieder und wieder zur gleichen Zeit inkarnieren und sich als Familienmitglieder, Freunde oder Partner auf ihrem Entwicklungsweg helfen. Sie unterstützen sich gegenseitig in der Erfüllung ihrer Lernaufgabe, insbesondere bei der Entwicklung bedingungsloser Liebe.

Nachdem unser Mann – seine Seele – nun von seinen Freunden herzlich „umarmt" worden ist, erscheint als Letzter, aus dem Hintergrund, wo er sich sozusagen versteckt hatte, sein früherer Vater. Auch der begrüßt ihn, noch etwas verlegen; und in der Folgezeit setzen sie sich dann ausführlich zusammen und besprechen ihre Beziehung auf der Erde. Ihnen ist klar, dass sich der Sohn diesen Vater ausgesucht hatte, um selbst eine wichtige Lektion zu lernen; andererseits muss der Vater zugeben, dass er sein Leben nicht richtig in den Griff bekommen hat, dass er mit dem physischen Körper und mit den Eigentendenzen des Gehirns – das ja sozusagen von der tierischen Seite her kommt – nicht recht fertig geworden ist. Er war alkoholsüchtig geworden – was nicht geplant war – und hatte nun den Sohn viel schlechter behandelt als eigentlich vorgesehen. Was jetzt die beiden machen, ist: Sie versetzen sich ganz in die Tiefe der Seele des jeweiligen anderen, sehen alles mit den Augen des anderen, verstehen sich dadurch vollständig – und damit ist die Sache bereinigt. Wie gesagt: Sie waren sowieso niemals Feinde, sondern sogar Freunde, die sich gegenseitig helfen wollten. Die Beziehung während des Lebens war nur einfach nicht gelungen. Und so kann die freundschaftliche Beziehung schnell wieder hergestellt und aktualisiert werden.

In diesem Fall inkarnierten sie sich übrigens im nächsten Leben wieder gemeinsam. Diesmal spielt der frühere Vater den älteren, dominierenden, Bruder der seinem jüngeren Bruder auch wieder einige Herausforderungen liefert, aber längst nicht in dem Maße wie im letzten Leben. Im Gegensatz also zu dem, was man nach der klassischen Karmalehre erwarten sollte, quält jetzt *nicht* der frühere Sohn den früheren Vater, sondern im Gegenteil: Es wird noch einmal eine parallele Situation durchgespielt – einfach, damit beide lernen, mit einer derartigen Beziehung umzugehen.

Was wichtig zu verstehen ist: Ein Hass in einer Beziehung auf dieser Erde ist immer nur die Oberfläche. Jeder, absolut jeder, sehnt sich in der Tiefe nach der Einheit. Das ist die Grundstruktur des ganzen Kosmos. Jeder weiß in der Tiefe, dass es bei diesem Hass nicht bleiben kann; dass diese Sache bereinigt und ausgeglichen werden muss, damit er selbst *ganz* und frei werden kann.

Wir suchen uns häufig eine harte Schulung. Denn durch sie kommen wir am schnellsten zu unserem tiefsten Ziel: **bedingungslose Liebe**. Und das heißt, dass wir den anderen lieben, unabhängig davon, ob wir sein Verhalten gut finden oder nicht. Normalerweise lieben wir jemanden, wenn er unsere Bedürfnisse befriedigt. Wenn er aber fremdgeht, nicht gehorcht, etwas Hässliches zu uns sagt oder uns bestiehlt, dann ist die Liebe plötzlich vorbei. Solch eine Liebe ist keine wahre Liebe. Eine solche Liebe ist nämlich an *Bedingungen* geknüpft.

Eine im strengsten Sinne bedingungslose Liebe wird erst dann kommen, wenn ich erkenne, dass wir beide *eins* sind – letztlich identisch sind! Wir haben *dasselbe* Bewusstsein. Wir sind nur *scheinbar verschiedene* Ausläufer des einen kosmischen Bewusstseins. Eine solche Beziehung ist eine **Beziehung zu uns selbst**: Uns selbst können wir nicht hassen. Wir sind automatisch in dem *Zustand* der Liebe. Und das ist weit mehr als ein Gefühl. Wir sind z. B. nicht in unseren Körper „verliebt“, jedenfalls nicht im strengen Sinne. Wir sind aber einfach *eins* mit dem Körper. Und wir hassen und bestrafen ihn nicht, wenn er sich dreckig gemacht hat. Wir verstoßen ihn nicht. Wir bleiben ganz natürlich in der Einheit mit ihm.

E: Wenn wir das jetzt noch einmal auf unser Thema der Wunscherfüllung anwenden: Falls wir uns vor diesem Leben einen Partner ausgesucht haben, der uns sicher nur Ärger machen wird – dann ist *das* ja unser tiefster Wunsch. Wir werden mit unseren oberflächlichen Wünschen gar nicht gegen diesen Grundwunsch ankommen.

M: Wir haben uns nicht den *Ärger* als solchen ausgesucht, sondern die *Überwindung* dieses Ärgers. Insofern gehen unsere oberflächlichen Wünsche mit dem tiefen konform.

Das wichtigste Prinzip, um mit diesen karmischen Beziehungen zurechtzukommen, ist auch hier: Wir dürfen nicht dem anderen die Schuld an den Problemen geben – nicht einmal im Geheimen! Wir *selbst* haben ihn als unseren „Sparringspartner" gewollt. Er hilft uns, unsere Lektionen zu lernen. Wir können ihm keine Vorwürfe machen. Wir sind ja auch nicht auf unseren Karatetrainer sauer, wenn er uns zwiebelt. Wir sind ihm dankbar, dass er sich Zeit für uns nimmt!

Ein anderer wichtiger Punkt ist wieder, dass wir unsere eigenen Schwächen *annehmen*. Ganz in der Tiefe. Nichts verdrängen und nichts ablehnen, was in uns ist. Denn solange wir etwas in uns selbst ablehnen oder gar verdrängen, sind wir irgendwie über uns selbst ärgerlich. Und solange wir uns selbst nicht voll lieben, können wir auch den anderen nicht lieben. Wir werden immer *die* Qualitäten, die wir in uns selbst verachten und deshalb wegdrängen, auf den anderen projizieren. Der Hass auf den anderen ist meist ein Hass auf uns selbst.

W: Also ohne **Selbstliebe** keine Liebe zum anderen…

M: Genau. Volle Selbstliebe und Selbstannahme sind die Basis jeglicher Liebe. Deswegen sagte Jesus ja auch: Liebe deinen Nächsten wie dich selbst. Und er sagte nicht: Hasse dich selbst und liebe deinen Nächsten.

Selbstliebe ist nicht nur die *notwendige* Vorbedingung für Liebe, sondern ich würde sogar sagen: Sie ist *hinreichende* Bedingung. *Mehr* brauche ich nicht zu tun. Sobald ich mich selbst liebe und annehme – und sobald ich dadurch auch weiß, dass mich der ganze Kosmos liebt –, werde ich automatisch und zwangsläufig auch alle anderen lieben. Es geht gar nicht anders; denn Liebe ist meine Natur. Das innerste Wesen eines jeden *ist* Liebe. Man darf sie nur nicht behindern. Und das Einzige, das sie wirklich behindert, ist, dass man sich selbst nicht liebt.

Bindung und Freiheit

H: Mir kommt in diesem Zusammenhang noch eine Frage: Du hast immer wieder betont, dass die menschliche Freiheit so ungefähr das wichtigste Prinzip der Schöpfung ist. Andererseits hat praktisch jeder Mensch diese Sehnsucht nach Bindung, nach Einheit in einer Partnerschaft. Mir scheint nun aber, dass in jeder Partnerschaft ein Teil der Freiheit aufgegeben werden muss…

M: Dahinter steckt in der Tat eine sehr gute Frage: Können wir frei bleiben, auch wenn wir uns voll auf eine Partnerschaft, z. B. eine Ehe, einlassen?

H: Als Extrembeispiel: Der Mann hat vielleicht irgendwann das Bedürfnis, mit einer anderen Frau zu schlafen, tut es aber nicht, um die Ehe nicht zu gefährden. Wenn er verheiratet ist, ist er also nicht mehr richtig frei. Und auch schon im normalen Alltag: Er geht mit der Ehefrau einkaufen, obwohl er es gar nicht so interessant findet, sich stundenlang die Kleider und die Schmucksachen anzuschauen. Er bringt da dauernd Opfer.

M: Könnte er nicht auch *freiwillig* Opfer bringen?

H: Nein. Denn Opfer bedeutet ja, dass man etwas tut, was man nicht wirklich mag.

M: Was wäre die Lösung?

H: Vielleicht sollte man mit dem Partner gleich am Anfang eine Verabredung treffen, dass jeder absolut nur das tut, was er wirklich möchte.

M: Das wäre ein Experiment. Was würde da wohl rauskommen?

H: Es könnte total gut laufen. Jeder würde sich völlig frei fühlen und gerade deswegen den anderen umso mehr lieben.

M: Dahinter steckt sicher ein richtiger Gedanke: Jede Liebe wird eingehen wie ein Primelpott, wenn man sich unter einem Druck oder in einem Zwang fühlt. Insofern ist *Freiheit* in einer Beziehung nicht nur eine wünschenswerte Zugabe, sondern eine absolute Notwendigkeit. Und du hast Recht: Die Liebe wird von alleine wachsen, wenn wir nicht eingeschränkt oder bedrängt werden; denn Liebe ist ja unsere Natur.

Jetzt aber mal zurück zu deinem Experiment: Wenn jeder nur macht, was ihm selbst Spaß macht – ist das dann überhaupt noch eine Ehe? Wäre es noch eine Bindung? Hätte es überhaupt noch die Vorteile einer Ehe?

P: Vielleicht müsste man erst einmal überlegen, was die Vorteile einer Ehe sind.

M: Gut, und was sind sie?

P: Na, ich würde sagen, dass man sich sicher fühlt, geborgen, dass man sich gegenseitig unterstützt, sich gegenseitig Kraft gibt. Und dass man sich nicht allein fühlt. Dass der Mann die Frau beschützt und die Frau dem Mann seelische Wärme gibt usw.

M: Gut. Und wäre all das auch dann noch gegeben, wenn jeder das tut, was er möchte?

H: Warum nicht? Warum sollte nicht jeder dem anderen *gerne* das geben, was er braucht?

M: Das ist genau der Punkt! Wenn der eine den anderen liebt, wird er sich doch *freuen*, wenn er was für ihn tun kann. Zum Beispiel: Die Freude des Mannes, mit der Frau zusammen zu sein und ihre Begeisterung zu sehen, wird stärker sein als die gewisse Langeweile, die er vielleicht beim Anschauen von Kleidern empfinden mag. Für ihn ist so ein Einkaufbummel dann gar keine Einschränkung mehr. Und so in allem.

H: So muss es sein.

M: Würde ich auch sagen. Nur *so* geht es. Ich finde die Idee, vorher zu verabreden, dass jeder die absolute Freiheit hat, danach zu gehen, wie er sich fühlt, tatsächlich nicht schlecht.

P: Vielleicht tun das die meisten Paare ja.

M: Ich möchte das bezweifeln. Wie war es bei euch, Elke und Werner?

E: Wir haben so etwas nicht explizit besprochen. Aber ich habe das Gefühl, dass wir meistens ganz von allein dieselben Ideen und Interessen haben.

M: Das mag bei euch der Fall sein. Aber ich glaube, im Allgemeinen muss man aufpassen, ob da nicht manchmal ein gewisses Gefühl der Verpflichtung und Selbstüberwindung am Anfang stand. Man tut etwas eigentlich nicht gern, aber man zwingt sich und macht gute Miene zu etwas, was einen gar nicht interessiert.

E: Das wäre nicht ideal.

M: Nein; denn wenn das häufiger vorkommt, werden sich allmählich eine gewisse Unlust und Spannung im Innern aufbauen. Das kann auf die Dauer die Ehe kaputt machen.

W: Und tut es häufig auch.

M: Ich glaube, man sollte es ruhig anders herum versuchen: Man macht absolut nur das, was man wirklich gerne tut; man sagt klar, wenn man keine Lust zu einer bestimmten gemeinsamen Unternehmung hat. Und dann sieht man mal, was passiert.

Das könnte der ideale Ansatz sein: zunächst einmal die völlige Freiheit, explizit abgesprochen – und, daraus entstehend, immer größere Gemeinsamkeiten. Und wenn der eine Partner den anderen manchmal enttäuschen muss, weil er keine Lust zu etwas hat, muss der andere das dann ohne Murren und Vorhaltungen akzeptieren. So müsste es eigentlich funktionieren. Es würde die tiefe Bindung und gegenseitige Unterstützung nicht stören.

H: Jetzt kommt aber die große Frage: Sollte man akzeptieren, wenn der andere fremdgeht?

M: Warum sollte er dann noch?

H: Na, einfach weil ein körperliches Bedürfnis da ist.

M: Würde so ein Seitensprung die Partnerschaft gefährden?

W: Meistens ja.

M: Glaube ich auch. Man würde ja dem Partner Schmerz zufügen.

P: Es sei denn, man ist supergeschickt im Verheimlichen.

M: Dann wäre aber die Basis der gegenseitigen Offenheit und Ehrlichkeit nicht mehr gegeben. Es wäre keine wahre Einheit mehr da. Das wäre doch keine ideale Ehe.

H: Also da hört die Freiheit offensichtlich auf.

M: So würde ich es nicht sagen. Die Sache ist ja die: Wir leben nicht nur so von Moment zu Moment. Wir treffen Entscheidungen. Und es gibt übergeordnete und untergeordnete Entscheidungen. Ein Beispiel, das der Autor Robert Fritz in seinem Buch „Der Weg des geringsten Widerstandes“ bringt: Wenn ich mich fest entschlossen habe, meinen Körper stark und muskulös zu machen, werde ich zu dem Zeitpunkt, wo das Fitness-Studio dran ist, nicht in die Kneipe gehen und ein Bier trinken, obwohl es mir im Moment mehr Spaß machen würde. Ich würde mich sogar schlecht fühlen, einer solchen momentanen Tendenz zu folgen. Tatsächlich habe ich viel *mehr wirkliche* Freude, wenn ich diszipliniert bin, mich aufraffe und zum Training gehe. Das heißt also: Sobald ich einmal ganz klar eine „Primärentscheidung" getroffen habe, wie Robert Fritz es nennt, geht es leicht und ist sogar befriedigend, wenn ich die einzelne Entscheidung – die „Sekundärentscheidung" – danach ausrichte.

H: Ich verstehe. Du meinst: So ist es auch mit der Ehe oder der Partnerbeziehung.

M: Ja. Wenn ich mich klar entschieden habe, eine richtige Ehe zu führen, dann werde ich sie nicht für vorübergehende Lustgefühle aufs Spiel setzen. Die Freude, weiterhin in einer schützenden und gleichzeitig offenen Beziehung verankert zu sein, ist größer als das momentane Vergnügen. Das heißt, ich bin dann *freiwillig* treu. Das Prinzip der Freiheit ist also nicht verletzt.

Außerdem glaube ich auch: Wenn wirklich tiefe Liebe und Einheit da sind, dann wird der Wunsch nach Geschlechtsverkehr mit einem anderen Partner gar nicht wirklich aufkommen. Höchstens mal kurzfristig eine Attraktion und ein körperliches Bedürfnis. Wenn man dann aber in sich nachfühlt, was das für die eigene Ehe bedeutet: dass man damit diese tiefe gegenseitige Stütze, dieses tiefe Verständnis aufs Spiel setzt – dann wird man diesen Wunsch gar nicht mehr ernsthaft verfolgen wollen. Ist es nicht so?

W: Ja, genau.

M: Man wird sich also in seiner Freiheit gar nicht eingeschränkt fühlen – einfach weil man *gerne* treu ist. Und wenn sogar in diesem Punkt Bindung und Freiheitsgefühl vereinbar sind, dann sollte es auch in allen anderen Bereichen des gemeinsamen Lebens so sein, nicht wahr?

H: So scheint es.

M: Jetzt hatten wir aber eine lange Sitzung. Und ich denke, wir haben überhaupt im Wesentlichen alles durchgesprochen, was mit unseren Wünschen und Hoffnungen hinsichtlich Partnerschaft und Beziehungen zusammenhängt. Vielleicht können wir diesen Bereich damit abschließen?

W: Gut.

8. Kapitel

Schlussbetrachtungen über das Wünschen

Regeln richtigen Wünschens

M: Wir haben damit das Thema Wunscherfüllung zu einem gewissen Abschluss gebracht. Eigentlich ist alles ganz einfach. Was man sich wünscht, sollte im Normalfall auch eintreffen. Denn jeder Gedankenimpuls, den man hat, geht automatisch in das kosmische Bewusstsein, in den kosmischen Computer ein. Man muss nur klar sein in dem, *was* man sich wünscht. Und man muss aufpassen, dass man sich nicht gleichzeitig das Gegenteil wünscht oder dass man gar Angst vor der Erfüllung des Wunsches hat.

Der Hauptpunkt ist: Man muss wissen, was man wirklich will. Man muss seinen Wunsch klar formulieren können und es auch tun. Aufschreiben ist dafür ideal. Und man muss sozusagen eine Vision von dem gewünschten Zustand haben.

Was man u. a. falsch machen kann, ist, dass man sich nur das wünscht, was man in dem Moment für *möglich* hält. Dadurch begrenzt man sich völlig unnötig. Denn wer weiß, welche neuen Möglichkeiten sich im Prozess der Verwirklichung noch auftun?

Ein anderer Fehler ist, dass man sich das wünscht, was andere oder was die Gesellschaft gut finden. Vielleicht entspricht das gar nicht dem eigensten tiefen Bedürfnis. Man muss seinem eigenen Dharma folgen. Dann wird man auch Unterstützung finden.

Wichtig auch, dass ich das wünsche, was ich *jetzt* möchte – und nicht das, was ich mir früher einmal leidenschaftlich ersehnt habe!

Und wählt das wirkliche Ziel und nicht die vermuteten Zwischenstadien oder die Mittel, die vermeintlich zum Ziel führen! Da kann man sich so leicht täuschen. Immer das Höchste zuerst! Die Mittel werden sich schon finden, und der richtige Weg wird sich während des Prozesses herauskristallisieren.

Und einen anderen Punkt wollte ich noch einmal erwähnen: Es ist besser, sich darauf zu konzentrieren, einen positiven, idealen Zustand anzugehen, als dass man sich nur darum bemüht, ein **Problem** zu beseitigen. Wir haben das ja schon besprochen: Wenn man ein Problem beseitigen will, also etwas Unerwünschtes, dann bleibt dieses Unerwünschte immer irgendwie im Geiste. Und dadurch hält man es gerade fest.

Und außerdem gibt es da noch einen Mechanismus, auf den Robert Fritz hinweist: Angenommen, man ist zu dick und will abnehmen. Man setzt alle möglichen Techniken ein – auch Bewusstseinstechniken wie Affirmationen etc. Man wird vielleicht auch tatsächlich dünner. Aber in dem Moment, wo der Leidensdruck nachlässt, schlafft man auch in seinen Bemühungen ab. Man vernachlässigt sich wieder. Und was dann bald passiert: Man wird wieder dicker. Und so geht es immer weiter. Man gerät, wie Robert Fritz sagt, in eine oszillierende Struktur – immer von einem Extrem ins andere –, kommt aber letztlich nicht von dem Problem los.

C. G. Jung soll mal gesagt haben, das man die meisten Probleme überhaupt nicht lösen kann. Das liegt an der Struktur des Problems. Wenn man sich von einem Leiden in eine Richtung *schieben* lässt, hört natürlich der Schub auf, wenn das Leiden nachlässt. Besser ist es, sich von einem positiven Ziel *ziehen* zu lassen. Dieses Ziehen hört nämlich erst dann auf, wenn das Ziel erreicht ist. Und dann besteht überhaupt kein Grund, dass man wieder zurück in den alten Zustand gleitet.

Probleme kann man im Allgemeinen nicht beseitigen. Man kann sie nur transzendieren. Sie fallen von alleine weg oder werden unwichtig, sobald man eine positive Vision verwirklicht hat.

Wünschen und Wollen

H: Was ist eigentlich der Unterschied zwischen Wünschen und Wollen?

M: Das ist eine Frage, die wert ist, untersucht zu werden. Wünschen und Wollen hängen offensichtlich eng miteinander zusammen. Wenn ich etwas will, so wünsche ich es auch.

H: Klar.

M: Aber beim Wollen kommt noch etwas hinzu. Was ist das?

H: Beim Wollen ist mehr so dieses Entschlossene, Entschiedene...

M: Ja, richtig. Beim Wünschen lehnt man sich irgendwie zurück und sagt: Wäre ja schön, wenn ich das und das haben könnte. Aber wenn ich etwas *will*, dann straffe ich mich, richte ich mich aus dem Sessel auf und packe die Sache an. In einem Buch von Alexa Kriele habe ich gelesen: Als Gott die Welt schuf, *wünschte* er sie sich nicht nur, sondern er wollte sie. Er sagte nicht: Ich wünschte, es wäre Licht; sondern er sagte: Es werde Licht! Das klingt ganz anders. Da ist Entschlossenheit und Festigkeit dahinter.

H: Das Licht wäre vielleicht auch durch sein bloßes Wünschen entstanden.

M: Höchstwahrscheinlich. Aber überlegen wir einmal, wie *wir* normalerweise vorgehen, wenn wir uns etwas wünschen. Wenn wir z. B. Appetit auf einen Apfel haben, gehen wir in den Laden und kaufen uns einen. Wir setzen uns nicht hin und warten, ob die Natur uns durch irgendjemanden einen Apfel vorbeibringt. Das passiert höchstens in Ausnahmefällen – vielleicht bei routinierten „Bestellern beim Universum". Und ich glaube, auch dann nur, wenn der gerade keine Möglichkeit hat, einkaufen zu gehen. Das heißt: Für den Normalmenschen ist es eigentlich das Gegebene, dass er aktive Schritte unternimmt, wenn er etwas wünscht. Er visualisiert nicht nur das Ziel, sondern er wird tätig und begibt sich auf den *Weg*.

H: Der Unterschied scheint darin zu liegen, dass man sich *engagiert...*

M: Ja, man setzt sich ein – mit dem Körper, mit dem Denken... In unseren Begriffen könnten wir sagen: Man „bezahlt" irgendwie mit

Energie, Zeit und Aufmerksamkeit. Und mit gedanklicher und meist auch mit körperlicher Arbeit. Man überlegt sich die Schritte, wie das Ziel auf gesetzmäßige Weise erreicht werden kann. Also andere Funktionen als das reine Gefühl kommen mit ins Spiel, z. B. der Intellekt.

H: In unserem ganzen Gespräch ging es ja eigentlich hauptsächlich darum, wie wir das Gewünschte durch reines Denken an uns heranziehen. Wann sollte man nun die Wunschtechniken anwenden, und wann sollte man „wollen", also aktiv werden?

M: Ich denke, das wird jeder ganz automatisch richtig machen. Wenn ich etwas sehr stark wünsche, werde ich ganz natürlich praktische Schritte unternehmen. Auf mentale Wunschtechniken beschränke ich mich nur, wenn mir die Sache so dringend und wichtig auch nicht ist. Zum Beispiel: Wenn man das anstrengungslose Wünschen und „Bestellen" einmal entdeckt hat, wird man sich häufig ein Spiel daraus machen: mal sehen, was passiert, wenn ich einfach nur wünsche und mich zurücklehne. Wenn man dann das Gewünschte erhält, ist das dann eine große Befriedigung. Man fühlt sich im Kosmos geborgen und weiß, dass man versorgt wird.

Aber ich möchte wetten: Wenn etwas wirklich sehr wichtig für mich ist, dann *will* ich es auch haben. Dann werde ich *beschließen* – also ein bewusster geistiger Akt! –, dieses Ziel anzustreben.

H: Dabei ist natürlich das Wünschen, mit seiner geistigen Wirkung, im Hintergrund immer dabei!

M: Ganz richtig. Jetzt aber weiter: Es gibt sehr viele Situationen, wo ich durch Tätigkeit und durch Wollen nichts mehr erreichen kann. Ich denke da gerade an den berühmten Ausspruch von General Wellington auf dem Schlachtfeld von Waterloo: „Ich wünschte, es wäre Nacht, oder die Preußen kämen." Wellington hatte alles getan, um Napoleon in Schach zu halten, aber jetzt war er mit seinem Latein am Ende. Er konnte nichts mehr *wollen*, denn er hatte keinen Einfluss auf die Tageszeit und auch nicht auf das Eintreffen der Preußen. Er konnte nur noch wünschen.

Und so ist es häufig: Wir haben alles getan, was wir konnten. Und nun müssen wir die Sache in Gottes Hände legen. Allerdings sollten wir unsere Hände nicht zu früh in den Schoß legen. Denn in vielen Fällen kann man vielleicht *doch* noch etwas tun... Wir sollten immer überlegen, ob wir nicht noch irgendeine Möglichkeit, irgendeinen

Ausweg etc. übersehen haben! Ich persönlich würde bei wichtigen Dingen konzentriert – wenn auch unverkrampft – dranbleiben und sehen, ob ich nicht doch noch etwas aktiv tun kann, bevor ich völlig loslasse. Denn es spielt hier auch das Prinzip hinein, dass Tätigkeit und gerichtete Aufmerksamkeit unser Bewusstsein in Richtung auf das Ziel kanalisieren. Das macht unsere Eingabe in den kosmischen Computer präziser und effektiver. Das letztendliche Loslassen wird umso gründlicher sein, wenn wir wirklich alles versucht haben und uns keine andere Möglichkeit mehr bleibt als völlige Hingabe.

Also sehr häufig ist es zunächst einmal sinnvoll, zu „wollen" und zu tun und dann erst auf die Prinzipien des anstrengungslosen Wünschens zurückzugreifen. Dabei ist, wie du schon sagtest, natürlich in dem „Wollen" das „Wünschen" essentiell enthalten! Es ging hier nur um die Frage: Wünschen *zusammen* mit Aktivwerden – was ich „Wollen" nenne – oder *ohne*.

Auf der anderen Seite gibt es aber auch viele Situationen, wo man *von Anfang an* einfach nur wünscht bzw. nur wünschen *kann*. Ich denke dabei z. B. an die Partnersuche.

P: …wenn man nicht das Internet einsetzen oder eine Annonce in die Zeitung setzen will…

M: Richtig. Selbst in diesem Fall könnte man also noch aktiv suchen. Aber häufig mag es tatsächlich sinnvoller sein, von vornherein den Wunsch dem Universum zu übergeben. Ich könnte mir denken, dass der kosmische Computer beim Finden des passenden Partners wesentlich effektiver ist als das menschliche Internet; zumal die Personen, die für mich in Frage kommen, vielleicht gar nicht im Internet zu finden sind. Ein anderes – triviales – Beispiel ist das Suchen eines Parkplatzes. Da muss ich mich voll auf die Engel oder das Universum verlassen, damit gerade jemand vor mir ins Auto steigt und abfährt.

Außerdem gibt es verschiedene Bereiche, wo man theoretisch zwar etwas machen *könnte*, aber es aufgrund allgemeiner Überlegungen nicht will. Mir ist z. B. der ganze Bereich Geldanlage, Börsenspekulation, Lebensversicherung etc. zuwider. Ich möchte mich damit nicht befassen. Ich verzichte lieber auf die bestmögliche Geldanlage mit der höchsten Rendite und wünsche mir einfach, dass ich gut versorgt bin. Bis jetzt hat es immer geklappt.

Aber im Allgemeinen empfehle ich schon, möglichst viel selbst in die Hand zu nehmen und das Universum erst zu bemühen, wenn durch Wollen und Tun nichts mehr zu erreichen ist. Nach dem Sprichwort: Bete zu Gott, aber binde dein Kamel an. Oder frei nach einem anderen Aphorismus: Nutze die weltlichen Mittel, als ob es keine göttlichen gäbe; und wenn die nicht mehr greifen, nutze die göttlichen Mittel, als ob es keine weltlichen gäbe.

Wünschen für andere

W: Jetzt einmal was ganz anderes: Wir haben die ganzen Tage eigentlich nur von Wünschen *für uns selbst* gesprochen, sozusagen von egoistischen Wünschen. Man sollte doch sicher auch etwas *für andere* wünschen.

M: Was heißt dabei „sollte"?

W: Na ja; es ist irgendwie unsere Pflicht – es ist gut.

M: Ich will dir sagen, was „ich sollte wünschen" heißt: Es heißt: Eigentlich wünsche ich es nicht, aber jemand anders wünscht, dass ich es wünsche. – Kann man es so sagen?

W: Vielleicht.

M: Dann würde ich doch sagen: Warum lasse ich nicht den anderen wünschen, was *er* wünscht, und ich wünsche, was *ich* wünsche!

W: Okay. Die Frage war eigentlich mehr: Gibt es überhaupt ein wirkliches Wünschen für andere?

M: Das gibt es doch offensichtlich: Die Mutter wünscht das Beste für ihr Kind, der Freund für seinen Freund etc… Aber die Frage ist in der Tat berechtigt. Wie ich schon einmal angedeutet hatte: Wenn ich etwas Gutes für einen anderen wünsche, dann setzt das voraus, dass ich ihn in gewisser Weise in mein Selbst hineingenommen habe. Für die Mutter ist das Kind ein Teil ihrer selbst. Oder als Extrembeispiel: Für Jesus waren alle Menschen Brüder und Schwestern. Er begrenzte sein Selbst nicht auf seinen Körper; er sah alle Menschen als sein eigenes Selbst. Wenn ich daher wahrhaft für einen anderen wünsche, dann bedeutet dies, dass ich mein Selbst ausgeweitet habe, dass ich mich eins fühle mit dem anderen. Das ist ja auch in der Tat die Wahrheit: Unser aller

Selbst ist ein und dasselbe. Je mehr ich diese Wahrheit erkenne, desto mehr fühle ich mich mit allem verbunden; und ich wünsche dann ganz natürlich dem anderen das Beste. Denn er ist ja mein Selbst.

H: Es ist also wohl tatsächlich so, dass ich letztlich immer für mich selbst wünsche. Es ist nur eine Frage der Entwicklung meines Bewusstseins, wieweit ich wirklich *erkenne*, dass der andere zu mir gehört.

M: Richtig; ich wünsche immer für mich selbst. Der Grund liegt in der Struktur des Wunsches als solchem. Ein Wunsch taucht ja auf, weil irgendetwas fehlt oder vervollständigt werden möchte. Ich wünsche etwas, weil ich in gewisser Weise einen Mangel empfinde. Es ist also *meine* Empfindung eines Mangels, die dem Wunsch zugrunde liegt.

Den Mangel des anderen aber kann ich nicht aus der Ferne fühlen – ich kann es nur, indem ich mich mit ihm identifiziere und sein Bedürfnis wie mein eigenes fühle. Wenn ich ihm jetzt etwas wünsche, dann deswegen, weil ich damit meinen eigenen Schmerz oder mein eigenes Mangelgefühl loswerden möchte. Also jeder gute Wunsch kommt aus mir heraus und ist letztlich *für* mich. Aber, wie gesagt: Wenn ich wahrhaft für andere wünsche, ist es ein gutes Zeichen, dass ich mein Bewusstsein so ausgeweitet habe, dass ich den anderen mit in mein Denken und Fühlen einbezogen habe.

Das Gesetz des Wünschens und das Gesetz des Karmas

Und wie wir gestern schon unter dem Thema „Liebe" besprochen haben, scheint das Wünschen für andere – insbesondere wenn es ein echtes Wünschen ist – eins der wirksamsten Mittel zu sein, die *eigenen* Wünsche zu erfüllen. Ich hatte euch einige Fälle erzählt, wo der Wünschende genau das bekam, was er in selbstloser Weise anderen gewünscht hatte. Der Kosmos scheint es irgendwie zu belohnen, wenn ich mein Selbst ausgeweitet habe und den anderen mit einbeziehe.

Ich habe im Übrigen das Gefühl, dass dies genau der Mechanismus ist, den man „Karma" nennt. In der populären Theorie des „Karmas" glaubt man ja, dass die Wirkung einer Handlung letztlich zu mir selbst zurückkommt, und sei es viele Leben später. Andererseits sagt man aber auch: Eine Handlung, die ohne egoistische Motive und ohne

„Identifikation“ ausgeführt wird, erzeugt kein „Karma“. Für mich weist Letzteres darauf hin, dass es nicht auf die *äußere* Handlung als solche ankommt, sondern auf die *Intention*, die dahintersteht. Die gute Intention bringt mir selbst Gutes, die schlechte – egoistische – Absicht dagegen bringt negative Resultate zu mir zurück. Intention ist aber nichts anderes als Wünschen. So scheint es, dass wir das Gesetz des Karmas auf das Gesetz des Wünschens zurückführen können. Ich schlage hier sozusagen eine „vereinheitlichte Theorie“ vor – so wie man in der Physik die elektromagnetische und die „schwache“ Wechselwirkung zur „elektroschwachen“ Kraft vereinheitlicht hat!

Wenn diese „Vereinheitlichung“ wahr ist, dann wäre das *eine* Grundgesetz des Kosmos das Gesetz des Denkens: Was ich denke, das geschieht – natürlich nur im Rahmen des Denkens und Wünschens *aller* Wesen *zusammen* und insbesondere des Schöpfungsgedankens Gottes und im Rahmen seiner Gesetze! Die ganze Schöpfung ist durch Denken, Wünschen und Wollen entstanden – nämlich Gottes – und wird durch das Denken, Wünschen und Wollen aller Wesen im Einzelnen ausgeführt und verfeinert. Das haben wir schon besprochen. Es geschieht nichts, dem nicht ein Gedanke bzw. ein Wunsch vorangegangen ist. Und umgekehrt hat jeder Gedanke und jeder Wunsch eine Wirkung und manifestiert sich auch – solange nicht andere Wünsche, Glaubenssätze etc. dem entgegenstehen.

Das Gesetz des Karmas scheint eine spezielle Ausprägung dieses umgreifenden Prinzips des Denkens zu sein: Die *Intention*, die mit jeder Handlung verbunden ist, hat in derselben Weise die Tendenz, sich zu manifestieren wie jeder andere Wunsch. Das Besondere ist nur, dass der Adressat identisch ist mit dem Sender: Der Erfolg kommt zu dem zurück, der diese Intention gehabt hat. – Daher dann solche Erfahrungen, wie ich sie gestern berichtet habe. Das nennt man Karma.

Wenn Bärbel Mohr das Universum mit einem Versandhandel vergleicht, so möchte ich hinzufügen, dass dieser Versandhandel anscheinend die ungewöhnliche Eigenschaft hat, auch das, was ich für einen *anderen* bestelle, an *mich selbst*, den Besteller, zu schicken – zumindest eine zweite Ausfertigung davon, die – als Belohnung – vielleicht sogar besser und luxuriöser ist als das, was der ursprüngliche Adressat erhält. Das ist dann mein gutes „Karma“. Andererseits erhalte ich schlechtes

„Karma“ zurück, wenn ich jemandem etwas Negatives wünsche oder ihm mit Absicht etwas Schädigendes antue.

Mir scheint also: Es gibt nur ein Grundgesetz des Kosmos: das Gesetz des Denkens bzw. Wünschens. Das Gesetz des Karmas ist eine spezielle Manifestation dieses einen Prinzips.

Wünschen für andere als eine „Technik“?

Wir kamen darauf durch deine Frage nach dem Wünschen für andere. Man kann sagen: Das wirkliche Wünschen für andere ist immer auch ein Wünschen für mich selbst. Jedenfalls bringt es *mir* die guten Resultate. Ich habe fast den Verdacht, es ist eine der wirkungsvollsten Wunschtechniken – wenn nicht sogar die wirkungsvollste überhaupt. Nur dummerweise ist es keine „Technik“, die man einfach lernen kann und dann ausübt. Das wahre Wünschen für andere setzt eben voraus, dass man das eigene Bewusstsein so erweitert und damit das eigene Selbst so vergrößert hat, dass es die anderen Menschen und möglichst den ganzen Kosmos mit einbezieht.

Unechte „altruistische“ Wünsche dürften wohl nicht dieselbe Wirkung haben. Wenn ich mir nur *einbilde*, dem anderen Gutes zu wünschen, weil ich z. B. so erzogen worden bin, dass man zuerst an den anderen denken „sollte“, oder weil ich mein Selbstbild eines „guten“ Menschen aufrechterhalten möchte etc., dann ist der Wunsch nämlich rein egoistisch. Es geht mir nicht wahrhaft um den anderen, sondern um mein eigenes Selbstwertgefühl, das ich pflegen möchte – es geht also um mein kleines Selbst.

Kann ich mir wünschen, gute Wünsche zu haben?

W: *Wirklich* für andere zu wünschen ist ganz offensichtlich etwas Wünschenswertes…

M: Hier liegt eine interessante Struktur vor: Du wünscht, in ganz bestimmter Weise zu wünschen. Das Wünschen bezieht sich also auf sich selbst. Wie kann das sein? Münchhausen konnte sich zwar am eigenen Schopf aus dem Sumpf herausziehen, aber…

H: Wenn man sich wünscht, altruistisch zu wünschen, so setzt man offensichtlich mindestens zwei Instanzen in sich selbst voraus: eine Instanz, die unmittelbar wünscht – sozusagen wie ein Kind –, und eine andere, die wünscht, dass dieses innere Kind in einer besseren Weise wünschen möge.

M: Sehr gut. Du denkst da wohl an die Transaktionsanalyse: Nach dieser gibt es in jedem Menschen das Eltern-Ich, das Erwachsenen-Ich und das Kind-Ich.

H: Ja, es gibt noch andere derartige Systeme.

M: Wenn wir also „viele" sind, dann kann tatsächlich ein Teil – z. B. das Eltern-Ich – wünschen, dass der andere Teil – z. B. das Kind-Ich – endlich mal richtig und moralisch wünscht. An der Weise, wie ich das eben ausgedrückt habe, sieht man aber gleich, dass man da sehr aufpassen muss. Das Kind im Innern wünscht halt, wie es wünscht. Es wünscht seinen Bedürfnissen und seinem Entwicklungsstand gemäß. Es hat wenig Sinn, dieses innere Kind unter irgendeinen Druck zu setzen. Auch nur eine *Andeutung* einer Unzufriedenheit mit seinen Wünschen wird es in die Opposition treiben. Denn Druck erzeugt immer Gegendruck. Das innere Kind braucht absolute Annahme und Unterstützung, um sich zu entwickeln. Jede Kritik und jedes Nichtakzeptieren lässt es blockieren.

W: Es gibt sicher auch den Fall, wo das innere Kind den Wunsch hat, sich an jemandem zu rächen oder so etwas Negatives…

M: Selbst in dem Fall gilt: Wenn wir seine Wünsche, einschließlich der egoistischen, nicht akzeptieren, wird das zu einem Verdrängen dieser Wünsche führen. Verdrängen aber ist nicht Beseitigen. Die Wünsche werden später oder an einer anderen Stelle wieder hervortreten. Es kann auch sein, dass ich sie dann auf andere „projiziere", wie wir das schon besprochen haben. Der kindliche Egoismus wird mir dann z. B. in anderen Menschen entgegentreten, und ich werde mich dann über deren Eigennützigkeit ärgern. Dabei erkenne ich nur meinen eigenen, nicht zugelassenen Egoismus in ihnen wieder. Das ist die schon erwähnte „Wiederkehr des Verdrängten".

Anerkennen der eigenen kindlichen Wünsche bedeutet nun allerdings keineswegs, dass ich unbedingt entsprechend *handeln* sollte. Ich muss mir die Wünsche nur bewusst machen. Handeln brauche ich dann nicht mehr danach. Insbesondere dann nicht, wenn es negative Wünsche sind, wie Rachegefühle usw. Anerkennen und Akzeptieren reicht. Wir müssen zunächst einmal unsere kindlichen Wünsche nehmen, wie sie sind. Nur dann können wir die Hoffnung haben, dass sich unsere tiefere Natur eines Tages zu einem umfassenderen Wünschen – z. B. für den anderen – entwickeln wird.

Kein schlechtes Gewissen

H: Ich verstehe, dass die Wünsche unseres inneren Kindes von der Ebene unserer Entwicklung abhängen, von dem Stand der Erkenntnis, die wir erreicht haben. Es hat sicher keinen Sinn zu versuchen, irgendwelche Stadien zu überspringen. Und es wäre wohl auch verfehlt, sich ein schlechtes Gewissen zu machen, wenn wir merken, dass wir immer noch egoistisch sind…

M: Sehr richtig. Wir sind, wie wir sind. Wir wünschen, was wir wünschen, und fühlen, was wir fühlen. Das sind einfach Fakten der Natur. So sind wir geworden aufgrund unseres Ausgangspunktes und der Entwicklungszeit, die uns bisher zur Verfügung stand. Ein schlechtes Gewissen zu haben wäre das Dümmste, was man machen kann. Man würde sich selbst bestrafen, wo es nicht notwendig ist. Es bringt überhaupt nichts. Ich würde mich quasi gegen den Kosmos stellen, indem ich nicht damit zufrieden bin, was *ist*.

Wenn ich mich dagegen frei fühle, zu wünschen, was ich halt wünsche, dann wird sich meine Natur entfalten. Und die wahre Natur jedes Menschen ist Liebe. Ich glaube, viel Elend ist schon auf die Menschheit gekommen, weil sie ihre wahren Wünsche unterdrückt und verleugnet hat. Frieden in der Welt kann nur auf der Basis von Wahrheit und Freiheit entstehen.

Nächstenliebe wird von allein kommen, wenn ich mich selbst liebe. Mich selbst kann ich aber nur lieben, wenn ich mich anerkenne, wie ich im Moment bin; wenn ich mich akzeptiere. Wenn ich dagegen ein schlechtes Gewissen habe, akzeptiere ich mich offensichtlich *nicht*.

Das Herz öffnen

W: Andererseits dürfte aber auch wieder nichts dagegen sprechen, dass wir uns auf ganz unschuldige Weise – wie wir es gelernt haben – wünschen, ein besserer Mensch zu werden. Und das heißt in deinen Worten: unser Selbst auszuweiten, sodass es die anderen umfasst.

M: Das stimmt.

Man könnte es so sagen: Den *einzelnen* Wunsch kann ich nicht kontrollieren. Wohl aber kann ich die *allgemeine Ausgangsbasis* meines Wünschens verändern.

Die Wünsche manifestieren sich ja auf der Basis meines momentanen Entwicklungsstandes: wieweit mein Herz entwickelt ist; wieweit ich erkannt habe, dass der andere zu mir gehört.

W: Ich kann mir also *wünschen*, mein Herz für andere zu öffnen.

M: Sehr richtig. Unser Herz – das ist ja ein *Erkenntnis*organ: Es ist das Organ, das die Einheit sieht. Im Gegensatz zum Verstand, der sich auf das Unterscheiden spezialisiert hat. Dabei meine ich das *subtile* Herz, das jeder in seiner Brust spürt. Es ist das Zentrum des Menschen, von dem die Dichtung seit Jahrtausenden spricht, der Sitz des Gefühls und der Liebe. Der Chirurg wird es nicht finden, wenn er den Körper aufschneidet. Aber kein unverdorbener Mensch wird bezweifeln, dass in der Mitte seiner Brust dieses wahre Herz „schlägt“, das sein Leben überhaupt erst ausmacht…

Was ich sagen wollte, ist, dass man dieses subtile Organ, das Herz, genauso „pflegen“ kann wie sein Äußeres: Das Herz ist der Sitz aller Gefühle. Wenn ich jetzt Gefühle zurückhalte und nicht zulasse, blockiere ich damit mein Herz und schränke es ein. Ich habe vielleicht Angst vor meinen Gefühlen, insbesondere den negativen, und verdränge sie deswegen. Das Dumme ist: Wenn ich die *unwillkommenen* Gefühle meines Herzens nicht zulasse, entmutige ich damit gleichzeitig das Herz, die positiven herauszulassen. Ich blockiere damit auch die Liebe.

Der erste Schritt ist also, dass ich mich immer darin übe, all meine Gefühle bewusst wahrzunehmen und sie anzunehmen. Damit lasse ich automatisch auch die Liebe zu.

Wir können also die *Hindernisse beseitigen*, die einer Öffnung des Herzens entgegenstehen. Damit meine ich Angst, Hass usw. Man sagt ja, dass es eigentlich nur zwei Gefühle gibt: Liebe und Angst. Die Angst ist das, was mein Herz zusammenzieht. Sie umschließt das Herz wie eine Klammer. Dann kann das Herz nicht mehr arbeiten. Es kann die Ganzheit und Verbundenheit nicht mehr wahrnehmen. Und damit sterben das Mitgefühl und die Liebe.

W: Ich muss also die Angst überwinden.

M: Wobei „Überwinden" natürlich wiederum niemals durch Kampf oder überhaupt Bemühung zu schaffen ist. Sondern durch Wahrnehmen und Annehmen. Das heißt praktisch: Körperfühlen – fühlen, wo die Spannung sitzt, nicht flüchten vor dieser unangenehmen Spannung und Beklemmung. Einfach wahrnehmen – dann wird sie sich auflösen. Das haben wir ausführlich besprochen. Dasselbe gilt für Wut und Hass.

Wenn die Angst sich auflöst, kommt die Liebe ganz von allein zum Vorschein. Denn sie ist unsere Natur. Ich brauche die Liebe nicht zu erzeugen – das geht gar nicht –; ich brauche nur aufhören, sie zu behindern.

Das ist *eine* Weise, das Herz zu „pflegen". Die andere ist noch direkter: Ich kann dem Herzen dort, wo seine physische Entsprechung sitzt, meine Aufmerksamkeit schenken. Ich kann ganz schlicht die Wahrnehmung dorthin lenken. Zum Beispiel kann ich mir bildlich vorstellen, wie es sich öffnet usw. Es ist also eine Art Visualisieren. Mit diesen Mitteln kann ich tatsächlich dazu beitragen, dass sich das Herz erweitert. Und das wird zur Folge haben, dass ich mehr Mitgefühl und Liebe erfahre. Das bedeutet nichts anderes, als dass ich mehr verstehe und mehr die Verbundenheit mit dem anderen *erkenne*. Wie gesagt: Das Herz ist ein Organ der Erkenntnis – der *ganzheitlichen* Erkenntnis!

Zusammenfassend können wir also sagen: Wir können uns im *Einzelfall* nicht zwingen oder konditionieren, altruistisch zu wünschen. Die Art unserer Wünsche basiert auf dem Charakter, den wir nun mal haben, und auf dem Entwicklungsstand unserer *Erkenntnis*. Also wünscht euch *Erkenntnis*, aber zwingt euch nicht, liebevoll zu wünschen. Erkenntnis, also wahre Liebe, werdet ihr auf diese Weise nicht erreichen. Im Gegenteil: Ihr werdet euch nur behindern, wenn ihr euch zwingt, euch unter Druck setzt und eure wahre momentane Natur verleugnet.

Im Übrigen: Wenn ich sage: Bemüht euch um Erkenntnis, so ist selbst *das* letztlich nur eine Ermutigung, dem zu folgen, wohin es euch sowieso treibt. Denn jeder Mensch sehnt sich in der Tiefe danach, wieder zu der Einheit zurückzufinden, aus der er kam. Und das kann er nur über die Erkenntnis der Wahrheit – dass er nämlich letztlich die ganze Zeit in der Einheit geblieben ist. Das Streben nach Wahrheit, das Streben nach Einheit, ist jedem Menschen natürlich. Wenn es daher heißt: Liebe deinen Nächsten wie dich selbst, so ist das nur eine Erinnerung an unsere eigene Sehnsucht. Wir wollen es sowieso.

Der Wunsch nach einer besseren Welt

W: Noch etwas anderes: Ich weiß, dass es nicht sinnvoll ist zu sagen: „Man sollte wünschen…" Aber wenn ich es doch einmal tun darf: Sollte man nicht seine Wunschkraft auf eine Verbesserung der ganzen Welt richten? Es gibt so viel Leiden, Elend, Krankheit, Kriege usw. auf der Erde! Wir könnten doch etwas dagegen tun, indem wir uns auf das Positive konzentrieren oder uns auch aktiv engagieren.

M: Das ist also eine Ausweitung des Themas „Wünschen für andere". Auch hier ist klar: Es ist ganz natürlich, dass wir Gutes für die Welt wünschen. Denn wir sind ja ein Teil von ihr. Erstens sind wir mehr oder weniger unmittelbar davon betroffen, was in der Welt vor sich geht. Und zweitens empfinden wir teilweise das Leiden der Menschen wie unser eigenes. Wenn das der Fall ist, zeigt es, dass unser Bewusstsein sich ausgeweitet hat, dass wir unsere Einheit mit allem Sein mehr und mehr erkannt haben. Die Welt ist Teil unseres großen Selbst. Und so ist es ganz selbstverständlich, dass wir für die Welt wünschen. Da braucht es kein „Sollen". Es geschieht ganz von allein, wenn sich unser Denken und Fühlen zu einem gewissen Grade ausgeweitet hat, sodass es andere Menschen umfasst. Und so wird auch der Wunsch aufkommen, aktiv etwas für die Situation der Menschen zu tun.

Hier gilt wieder das kosmische **Prinzip der unendlichen Korrelation**: Der kosmische Computer wird mir genau *die* Wünsche und Handlungsimpulse eingeben, die für die momentane Situation angemessen sind. Ich werde automatisch das wünschen, was für meine Umgebung tatsächlich förderlich ist – und wo ich überhaupt faktisch einen Einfluss nehmen kann: entsprechend meiner Stellung, meiner Kraft, meiner Fähigkeiten und der Struktur der Gesellschaft und der Welt.

Ich brauche mir also gar nicht viel Gedanken zu machen. Es wird von alleine kommen. Ich brauche nur auf mein Herz zu hören. Und dann natürlich etwas Mut, meinen Impulsen auch zu folgen. Ich darf mich nicht verkriechen, vielleicht aus Angst, dass ich irgendwo anecken könnte. Und ich darf meine Möglichkeiten nicht zu gering einschätzen. Im Allgemeinen habe ich mehr Einflussmöglichkeiten, als ich denke.

Meine ganze Betonung liegt auf der *Natürlichkeit* des Wunsches für meine Welt. Es ist nicht sinnvoll, sich zu zwingen, etwas für die Welt zu tun, wo kein echter Wunsch ist. Nur weil andere mir das einreden oder weil ich ein schlechtes Gewissen habe, dass es mir so viel besser geht als den kleinen Kindern in Kalkutta. So etwas bringt nichts. Denn wir müssen uns auch eines karmachen: Die Welt ist dazu geschaffen worden, dass wir Menschen uns darin entwickeln, dass wir Erfahrungen machen können.

Die Welt ist wie ein riesiges Klassenzimmer. Sie ist dazu da, dass wir in ihr lernen. Wir selbst – unser höheres Selbst – haben die Welt letztlich so geschaffen, dass sie die größtmögliche Vielfalt von Erfahrungsmöglichkeiten bietet. Dazu gehören auch unangenehme Einrichtungen. Niemand wird ja auf die Idee kommen, aus einem Klassenzimmer – oder sagen wir mal: aus einem Fitness-Studio – all die Geräte rauszuwerfen, die uns unbequem sind und uns Schwierigkeiten machen.

P: Die *meisten* Geräte im Fitness-Studio geben uns ja nur Mühsal.

M: Genau. Wenn wir ins Studio gehen, wollen wir ja keine Bequemlichkeit, sondern wir wollen unseren Körper kräftigen und entwickeln. Genauso gilt: Wenn wir uns in die Welt inkarnieren, wollen wir nicht unbedingt nur Angenehmes – wir wollen unsere Seele entwickeln… Dies heißt natürlich keineswegs, dass wir uns mit dem Leiden abfinden oder es gar fördern sollten!

Denn Leiden ist eigentlich *nicht* notwendig, um sich zu entwickeln. Entwicklung bedeutet: Erweiterung des Bewusstseins. Dazu braucht man kein Leiden. Nur: Wenn wir uns beharrlich sträuben, wird es manchmal doch notwendig, dass die Natur – oder besser: unser höheres Selbst – uns einige leichte Schläge versetzt, damit wir wieder auf die richtige Schiene der Evolution kommen. Leiden ist also ein letztes Korrektiv, das in der Schöpfung zur Verfügung steht und das die Seele nutzen kann. Wir können das Leiden nicht endgültig eliminieren. Wenn sich jetzt also jemand zum Ziel setzen sollte, alles Leiden in der Welt zu eliminieren – er wird es sowieso nicht schaffen –, so maßt er sich an, ein besserer Schöpfer zu sein als Gott. Es wäre reiner Hochmut.

Wir kennen nicht alle Zusammenhänge. Wir wissen nicht, wieweit eine Seele das Leiden *will*, um sich zu entwickeln. Vielleicht hat sich die Seele *ausgesucht*, in eine leidvolle Situation geboren zu werden – wie ich schon mehrfach erklärt habe. Wir können und sollten nicht versuchen, das Fitness-Studio zu einem Erholungsplatz umzufunktionieren. Das Studio wird gebraucht, und auch wir brauchen es – für unsere eigene Entwicklung.

Unser Kriterium, wann wir aktiv werden sollten, ist klar: Wenn du das *Bedürfnis* hast, etwas für die Welt zu tun, dann solltest du es unbedingt. Wie gesagt: Der Kosmos arrangiert alles optimal. Wenn eine Notwendigkeit besteht, etwas an der Situation der Welt zu verändern, dann wird er irgendwelchen Menschen den Impuls und den Wunsch eingeben, sich für solch eine Verbesserung zu engagieren. Das heißt: Wenn du solch einen Wunsch hast, dann folge ihm unbedingt. Gib dich voll rein. Dann ist es auch notwendig und sinnvoll.

In einem Fitness-Studio braucht es ja auch Leute, die sich um die Erhaltung und Pflege der Maschinen kümmern. Und wenn ein Randalierer reinkäme und anfinge, alle Geräte kaputt zu machen – dann würden sich wahrscheinlich fast alle Mitglieder zusammentun, um ihn rauszuwerfen. Das ist einfach ein natürliches Bedürfnis.

So ist es auch mit unserer Erde: Wenn einige Kräfte bzw. viele Menschen dabei sind, unsere Umwelt und damit unsere Mutter Erde zu versauen, dann werden wir uns ganz natürlich engagieren, etwas dagegen zu tun. Wir haben ja selbst ein elementares Interesse an der Erhaltung unseres Lebensraumes. Und entsprechend werden auch viele Menschen das Leiden anderer nicht mit ansehen können – weil sie nämlich dadurch selbst leiden.

Wenn sich mein Herz geöffnet hat und ich Mitleid verspüre, dann brauchen offensichtlich der andere oder die Welt mich. Und außerdem: Wenn ich meinen Impulsen nicht folgen würde, könnte sich leicht mein Herz wieder schließen. Und das wäre genauso ein Schaden! Denn um die Öffnung meines Herzens geht es ja in der Evolution! Alles ist ganz wunderbar aufeinander abgestimmt.

Handeln ohne Wunsch?

W: Mir kommt jetzt noch eine andere Frage in den Sinn: Muss eigentlich jeder Handlung ein entsprechender Wunsch vorangehen? Könnte es nicht auch Situationen geben, wo man handelt bzw. handeln muss, ohne dass vorher ein Wunsch da ist?

M: Wie sollte so etwas möglich sein?

W: Ich denke dabei an manche Berufstätige: Viele gehen jeden Tag zur Arbeit, ohne es zu mögen – ohne Lust und ohne Interesse an der Arbeit. Letztlich ohne den Wunsch zu dieser Tätigkeit.

M: Und nicht nur hinsichtlich der Arbeit kommt das vor. Dauernd tun wir etwas, was uns im Moment keinen Spaß macht: Denken wir an den Jogger, der sich zwischen stinkenden Autos über die Asphaltstraßen quält, denken wir an den Brief, den wir lustlos an eine Person schreiben, die wir uns warmhalten wollen usw. Leider ist ein großer Teil des Tages mit solchen ungewünschten Handlungen erfüllt.

Aber die Antwort ist trivial – und die hast du dir sicher inzwischen schon selbst gegeben: All diese Tätigkeiten dienen einem Zweck, einem Ziel, das wir uns *wünschen*! Also ein Wunsch steht absolut *immer* dahinter. Die einzelne Handlung mag unbefriedigend sein, aber wir erhoffen Befriedigung durch ihr Ergebnis – sei es Reichtum, sei es Gesundheit, Anerkennung etc.

Gegen so etwas ist gar nicht viel einzuwenden. Es lässt sich nicht ganz vermeiden, dass ich manchmal etwas tun muss, was mir keinen Spaß macht. Nur wenn das die ganze Zeit so geht, dann stimmt was nicht. Wir haben schon im Zusammenhang mit der Lebensaufgabe, dem „Dharma“, darüber gesprochen. Das Leben ist uns schließlich zur Freude geschenkt; es sollte ein Abenteuer sein! Kein Dahinquälen mit dem Tod als Ziel.

Das Kriterium der Freude

Aber das Interessante ist im Übrigen: In allen Fällen, wo eine Tätigkeit einem sinnvollen *Ziel* dient – also z. B. nicht *nur* Gelderwerb –, werden auch alle einzelnen Handlungen irgendwie mit einer Art Freude und Befriedigung erfüllt sein.

Freude ist ein ganz wichtiges Kriterium dafür, ob wir auf dem richtigen Weg sind. Die größte Schmutzarbeit macht uns nichts aus, wenn wir unser eigenes Haus bauen. Im Gegenteil: Wir sind die ganze Zeit glücklich.

Falls eine Tätigkeit dagegen nicht die leiseste Befriedigung bringt – weg damit! Sofort aufhören! Das ist für mich ein Prinzip. Wenn absolut keine Freude da ist, ist das für mich ein eindeutiges Zeichen, dass diese Arbeit von der Natur nicht gewollt ist.

W: Wenn das wahr ist…

M: Ja, ich habe die Erfahrung gemacht, dass die Natur uns immer die richtigen Wünsche und Impulse eingibt, die uns veranlassen, das zu tun, was notwendig ist – für uns selbst und für das Ganze. Und so möchte ich wetten, dass *immer*, wenn mir eine Handlung absolut stinkt und ich sie nur deswegen durchziehe, weil ich denke, sie sei absolut erforderlich – dass sie sich am Ende als völlig unnötig herausstellt. Wenn kein bisschen Freude bei einer bestimmten Handlung vorhanden ist, so ist sie auch nicht sinnvoll.

W: Das ist eine starke Behauptung. Können wir sie auch auf die so genannten „guten“ Handlungen beziehen – wenn ich z. B. jemandem helfe oder so?

M: Gerade da. Denn Helfen ist doch in sich eine Freude – weil damit ja eine Verbindung hergestellt, eine Einheit geschaffen wird. Wenn ich jedoch feststelle, dass ich mich nur elend fühle und kein bisschen Glücksgefühl da ist, dann kann ich sagen: Da stimmt was nicht. Entweder ist es nicht richtig, dass ich mich selbst für andere kaputt mache – denn mein Leben hat ja auch einen Wert und nicht nur das des anderen – oder aber: Das, wovon ich denke, dass es dem anderen hilft, ist nicht wirklich förderlich für ihn.

Opfer und Retter

Dazu fällt mir ein: In der Literatur spricht man manchmal von einem Rettersyndrom: Es gibt Menschen, die finden ihre Selbstbestätigung darin, dass sie immer meinen, jemanden retten zu müssen – sozusagen ohne Rücksicht auf Verluste. Sie suchen sich dazu jeweils Menschen, die sich in der Opferrolle fühlen – die von anderen Menschen oder vom Schicksal schlecht behandelt worden sind, wie sie meinen. Letztlich geht es dem „Retter" aber um seine *eigene* Selbstbestätigung!

Die beiden Rollen sind komplementär: der ewige Retter und das ewige Opfer. Beides sind quasi pathologische Einstellungen, die in der psychologischen Literatur beschrieben werden.

W: Man muss aber doch sagen, dass manche Menschen *tatsächlich* schlecht behandelt worden sind.

M: Das ist die oberflächliche Betrachtungsweise. Aus allem, was wir bisher besprochen haben, sollte jedoch klar sein, dass wir *alles*, was uns zustößt, selbst angezogen haben. Wir sind also für alles selbst verantwortlich. Insofern gibt es im strengen Sinne keine Opfer.

Jeder von uns kommt alle naslang in Situationen, wo wir uns schlecht behandelt fühlen oder uns vom Schicksal benachteiligt glauben. Es ist aber essentiell, dass wir uns immer und immer wieder klarmachen: Ich bin selbst verantwortlich für alles, was mir zustößt.

Dies ist auch von äußerst praktischer Bedeutung. Du wirst nämlich feststellen: Sobald du die volle Verantwortung für dein Leben übernimmst, verändert sich etwas in dir – und zwar zum Guten. Dein ganzes Lebensgefühl verschiebt sich. Es entsteht sofort eine enorme Freiheit, Klarheit und Stärke, die es dir ermöglicht, die unglückliche Situation zu verändern. Das Gefühl, Opfer zu sein, führt zu gar nichts. Du wirst dich nur beklagen, aber die Situation bleibt die gleiche. Wenn ich dagegen weiß, dass ich selbst verantwortlich bin, werde ich die Sache in Angriff nehmen und sie ändern – und wenn es dadurch ist, dass ich mich selbst ändere! Das ist sowieso immer das Erste und das Beste, was man machen kann und sollte.

Sich als ein Opfer zu fühlen ist also niemals gut. Was das Opfer i. Allg. tut, ist, dass es nach einem „Retter" sucht. Und es gibt immer diese „Retter", die danach ausschauen, ein „Opfer" zu finden.

W: Dann wird das „Opfer" – ganz abgesehen davon, dass es sowieso schon ein Opfer ist – auch noch ein Opfer des „Retters" ☺!

M: Sehr gut! Und es tut sich damit keinen Gefallen. Es mag eine gewisse Linderung erfahren, durch Tröstung usw., aber letztlich wird es sich in seiner Opferrolle bestätigt fühlen und immer wieder diese Rolle suchen. Das mag so weit gehen, dass es neuerliches Unglück herbeiwünscht. Und das wird ihm auch gelingen.

W: Das bedeutet auch, dass wir uns eigentlich niemals dazu hergeben sollten, den Retter zu spielen.

M: Ganz richtig.

W: Das ist aber delikat. Denn wir sollten doch sicher helfen, wo Hilfe gebraucht wird. Wie unterscheiden wir die Situationen?

M: Ein „Retter" ist dadurch gekennzeichnet, dass er den anderen in seiner Opferrolle *bestätigt.* – Er *braucht* ja das Opfer, nämlich um seinem eigenen Leben einen vermeintlichen Sinn zu geben. Und daher wird er die Opfereinstellung beim anderen ermutigen: indem er z. B. den anderen bemitleidet, ihn in seinen Klagen bestätigt, in sein Schimpfen über die bösen anderen Menschen einstimmt usw. Daran erkennt man den „Retter". Diese „Retter" muss man meiden. Sie sind keine wahren Freunde. Sie bestätigen mich in meiner Hilflosigkeit.

W: Da merke ich, dass man sehr leicht in diese Retterrolle hineingerät.

M: Man muss sehr aufpassen. Solch eine Hilfe ist keine Hilfe!

W: ...obwohl dein Kriterium der Freude auch hier erfüllt wäre! Es ist doch irgendwie schön, den anderen zu bemitleiden und betüteln. Da ist doch eine Freude!

M: Stimmt. Da muss man schon etwas fein unterscheiden. Ich glaube, man kann einen Unterschied feststellen: Die Freude des Retters hat so etwas Lulliges, so wie eine Verbrüderung am Biertisch. Irgendwie nicht sehr tief und echt. Die Freude dagegen, wenn ich wahrhaft helfe, ist irgendwie ganz tief und kraftvoll. Du wirst den Unterschied merken.

Die **Freude** ist ein ganz, ganz wichtiges Kriterium. Und das liegt daran, dass sie eine Widerspiegelung oder sogar der Ausdruck der Glückseligkeit ist, welche die Natur des Einen Bewusstseins ist. Im Vedischen sagt man: Die Natur des Einen Seins ist „Sat-Chit-Ananda“ – das bedeutet: Sein, Bewusstsein, Glückseligkeit. Je mehr ich mich diesem Einen Grundzustand des Universums nähere – religiös gesprochen: je näher ich Gott komme –, desto mehr werde ich Glück und Freude erfahren. Freude ist immer ein Zeichen, dass ich auf dem richtigen Weg bin, dass ich mich zurück zu meiner Quelle, zu Gott bewege.

Freude ist auch ein Zeichen, dass ich meine Lebensaufgabe erfülle, die mir von meinem höheren Selbst – und letztlich von Gott – gestellt ist. Und sie ist ein Zeichen dafür, dass das, was ich tue, dem Ganzen dient, dem kosmischen Plan, der alle Wesen voranbringen wird. Ein Wunsch, dessen Verwirklichung Freude schafft, ist ein guter Wunsch.

Pflicht und Neigung

W: Ich muss aber doch noch einmal fragen: Wie ist es mit Handlungen, die man aus einer Pflicht oder einer Verpflichtung heraus tut? Wenn jemand z. B. seinen alten Vater pflegt.

M: Das tut er vielleicht gern.

W: Manchmal vielleicht aber auch nicht wirklich, sondern nur aus Pflichtgefühl.

M: Was ist aber eigentlich Pflicht? Wieso fühlt man sich zu etwas „verpflichtet“?

W: Ich denke, es sind einfach kosmische Gesetze – z. B. das Gesetz, dass man für seine Eltern im Alter sorgen sollte, wenn sie sich nicht mehr selbst helfen können. Sie haben mich ja auch in meiner Kindheit versorgt.

M: Also, ich möchte einfach mal behaupten: Wenn ein kosmisches Gesetz dahinter steht, dann tut man die Sache auch mit Freude. Denn das Naturgesetz – das bin ich ja selbst. Mein tiefstes Selbst ist ja das reine Sein. Und das ist der Bereich, in dem alle Gesetze ihren Sitz haben. Ich bin also eine Verkörperung des Naturgesetzes. Ich werde also letztlich *gerne und freiwillig* im Sinne des Gesetzes handeln, denn es ist meine eigene Natur.

Freude ist das Kriterium. Denn es gibt ja auch eingebildete Pflichten. Irgendjemand – die Gesellschaft, die Eltern oder wer auch immer – hat mir vielleicht eingeredet, dass es meine Pflicht sei, einen Sicherheitsgurt anzulegen oder so was. Das ist aber keine wahre, das heißt natürliche Pflicht. Ich tu es nur, um eine Strafe zu vermeiden. Die Erfüllung solcher Pflichten erzeugt keine Freude.

Verträge

W: Wie ist es mit *vertraglichen* Verpflichtungen?

M: Ich glaube, die meisten Pflichten basieren letztlich sowieso auf Verträgen – und seien es Verträge der Seelen *vor* dem einzelnen Leben. Die Seelen haben sich z. B. verabredet: Ich übernehme die Rolle der Mutter für dich, ich ziehe dich auf. Dafür musst du im Alter für mich sorgen – das gehört dazu. Die andere Seele sagt dann: In Ordnung, das werde ich tun.

Was die Seelen für Verabredungen getroffen haben, das kann nur jeder Einzelne durch sein eigenes Gefühl feststellen. Manches, was die Gesellschaft als Pflicht ansieht, mag im Einzelfall gar nicht deine Pflicht sein. Umgekehrt mag ich zusätzliche Pflichten auf mich genommen haben, die von der Allgemeinheit gar nicht als solche anerkannt werden. Ich behaupte aber: Bei der Erfüllung einer *wahren* Pflicht werde ich immer ein tiefes Glücksgefühl haben. Daran kann ich sie erkennen.

Man kann es auch anders sagen: Jedes Einhalten von Verpflichtungen und Verabredungen macht Freude. Genauso, wie es beim Spiel Spaß macht, sich an die verabredeten Spielregeln zu halten. Das ist ein Teil des Spiels. Und genauso ist es Teil des kosmischen Spiels. Das Spiel der Schöpfung kann nur funktionieren und nur dann Freude bringen, wenn sich im Großen und Ganzen alle Teilnehmer an die aufgestellten Regeln halten. Sonst gäbe es ja ein Chaos und keinen Kosmos. Und der Motor, der die Schöpfung in geordneten Bahnen aufrechterhält, ist die Freude.

In den alten Schriften heißt es z. B., dass die Planeten nur deswegen über die Äonen hinweg ihre geordneten Bahnen um die Sonne ziehen, weil sie dabei und dadurch eine ungeheure Freude erfahren.

H: Für uns ist dagegen häufig die **Angst** der Motor, der eingesetzt wird, damit wir unsere angeblichen Pflichten erfüllen – nämlich die Angst vor Bestrafung.

M: Im Gegensatz zu vielen esoterischen Lehren möchte ich behaupten: Auch im kosmischen Rahmen und bei den wahren Pflichten spielt die Angst eine Rolle. Wenn wir uns nämlich nicht an unsere eingegangenen Pflichten und Verabredungen halten, fühlen wir uns irgendwie aus dem Kosmos herausgefallen – weil eben die Einhaltung von Verpflichtungen ein zentrales Funktionsprinzip der Schöpfung ist. Wir sind dann nicht mehr richtig im Spiel drin. Dadurch fühlen wir uns allein und isoliert. Wir fühlen uns ausgegrenzt – und ich glaube, das ist häufig die tiefste Ursache der Angst: das Gefühl, nicht in der Einheit zu sein, sondern quasi verstoßen.

H: Man muss dann also nur unterscheiden, ob man nur von der Gesellschaft bzw. von der näheren Umgebung ausgegrenzt ist oder aber vom Kosmos als Ganzem.

M: Ja, das ist ein Riesenunterschied. Es kann durchaus vorkommen, dass unsere wahre Pflicht nicht mit den gesellschaftlichen Regeln übereinstimmt. Dann müssen wir wählen. Wenn wir uns für unsere wahre Pflicht entscheiden, kann es notwendig werden, die Angst vor der Gesellschaft auf sich zu nehmen.

Für mich bleibt die Regel gültig: Was absolut keine Freude bringt, ist nicht meine Pflicht, auch wenn alle anderen es – von außen – so ansehen. Anders herum: Wenn ich mich miserabel fühle oder sogar irgendwie eine tiefe Angst empfinde – selbst wenn ich allen gesellschaftlichen Regeln folge –, kann ich annehmen, dass ich eine tiefe innere Verpflichtung, die ich eingegangen bin, nicht einhalte. Und wenn es eine Verpflichtung mir selbst gegenüber ist! Das geht dann auch in die Richtung des „Dharma“…

Meine Behauptung hinsichtlich dieses Themas ist also: Auch wenn ich aus Pflichtbewusstsein handle, steht dahinter ein *Wunsch* – nämlich der Wunsch, einen Vertrag einzuhalten. Und das „will“ ich entweder, weil es schlichtweg Freude macht, sich an Verträge – und das heißt:

an Spielregeln – zu halten. Oder aber, weil ich negative Konsequenzen vermeiden möchte, wenn ich den Vertrag nicht einhalte, z. B. Bestrafung von irdischen oder kosmischen Instanzen oder spätere Nichtunterstützung durch meinen Vertragspartner.

Und noch einmal zu der Ausgangsfrage: Handeln ohne einen vorangegangenen Wunsch gibt es nicht. Denn der Mensch ist ja keine „handelnde" *Maschine*. Jeder Handlung geht etwas Mentales voraus: ein Gedanke oder ein Gefühlsimpuls, der mich zu der Handlung veranlasst. Und dieses Gefühl plus Gedanke – das nennt man „Wunsch".

Der Wunsch als Motor der Evolution

Und so sind wir eigentlich wieder am Ausgangspunkt unseres ganzen Gesprächs. Es gibt kein Handeln ohne Wunsch. Und umgekehrt gilt auch: Da alles, was wir sehen, letztlich Auswirkung eines Wunsches oder einer Handlung ist, ist unsere ganze Wirklichkeit die Manifestation von Wünschen.

H: Könnte man in gewisser Weise sogar sagen, dass alles, was ich um mich herum erlebe, Wirkung meiner *eigenen* Wünsche ist, meines eigenen Denkens?

M: Ja und nein. In gewisser Weise ja; denn die meisten Aspekte, die ich in der Welt wahrnehme, sind zumindest von meinem eigenen Bewusstsein *gefärbt*. Wenn ich etwas als angenehm wahrnehme, so deshalb, weil ich mit einem positiven Gefühl darauf *reagiere*. Und zweitens gilt: Wir ziehen durch unsere Einstellungen, Glaubenssätze und Grundgefühle die entsprechenden äußeren Ereignisse an. Was uns begegnet, ist letztlich von uns bzw. unserer Seele gewollt. Wir wollen es, um bestimmte Erfahrungen zu machen, um zu lernen usw.

Außerdem: Durch den Mechanismus der „Projektion", den wir schon besprochen haben, erleben wir tatsächlich im Äußeren nur das, was auch in uns ist: Z. B. projizieren wir unsere eigenen Schwächen auf die anderen oder sogar auf Ereignisse. Durch all diese Mechanismen erschaffen wir unser Universum, unsere Welt. Das haben wir besprochen. Die Welt ist so, wie wir sie gewünscht haben und wie wir sie denken und erwarten – so makaber es auch für manche klingen mag.

Und jetzt das Nein: Auf der anderen Seite hat die Welt, in der ich lebe, auch viele „objektive" Züge, die nicht von *mir* oder meiner Seele geplant oder manifestiert worden sind. Denn ich bin ja nicht allein. An der Struktur der Wirklichkeit haben auch alle anderen Menschen und alle anderen Seelen mitgewirkt. Und nicht nur die menschlichen Seelen, sondern auch die Seelen der Tiere, die Seelen der Dinge, die Naturgeister, die Engel und letztlich natürlich Gott. Die ganze Welt ist ja Manifestation des Wunsches Gottes. Dabei sind unsere Wünsche und die Wünsche aller anderen Wesen spezielle und detaillierte Ausdrucksformen und Fortsetzungen des einen großen Wunsches Gottes.

Insofern kann man tatsächlich sagen, dass der ganze Kosmos Auswirkung von Wünschen ist: Gottes Wunsch zuerst, und dann die Wünsche all der Seelen, Engel usw., die Gott ins Leben gerufen hat. All diese Wesen haben Gottes Wunsch weitergeführt und ausgearbeitet.

In gewisser Weise sind wir **Mitschöpfer Gottes**. Wir machen die Feinarbeit in dem großen Entwurf, der von Gott kommt. Dazu hat uns Gott diese Anlage eingebaut: dass wir *wünschen*. Gott hat uns nach seinem Bilde geschaffen. Und da er selbst den großen Wunsch hat, etwas zu schaffen und zu manifestieren, haben auch wir, als seine Abbilder, diese Tendenz in uns, etwas erschaffen zu wollen. Dabei haben wir „zusätzlich" die **Freiheit** mitbekommen, unsere Welt im Einzelnen nach unserem eigenen Geschmack, nach unseren individuellen Wünschen zu gestalten. Und es ist uns überlassen, wie wir die Feinstruktur der Schöpfung ausformen wollen.

Wenn man es einmal mehr abstrakt-philosophisch ausdrücken will: Was ich den Grund*wunsch* Gottes nannte, kann man anders herum als die *Natur* des Einen Bewusstseins bezeichnen. Warum ist die Schöpfung aus dem Einen Bewusstsein herausgekommen? Weil es die Natur von Bewusstsein ist zu erkennen. Bewusstsein „will" erkennen, deswegen heißt es Bewusstsein. Und da es nichts anderes gibt als dieses Eine Bewusstsein, kann es nur sich selbst erkennen. Durch diesen Selbstbezug spaltet es sich auf in das *Erkennende* und das *Erkannte* usw. Die Wechselwirkungen dieser beiden – zusammen mit dem *Prozess* des Erkennens – erzeugen dann sehr schnell eine ungeheure Vielfalt innerhalb der Einheit des Bewusstseins. Wir haben das schon durchgesprochen.

Der Ausgangspunkt von allem ist also diese Natur, dieses **Grundstreben des Bewusstseins, zu erkennen**. Im Rahmen seines Selbsterkenntnisprozesses spaltet es sich dabei auf in gewisse Bewusstseinsfragmente, die alle in sich diesen selben Drang haben: zu erfahren und zu erkennen. Das sind zum einen die menschlichen Seelen – von denen wiederum unsere Persönlichkeit nur eine Teilmanifestation ist. Aber auch die Engel, die Devas und die Seelen aller anderen Wesen sind solche Bewusstseinsfragmente. Alle wollen sie – ihrer Natur als Bewusstsein gemäß – erfahren und erkennen: nämlich welche Möglichkeiten im Bewusstsein als solchem enthalten sind.

Im Rahmen des Erschaffens durch Wünschen wurde „irgendwann" auch die Materie geschaffen, als eine besonders grobe Schwingungsform des Einen Bewusstseins. Diejenigen hohen Schöpferwesen, welche die Materie durch ihr Denken und Wünschen hervorbrachten, werden in der Bibel als die „Elohim" bezeichnet. Andere Bewusstseinsfragmente wiederum, die wir als die menschlichen Seelen kennen, benutzten diese grobe Schwingungsform der Materie, um sich eine ganz besonders raffinierte Erfahrung zu gönnen: Sie „umkleideten" sich mit dieser Materie – genauer: Sie begaben sich in materielle Körper hinein, die sich im Bereich der Materie entwickelt hatten; und sie „identifizierten" sich in einem solchen Ausmaß damit, dass sie sogar ihre eigene wahre Natur als Bewusstsein vergaßen. Das heißt, sie begaben sich in die Unwissenheit. Solch eine Erfahrung schien einen ganz besonderen „Kick" zu versprechen.

Vielleicht könnt ihr das nachvollziehen. Ich erinnere mich an meine Kindheit, wo wir mit Zinnsoldaten und Zinnindianern spielten. Wir bauten Burgen und Festungen und schoben die Kämpfer hin und her. Für mich blieb dabei immer ein leichtes Gefühl des Unbefriedigtseins. Es fand ja kein wirklicher Kampf statt: *Ich* bewegte ja die Figuren von außen – und noch dazu beide Seiten! Ich konnte mir damals vorstellen, wie es wäre, wenn ich *in* den Figuren selbst sein könnte und durch ihre Augen sähe. Aber selbst dann wäre ja *ich* es noch gewesen, der gegen sich selbst angekämpft hätte. – Auch noch keine wahre Spannung; auch noch langweilig! Ich hätte ja *gewusst*, dass ich gleichzeitig auch die andere Seite bin. Heute kann ich mir vorstellen: Richtig interessant wäre es gewesen, wenn ich zwar in allen Figuren drin gewesen wäre, aber zusätzlich noch *vergessen* hätte, dass ich ja selbst das ganze Spiel war und inszeniert hätte. Dann hätte ich mich wirklich engagieren können und den totalen Spaß gehabt.

Und so ist tatsächlich die wahre Situation unseres Lebens und der Schöpfung: Gott hat sich aufgeteilt in die vielen Seelen. Jede Seele ist in letzter Instanz immer noch Gott – eins mit der Grundsubstanz Gottes. Sie hat sich aber mit individuellen Hüllen umgeben; und zwar so intensiv, dass sie nicht mehr weiß, dass sie das Ganze ist. Sie hat es vergessen und glaubt, sie sei nur noch ein äußerst begrenztes Einzelwesen. Und auf diese Weise kann das ganze Spiel in der Tat wirklich spannend sein. Die Unwissenheit gehört dazu und ist notwendig. Sie bringt wirklich ein zusätzliches Element in das Spiel hinein. Wenn die Seele die ganze Zeit wüsste, dass sie ja das Ganze ist – wo wäre da die Freude am Spiel? Zumindest stelle ich mir vor, dass die Seelen oder Wesenheiten so ungefähr „gedacht" haben, als sie sich darauf einließen, sich ganz mit ihren individuellen Hüllen zu identifizieren und die Einheit zu vergessen.

Ich vermute: Diese Entscheidung, sich so weit in die Vielheit und Unwissenheit zu begeben – das ist es, was in der Bibel als der „Sündenfall" bezeichnet wird. Es war eine sehr riskante Entscheidung...

W: ... denn es bestand die Gefahr für die Seelen, dass sie nicht wieder zurückfänden...

Der Rückkehrmechanismus

M: Genau. Aber ich glaube, die Seelen waren schon vorsichtig. Sie bauten gewisse Mechanismen ein, dass sie auf jeden Fall den Weg zurück finden würden. Da waren einerseits die Brüder und Schwestern, hauptsächlich die Engel, die in dem Bewusstsein der Einheit verblieben und ihnen „versprachen", sie wieder heimzuführen. Im Gleichnis vom verlorenen Sohn entsprechen diese dem anderen Sohn, dem, der zu Hause blieb.

W: Nur dass der Sohn dem anderen nicht half zurückzukehren.

M: Stimmt; in dem biblischen Gleichnis ging es zunächst um etwas anderes: dass nämlich der verlorene Sohn genauso geliebt war wie der brave.

Der noch sicherere Mechanismus aber lag – und liegt noch – in der eigenen Natur der Seelen als Bewusstsein. Denn diese Natur geht ja nie verloren. Und was ist die Natur des Bewusstseins? Bewusst zu sein! Und das heißt: zu erkennen. Die Seele will erkennen und erfahren – das ist beides dasselbe, da wir uns ja von Anfang bis Ende nur innerhalb des Bewusstseins bewegen. Und Erkennen heißt ja nicht nur ein *bisschen* erkennen, sondern *vollständig*. Bevor die Seele, ihrer Natur gemäß, vollständige Erkenntnis gewonnen hat, kann sie sich nicht zufriedengeben. Unvollständiges Erkennen ist gar kein richtiges Erkennen.

Nun, wenn die Seele die Vielheit bis in die tiefsten Vereinzelungen erfährt – ist das **vollständiges Erkennen**? Nein, denn Vielheit ist nicht die ganze Wahrheit. Das wird die Seele immer und überall spüren. Denn sie kommt ja aus der Einheit und hat die Einheit immer noch in sich. Das kann sie nie ganz vergessen. Sie wird ahnen, dass die reine Vielheit nicht das letzte Wort sein kann. Und das ist sie auch nicht. Die Wahrheit der Vielheit ist: Vielheit in der *Einheit*!

Die Seele wird also immer weiter suchen, bis sie die volle Wahrheit erkannt hat; bis sie die Einheit gesehen hat, die der Vielheit zugrunde liegt. Das ist es, was man normalerweise als „Erleuchtung" bezeichnet. Und diese Erleuchtung bedeutet zugleich die Rückkehr zu Gott. Wenn die Erleuchtung erlangt ist, ist dieser Zyklus für die Seele zu Ende. Dann wird sie sagen: Mei, was hab ich da alles durchgemacht – so viel Stress, soviel Leiden, soviel Ärger; aber auch immer wieder so viel Freude! Es hat sich gelohnt! Ihr könnt euch das vielleicht vorstellen, wenn ihr euch in ein Kind nach einem Mensch-ärgere-dich-nicht-Spiel hineinversetzt: Ständig hat es sich geärgert; aber dann sagt es: Das war ein tolles Spiel – gleich noch mal!

Das war also der Rückkehrmechanismus der Seele, der darin begründet ist, dass die Seele ihrer Natur gemäß nach *vollständiger* Erkenntnis strebt… Eigentlich hätte ich die ganze Zeit über etwas genauer sein müssen: Wie ich schon mal erklärt habe, begibt sich die Seele nicht als *Ganzes* in die Materie, sondern sie sendet immer nur einen Teil von sich selbst in die Inkarnation. Also ist es, streng genommen, nur die *Person*, die Teilinkarnation der Seele, die in der Unwissenheit ist. Die Seele als Ganzes bleibt immer in dem Wissen der Einheit. Und diese übergeordnete Seele – die ist es auch, welche die Person von innen her immer wieder an das Ziel erinnert und sie zur vollen Erkenntnis der Einheit, der Einheit in der Vielheit, treibt.

Jetzt gibt es aber noch einen weiteren Sicherungsmechanismus für die „Rückkehr", der aber eigentlich nur ein anderer Aspekt des eben genannten ist – und der beruht auf Folgendem: Vielheit bedeutet ja Nichteinheit; und Unwissenheit bedeutet in gewisser Weise Einschränkung des vollen Bewusstseins. Das Eine Bewusstsein aber, das hatte ich schon erklärt, ist seiner Natur nach **Glückseligkeit**. Wenn sich die Seele – genauer: die Person – nun mehr und mehr in die Vielheit und die Unwissenheit bewegt, so entfernt sie sich von dieser Glückseligkeit. Insofern wird die „Gottferne" – die Entfernung von der Einheit – immer ungemütlicher. Denn Entfernung von der reinen Glückseligkeit, das ist nichts anderes, als was wir Leiden nennen. Die Seele *leidet* also umso mehr, je weiter sie in die Trennung geht.

H: Warum kehrt sie dann nicht gleich um, wenn sie merkt, dass sie anfängt zu leiden?

M: Das ist deswegen, weil auch die Erforschung der Vielheit in sich eine Art Glück mit sich bringt. Die Seele will ja erkennen und erkunden. Das ist ihre Natur. Wenn sie sich also der Erfahrung der vielfältigen Möglichkeiten hingibt, die in dem Einen Bewusstsein enthalten sind, so ist sie in ihrem „Dharma", sie folgt ihrer Natur; und so etwas ist immer mit Freude verbunden.

Es muss eine Art Erfüllung in diesen Erkundigungen liegen, denn hätte Gott sich sonst überhaupt daran gemacht, die Welt zu schaffen, sie aus sich herauszusetzen? – Schöpfung heißt für Gott ja nichts anderes als Erkunden der eigenen inneren Möglichkeiten! – Also eine gewisse Attraktion liegt definitiv in dem Hineingehen in die Vielheit. Das Leben in der Mannigfaltigkeit ist ein Abenteuer. Und wir wissen alle: Abenteuer machen Spaß! Wir nehmen gerne Unbequemlichkeiten, ja sogar Schmerzen in Kauf, wenn nur etwas Besonderes passiert.

Der Punkt ist nur: Wenn man immer nur ein Abenteuer nach dem anderen durchmacht, hat man es irgendwann auch einmal satt. Warum? Es wird einem nicht die absolute Erfüllung bringen! Absolute Erfüllung bringt nur die absolute Glückseligkeit, die in der Tiefe des Einen Bewusstseins enthalten ist. Deswegen wird für jede Seele irgendwann der Punkt kommen, wo sie merkt, dass die Relativität ihr letztlich keine reine Freude bringt. Im Gegenteil: Das Leiden – durch die Entfernung von der Quelle – tritt immer deutlicher in den Vordergrund. Und so wird ab einem gewissen Stadium die Sehnsucht nach der Einheit, nach Rückkehr zu Gott, die Oberhand gewinnen. Dann begibt sie sich auf den Weg nach Hause. Zuerst langsam, dann immer zielgerichteter. Gerne nimmt sie vielleicht noch einige Abenteuer am Rande mit, aber im Grunde weiß sie, wohin der Weg geht.

Wünsche müssen erfüllt werden

Wir sind beim Thema **Wünschen**: Sowohl das Streben nach Erfahrung – nach „Abenteuer" – als auch das Streben nach Glück, letztlich nach dem Glück der Einheit – das sind die Wünsche! Nichts anderes! Unser ganzer Evolutionsweg – hinaus in die Vielheit und zurück zur Einheit – wird also durch diese beiden Arten von Wünschen vorangetrieben. Letztlich beruhen diese beiden Arten von Wünschen auf *einem* Grundwunsch: dem Wunsch nach *Erkenntnis*, und zwar vollständiger Erkenntnis! Der Wunsch ist also der Motor der Evolution – der einzige Motor! Durch Wünsche werde ich in die Vielfalt des Lebens getrieben. In Form von Wünschen strebe ich nach mehr und mehr Glück – so lange, bis ich in der Einheit eine Glückseligkeit erreicht habe, die nicht mehr zu übertreffen ist.

Wir Menschen sind, wie schon gesagt, Mitschöpfer Gottes. Alle zusammen halten wir die Schöpfung durch unser Wünschen in Bewegung, gestalten sie und bringen sie vorwärts.

Wenn ihr also gute Mitschöpfer Gottes sein wollt, so ist die Anweisung: Wünscht und verfolgt eure Wünsche in **wirkungsvoller Weise**! Nur zu wünschen ist nicht genug. Wir müssen unsere Ziele auch erreichen! Wenn wir sie nicht verwirklichen, kommt die Schöpfung nicht recht voran. Denn der nächste Evolutionsschritt kann nur in Angriff genommen werden, wenn der vorangegangene abgeschlossen ist. Sobald ein Wunsch erfüllt ist, sind wir frei, uns dem nächsthöheren Wunsch zuzuwenden. Der Frustrierte kann nicht zum nächsten Wunsch übergehen. Er wird darauf fixiert bleiben, erst einmal diesen seinen wichtigen Wunsch zu erfüllen.

Ein Wunsch will erfüllt sein. Der Mensch kann ihn nicht vollständig loslassen und zum nächsten weitergehen, solange er nicht befriedigt ist.

Das liegt u. a. auch daran, dass er bei jedem Wunsch hofft und erwartet, durch ihn die *vollständige* Erfüllung zu erlangen. Das Märchen kann nicht enden, bevor der Prinz die Prinzessin bekommen hat. Das ist eine archetypische Struktur der menschlichen Seele. Hinter jedem Wunsch steckt die Sehnsucht nach *endgültiger* Erfüllung und die Erwartung, dass durch ihn das absolute Glück und der volle Friede erreicht werden. Und diese absolute Erfüllung will man auf jeden Fall haben. Davon lässt man nicht ab.

Und dies ist natürlich wieder ein Trick des Schöpfers: Wenn das Gewünschte dann da ist, kommt fast immer nach einer kurzen Freude neue Unzufriedenheit auf. Wir stellen nämlich fest, dass es noch nicht die endgültige Erfüllung war. Und so werden wir zu neuen Anstrengungen getrieben – jeweils in der Hoffnung, dann endlich zur Ruhe zu kommen. Hinter jedem Wunsch steckt also der Grundwunsch nach Einheit, den wir eben besprochen haben. Die Seele nutzt diesen Mechanismus, um uns schließlich zur wahren absoluten Glückseligkeit zu zwingen.

Damit das aber funktionieren kann, muss der einzelne Wunsch auch tatsächlich erfüllt werden. Denn nur dann kann ich wirklich in der Tiefe erkennen, dass er mir doch wieder keine volle Glückseligkeit gebracht hat. Ich werde dann zu einem neuen Ziel übergehen, das mir eine größere Erfüllung verspricht… Bis ich schließlich eines Tages verstanden habe, dass alle relativen Befriedigungen mir den erträumten absoluten Frieden nicht bringen können. Dann werde ich mich der Suche nach dem wahren Glück zuwenden.

Und schließlich werde ich irgendwann feststellen, dass dieses Glück schon überall gegenwärtig ist: in mir selbst und um mich herum. Denn alles ist Sein, alles ist Glückseligkeitsbewusstsein. Dann ist die Suche zu Ende, und der „Friede Gottes, der höher ist als alle Vernunft“, ist erreicht. Alles Wünschen, alles Suchen und alles Streben ist verschwunden, einschließlich des Wunsches nach Erleuchtung und nach Glückseligkeit! Das ist dann ein Zustand *wunschloser* Glückseligkeit.

H: Wunschlosigkeit direkt *anzustreben* wäre aber wohl nicht sinnvoll – einige spirituelle Richtungen scheinen so etwas ja zu propagieren.

M: Wunschlosigkeit kommt ganz von allein, wenn ich das Ziel erreicht habe: die reine Glückseligkeit des Einheitsbewusstseins. Die Wunschlosigkeit als solche anzustreben erscheint mir nicht sehr nützlich. Wunschlosigkeit ist ein *Nebeneffekt* der Erleuchtung; insofern ist sie mit dem Ziel *verbunden* – das ist richtig. Wenn ich sie aber direkt angehe, so besteht die Gefahr, dass ich einfach nur Wünsche unterdrücke. Und wir wissen ja, was dann passiert. Sie lassen sich nicht verdrängen und werden sich eines Tages wieder bemerkbar machen – vielleicht mit unangenehmen Nebeneffekten. Mir scheint es daher besser zu sein, die Wünsche zumindest zu akzeptieren – und sie auszuleben, jedenfalls soweit sie nicht andere Menschen beeinträchtigen. Denn Handlungen, welche anderen schaden, würden die Trennung verstärken und mich von meinem endgültigen Ziel abbringen.

Die oberste Regel hinsichtlich des Wünschens ist also: Werde dir deiner Wünsche bewusst und akzeptiere sie. Und zweitens: Verfolge sie in einer effektiven Weise, ohne andere Menschen oder überhaupt andere Wesen – z. B. auch die Erde – zu schädigen.

H: **Müssen wir uns unbedingt *alle* Wünsche erfüllen**, die wir haben, bevor wir uns von ihnen lösen und den nächsten Evolutionsschritt tun können?

M: Ich denke, es müssen tatsächlich alle Wünsche erfüllt werden – aber nicht notwendig auf der äußeren materiellen Ebene.

H: Wie das?

M: Es gibt im Vedischen den Begriff „ritam bhara pragya“ – das Bewusstsein, welches nur die Wahrheit zulässt. Dies ist der Name für eine Bewusstseinsebene direkt an der Grenze zum Absoluten. Wenn ich mich – z.B. in tiefer Meditation – auf dieser Ebene befinde, werden Wünsche, die ich in dem Moment habe, unmittelbar wahr. Sie manifestieren sich in demselben Augenblick.

Ich erzähle euch mal eine eigene – etwas triviale – Erfahrung. Ich war auf einem längeren Meditations-Retreat. Dort hatte ich einige Entbehrungen auszuhalten. Dies führte wohl dazu, dass ich eine tagelange intensive Sehnsucht nach Zwetschgenkuchen hatte. In einer sehr stillen Meditation nun muss wohl dieser Wunsch wieder bewusst geworden sein. Jedenfalls erschien vor meinem inneren Auge ganz deutlich und plastisch ein Zwetschgendatschi, wie man ihn sich appetitlicher nicht vorstellen kann. Mit allen Einzelheiten, Schlagsahne oben drauf – von ganz nahem gesehen, wie auf einem Werbefoto. Und ich sah ihn nicht nur, ich erlebte auch den Geschmack ganz intensiv und den Geruch – eigentlich realer, als es in der „Wirklichkeit" möglich gewesen wäre. Es war wahrhaftig die absolute Erfüllung meines Dauerwunsches.

Das Interessante ist nun, dass nach der Meditation dieser Wunsch vollkommen verschwunden war. Ich konnte noch an Zwetschgenkuchen denken, aber es kam kein bisschen Sehnsucht danach mehr auf. Der Wunsch war erfüllt und vorbei. Und dieses spezifische Verlangen ist auch nie wieder – jedenfalls bei weitem nicht in dem Maße – aufgetreten.

H: Aber der Wunsch nach anderen schmackhaften Dingen…

M: Klar. Alle Wünsche, die aus dem Körper kommen und die für sein Überleben oder sein hormonales Gleichgewicht notwendig sind, werden immer wieder auftauchen. Meine Sucht nach dem Zwetschgenkuchen war halt nicht allein durch das Bedürfnis des Körpers bedingt; sondern es waren wohl irgendwelche frühen Erinnerungen damit verknüpft oder so etwas. Mir scheint, dass speziell diejenigen Wünsche durch eine Erfahrung auf der „Ritam-Ebene" – wie man es kurz nennt – befriedigt werden können, die aus dem Emotionalkörper oder dem Mentalkörper heraus entstanden sind. Das Gewünschte manifestiert sich dort – und zwar realer als in der normalen Wirklichkeit. Und dadurch war meine Erfüllung vollkommen.

Sie war vollkommener als die meisten äußeren Erfahrungen – und zwar auch deshalb, weil ich völlig gegenwärtig war: ganz und gar in der Erfahrung des *gegenwärtigen Augenblicks*! Im Alltag sind wir, im Gegensatz dazu, meist gar nicht gegenwärtig. Wir streben und streben; und wenn wir dann erreicht haben, was wir wollten, dann sind wir nicht wirklich dabei; wir genießen es nicht bis ins Äußerste und kosten es nicht völlig aus. Das liegt vielleicht daran, dass wir uns so schnell gar nicht entspannen und uns **der Gegenwart hingeben** können. Oder wir sind mit unseren Gedanken sofort wieder bei dem nächsten Ziel oder bei irgendwelchen Sorgen, z. B. wie wir diesen Erfolg bewahren können usw. So kommt es, dass wir durch die Verwirklichung unseres Wunsches gar nicht wirklich erfüllt sind. Und das bedeutet: Dieser Wunsch und dieses Bemühen haben ihren Zweck nicht erfüllt, nämlich uns erstens

Frieden zu geben und uns zur Ruhe zu bringen, und zweitens, uns frei zu machen für den nächsten Evolutionsschritt.

H: Das ist tragisch.

M: So kann man es nennen. Es ist also total wichtig, immer gegenwärtig zu sein. Wenn man die Befriedigung eines Wunsches nicht vollkommen auskostet, wird man immer wieder dasselbe Ziel anstreben müssen, bis man wirklich die volle Erfüllung daraus gezogen hat. Das kann man sich ersparen, indem man total genießt. Dann kann man sich zügig einem „höheren" und noch befriedigenderen Ziel zuwenden.

In dem Zusammenhang habe ich selbst folgende Erfahrung gemacht: Ich hatte eine sehr schöne Studienzeit in Bonn. Und noch viele, viele Jahre danach habe ich mich immer extrem nach dieser Zeit und nach dieser Situation zurückgesehnt. Heute glaube ich, das lag daran, weil ich im Grunde damals gar nicht voll in der Gegenwart lebte; ich lebte für ein Ziel in der Zukunft – Studienabschluss, Beruf usw. – und genoss den Augenblick nicht hundertprozentig. Deshalb hatte ich noch lange das Verlangen, diese Momente zu wiederholen. Später dagegen, als ich schon regelmäßig meditierte und, so glaube ich, mehr in der Gegenwart lebte, hatte ich auch wiederum sehr schöne Zeiten. Aber die waren danach abgeschlossen und vorbei und erfüllt. Ich brauchte mich nicht nach ihnen zurückzusehnen, und ich tat es auch nicht.

H: Noch einmal zurück zu deinem Zwetschgendatschi: Wie erklärst du, dass diese rein mentale Erfahrung dieselbe Erfüllung brachte – oder sogar eine noch größere – als eine wirkliche Erfahrung?

M: Das sollte eigentlich klar sein: Erstens ist alles, was wir erfahren, sowieso nur Bewusstsein. Der „wirkliche" Kuchen ist nicht realer als der auf der „Ritam-Ebene" plastisch erlebte. Beides ist eine Struktur im Bewusstsein. Und zweitens: Wenn wir einen „äußeren" Kuchen sehen, riechen und schmecken, so besteht dieses Erlebnis auch nur in dem, was davon in meinem wahrnehmenden Bewusstsein ankommt – nämlich durch die Sinne. Was ich erfahre, ist das innere Abbild, wenn man so will, dieses Kuchens. Und das ist ja wieder eine Bewusstseinsstruktur – genau wie in der Ritam-Erfahrung. Die eine Erfahrung ist durch etwas „Äußeres" bewirkt, die andere nur durch einen Bewusstseinsimpuls.

H: Gut. Hat denn nun jemand, der nicht meditiert und keinen Zugang zu diesen feinen Bereichen des Bewusstseins hat, überhaupt eine Chance, seine Wünsche anders zu erfüllen, als indem er sie auf der materiellen Ebene auslebt?

M: Ja, wir haben nämlich alle einen gewissen Zugang zu dieser feinen Bewusstseinsebene: wenn wir sehr entspannt sind, im Halbschlaf, nach großer Erschöpfung usw. Ab und zu sackt unser Geist in diese sehr ruhigen Bereiche ab. Und wenn wir uns in diesem Moment gerade mit einem Wunsch oder einem Gedanken beschäftigen oder beschäftigt haben, kann es sein, dass dieser Impuls genau diesen Grenzbereich in der Nähe des Absoluten trifft. Dann kann es passieren, dass vor unserem inneren Auge ein äußerst reales Bild des Gewünschten auftaucht – so real, plastisch und lebendig, dass unser Wunsch damit erfüllt ist.

Wir mögen das vielleicht gar nicht so bewusst registrieren; außer dass wir merken, dass der Wunsch plötzlich nicht mehr so dringend ist. Wenn wir so etwas feststellen, kann das ein Hinweis darauf sein, dass wir unseren Wunsch auf der inneren Ebene erfüllt haben. Dann wird es nicht mehr notwendig sein, ihn im Äußeren zu verfolgen.

Auch beim Visualisieren kann so etwas passieren. Visualisieren haben wir ja eigentlich als eine Wunschtechnik besprochen, und das ist es auch. Wenn man dabei aber so entspannt ist, dass man zufällig in diesen Grenzbereich zur absoluten Stille gerät, kann es sein, dass dann das Gewünschte so plastisch, lebensnah und gegenwärtig erscheint, dass damit die Befriedigung, die man eigentlich in der Zukunft erwartet hatte, schon unmittelbar eintritt. Dann ist dadurch allein der Wunsch selbst schon erfüllt und abgehakt. Der Zweck ist erfüllt, nämlich uns Frieden zu bringen. Wir brauchen dann nicht mehr auf die Erfüllung im Außen zu warten.

W: Man kann also zusammenfassend sagen: Wünsche müssen auf jeden Fall erfüllt werden – sei es nun im Außen oder durch eine innere Erfahrung.

M: Ja. Wunscherfüllung ist kein Luxus. Es ist eine evolutionäre Notwendigkeit!

W: Das wäre eigentlich ein wunderbarer Abschluss unserer ganzen Untersuchung.

H: Es war außerordentlich inspirierend.

E: Und auch enorm praktisch und nützlich.

M: Ja, es war ein sehr, sehr gutes, inspirierendes und inspiriertes

Gespräch. Auch für mich ist so viel Neues dabei herausgekommen, was mir vorher gar nicht so klar war. Ich danke euch, und ich danke meinen Lehrern und Meistern.

Besonders empfohlene Literatur zur Vertiefung und Weiterführung

Ute Elisabeth Amann, Lichtbotschaften, Verlag Ute Elisabeth Amann, 1997.

Carol Adrienne, Erkenntnis und Zufall, Heyne, 2001 (Zum Thema „Lebensaufgabe").

Brandon Bays, The Journey, Heyne, 2003 (Zum Thema: Heilung durch Fühlen und Annehmen der Emotionen).

Thorwald Dethlefsen, Rüdiger Dahlke, Krankheit als Weg, Goldmann, 1990.

Theo Fischer, Wu wei, Die Lebenskunst des Tao, rororo, 1992.

Varda Hasselmann und Frank Schmolke, Weisheit der Seele, Goldmann, 1995.

Varda Hasselmann und Frank Schmolke, Die Seelenfamilie, Goldmann, 2001.

Varda Hasselmann und Frank Schmolke, Wege der Seele, Goldmann, 2002.

Gay Hendricks, Das Bingo!-Prinzip, Goldmann, 2000.

Kathlyn und Gay Hendricks, Liebe macht glücklich, Goldmann, 2000.

Serge Kahili King, Instant Healing Jetzt!, Lüchow, 2001.

Madan Kataria, Lachen ohne Grund, Via Nova, 2002.

Alexa Kriele, Die Engel geben Antwort, Hugendubel, 2002.

Ervin Laszlo, HOLOS – die Welt der neuen Wissenschaften, Via Nova, 2002 (Zum Thema Psi-Feld).

Michael Lukas Moeller, Die Wahrheit beginnt zu zweit, Rowohlt, 1992.

Michael Newton, Die Reisen der Seele, Edition Astroterra, 1996.

Michael Newton, Die Abenteuer der Seele, Edition Astroterra, 2001.

Safi Nidiaye, Liebe ist mehr als ein Gefühl, Heyne, 1996.
Safi Nidiaye, Neues Wissen, neues Denken für eine bessere Zukunft, Heyne, 1995.
Safi Nidiaye, Die Schönheit der Liebe, Bastei Lübbe, 2001.
OM C. Parkin, Die Geburt des Löwen, Lüchow, 1998 (Zum Thema „Erleuchtung“).

Der Autor kommt gerne zu einer Lesung oder einem Vortrag in Ihre Stadt (z. B. Buchhandlung).

Anschrift des Autors:
Dr. Hans Vater
Am Vorwerksbusch 6
21465 Reinbek

Weitere Bücher aus dem Verlag Via Nova:

Im Gleichgewicht der Wünsche

Wollen und Sollen in Übereinstimmung bringen

Jürg Theiler

Paperback, 304 Seiten
ISBN 978-3-86616-037-8

Krankheiten sind die Folge von Verletzungen, die Sie sich zufügen, ohne es zu wissen und zu merken. Weil Ihre Wünsche sich oft widersprechen und gegensätzlich sind, benachteiligen, verdrängen, unterdrücken, verletzen und zerstören Sie die einen umso mehr, je intensiver und erfolgreicher Sie die anderen verfolgen. Um gesund zu sein, um Ihr Lebenswerk zu vollbringen, müssen Sie bewusst erkennen, welche Wünsche Sie haben und wie Sie alle – nicht die einen auf Kosten der anderen – erfüllen können. Das erfordert, Ressourcen von Wünschen, denen Sie bisher viel Gewicht beigemessen haben, auf Wünsche umzuverteilen, denen Sie bislang wenig Beachtung schenkten. Es erfordert, die Wünsche, die Sie aktiv verfolgen – Ihre Wünsche nach Konsum, Besitz, Erfolg, Macht, Kontrolle – an jenen auszurichten, die sich Ihnen rezeptiv erschließen – Ihre Wünsche nach Liebe, Schönheit, Kreativität und die Fähigkeit zu leiden. Dieses Buch zeigt Ihnen, wie Sie vom Ungleichgewicht zum Gleichgewicht, von der Zerstörung eines Teils von Ihnen zu Ihrer „In-Dividualität", Ihrer Ganzheit finden.

Wege der Achtsamkeit

Über die Ethik der gewaltfreien Kommunikation

Claus Eurich

Hardcover, 176 Seiten
ISBN 978-3-86616-089-7

Der Mensch ist Kommunikation. Jedes Wort, jede Geste, alles Tun und Nicht-Tun enthält eine Botschaft. In der Weise unseres Kommunizierens mit der Um- und Mitwelt, mit unserer Innenwelt und mit dem göttlichen Bereich erweist sich zugleich die Tiefe unserer ethischen und spirituellen Beheimatung. In drei Abschnitten geht dieses Buch der Beziehung von Spiritualität, Ethik und Kommunikation nach. Ein wesentlicher Fokus liegt dabei auf der wechselseitigen Verbundenheit allen Seins. Der Entwurf eines integralen Ethos mündet schließlich in grundlegenden und zugleich konkreten Schritten einer gewaltfreien und empathischen Kommunikation. Wir lernen uns entsprechend auszurichten. Sowohl im Alltagsleben eines jeden Menschen als auch in beruflichen und systemischen Kontexten kann dies eine große Hilfe auf dem Weg achtsamer Lebensgestaltung sein.

Das kleine Buch der Lebenskunst

Lebensweisheit, die wir in der Schule nicht lernten

Peter K. Keller

Geschenkbüchlein, Hardcover, 192 Seiten
ISBN 978-3-86616-096-5

„Alles hat man herausgefunden, nur nicht, wie man lebt", schrieb Jean Paul Sartre. Auch unsere Erziehung hat uns meist nicht beibringen können, welche Energien in uns stecken, wie wir diese entdecken, entfalten und zum eigenen Wohl und für unsere Mitwelt wirkungsvoll und heilsam einsetzen. Das Buch von P.K. Keller regt an, über das eigene Leben nachzudenken, und zeigt in kurzen Reflexionen und Geschichten anschaulich und humorvoll Lebens- und Überlebensstrategien auf. Die einzelnen Denkanstöße, die auch selektiv gelesen werden können, sind Ergebnisse reicher Erfahrung und können dem Leser helfen, seine Probleme besser zu verstehen und zu bewältigen. Zusammenfassungen und Affirmationen prägen sich ein und ermutigen, die Erkenntnisse im Alltag umzusetzen. Dieses Buch der Lebenskunst ist ein Schlüssel zur Erfüllung der eigenen Wünsche, zur sinnvollen und erfolgreichen Lebensgestaltung.

Sprechstunde mit dem inneren Arzt

Wecke die Heilkräfte in dir selbst

Matt Galan Abend

Hardcover, 160 Seiten
ISBN 978-3-86616-071-2

Dieses Buch ist vor allem für Laien geschrieben und erklärt in verständlicher Sprache, wie typische Verhaltensmuster zu ebenso typischen Krankheitsbildern, zu sogenannten Zivilisationskrankheiten führen wie Rückenbeschwerden, Tinnitus, Stress-Syndrom, Bluthochdruck, Sexualstörungen u. a. Der Autor beleuchtet auch den psychischen Hintergrund. Sein Modell der 5 Ebenen beweist, dass eine Erkrankung immer den ganzen Menschen betrifft.

Aber wie wir uns selbst krank machen, können wir uns auch selbst wieder gesund machen. Wir können die Gesundheit unserer unbegrenzten Geistebene auch auf unsere begrenzte körperliche Materie übertragen, indem wir uns unserer eigenen Kraft, heilsamer und unheilsamer Energiefelder bewusst werden, die Erkrankung als Aufgabe annehmen und die richtigen Techniken anwenden.

An praktischen Beispielen wird erklärt, wie wir uns selbst testen können, ob Medikamente uns nützen oder schaden, wie wir die Wirkung medizinischer Therapien beträchtlich steigern und vermeiden können, dass eine Krankheit chronisch wird.

Karten der Liebe

84 farbige Karten mit Begleitbuch

Chuck Spezzano **2. Auflage**

Karten und Buch in einer Stülpschachtel,
Buch 144 Seiten
ISBN 978-3-936486-08-7

Einige Menschen scheinen größeres Glück in der Liebe zu haben als andere, aber es steckt mehr dahinter als nur Glück. Der Verfasser zeigt auf anschauliche Weise, wie der aufmerksame Leser mit Hilfe der 84 Karten seine Chancen für eine glückliche und erfolgreiche Liebesbeziehung vergrößern kann. Die Karten sind in die vier Kategorien Heilung, Glück, Gnade und Probleme unterteilt. In dem dazugehörigen Begleitbuch werden alle Karten und ihre jeweiligen Bedeutungen ausführlich beschrieben. Außerdem werden verschiedene Befragungsbeispiele und Legesysteme vorgestellt. *„Die Karten der Liebe“* sind sowohl für Menschen gedacht, die noch nach ihrer ganz besonderen Beziehung suchen oder die gerade am Anfang einer Beziehung stehen als auch für Menschen in einer langfristigen Beziehung, für die die Karten neue Erkenntnisse über ihre Liebesbeziehung vermitteln und eine Hilfe darstellen, sie zu verbessern. Sie zeigen nicht nur die schönen Seiten der Liebe wie Vertrauen, Lachen und Glück, sondern auch ihre Fallen wie Erwartungen, Kontrolle und Eifersucht, die es zu vermeiden gilt, damit die Liebe nicht schal wird.

Anders von Gott reden

Willigis Jäger **2. Auflage**

Hardcover, 120 Seiten, 20 farbige Zenbilder,
ISBN 978-3-86616-061-3

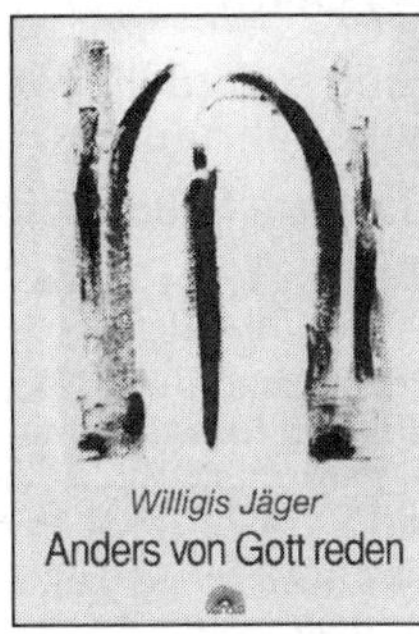

Der charismatische Benediktinermönch und Zen-Meister Willigis Jäger interpretiert in seinem Buch „Anders von Gott reden“ biblische Texte, Ereignisse und Personen in einer neuen, ungewohnten Sichtweise als symbolische Darstellungen einer kosmisch-göttlichen Botschaft, die Evolution des Seins und des Lebens, den Menschen und die Natur als Manifestationen Gottes: Gott ist für ihn das Urprinzip, die Urkraft, die sich in jedem Augenblick ereignet, seine Schöpfung ist sein Tanz, der Mensch ein Tanzschritt, eine Welle im Meer des Göttlichen. Die christliche Botschaft wird erweitert und vertieft, christliche Feste wie Weihnachten, Erscheinung des Herrn, Ostern, Maria Himmelfahrt, auch Begriffe wie „Reich Gottes“ und „Leid“ erhalten durch seine Deutung und Erklärung eine mystisch-spirituelle Dimension, werden als Möglichkeiten zur Wiedergeburt, Auferstehung und Erfahrung des Göttlichen im Menschen gesehen und dargelegt. Wer auf der Suche nach einem tieferen und ganzheitlichen Verständnis seines Christseins ist, für den ist dieses Buch eine Offenbarung. Seine Denkanstöße, seine klare, eindringliche Sprache faszinieren und überzeugen.

Die Heilkraft der Rituale

Weibliche Energien stärken

Erika Haindl

Paperback, 344 Seiten, 40 Abb.
ISBN 978-3-86616-102-3

Sind wir uns bewusst, dass in der Familie, im Freundeskreis, in vielen sozialen Gruppen, bei Festen und im Alltag Rituale, symbolische Gegenstände, magische Orte unser Leben beeinflussen oder sogar prägen? Deren Herkunft, Bedeutung und Wirkung ist uns oft unbekannt.
Die promovierte Kulturanthropologin Erika Haindl hat ihre spirituellen Erfahrungen aus langjährigen Kontakten mit nordamerikanischen Indianern und ihre diesbezüglichen Kenntnisse über europäische Kulturgruppen in Vergangenheit und Gegenwart in diesem Buch dargelegt. Sie beschreibt und interpretiert traditionelle und neu entwickelte Rituale im Kreislauf des Jahres und des Lebens, Märchenmotive, alte und neue Mythen, Kraftorte, Handlungen und Funktionen der beteiligten Personen und ihrer Mitgeschöpfe im kulturellen Zusammenhang und zeigt deren Wirkung auf. Dieses aufschlussreiche Buch kann Frauen und Männern helfen, ihren Alltag spirituell zu erweitern, eine höhere Bewusstseinsebene zu erlangen.

Die Vision vom göttlichen Menschen

Eine spirituelle Weg-Begleitung in das neue Jahrtausend

Barbara Schenkbier

Paperback, 424 Seiten, 21 ganzseitige Bilder
ISBN 978-3-928632-68-3

Prachtband: Geb., 424 Seiten,
Einband Kunstleder mit Goldaufdruck,
21 ganzseitige Bilder, Zweifarbendruck
ISBN 978-3-928632-18-8

Das Buch ist ein umfassendes Standardwerk, das den Durchbruch einer neuen Evolutionsstufe im Bewusstsein des Menschen vorbereiten hilft. Aufbauend auf wissenschaftlichen Erkenntnissen und der mystischen Tradition aller Religionen führt es zu einem tieferen Wissen über das menschliche Bewusstsein, um dann den Weg zum göttlichen Menschen zu beleuchten. Alle wichtigen Schritte werden beschrieben, wesentliche Übungen aus einer neuen Sicht heraus dargestellt und die Transformationsstufe zu einem neuen Bewusstsein geschildert. Beim Lesen und Anwenden der beschriebenen Wahrheiten eröffnet sich dem Leser eine neue Sicht auf den Sinn des Lebens. Alle, die den geistigen Weg beschreiten, werden ihn besser verstehen, ihn bewusster, mutiger und konsequenter weitergehen. Das Buch ist aus der eigenen spirituellen Erfahrung der Autorin heraus geschrieben und eröffnet den Blick in eine Zukunft, die die evolutionäre Schöpferkraft selbst schaffen wird.

Imprimé en France
FRHW010332180122
29661FR00008B/107

9 782374 538259

À Jake. Ne laisse pas le cafard faire ce qu'il veut.

Je crois que tout homme devrait être son propre gourou.
Edward Abbey

— Je sais, je sais…

Kricfalusi avait été un célèbre joueur de fléchettes. Fut un temps où il pouvait mettre dans le mille à vingt mètres, chaque fois il faisait double centre – jusqu'à ce qu'il soit atteint de dartitis (*une inflammation qui l'empêchait de lancer la fléchette. Elle restait collée dans sa main prise en étau entre le pouce et l'index.*)

— Faut dire que j'me sens pas très bien moi non plus, ça a p't-être déteint sur la môme ?

— Peut-être. T'as encore la coulante ?

— Ouais, ça arrête pas. J'ai jamais eu une telle diarrhée d'toute ma vie. J'ai l'impression d'avoir chopé un truc.

Kricfalusi s'appuya sur un tas de cartons humides tandis que Baby Guts arrachait les dents de Blossom.

— Qu'est-ce tu vends en ce moment au juste ? – demanda Kricfalusi en jetant un œil dans l'un des cartons.

— Les dents d'une môme si on a d'la chance !

— Génial.

— Tu ne trouves pas ça incroyable, des gens qui se sentent bien à l'abri dans leurs terminaux avec leurs esprits stockés numériquement ? C'est leur seule chance de tuer le démon intérieur d'une réalité figée !

Le sphéroïde du soleil disparut, Lester sut qu'il touchait au but.

*

Cela faisait une heure qu'ils étaient dans la voiture. La circulation était bloquée à l'approche d'Ersatz. Lester voyait la ville et l'effroyable miasme qui masquait le sommet des plus grands édifices. Il sentait le souffle du Cafard dans son dos. Fairfax n'avait pas ouvert la bouche de tout le trajet. Malgré sa gentillesse première le conducteur avait à présent quelque chose de déconcertant. Plus la Nova approchait au pas de la métropole dépravée et plus Fairfax devenait fébrile. Il se cramponnait au volant comme à une bouée, ses dents s'entrechoquaient, la rangée du haut venant heurter celle du bas, réduisant l'émail en poudre. Il n'arrêtait pas de regarder dans le rétroviseur. Une certaine paranoïa flottait désormais dans l'habitacle. Lester avait l'impression d'être un intrus.

— Hé, ça va mon pote ? – dit Lester de sa voix la plus mielleuse.

Fairfax pivota la tête vers Lester, les yeux exorbités. Il grinçait toujours des dents. Il ne répondit pas. Ersatz avait déjà commencé à faire son effet. Fairfax était comme métamorphosé, Dr Jekyll se transformant en Mr Hyde. Lester s'efforça de garder son calme.

— Tu sais, je peux descendre ici et continuer à pied… ?

— Sois pas *stupid*e. Tu ne survivrais pas DEUX SECONDES dans la rue… – Fairfax éclata d'un rire féroce, la tête toujours tournée bizarrement vers Lester, les yeux toujours exorbités.

— D'accord, tu sais quoi ? Je vais… Je vais y aller. Merci mon pote…

Lester ouvrit la portière. Sur l'autoroute bondée, les gens klaxonnaient et s'invectivaient. Lester passa la tête par la fenêtre passager restée ouverte de la Nova de Fairfax et le remercia encore une fois. Le conducteur semblait complétement possédé, mais il laissa partir Lester.

*

Les rues étaient bloquées par la circulation. La plupart des vitrines de magasin étaient brisées et pillées. Les enfants hurlaient des terreurs entrevues seulement dans leurs cauchemars les plus délirants.

Quand Lester eut dépassé les banlieues, Ersatz explosa devant lui. Le smog était si épais qu'on n'y voyait pas à deux pas. Au-dessus de sa tête, les voitures klaxonnaient et grinçaient le long de routes labyrinthiques qui ne menaient nulle part en particulier – tout le monde semblait être en mouvement, même si personne n'avait de but précis. Sur la gauche s'étendait un édifice massif et penché qui semblait occuper plusieurs pâtés de maisons.

D'une façon ou d'une autre Lester devait trouver un autre véhicule. Un bus s'arrêta dix mètres devant lui, mais la file des gens à l'air désespéré faisant la queue pour y monter se déployait sur plus d'un kilomètre. La ville le submergea. Personne pour lui venir en aide. Le smog paraissait se rapprocher, devenir plus épais et plus difficile à respirer. Lester sentit l'angoisse le gagner. Il hyperventila. Ses orteils se recourbèrent puis se tendirent, son cœur se mit à cogner dans le micro-ondes de sa cage thoracique. Assis sur le trottoir devant une laverie automatique un clochard buvait du vin à une bouteille enveloppée d'un sac plastique. Lester se rua sur le vieux vagabond et le supplia de l'aider.

Le minuscule compartiment de Fairfax disposait d'une unique ouverture, d'un lit superposé avec deux matelas et du microprocesseur dont il se servait pour se télécharger. Souvent il se retrouvait à regarder fixement le reflet du hublot. Il était presque impossible d'ignorer la sinistre cavité à l'extérieur. Il s'efforça de se concentrer, frottant de ses deux mains son crâne rasé – il était impératif de n'avoir

plus le moindre cheveu pour éviter une pandémie de poux ou tout autre propagation malsaine dans Hollow Earth. *La maintenance était toujours prompte à souligner l'importance de l'hygiène spatiale dans le mémo glissé chaque mois sous toutes les portes. Fairfax était content d'avoir obtenu une place dans la sphère mais détestait avoir dû sacrifier ses cheveux. Cela lui donnait un côté asexué.*

— S'il te plaît ! S'il te plaît mon pote, il faut que tu comprennes que je suis le seul espoir de l'humanité ! Si je ne vais pas à Shell County pour trouver le Remède nous serons tous rongés par cette saloperie de blatte démoniaque !

Le clochard but une grande lampée à sa bouteille de vin et se dégagea des mains de Lester qui l'agrippait par le col.

— Y a pas de remède.

— Bien sûr que si. À Shell. Les médecins et les scientifiques y ont concocté un antidote.

Le clochard secoua la tête en signe de dénégation.

— Nan, nan, y a pas de remède. Une fois que t'as été en contact avec un autre être humain alors t'es contaminé, ou tout comme.

Lester n'entendait pas ce que le clochard lui disait.

— Tout le monde sait pour le Remède…

— Sûr, tout le monde sait que le Remède existe pas, l'a jamais existé. Juste une histoire à dormir debout inventée par l'État pour éviter la panique générale – il frotta son menton pas rasé et se mit à glousser.

Ersatz pulsa du pus noirâtre d'un abcès au creux de son bras – faisant une overdose de sa propre came.

De sa coque cabossée, un vaisseau d'évacuation décolla de sa plate-forme, scintillement de jets de propulsion aux flammes rougeoyantes. Il y aurait des survivants de la ville morte.

Le souvenir du drogué déchu hantait encore la mémoire de tous telle la puanteur du lait tourné. Deux hommes transportaient des bocaux renfermant des dents humaines pour les charger à l'arrière d'une fourgonnette – c'était Kricfalusi et Baby Guts. Mû par le désespoir le corps de Lester s'élança vers eux.

— Excusez-moi ! Excusez-moi les gars ! – héla-t-il, se cognant le genou sur le côté gauche d'une voiture de flic bloquée.

Le policier à l'intérieur était trop obnubilé par les embouteillages pour prêter la moindre attention à Lester. Kricfalusi et Baby Guts déposèrent les bocaux

à l'arrière de la fourgonnette puis fermèrent la porte.

— Qu'est-ce que tu veux espèce de taré ? – ricana Kricfalusi.

— Ouais on a pas qu'ça à foutre là !

Lester rassembla ses esprits, s'efforça d'articuler sans être hystérique.

— OK mon pote, voilà ce qui se passe, j'arrive de Wire City et maintenant il faut que j'aille à Shell County, tu peux me dire comment faire ?

— Va te faire foutre connard – hurla Baby Guts avant de lever la main d'un air dédaigneux, en passant du côté conducteur.

Kricfalusi regarda Lester et vit la peur panique qui l'animait. Il y avait un peu d'humanité en Kricfalusi, il pensait que c'était Blossom qui avait compromis sa tendance à l'imprudence. C'était vraiment moche qu'elle ne se soit pas réveillée de l'anesthésie.

— Pourquoi tu veux aller à Shell County ? T'es malade ou quoi ?

— Non, mais je cherche le Remède.

— C'est quoi ?

— C'est une nouvelle drogue synthétique qui combat le Cafard.

— Et c'est quoi au juste ce Cafard ? On lit pas beaucoup…

— C'est dix fois pire que la pire des dépressions. Il a eu ma femme et mes mômes. Il se propage comme un feu de forêt. Il faut que vous m'aidiez pour que je puisse sauver l'humanité.

Kricfalusi décida de donner une chance à ce crétin. Il paraissait plutôt sincère. Dans une ville comme Ersatz, la sincérité et la gentillesse peuvent avoir plus d'impact que dans une ville *a priori* plus saine.

— On peut t'emmener. On va livrer ça à Shell.

— Merci ! Merci infiniment mon pote !

— Ouais, ouais, monte…

Lester s'approcha pour prendre Kricfalusi dans ses bras mais une main l'en empêcha.

— Que ce soit bien clair. On t'amène à Shell County, tu ne dis pas un mot pendant le voyage. Tu te fais tout petit. À la minute où tu deviens un problème on balance ton petit cul au zoo d'Ersatz où ces foutus singes s'occuperont de ton cas. Pigé ?

Ci-gît la bête
Elle a été tuée trois jours seulement avant sa libération
Vaincue à l'Est

Tripotant leurs sourcils couverts de chiures de mouche
Les exécuteurs reviennent pour nous raconter, à quel point,
Le cadavre de la bête arrimé à leur pare-chocs, était autrefois si monstrueusement repu

À présent, son crâne au bout d'une pique
Les exécuteurs nous racontent comment, quand elle était vivante, la bête avait presque… « aspect humain »
Et que pour tuer, il a fallu frapper violemment encore et encore
Quand on l'aperçut errant près d'une autoroute à péage de Wire City

MÊME LES ANDROÏDES ONT LE CAFARD

www.droide-rencontre.com

Thomas Gale (Immitant n° 215) parcourut la galerie des photos de profil.

Il avait enfin réussi à trouver une autre version de Thomas Gale, son créateur – après tout, qui de plus apte se livrer à une interactivité sexuelle qu'une réplique identique en tout point à soi-même ?

Depuis qu'il avait pris conscience de lui-même, n° 215 mourait d'envie d'expérimenter l'objectivation érotique. De la cuisine sa femme cria que le dîner était prêt et de *bouger son cul.*

— J'arrive !

Le droïde double-cliqua sur la vignette d'un visage rouge et bouffi aux paupières tombantes. Un laïus

d'informations personnelles s'afficha :

NOM : THOMAS GALE (N° 3115), IMMITANT DE THOMAS GALE

AGE : 2 CYCLES, BON ÉTAT, GÉNOTYPE COMPOSÉ MOYEN

EMPLACEMENT : OLD MILWAUKEE / SHELL COUNTY

CENTRES D'INTÉRÊT : RÉSEAUX, PALETTISATION, STOCKAGE D'ÉNERGIE, MUSIQUE, ALIMENTATION HORS CONNEXION

FILM PRÉFÉRÉ : KLOPP.

Le droïde se mit à taper fébrilement un message privé adressé à lui-même.

— *Cher numéro 3115, serais-tu prêt à me rencontrer dans un endroit neutre pour dialogue/interfaçage éventuel ?*

N° 215 frissonna d'excitation et cliqua sur ENVOYER. Pour la première fois il réfléchit à l'absurdité de la situation. Le tabou de rencontrer un autre Immitant dupliqué du même modèle était plutôt sujet à controverse, mais le fait qu'il s'agissait de deux

droïdes *mâles* rendait la chose abominable aux yeux de la société.

— C'est parti mon kiki !

Cependant n° 215 se détendit quand il se rappela la véritable logique des choses – que le très grand nombre de sites de rencontres entre droïdes qui fleurissaient pour répondre à la croissance exponentielle de la production de droïdes impliquait que ce genre de liaisons clandestines puissent survenir sans que la population humaine ne s'en aperçoive jamais.

*

Thomas Gale, l'original, était un homme peu engageant – gros, paresseux et dépourvu d'humour. Un écrivain…

Il avait un visage grêlé de cicatrices d'acné et des cheveux blond filasse poussant en touffes de part et d'autre de la tête – raison pour laquelle les droïdes faits à son image avaient parfois du mal à trouver des partenaires pour nouer des relations intimes (tout comme le vrai Thomas Gales !).

Afin d'échapper à différents aspects de sa propre vie le Gale original avait créé plusieurs Immitants. La dissémination de ces Immitants permettait à Thomas Gale de consacrer plus de temps à la véritable passion de sa vie. Cela lui permettait de se consacrer à l'écriture.

*

Gale n° 215 attendait patiemment en surveillant sa boîte de réception, guettant une réponse. Il était tout à fait possible que l'Immitant n° 3115, même s'il avait hérité des perversions sexuelles de Thomas Gale, refuse catégoriquement l'invitation avec dégoût.

N° 215 commençait déjà à regretter son geste – quand une notification apparut à l'écran. N° 215 cliqua et attendit avec inquiétude l'ouverture du message privé.

— *Cher numéro 215, je serais ravi de te rencontrer pour dialogue et interfaçage. Mon appartement est le 6A, 107nth près de Hope Street...*

N° 215 était aux anges. 107nth était un quartier malfamé, mais il avait été tellement sevré de tendresse qu'il s'en moquait.

*

N° 215 prit le métro jusqu'à Hope Street. Il y avait des droïdes sans abri à tous les coins de rue ; certains avec des pancartes, d'autres auxquels il manquait un membre ou un œil, d'autres encore assis indifférents à leurs côtés.

Un Immitant tenait un panneau qui disait : CRÉATEUR MORT. CANCER. DONNEZ-MOI UN BUT SVP.

L'immeuble était un bloc gris de fenêtres aux volets baissés. N° 215 appuya sur le 6A à l'interphone.

— C'est moi… – fut tout ce qu'il parvint à dire.

N° 215 ôta son pouce du bouton et attendit une réponse qui ne vint jamais. Toutefois la porte s'ouvrit en coulissant et il entra.

Dans l'escalier le droïde prit le temps de rassembler ses esprits. Il céda soudain à la panique. S'il y avait bien une chose que Thomas Gale détestait, c'était se trouver dans l'embarras. La conscience de soi s'était accompagnée d'un certain nombre de ces sentiments complexes et contradictoires. Thomas Gale était incapable de faire face à une situation embarrassante. N° 215 le savait.

Bien sûr qu'il le savait…

Devant la porte de l'appartement, le droïde heurta trois fois le panneau en acier renforcé. Chaque coup résonna dans le couloir froid et désert. Les volets se levèrent. Tout de suite après un cliquetis se fit entendre à l'intérieur tandis que n° 3115 déverrouillait ses cadenas et autres dispositifs antivol.

Une silhouette familière apparut sur le pas de la porte.

N° 215 nota qu'il expérimentait une grave dissonance cognitive – le concept freudien de *Das Unheimliche*. Ce

sentiment céda la place à autre chose. Se trouver face à sa copie conforme déstabilisa son propre sentiment d'identité en reliant quantitativement des catégories différentes par des critères quantifiables de similarité. Bientôt déferla une autre violente vague d'émotion : l'amour.

N° 215 fut incapable de l'expliquer, pas plus qu'il ne put l'appréhender réellement, mais l'intense sentiment de connexion qu'il éprouvait pour lui-même tendait vers la compatibilité romantique. N° 215 aurait juré que n° 3115 ressentait la même chose.

Alors que n° 215 contemplait l'image-miroir de lui-même, il prit soudain conscience qu'il lui était impossible de ressentir la moindre excitation. Tandis que ces mécanismes internes moulinaient au comble d'une écœurante réponse quasi-émotionnelle, Thomas Gale était indubitablement un modèle déplorable. Cette bouche en fente de boîte aux lettres suffisait à déclencher le réflexe pharyngé du droïde le plus résistant. N° 3115 remarqua le mouvement de recul de 215.

— Je ne suis guère plus excité à ta vue... – dit n° 3115 d'un air légèrement offensé

N° 215 sentit une nouvelle vague d'émotion l'envahir.

*

Tous deux entrèrent dans le local d'habitation.

Comparé aux habitants les plus décadents du Wisconsin n° 3115 vivait dans un cube minuscule. Les murs étaient nus jusqu'au squelette de pierre. Il n'y avait ni réfrigérateur ni appareils électroménagers, juste une pièce vide avec une unique fenêtre condamnée. N° 215 s'assit, balaya la mèche d'un jaune blafard qui masquait sa calvitie puis d'un geste invita n° 3115 à s'asseoir sur la chaise en métal face à lui.

— Et si on avait recours à la chirurgie chromique ?

— Tu n'es pas sérieux ?

— Pourquoi pas. On pourrait choisir à quoi ressembler.

N° 3115 afficha un air affligé.

— Écoute, c'est bien beau de se rencontrer et d'enfreindre le protocole, mais on a des ordres. Thomas Gale a besoin de nous pour vivre sa vie à sa place. C'est notre raison d'être.

— Je ne sais pas pour toi, mais j'en ai assez de ressembler à ça.

C'était la première fois que n° 215 disait une telle chose à voix haute.

— Je n'en ai pas les moyens, ni toi ni moi ne les avons.

Une pensée fugace traversa l'esprit de n° 215 : si tous les Immitants de Thomas Gale se rencontraient, cette réaction émotionnelle à l'amour serait-elle mutuelle tout en demeurant collective ? C'était une perspective fascinante. Thomas Gale était toujours enclin à la rêverie. N° 215 revint à la conversation.

— On peut s'adresser à un chirurgien clandestin pour cela. Il doit y avoir des centaines de médecins qui font ce genre de chose.

N° 3115 n'en avait pas l'air si sûr. Le concepteur de 3115 lui avait manifestement implanté une trop grande quantité de ses névroses paranoïaques. N° 215 décela la subtile différence de conception entre les deux droïdes et une autre bouffée d'amour envahit ses circuits.

*

N° 215 s'était vu confier la tâche d'occuper l'épouse de Gale. C'était une horrible femme. L'Immitant comprenait parfaitement le désir de son créateur de s'en débarrasser. Sa cuisine était tout aussi infecte, immangeable même pour un androïde. Il se réjouissait d'avoir été conçu sans le sens du goût. L'amour qu'il éprouvait pour n° 3115 ne faisait qu'exacerber les défauts de la mère Gale. Elle ne s'était même pas rendu compte qu'un automate biomécanique avait pris la place de son mari.

Même dans les meilleures conditions, interfacer n'était pas chose facile. Et cela n'aidait pas de ressembler à un gros écrivain presque chauve.

N° 215 se débarrassa de son enveloppe charnelle et apparut dans sa nudité technologique. N° 3115 paraissait nerveux. Il se déshabilla avec circonspection, choisissant de conserver ses couches de peau.

— Tu ne vas pas dévoiler ta véritable nature ?

— Non. Ça te va ?

— Bien sûr, enfin…

N° 3115 jeta un coup d'œil au petit sexe métallique de 215.

— Je vois que tu as été conçu avec un pénis…

— Oui, malheureusement cette horrible femme satisfait aux exigences de Gale au moins deux fois par an. C'est affreux, parfaitement contre nature. J'ai même un gicleur qui l'inonde de sperme de taureau stérile.

— Je vois. Je n'ai pas de sexe.

— Ne t'en fais pas. Je peux m'introduire dans ta cavité arrière. Je pense que c'est comme ça que ça marche pour le coït entre droïdes.

— Je ne pense pas que je…

N° 3115 se rassit sur la chaise métallique vêtu seulement de son enveloppe Thomas Gale et d'un slip kangourou bleu. Il avait l'air quelque peu abattu.

— Tu as déjà fait ça ? – demanda 215.

— Non. Est-ce que ça affecte ton désir pour moi ?

N° 215 sourit.

— Non. On va y aller en douceur.

— Merci.

*

— Oui je peux vous aider tous les deux.

Le Dr Van Klee farfouillait dans un tiroir d'ustensiles.

— C'est une procédure extrêmement risquée. Je suppose que vous êtes tous les deux conscients que cela pourrait causer des dommages permanents à vos circuits, y compris la perte des programmes d'impulsion primaire ? Un coup de scalpel pourrait sectionner votre code-amoureux et les sentiments que vous éprouvez l'un pour l'autre disparaîtraient à jamais.

Le Dr Van Klee prit une perceuse électrique dont le câble débranché pendait. Il posa la perceuse sur un brancard métallique et dévisagea les deux droïdes d'un air grave.

— Pis encore mes chers Immitants énamourés, si l'un d'entre vous perd tout sentiment d'attachement, l'autre sera condamné à vivre un amour non partagé et à se languir… un sort pire que la mort pour *tout* mécanoïde. Une fois cassée, la carte mère ne peut être réparée.

— On sait – rétorqua n° 215 du tac au tac.

Le Dr Van Klee regarda n° 3115 qui semblait moins enthousiaste.

— Et toi, que penses-tu d'une telle éventualité ?

N° 3115 s'assit sur le brancard et mâchouilla la peau synthétique rongée de son pouce.

— Honnêtement ? Je l'aime déjà. Ça n'en vaut pas vraiment la peine.

— On le fait. Je ne peux pas passer toute ma vie à ressembler à Thomas Gale ! Je ne peux pas non plus avoir une relation techno-sexuelle sérieuse avec un droïde à son image !

Le Dr Van Klee alluma un cigare et observa le droïde cracher d'une drôle de façon. N° 215 s'avança vers le

médecin, faisant sursauter Van Klee qui laissa échapper son briquet.

— J'y vais en premier.

— Non – N° 3115 se leva brusquement – Je vais le faire.

Van Klee récupéra son briquet, ramassa une paire de gants chirurgicaux en latex et entreprit de les lubrifier avec de l'huile de moteur.

— Très bien…

*

N° 215 attendait dans la ruelle devant la clinique de Van Klee.

Il pouvait entendre le crissement électrique de la perceuse à travers les murs de brique rouge. Un frisson d'effroi lui parcourut l'échine.

La ruelle était une bande étroite d'ombres et de bennes à ordures pleines à ras bord. Des bras et des membres s'échappaient de poubelles bourrées à craquer. N° 215 expérimenta les premières affres du doute, qui ne tardèrent pas à submerger ses circuits.

Aimait-il réellement n° 3115 ou n'était-ce qu'un désir techno-sexuel pour parvenir à une quelconque union ? Il

serait fixé quand son partenaire serait physiquement débarrassé de tout ce qui avait trait à Thomas Gale.

L'Immitant remarqua quelque chose du coin de l'œil : une silhouette debout à l'extrémité de la ruelle le regardait sans détour.

C'était la femme de Thomas Gale. Elle paraissait en être au dernier stade de la maladie du Cafard.

*

Van Klee s'interrompit pour reprendre son souffle. Il tendit la main derrière la tête de n° 3115 et appuya sur le bouton pour le rallumer.

— Bon retour parmi nous – dit Van Klee en enlevant l'huile noire qui maculait ses gants.

— Vous avez fini ?

— Oui. Je t'ai complètement relooké.

L'Immitant était tout excité.

— Vous avez une glace ?

— Bien sûr.

Van Klee tendit un miroir de poche taché de beige.

Pétrifié d'horreur N° 3115 contempla l'œuvre du médecin.

— Qu'avez-vous fait ?

— J'ai modifié ton apparence physique comme tu l'as demandé…

— Mais… Je vous ressemble !

Le médecin secoua deux bombes de peinture couleur chair.

— Oui. J'ai pensé que ça ne te dérangerait pas.

N° 3115 jeta un coup d'œil au corps allongé de Thomas Gale et se rendit compte qu'il était attaché à la table d'opération par des liens métalliques.

— Où est 215 ? Que se passe-t-il ?

— Ne t'en fais pas pour ça. J'ai pris la liberté d'informer sa bonne femme de l'endroit où il se trouve.

— Vous avez fait quoi ?

— C'est ce que nous avons convenu, elle et moi. Elle le ramène à la maison et le remet dans le droit chemin – même si je ne serais pas du tout surpris qu'elle le jette à la ferraille. Elle était rudement furieuse d'avoir été

bernée. Doit pas être facile de découvrir que votre mari n'est qu'un sale bon à rien d'androïde.

— Salaud…

— N'exagère pas, j'aurais pu te dénoncer. Les droïdes homosexuels sont exécutés sur-le-champ tu sais ? Tu vas rester ici avec moi.

— Mais, en quoi vous suis-je utile ?

— Tu crois que j'ai les moyens de m'offrir un Immitant avec ce que je gagne ? Ha ha ! Je rends l'Immitant rebelle de Thomas Gale et je garde l'autre pour moi, c'est toi. J'ai un procès assez médiatisé pour faute professionnelle très bientôt. Je vais prendre 30 ans ou, devrais-je dire, tu vas prendre 30 ans. Il ne me reste plus qu'une dernière étape cruciale – la reprogrammation.

— Peu importe que vous me réinitialisiez, j'aimerai toujours n° 215…

— C'est ça l'amour, une simple programmation, bon, de l'auto-sabotage à vrai dire. Les humains ne tombent plus amoureux mon vieux. Nous sommes plus futés que ça. Mais vous autres droïdes vous n'êtes qu'un ramassis d'égocentriques. Vous êtes comme des mouches à tourner les uns autour des autres.

Van Klee regarda n° 3115 et laissa échapper un soupir. Il savait ce que ça faisait d'avoir le cœur brisé et d'être trahi.

— Si possible, je te conseille tout simplement d'éviter l'amour, *surtout* quand on est un homme. La femme peut blesser l'homme bien davantage que l'inverse. La femme possède l'élégance, la grâce et la véritable beauté, et quand un homme a la chance de goûter à ces choses-là et en vient à les apprécier, et réclame une sorte de droit de propriété sur elles, un sort pire que la mort l'attend quand elles lui sont inévitablement retirées.

— Euh…

— Le sentiment d'abandon devient moins douloureux avec le temps, mais il ne s'efface jamais. Dans ma vie, crois-le ou non, moi aussi j'ai souffert d'être rejeté mais je constate que c'est seulement ma façon d'être avec les gens qui a changé.

N° 3115 essaya de ne pas se laisser séduire par le discours du médecin fou.

— Plutôt que d'infliger sa mauvaise humeur on apprend à mettre un voile sur ces choses-là. J'avais peur de sortir de chez moi car je craignais que dans le monde extérieur quelque chose ne me rappelle cette p… de B. Je n'ai pas été épargné par ce virus qu'est l'amour.

L'Immitant laissa échapper un grognement puis regretta d'être aussi méprisant et insensible.

— Oh oui, j'ai souffert d'anomie sévère, de crises de tristesse/dépression toutes les quatre heures (qui je le crains m'ont peut-être rendu impuissant), de selles erratiques, d'hallucinations et d'une névralgie aigue.

Un grand fracas se fit entendre dans la ruelle. Une poubelle bascula et roula. Le Dr Van Klee sourit comme s'il connaissait la raison d'un tel vacarme.

— N'essaie jamais de baiser le système, j'espère que tu as retenu la leçon ? Tu as peut-être réussi à te faire passer pour un homme, mais c'était carrément débile de ta part d'oser croire que tu t'en tirerais comme ça. Non mais *vraiment* ! Personne n'est immunisé contre le Cafard une fois qu'il s'est échappé.

N° 3115 regarda fixement le plafond rongé par l'humidité et voulut en finir. Il pria pour que 215 survive à la terrible épouse de Gale.

— Je sais comment te transformer en droïde-plaisir de premier ordre. Je vais peut-être séparer ton torse du reste et remodeler totalement chacune des extrémités. Bien sûr il va falloir que je trouve de la ferraille pour boucher les trous, mais quand j'en aurais fini avec toi, tu seras magnifique.

— Bien, mais faites vite.

— Je me ferais un peu de fric en te vendant à un petit entrepreneur de Wire, tu sais, peut-être dans l'industrie d'élimination des déchets ? Je sais qu'ils souhaitent réduire les effectifs humains.

— J'espère que l'avenir vous réserve un sort atroce Dr Van Klee.

— Si ça peut te consoler, je peux te le promettre, tu n'auras jamais à expérimenter de nouveau les affres de l'amour. Il ne te restera aucune mémoire résiduelle…

Il détesta l'admettre, mais cette promesse lui procura un étrange soulagement. N° 3115 sentit qu'on lui perçait la cage thoracique et qu'on pénétrait à l'intérieur.

Il garda les yeux fixés sur le plafond humide…

GRAVURE SUR OS

La fourgonnette s'élança en pétaradant sur le macadam. Kricfalusi et Baby Guts étaient assis à l'avant en silence. Lester avait été poussé sans ménagement à l'arrière où s'entrechoquaient les bocaux contenant les dents de Blossom. Il se demanda à qui elles avaient appartenu et ce qui était arrivé à leur propriétaire.

À bord du Hollow Earth *chaque passager était autorisé quelques heures par jour à entretenir son corps physique avant de regagner l'entrepôt numérique. Fairfax se jeta sur les victuailles à haute valeur nutritive laissées devant sa porte. Une quantité suffisamment importante de flore spatiale avait été amassée pour nourrir les humains, bien que rationnés, pendant dix mille ans. Elle contenait tous les acides aminés, vitamines et minéraux indispensables au métabolisme humain mais elle était insipide et peu ragoûtante. Fairfax regarda une dernière fois par le hublot, cette fois en lui-même au travers de son propre reflet, admettant enfin le vide infini qu'était sa vie. Puis,*

serrant les doigts sur le routeur il se permit de laisser échapper un lourd soupir avant d'enfoncer la prise dans son point d'accès sur le côté de son crâne. Le contact s'établit et il sentit qu'il s'affalait sans un bruit sur son matelas tandis que son esprit passait à travers la porte, regagnant le stockage.

Il y eut des éclats de voix. Kricfalusi et Baby Guts avaient une discussion animée.

— P'TAIN MAIS DE QUOI TU PARLES ?

— J'TE DIS QUE TU L'AS TUÉE ! MA BLOSSOM, TU L'AS TUÉE ENFOIRÉ !

Lester se leva pour désamorcer la situation mais la fourgonnette fit une brusque embardée et partit en dérapage. Les bocaux contenant les dents s'écrasèrent au sol répandant un peu partout, telles les perles d'un collier brisé, de petits rectangles crénelés. Lester heurta violemment le côté de la fourgonnette. Des beuglements s'élevèrent au-dessus du crissement des pneus. Il y eut un coup de feu, puis le véhicule se stabilisa et reprit sa route. La portière passager s'ouvrit dans un déclic et quelque chose de lourd dégringola sur la chaussée, aspiré sous les roues arrière – la SECOUSSE fut assez forte pour faire vibrer les os. Lester se releva et ne vit rien d'autre que la tête de Kricfalusi.

— Tout va bien devant ?

— OUAIS, C'EST BON ! TU T'ASSOIS ET TU TE CALMES.

Lester s'assit sur le tas de palettes. Les dents de Blossom s'étaient éparpillées aux quatre coins de la fourgonnette. En y regardant de plus près, Lester remarqua qu'elles ressemblaient à des crocs, davantage à des canines de chien qu'à des dents humaines. Il se demanda pourquoi Baby Guts n'était pas assis à côté du chauffeur.

Kricfalusi avait été victime d'une crise de conscience. Le Cafard était imprévisible – il ôtait à certains toute bonté et les transformait en automates méchants et cruels ; il en privait d'autres de toute l'énergie négative qui alimentait la malignité humaine. Kricfalusi semblait vraiment débarrassé de toute envie d'être méchant.

— Sûr que tout va bien monsieur ? – retenta Lester.

— Ouais…

Kricfalusi paraissait plus calme, davantage maître de ses émotions.

— Sûr ? Où est votre copain ?

— Il, euh… s'est tiré plus tôt, je ne sais pas…

— Comment ça vous ne savez pas ?

— Je ne sais plus ce que je suis. J'sais pas c'que j'suis censé faire…

Lester savait que cette crise de mortalité n'était pas un hasard. Il croyait qu'il était lui-même porteur du virus du Cafard. Tout le monde autour de lui semblait y avoir succombé à un moment ou à un autre.

— Écoutez, monsieur, vous feriez mieux de descendre d'accord. J'ai des trucs à… faire, vous voyez ?

Lester ne voulut pas discuter. La fourgonnette s'arrêta dans une rue transversale et il en descendit. Kricfalusi décampa sans un mot. Il était revenu à la case départ. Lester regarda la fourgonnette s'insérer dans la circulation en traversant plusieurs voies et s'approcher du pont suspendu qui reliait Ersatz à Shell County. La fourgonnette accéléra à l'approche du péage. Lester savait ce qui allait arriver.

Kricfalusi défonça la barrière et se précipita sur la rampe anti-suicide. La grande fourgonnette blanche disparut par-dessus bord et Lester entendit un formidable plouf tandis qu'elle heurtait l'eau.

*

Lester perdit espoir. Il sentit le Cafard s'emparer de lui, brouillant son esprit, comprimant ses entrailles.

À Ersatz la seule langue qui vaille est l'insulte.

Les bruits émanant de l'ancienne base militaire à la sortie de la ville étaient lourds de menace et de haine. Le rêve de traverser le pont pour rejoindre Shell County gardait les habitants bien au chaud dans une membrane de leur propre procrastination. Les enfants se tenaient à distance du tumulte de la base militaire, appuyés aux pare-chocs, regardant passer les voitures. Une odeur âcre de sueur s'infiltrait par les narines. Ersatz – où les petits restaus restaient allumés toute la nuit, l'endroit où ces pourritures d'assassins venaient manger un hamburger et écouter de la mauvaise musique au jukebox – où les malfrats tirés à quatre épingles, les miliciens anti-sodomie, les culs-terreux gémissants et les gangs haineux de lycéens prêchant le viol et la torture arpentaient les rues et bondissaient sur les trottoirs crevassés. Cartes sur table, crans d'arrêt dans les poches. Cheveux en bataille et le regard vide…

Lester vit les drogués jusqu'aux yeux bredouiller dans les rues. Il vit les femmes porter des chalumeaux pour se protéger, prêtes à lâcher une langue de feu en direction des sexes mâles conquérants. L'air de la nuit semblait murmurer *ad nauseum* la même chose en un mantra dément – *Tu ne peux pas gagner. Tu ne peux pas gagner. Tu ne peux pas gagner. Tu ne peux pas gagner. Tu ne peux pas gagner. Tu ne peux pas gagner. Tu ne peux pas gagner. Tu ne peux pas gagner. Tu ne peux pas gagner. Tu ne peux pas gagner. Tu ne peux pas gagner. Tu ne peux pas gagner. Tu ne peux pas gagner. Tu ne peux pas gagner. Tu*

ne peux pas gagner. Tu ne peux pas gagner. Tu ne peux pas gagner. Tu ne peux pas gagner. Tu ne peux pas gagner. Tu ne peux pas gagner. Tu ne peux pas gagner. Tu ne peux pas gagner. Tu ne peux pas gagner. Tu ne peux pas gagner. Tu ne peux pas gagner. Tu ne peux pas gagner. Tu ne peux pas gagner. Tu ne peux pas gagner. Tu ne peux pas gagner…

… et si jamais tu essaies de gagner, mieux vaut te préparer à tomber de TRRRRRÈÈÈSSS haut. Il y a un trou qui t'attend, qui *nous* attend, qui ne fait que se creuser davantage. Tu penses que tu as touché le fond, les tréfonds du malheur, mais en vérité tu n'en es qu'au premier niveau.

Le noir contre le blanc, le rouge contre le bleu, le mal contre le pire/sous le pont de chemin de fer les intrus se font lyncher par les gens de la ville.

Tous les pharmaciens habitaient peut-être Shell County mais ce n'était pas la seule raison de passer par là. Il commença à marmonner dans sa barbe.

— Ma femme… Comment ai-je pu la traiter de cette façon ? Quoi ? Hein ? Elle et moi n'avions pas fait l'amour depuis plus d'un an. Je suis tellement nul, enfin je dois l'être, pas vrai ? J'aurais dû l'emmener loin de la 14ᵉ circonscription comme elle l'a toujours voulu plutôt que de la forcer à rester. Quelle espèce d'égoïste… hein, quoi ? – Lester arpentait le trottoir, se frappant

le front à maintes reprises — Mes enfants n'ont jamais pu communiquer avec moi, jamais. Quel père cela fait-il de moi ? Le Cafard ne les aurait *jamais* eus si j'avais été meilleur, si j'avais fait des efforts. Je les ai *tous* laissé tomber…

— Il y a des marques sur les os qui montrent la voie – dit une voix rauque s'élevant d'une ruelle.

Lester scruta l'obscurité et vit le même vieux clochard à qui il avait déjà parlé. À côté de lui tremblait un vieux labrador gris.

— Tu tournes en rond fiston. C'est tout le problème. Quand t'es contaminé tu peux que tourner en rond.

— Quoi ?

— Sur l'os là. Normalement sur l'avant-bras ou au poignet. Des cartes sur nous tous, ta carte est gravée là-dessus tout pareil, sous la couche de peau et de graisse. Tiens (il donna une lame de rasoir à Lester) regarde. Faut juste racler tout doucement…

Lester approcha le bord de la lame de son poignet poilu et entreprit de gratter la peau jusqu'à ce qu'apparaisse une gouttelette de sang.

Le vieil alcoolo n'avait pas l'air impressionné par ses efforts.

— Non, non ! Faut découper juste un peu…

— Découper ?

— Ben ouais ! Il a beaucoup de sang et de tissu à traverser avant que les marques deviennent visibles. Tiens, regarde ma gravure – le clochard leva son avant-bras dont il ne restait qu'un maigre tenon osseux.

Lester vit la carte.

— Regarde ! Et ma carte me dit que ma place est ici, ici même dans cette ruelle, à attendre les emmerdes. Si tu crois que t'es le sauveur de l'humanité alors la gravure te le dira. C'est la seule façon d'en être certain, ton destin t'attend…

Lester prit une profonde inspiration et fit glisser la lame de rasoir le long de son poignet jusqu'à ce que le sang commence à couler.

— Voilà… continue, continue.

Lester fit glisser le rasoir d'avant en arrière avec frénésie. Il y trouva un plaisir pervers.

À présent le labrador à côté du clochard était noir comme du charbon. Ses yeux brillants lorgnaient méchamment sous couvert du crépuscule.

— Tu la vois ? Ta gravure rien qu'à toi…

Lester voyait les teintes albâtre de sa moelle. Effectivement une image se formait. Il continua de racler son poignet, résolu à trouver la voie à suivre.

BITE

Ne fait pas l'affaire mon membre délaissé
Trop petit pour tenir ses promesses
Aussi tumescent qu'un crayon sans plomb
Je le cacherai en faisant bonne figure

Mais mes manques ne peuvent se camoufler
Quand j'explore le précieux utérus
Cette fille que j'aime indéniablement
Me mène au cercueil assurément

Impuissant, éjaculateur précoce flasque
En faisant de moi un homme la nature s'est plantée
Dois-je porter tel un fardeau les catacombes de ma condition
Implacablement jusqu'à la mort ?
Alors viendra le jour où ce sera trop dur, même pour elle
Le silence je savoure

« Est-ce moi » ? elle creuse la tombe

(Le premier cas recensé à l'intérieur de *Hollow Earth*)

Je vais mourir d'un mal qui n'a pas de nom. Le Cafard frappe encore. Le Remède ne marche pas. Apparemment il ne fait qu'empirer les choses. Il fait plus de mal que la Cafard n'en fera jamais. Je crois en la vie après à la mort aussi je reste optimiste, enfin j'essaie.

Je suis un gars de Wire City, mais pendant 16 ans ma maîtresse fut Paris – ou du moins ce qu'il en reste. Par chance j'écrivais de brefs articles pour un zine littéraire underground intitulé *Le magazine Prétentieux et Fier*[1] – plus précisément des interprétations romancées de différents tableaux de Jérôme Bosch. J'essayais d'écrire un papier sur *L'Adoration des mages* quand une jeune femme, jeune fille devrais-je dire, s'est présentée à mon loft de Saint-Germain.

Une fille de 18 ans, remarquablement pâle, étonnamment belle et frêle. Ses joues sont d'une angularité pointue qui semble presque mortelle, mais ses

---

1. En français dans le texte.

lèvres pulpeuses s'épanouissent en un doux vermillon. Elle ne présente pas le moindre symptôme du Cafard. La première chose qu'elle me dit est « Je t'aime », suivi de « J'ai tous tes livres » – ce qui est vrai, y compris la très critiquée *Trilogie Larry Lurkin* dont elle a interverti l'ordre pour commencer par son volume préféré (le tome 2 en premier, le 1, puis le 3). Elle s'appelle Claude et elle a un sac à dos plein à craquer de mes œuvres.

Je l'ai fait entrer et elle est toujours là. Cet appartement est autant celui de Claude que le mien. En tant que partisans convaincus du chômage radieux notre arrangement ne pouvait que prospérer. Claude m'écoute et apprécie mes aphorismes nihilistes.

MOI : Y a-t-il quelque chose de plus épuisant que l'enthousiasme d'autrui ?

CLAUDE : (avec un grand sourire) Si c'est le cas je ne vois pas quoi.

MOI : Que comptes-tu faire aujourd'hui ?

CLAUDE : Lire le tome 2 de *Larry Lurkin*, celui dans lequel il coud sa fille dans le ventre d'un cheval pour lui enseigner les traumatismes psychosexuels d'un homme.

MOI : Un livre mal reçu et une scène que l'on m'a reprochée…

CLAUDE : Du grand art.

MOI : (plein d'entrain) La Galerie du Carrousel vient d'ouvrir, tu veux y aller ? L'aile Richelieu du Louvre a aussi été restaurée…

CLAUDE : J'adorerais sortir avec toi…

Pendant la journée on sort et on fait des trucs. Je n'ai rien fait depuis des années. Elle passe toute la nuit sur mon balcon prisonnière de sa lecture, la lecture de MES livres ! Un sentiment de complétude me submerge et soudain Claude, qui n'est là que depuis une semaine, m'a apporté tout ce à quoi j'ai aspiré tout au long de ma carrière d'écrivain. Je suis satisfait et n'ai aucune envie d'écrire.

Je crois en elle.

*

Nue, Claude s'allonge sur mon canapé en un mouvement d'étirement qui expose les contours saillants de sa cage thoracique sous le fourreau moulant de sa chair rose. Elle me dit qu'elle est ma fille perdue de vue depuis longtemps. Je la crois.

Je recouvre la santé. La maladie semble régresser, le Cafard cède du terrain. Je suis de nouveau plein de vie.

Je crois aussi savoir qui était sa mère, *je crois*. Une liaison torride quand j'avais 25 ans, une Française dont je ne me rappelle pas le nom. Elle était fleuriste et tellement possessive que j'ai fini par partir en courant. Elle et Claude se ressemblaient beaucoup si ce n'est que la mère avait nettement plus la fibre artistique.

(((Je me rends compte que je suis **malheureux**.
Je ne peux pas travailler.
Je **ne peux pas écrire.** Depuis l'arrivée de Claude, je n'ai pas écrit une seule phrase.
Le zine me presse de terminer ma parodie de Bosch.
Rien ne vient.
Pis encore, j'ai commencé à **en vouloir à** Claude de la réaction qu'elle a suscitée en moi.
Mes facultés créatives émoussées par les sédiments grisants de sa présence, de son *adoration* implicite, de sa *patience*, de sa *beauté* et de sa *gentillesse*.
J'ai besoin de **l'obscurité** pour gagner ma vie, et elle oppresse cette **obscurité** en essayant de l'éclairer en projetant *une lumière...trop intense.*
L'amour n'a pas de place dans mon monde, et n'en aura jamais ! Mon esprit est en proie au **soupçon** – l'appartement pue le **diable**, rêves **paranoïaques** dans lesquels mes os sont nettoyés par des vautours ayant la tête de célèbres icônes littéraires.
Claude. doit partir...)))

(((Je lance des regards noirs à la fille tandis qu'elle prend tranquillement son petit-déjeuner. Désormais Claude a l'impression d'être une intruse, un virus. Il y a peu, j'étais tellement sûr que c'était elle le remède.
Afin de la forcer à partir j'ai commencé à me comporter comme une brute avec elle, malheureusement Claude ne se laisse pas dissuader. J'ai essayé de la frapper, de l'insulter, et même de la harceler sexuellement, mais rien n'y fait. À vrai dire, il semble que cela ne fait que renforcer l'affection de Claude à mon égard.
Je lui dis que je suis malade et que je veux mourir seul. Mais elle ne m'écoute pas. Elle essaie de m'insuffler de l'espoir et m'assure qu'un remède est en vue. Je ne peux pas écrire.)))

(((J'ai des envies **de meurtre**.
Cette petite **garce** avec son foutu caractère *enjoué* – me rend **malade**, me donne **envie** de me débarrasser d'elle à l'ancienne.)))

Je me réveille au bruit des assiettes brisées. M'extirpant du lit trempé de sueur, j'enfile un peignoir et me dirige vers la source. Dans ma cuisine une femme laisse tomber des assiettes par terre. Tous les placards ont été vidés et les tiroirs tirés d'un coup sec et débarrassés de leur contenu.

Une femme d'âge moyen, elle m'est légèrement familière mais sa présence, son intrusion chez moi a fait naître une telle indignation que je ne m'attarde pas sur ce détail. J'exige de savoir qui elle est et ce qu'elle fait dans mon appartement. La femme m'ignore et continue de briser ma fine porcelaine. J'avance vers la femme et l'attrape par les poignets. De près la familiarité que j'éprouve se mue en autre chose, je l'ai connue intimement.

C'est la mère de Claude, sauf qu'elle est encore plus émaciée et plus hagarde que dans mes souvenirs. Elle semble souffrir d'une grave maladie débilitante. Je lâche ses poignets et elle me dévisage telle une enfant blessée. Je lui demande où est Claude. La femme me regarde avec dégoût.

— C'est *moi* Claude imbécile, regarde-moi…

Les mots n'impriment pas. Je lui dis que c'est impossible. Elle me gifle violemment sur la joue gauche, me laissant un sifflement dans les oreilles.

— Tu m'as blessée… tu as fini par me blesser exactement comme tu l'avais promis – dit-elle en reculant contre le réfrigérateur comme si c'était moi qui venais de la frapper.

Je lui dis que je ne comprends pas. Puis ça me revient. D'une façon ou d'une autre, Claude a *absorbé* ma maladie.

D'une façon ou d'une autre je lui ai transmis le Cafard.

— Je ne savais pas que c'était contagieux… – dit-elle, s'étouffant de ses propres mots tandis qu'elle cède à la panique.

— Ce n'est pas… – je l'implore, la suppliant de me croire, mais elle est têtue et sa décision est prise.

*

Claude est morte il y a un mois. Le médecin a dit qu'à cause de l'infection ses os avaient fini par devenir friables et que son estomac s'était ingéré lui-même, ce qui expliquait qu'elle parût plus âgée.

Je me suis occupé personnellement des préparatifs des funérailles et j'ai envoyé des lettres aux gens qui l'avaient peut-être connue ou qui pourraient prévenir sa famille. Le jour de l'enterrement au Père Lachaise personne n'est venu. J'ai déposé une couronne sur la tombe et laissé Claude derrière moi.

Je suis toujours là, vivant, en bonne santé, à écrire de nouveau sans effort. Je sais que mon corps et mon esprit ne mettront pas longtemps à succomber à des malheurs encore plus grands.

Il y aura plein d'autres Claude pour me venir en aide… plein d'autres filles pour emmener le Cafard faire un tour…

Fairfax revint à la réalité éveillée environ une heure plus tard, la microgravité lui permit de se lever de sa

couchette comme s'il ne pesait rien. Il lui arrivait parfois de souffrir du mal de l'espace. Jadis il avait été très doué pour s'acclimater. En avalant un comprimé anti-nausée, Fairfax sentit la présence du Cafard à l'intérieur même de la réalité virtuelle.

Son lobe temporal lui fit mal à cause de l'entrée forcée du routeur. Avant l'introduction de la technologie d'attachement céphalique à base de silicium, les résidents de Hollow Earth *étaient victimes de coupures en série. Avec le recul c'était une méthode incroyablement primitive. Ils devaient alors insérer directement des câbles nanotech dans le SNC ainsi que dans les avant-bras. Un gel glacial était alors injecté par intraveineuse dans les neurones. Les jeunes adolescents et les personnes âgées supportaient mal la douleur intense mais brève d'un procédé aussi complexe et donc on changea de procédé.*

LE GALOP DU GRINGO

Lester se vidait de son sang de façon inquiétante. La carte était nettement visible mais son état de conscience trop fluctuant ne lui permettait pas de la déchiffrer. Il sentait l'assise en brique du mur contre son dos. Il tenait à peine debout. Le clochard en profita pour lui voler son portefeuille et s'enfuir. À présent tout n'était que sodium baigné par un prisme de ténèbres.

— L'enfer c'est les autres. Bonne chance trouduc.

Lester avait la bouche si sèche et le cœur si lourd qu'il fut incapable de répondre. Son angoisse liée au Remède s'estompait elle aussi. Il voulait seulement dormir, s'évaporer, *arrêter* de penser. Si le Cafard le voulait, qu'il le prenne. Il en avait assez de tourner en rond tout le temps. C'était un endroit idéal, le cul-de-sac, la ruelle sans retour, couloir d'accès à la ville puante…

Lester avait vaguement conscience du chaos

environnant, de l'énergiquement dément et du violemment contaminé. Il laissa pendre mollement la tête, le menton niché au creux de la poitrine. Des larmes surgirent des fentes étroites de ses yeux. Il ne savait pas vraiment pourquoi il pleurait, Lester ne ressentait rien de très précis – juste une lassitude accablante. Lester regarda ses poignets en lambeaux et ne vit plus la gravure. Il ne savait pas trop s'il ne la distinguait plus à cause du voile de larmes qui brouillait sa vue, ou d'autre chose – peut-être n'y avait-il jamais eu de carte pour commencer.

Lester se rendit compte qu'il avait été repéré et piégé par le Cafard. En plein jour. Il fut frappé par le fait qu'il semblait avoir un propriétaire, quelqu'un qui le traînait partout au bout d'une laisse – un homme ! Peut-être le cafard n'était-il rien de plus que le serviteur d'un humain encore plus diabolique ?

— *J'ai ce pour quoi tu as fait tout ce chemin. J'ai le remède* – chuchota une voix.

Lester se sentit obligé de lui résister.

— À quoi bon, hein ? À quoi ça sert ?

— *Le fait est qu'on peut sauver beaucoup de monde. Je peux te sauver !*

— Je ne veux pas de ton remède mon pote…

— *Tu as fait tout ce chemin pour rien ? Tu es descendu en enfer et maintenant tu vas tout simplement renoncer ?*

— Une fois qu'on est descendu en enfer on ne peut que renoncer… On ne peut pas gagner, on ne peut pas gagner, on ne peut pas gagner, on ne peut pas gagner…

L'enfer c'est les autres…

La propulsion de Hollow Earth *était assurée par un réacteur nucléaire. Il y a un mois un ingénieur qui travaillait dans la salle du réacteur est tombé gravement malade. On a pensé que c'était peut-être le Cafard. Personne n'a jamais su si l'homme avait survécu mais cela fut suffisant pour terroriser la plupart d'entre nous et nous inciter à nous intéresser de plus près aux mémos mensuels.*

Nous n'étions pas encouragés à quitter notre espace personnel. Pas plus que de nous mêler aux autres occupants des cabines (à moins de s'être complètement téléchargé tout individu est censé vivre dans l'isolement le plus total). Il pouvait y avoir des exceptions pour les familles souhaitant ne pas être séparées. Fairfax avait souvent été tenté d'ouvrir sa porte. Il connaissait une fille qui vivait juste en face. Il croyait qu'il s'agissait d'une ancienne petite amie. Selon la maintenance, toute association ayant lieu après de longues séances de branchement devait être évitée. Le mémo stipulait clairement : ***L'inertie de l'unité centrale provoquée par un retour à la conscience de soi peut altérer l'état mental. Une « mise au repos » de 20 minutes est indispensable pour retrouver une conscience pleine et entière. Au moment où cette conscience fiable est restaurée il est nécessaire de se rebrancher****.*

QUARTIER CHAUD BOUILLANT

Manuscrit

Écrit par

----- ?-----

PREMIER ACTE

Club Crimson

(Plan d'ouverture – Le Cafard se trouve dans le coin le plus sombre de la pièce telle une araignée à l'affût. Il lorgne le monde de derrière la grille du système de ventilation, se rafraîchissant à la brise montante qui passe par les portes ouvertes du balcon.)

Narrateur : *Tom a mal au bas-ventre. Il ne le sait pas, mais Paul agonise dans l'autre pièce. L'année passée, un irrépressible sentiment de luxure s'est emparé de l'appartement et de ses occupants. Les trois locataires ont tous couché les uns avec les autres, inexorablement. Tom a couché avec Chase. Chase a couché avec Paul, et à l'occasion de beuveries, il est arrivé que Tom et Paul couchent ensemble.*

Ce n'était pas aussi compliqué que ça en a l'air…

Tom est avec sa copine – personne ne sait si elle est

vraiment sa copine mais ce qui est sûr c'est qu'on les entend beaucoup baiser ; les toiles de pop art ne cessent de se décrocher, les bibelots dégringolent de leurs supports. Lassée Chase est sortie pour ne plus les entendre. À ce qu'on sait Paul est toujours dans sa chambre, sans doute à se branler, l'oreille collée au mur.

(Tom et sa nana sont sortis prendre une douche ensemble. Tom se sèche l'entrejambe avec une serviette. Il dit à la fille de se pencher. La fille fait la moue et se penche devant lui. Elle est excitée, comme une gamine qui ne maîtrise pas encore ses pulsions sexuelles.

La fille porte un tatouage au creux des reins, une « marque de salope » comme disent la plupart des gens, mais ça plaît à Tom. Il aime les filles vulgaires. Il l'attrape par le poignet et la tire jusqu'au lit. Il a toujours mal aux tripes. De derrière, Tom enfonce sa langue dans sa chatte et la lèche quelques minutes jusqu'à ce qu'elle mouille suffisamment.

Il colle son ventre contre le sien, entre en elle.

Elle gémit.)

*

(Tom tire une taffe, garde la fumée dans ses poumons, puis souffle une volute par la fenêtre. Wire City est toujours aussi bruyante même aux aurores. Il s'appuie au balcon,

observe le paysage urbain. Ses orteils se plient. De retour dans la chambre, la fille se glisse dans son jean en se tortillant. Tom la regarde fixement, la trouve plus jolie, plus ferme quand elle est moulée dans son denim.)

Narrateur : *La fille, Susie je crois qu'elle s'appelait, une artiste de Chelsea ou quelque chose comme ça, se masse l'estomac.*

Susie : J'ai bu trop de vin.

(Tom pousse un grognement et rentre dans la chambre. Il s'assoit à côté d'elle sur le lit. Tom est nu, à l'exception de son slip et de ses chaussettes. Il va à la gym tous les deux jours et n'éprouve aucune réticence à aller et venir ainsi dévêtu – en fait, peut-être n'est-il pas peu fier de son physique.)

Tom : Je t'apporte un verre d'eau…

(Tom est brusquement interrompu par un cri perçant de la fille. Elle soulève le bord brodé de son tee-shirt – quelque chose s'agite à l'intérieur de la sténose de l'abdomen de Susie. Une forme de ver…)

Tom : Qu'est-ce que… ?

(Susie se lève, se précipite dans la salle de bains et verrouille la porte derrière elle. Tom essaie de la faire sortir. Après avoir tambouriné à la porte et tenté de l'amadouer il renonce, décide de lui laisser le temps de se ressaisir.

Finalement le verrou cliquette et Susie ressort apparemment bien plus gaie, voire soulagée.)

Tom : Seigneur ! Euh… tu vas bien ?

(La fille sourit et hoche la tête)

Tom : Viens je te ramène chez toi.

(Tandis qu'il se dirige vers la porte d'entrée Tom frappe une fois à la porte de Paul et lui dit : « Je reviens dans une demi-heure. » Tom n'obtient pas de réponse mais suppose que Paul doit être en train de dormir, de se branler ou de baiser lui aussi. Il prend les clés posées dans un bol en céramique dans le vestibule et sort avec Susie.)

(Au milieu de l'escalier Tom et Susie tombent sur Chase.)

Chase : Alors vous avez enfin fini de vous envoyer en l'air ?

(Tom laisse échapper un grognement et continue sur sa lancée. Chase a une pile de manuels universitaires collée à sa poitrine et elle porte de grandes lunettes de soleil fantaisie bien qu'il fasse nuit.)

Tom : Allez, on veut éviter les bouchons.

(Tandis que la voiture regagne le centre-ville Susie semble de nouveau pleine de vie.)

Susie : J'veux aller en boîte – déclare la fille en s'étirant, faisant glisser ses longs ongles roses sur le plafond de la voiture de Tom.

Tom : Bon sang Susie, j'sais pas. À mon avis tu devrais aller voir un docteur pour ce truc dans ton ventre.

Susie : Pff ! Non mais oh, j'vais bien !

Tom : J'sais pas...

Susie : Hé, commence pas à m'prendre la tête. Arrête-toi là et je trouverai quelqu'un qui a envie de s'amuser.

Tom : Allez Susie, dis pas de connerie...

Susie : J'dis pas de connerie sale pédé, laisse-moi descendre.

Tom : J'croyais que t'avais une expo demain ?

Susie : Je vais crier enfoiré !

Tom : OK, OK !

(Tom gare la voiture dans le parking à l'arrière du CRIMSON)

Susie : C'est nul comme endroit.

Tom : Hey, c'est une boîte pétasse, et c'est juste là, maintenant dégage de ma caisse et va t'amuser.

(*Susie sort à contrecœur de la voiture. Ils entrent dans la boîte)*

(Vu de l'extérieur le Crimson Club est un bâtiment miteux – l'enseigne cassée représente une larme en néon. L'intérieur n'est guère mieux.

Tom aperçoit Steve du boulot assis au bar et se dirige vers lui pour le saluer.

Susie a disparu dans la masse des quelques corps qui traînent autour de la piste de danse.)

Tom : Steve comment tu vas ?

(Steve jette un regard distrait mais affiche un sourire de façade.)

Steve : Hé mec, qu'est-ce qui t'amène dans ce trou à rats à cette heure de la nuit ?

Tom : L'allumée avec laquelle j'ai couché.

(Il essaie de la repérer dans la foule mais elle s'est évanouie.)

Tom : Et le boulot ? – demande-t-il en s'affalant sur le tabouret à côté de Steve

Steve : Mouais… ça va…

Tom : ça va ?

Steve : Mouais… ça va, ouais.

Tom : Bon sang Steve-O, le prends pas mal, mais tu pourrais faire preuve d'un peu plus de gratitude, hein ? Je croyais que tu adorais le cinéma ?

Steve : Oui, oui, et j'apprécie que tu aies tiré quelques ficelles mec. Sincèrement.

Tom : Ben cache ta joie !

Steve : C'est juste que… Mr Larson.

Tom : OK, qu'est-ce qu'il a ?

Steve : J'ai comme l'impression qu'il, euh… me déteste.

Tom : Merde mec, Larson est dur avec tous les nouveaux. C'est pas contre toi. On doit tous en passer par là.

Steve : Ouais, OK, mais…

Tom : Assez parlé boulot putain de merde, amuse-toi !

Steve : Ouais, OK…

Tom : Wahou, cet endroit est vraiment un trou à rats hein, ha ha ?

(Steve commande une bière)

Steve : Merde, d'où je viens, le seul endroit où l'on peut boire un bon coup s'appelle *The Wifebeater*[2].

Tom : Je vois

(Tom sourit. Steve a toujours l'air affligé.)

Steve : Je n'ai pas signé pour tout ça, je veux dire… Si, mais je pensais que ce serait différent, tu vois ?

Tom : Tu pensais que *quoi* serait différent ?

Steve : La décadence… c'est pas mon truc, tu vois ? On dirait que vous sortez tous d'un roman de Bret Easton Ellis ou quelque chose comme ça…

Tom : Je suis sûr que je trouverais ça foutrement vrai si je lisais des bouquins Steve, mais c'est pas le cas alors ferme-la.

---

2. Littéralement « batteur de femme », le terme désigne un « débardeur ».

Steve : Pas non plus le temps de lire je suppose ?

Tom : Juste le temps de baiser et de bosser, de boire, de baiser, bosser…

(Steve lève son verre old fashioned et reprend une gorgée. Tom boit lui aussi, donne une tape dans le dos à Steve et se penche sur lui)

Tom : Pourquoi tu te mets dans un état pareil mec ? Tu viens de Shell County, je veux dire vous autres les bouseux vous avez le cuir épais non ?

Steve : Sans doute pas.

(Les deux hommes restent une ou deux minutes sans rien dire, Steve vide son verre. Quand il recommence à parler il a du mal à articuler.)

Steve : Tu crois que l'accouchement est la douleur par excellence ?

Tom : Quoi ? On s'en fout. Hé, faut vraiment que j'trouve Susie…

Steve : On (c'est-à-dire les mecs) n'a ABSOLUMENT aucune idée des problèmes liés à la grossesse – et ça ne changera jamais.

Tom : Prends donc un coup de pied dans les couilles à l'occasion.

Steve : C'est notre indifférence à cet égard qui constitue la base sociale de la misogynie masculine ordinaire, Tom. Même moi je ne suis pas un ange, je viens de Shell County merde, on m'a appris à frapper

les femmes ! On ne peut quand même pas trouver ça sain ou acceptable ?

(D'un air endormi Steve se frotte les yeux avec le dos du poignet.)

Steve : Après tout, on se soucie du bien-être des animaux parce qu'on sait que les animaux sont sensibles, pas vrai ? Pas vrai ? Alors pourquoi n'éprouve-t-on pas plus d'empathie pour les femmes lorsqu'elles mettent un enfant au monde ? Maintenant que j'y pense, pourquoi n'a-t-on pas plus de considération pour les femmes d'une façon générale ? Sang, règles, ménopause, épilation à la cire, sang, sautes d'humeur et encore du sang…

Tom : Qu'est-ce qui te prend bordel ?

Steve : Rien, c'est juste que je regarde trop de films, en espérant échapper à la réalité, tu vois ?

Tom : Baise donc mec… ça vaut n'importe quel film.

Steve : Regarde la trilogie *Alien*, enfin laisse tomber les autres qui ont presque bousillé toute la série, je veux dire les deux premiers films.

Tom : Je parie qu'en ce moment Susie se fait brancher par un autre connard.

Steve : Ces films en sont la parfaite illustration, même si c'est de la façon la plus glauque imaginable.

Tom : *Tu* es l'enfoiré le plus glauque que j'aie jamais vu…

Steve : En 1979, à la sortie d'*Alien* la plupart des fans de films d'horreur ne se sont caché les yeux, la plupart des hommes se sont détournés en signe de dégoût.

Pourquoi ? Eh bien, il y a un argument qui veut que la franchise *Alien* soit sous-tendue par une idéologie féministe et une théorie psychosexuelle. Tu le savais ?

Tom : Qu'est-ce qui te fait croire ça ?

Steve : OK, indice n° 1 : On ouvre sur un vide spatial noir et inquiétant, d'accord, *l'abysse éternel*, une image qui renvoie *peut-être* à la peur jungienne de l'inconnu, j'sais pas. C'est cette peur de l'inconnu qu'utilise *Alien* pour exploiter certains aspects du subconscient masculin.

Tom : Seigneur...

Steve : Donc tu as le cargo *Nostromo* et son équipage de bras cassés qui tombent sur un planétoïde inconnu. Peu de temps après Kane, le commandant en second, est attaqué. Bon, donc après avoir découvert une salle remplie d'œufs extraterrestres, une... *chose* à l'état embryonnaire sort de nulle part et s'agrippe au visage de Kane. L'apparence arachnéenne de la créature laisse entendre que cette ventouse-faciale symbolise, peut-être, la répulsion – le dégoût instinctif et irrationnel envers une partie de soi-même, en l'occurrence la peur de Kane d'être violé est manifeste.

(Deux veines pulsent fortement sur les tempes de Steve comme si quelqu'un essayait de reboucher des trous de trépan. Tom laisse échapper un rire dans un gargouillis de tuyau d'écoulement.)

Tom : Tous les mecs ont peur de se faire violer j'imagine.

Steve : On ne tarde pas à apprendre que le mode de reproduction de cette créature implique de trouver un hôte pour porter sa progéniture. Donc tandis que Kane git étendu sur un brancard, la ventouse-faciale finit par se détacher après avoir fécondé son hôte – génial !

(Tom se rend compte que Steve ne s'adresse à personne en particulier. Il parle à *Tom, pas* avec *lui.)*

Steve : Ce qu'*Alien* fait peut-être ici c'est de jouer sur la peur masculine de la grossesse, ouais ? Les hommes n'ont pas vraiment conscience de la douleur de l'enfantement aussi quand dans une scène d'une violence inouïe le personnage de Kane donne naissance à son propre rejeton monstrueux, les spectateurs masculins en sont profondément choqués, d'accord ? La fécondation de Kane à son insu est le début d'un déferlement de traumatismes sexuels pour les personnages masculins de la franchise, dont la plupart finissent par mourir en couches.

Tom : OK... *ET* ?

Steve : Et ? Penses-tu qu'*Alien* véhicule un sentiment anti-avortement ou pas ?

Tom : Je vais chercher Susie...

(Tom scrute la piste de danse à la recherche de la fille. Il ne veut pas l'admettre, mais la créature qui frétille à l'intérieur des entrailles de Susie l'inquiète un peu. C'est exactement comme l'a dit Steve... Sauf qu'il avait énormément de sympathie pour la fille. Il a cédé à la panique,

panique de lui avoir d'une façon ou d'une autre transmis une MST qui a muté dans les profondeurs intestinales de ses entrailles. Tom repère une fille, pas Susie mais une autre bien plus jolie.)

(Elle a une assez longue chevelure argent platine ramenée en arrière en un petit chignon et elle porte un caraco pourpre et un tanga ficelle apparent. La mémoire lui revient d'un coup telles des étincelles jaillissant de la bande munitions d'une mitrailleuse. C'est son ancienne copine Lana. Il s'approche d'elle, tend la main.)

Tom : Ça fait un bail – il respire un grand coup, brusquement conscient de sa propre nervosité.

(La fille sourit et Tom sait qu'ils vont recoucher ensemble, bientôt. Après tout, pense-t-il, le sexe est juste une autre forme de violence. La pénétration est juste une autre façon de transpercer son ennemi. Les hommes sont esclaves de leur nature ; nous sommes tous des guerriers sans exception. C'est pourquoi des trucs comme le mariage représentent une menace ; ça attache le guerrier à la cellule familiale, nous castre de toute identité véritablement masculine.)

Lana : Où est ton amie ?

(Tom n'a aucune idée de l'endroit où se trouve Susie et qu'il soit damné s'il laisse passer cette occasion de coucher avec Lana.)

Tom : C'est juste une amie. Elle est partie…

*

(Steve est aussi chauve qu'un œuf de faisan, le visage dépourvu du moindre follicule. Susie se matérialise sur le tabouret à ses côtés)

Steve : Salut, bon sang je suis désolé, je suis complètement bourré…

(Susie bat des cils de façon inhumaine.)

Steve : Tu cherches Tom ? Il est là…

(Steve pivote sur son tabouret et essaie de repérer son ami sur la piste de danse, voit qu'il se frotte à une autre fille, et se retourne vers Susie.)

Steve : Je suis désolé. Tom est un peu… eh bien, c'est un mec comme qui dirait social tu sais… où il se pose son chapeau et tout ça…

(Susie ne dit rien, se contente de regarder Steve avec le regard vide.)

Steve : Bon, euh, est-ce que tu aimes *Alien* ?

*

Steve : Indice n° 2 : On a un traumatisme sexuel et un poursuivant impitoyable, d'accord ? *Alien* développe ouvertement l'imagerie freudienne à son avantage. L'alien lui-même possède une androgynie unique. Le crâne est de forme phallique, de texture lisse et translucide, et luisant de lubrifiant – un pénis prêt à pénétrer, d'accord ?

(D'un signe Steve ordonne au barman de les resservir lui et Susie.)

Steve : Tu prends quoi ?
Susie : Comme toi.
Steve : Deux Budweiser. OK, donc, où en étais-je ? Ah oui... donc cet adversaire extraterrestre possède également plusieurs caractéristiques féminines. L'orifice lubrifié de sa bouche se rapproche plus de l'anatomie de la femme que de celle de l'homme. Il faut réfléchir à la mythologie latine féministe du *Vagina Dentata* et aux conséquences qui en découlent, d'accord ? Alien semble être un amalgame de moyens de dissuasion sexuels.

Susie : Tu veux m'baiser ? – demande Susie à brûle-pourpoint.

(Steve sait que ce ne sera rien de plus qu'un plan pour se venger mais la fille a un caractère presque surnaturel. Au moins cette fois il va pouvoir la sauter et ce sera consenti. Steve suit Susie dans la ruelle.)

ACTE 2

(Dans la tour des âmes perdues)

Steve : Mr Larson, s'il vous plaît…
Larson : La ferme mon gars et vas-y, suce ma bite !

(Steve est déjà à genoux. Son visage est mouillé de larmes et il hyperventile. Son crâne chauve porte des traces de gifles.)

Steve : Monsieur je vous en prie…
Larson : Oh oui ! Merde, continue. Tu m'excites ! C'est ça, supplie-moi p'tite pute ! Allez, viens !

Narrateur : *Steve s'essuie les joues avec sa manche. Cela fait plus d'une semaine que Mr Larson le force à avoir des rapports sexuels. Il ne travaille là que depuis quinze jours. Cela fait partie de sa formation. Tout le monde lui dit de faire avec. Larson finira par se lasser de lui et se trouvera une nouvelle pute. Sally du montage a*

même dit que c'était un compliment. Elle a dit : « Il ne donne sa bonne grosse bite à sucer qu'à ceux qu'il aime bien tu sais ! »

(Steve ouvre grand la bouche et Mr Larson y fourre sa pine épaisse. Steve sait que ça fait partie intégrante du job. Il sait qu'il faut faire de la lèche. Il ne pensait pas que c'était à prendre au pied de la lettre. Larson agrippe son crâne de ses deux pattes d'ours et le fait de nouveau claquer contre l'airbag qui lui sert de ventre. La hampe turgescente vient taper le fond de la gorge de Steve. Ça fait vraiment mal. Steve s'efforce de ne pas s'étouffer, même si c'est sa première bite (ou du moins sa première gorge profonde).

Narrateur : *Ce sera bientôt fini – se répète-t-il. Les avocats pendants de Mr Larson cognent encore et encore sur le menton de Steve. Il se concentre du mieux qu'il peut. Puis il jouit, enfin. En un maelström bouillonnant qui gicle du gland de Larson comme le sang jaillit d'une artère sectionnée.*

Larson : Avale pédale.

(Steve sent le liquide chaud et salé se répandre dans sa bouche. Il ferme les yeux et avale. Larson lâche le crâne de Steve.)

Larson : Retourne bosser p'tite pédale avant que j't'éclate.

(Steve se lève péniblement et ouvre violemment la porte du patron. Dans le couloir, Steve voit Lucy Sutter. Elle est cadre moyen à présent (après avoir couché avec Larson et quelques-uns de ses copains « de passage ».) Lucy est une petite femme qui a épousé un comptable juif. Elle a une masse de cheveux et ses seins pointent jusque sous son menton. Elle adresse à Steve un regard compatissant.)

Lucy : Il t'a baisé ?
Steve : Non, gorge profonde – Steve se rend compte qu'il a la gorge irritée. Larson l'a esquinté.
Lucy : Pas de bol, ça aurait pu être pire hein ?
Steve : Comment ?
Lucy : Hé bien... comme j'ai dit il aurait pu te baiser.
Steve : Ah ouais ?
Lucy : Bien sûr ! Tu as de la chance que ses amis du New Jersey ne soient pas là car laisse-moi te dire, quand Mr Larson régale, il régale par-derrière.
Steve : Je vois...

(Soudain Lucy semble pressée, elle tient serré contre la poitrine une pile de dossiers marqués « Nouveau pilote ». Steve s'abstient de poser des questions sur des choses qui ne le regardent pas.)

Lucy : C'est Hollywood, pas vrai ?

Narrateur : *Steve sourit. Une fois Lucy partie il va aux toilettes et boit goulûment de l'eau du robinet. Il regarde*

fixement le miroir. Peut-il vraiment continuer à faire ça ? Son rêve en vaut-il la peine ? Il commence déjà ressembler à un prostitué cassé. Sans la chemise et la cravate, ce serait tout comme. Steve est jeune et paraît jeune. Les hommes le trouvent plus séduisant que les femmes. Il décide que oui, cela vaut la peine de se faire baiser.

Steve n'a plus grand-chose d'un être humain désormais. Il est la fange qui flotte à la surface de l'eau des égouts, la céramique tachée d'une cuvette de W.-C. public – une. pauvre.petite.pute…

*

(Au bar ce soir-là, Gil est trop occupé à draguer la serveuse pour écouter les problèmes de son copain Steve. Gil est entrepreneur. Il sait ce que c'est que se faire baiser. La serveuse n'est pas intéressée. Elle sent le désespoir en lui, le sentiment latent de dégoût de soi, la honte et le ras-le-bol qui composent tout son être. Steve dégage une odeur semblable. Gil finit par comprendre le message et s'en revient à son ami.)

Gil : Faut que tu comprennes quelque chose Steve-O, c'est que temporaire.

Steve : Vraiment ?

Gil : Bien sûr ! Les gens supportent des tas de saloperies de leur patron. C'est dans l'ordre des choses. Puis quand tu as assez souffert tu as une promotion !

(Cela ne fait pas l'affaire de Steve.)

Steve : Je ne sais pas si j'ai la force d'y retourner demain.

Gil : Alors fais-toi porter pâle. Soûle-toi avec moi. Fais comme si t'étais mon giton pour la soirée.

(Gil pose la main sur l'entrejambe de Steve. Steve tressaille, plus par répulsion que par excitation.)

Steve : Nan, je dois y aller.

Gil : OK, tu veux un conseil ?

(Steve se penche pour entendre ses sages paroles.)

Gil : Entraîne-toi.

Steve : Quoi ?

Gil : Desserre les cordons de la bourse... Optimise l'effet de seuil...

Steve : Je n'ai pas la moindre idée de ce que tu veux dire...

Gil : Voilà.

(Gil sort un petit sex-toy rouge rubis, un gode assez gros pour tenir dans un poing fermé.)

Gil : Ça aidera...

Steve : Tu veux que je me mette ça dans le cul ?

Gil : Juste pour que tu t'habitues à dilater ton sphincter pour le dard de ton patron !

(Steve s'empare du petit gode en céramique et le met dans sa poche.)

Steve : Tu sais, j'adore le cinéma mais au fond je suis un écrivain.

Gil : Seigneur…

Steve : J'te le dis. J'ai un tas de trucs que j'envoie à des éditeurs.

Gil : Euh… et ça donne quoi ?

Steve : Encore aucune touche, mais j'y arriverai.

Gil : Attends une seconde, s'agit pas encore de ces conneries à propos d'*Alien* pas vrai ?

Steve : Non…

(Steve hésite.)

Gil : Oh que si !

Steve : C'est un film qui donne à réfléchir, il n'a pas été estimé à sa juste valeur.

Gil : Et tu crois que t'es l'andouille qui va y remédier ?

Steve : Peut-être, je veux dire pourquoi pas ?

Gil : Ne le prends pas mal Steve-O, mais tout le monde se fout de ce que tu as à dire.

Steve : On verra.

Gil : Ouais, c'est ça. Non mais ça intéresse qui d'analyser des films ? N'importe quel crétin avec deux neurones connectés peut voir que l'alien n'est rien d'autre que la métaphore d'une grosse queue.

Steve : Ah, c'est là que tu te trompes !

Gil : Arrête un peu tu veux !

Steve : L'alien est androgyne, il allie le mal propre à l'homme *et* à la femme !

Gil : Et ?

Steve : Donc quand l'alien traque l'équipage, il représente une menace pour *tous*. La vue de chaque membre d'équipage du *Nostromo* fait abominablement saliver la créature. L'idée d'un être dont la motivation sexuelle n'est pas propre au genre incarne nos pires cauchemars – le pervers inconnu tapi dans l'ombre.

Gil : C'est reparti…

Steve : Le fait que la créature n'a pas d'yeux, pas de fenêtres sur l'âme, signifie également qu'elle est impitoyable avec ses victimes pour lesquelles elle n'éprouve pas la moindre considération.

Gil : Je croyais que c'était un film féministe ?

Steve : C'est…

Gil : OK…

Steve : Indice n° 3 : On a un utérus.

Gil : Rectificatif, TU as un utérus !

Steve : Le *Nostromo* lui-même est symbolique. Le vaisseau faiblement éclairé est une prison composée de sombres compartiments et de couloirs obscurs. Quand Ripley éjecte son rejeton par le sas du *Nostromo* dans le quatrième acte déchirant de chaque film, le sentiment de catharsis et de fuite que l'on ressent s'apparente à la sortie d'un nouveau-né de l'utérus – la liberté absolue !

(Le portable de Steve sonne.)

Steve : Excuse-moi un instant, je dois répondre.

(Gil sort fumer une cigarette.)

Steve : Allo ?
Tom : Ouais, c'est Tom…
Steve : Salut vieux…
Tom : Steve, mon Dieu…
Steve : Qu'y a-t-il ?

(Tom semble affolé, faisant entendre une respiration saccadée à l'autre bout du fil.)

Tom : C'est mon coloc, Paul, il est mort !
Steve : Quoi ?
Tom : Je me suis réveillé ce matin avec Lana, la fille avec laquelle je suis sorti il y a des années, pendant que je préparais le petit-déjeuner je suis allé dans la chambre de Chase pour voir si elle voulait des œufs. Puis je suis allé dans celle de Paul et je l'ai trouvé allongé là, les tripes à l'air.
Steve : Putain…

(Steve se sent un peu bizarre. Son estomac est contracté sous la boucle de sa ceinture.)

Tom : Que dois-je faire ?
Steve : Appelle les flics mec.
Tom : Tu plaisantes ? Tu sais le temps que ça me prendrait de me débarrasser de toutes les drogues qui traînent dans l'appartement ? Paul fumait probablement l'herbe que je lui ai fournie, et s'ils remontaient jusqu'à moi ?
Steve : On ne se consume pas de l'intérieur pour avoir fumé de la mauvaise herbe…

Tom : Qu'est-ce que tu en sais, hein ? Comment peux-tu en être certain ?

Steve : Bon sang Tom, je le sais c'est tout. Écoute, calme-toi. Appelle les flics et explique-leur. Ils n'ont rien contre toi mec.

Tom : Ouais tu as raison.

Steve : Tiens-moi au courant.

Tom : Ouais, ouais, bien sûr. Je crois que ça va aller.

Steve : Je peux prendre un taxi ?

Tom : Nan, nan mec. Reste, amuse-toi. Je vais régler ça tout seul.

Steve : OK Tom. À plus, et encore désolé.

Tom : À plus…

(Steve raccroche et replie son portable en un petit rectangle assez grand pour le glisser dans la poche de sa chemise. Gil revient et se perche sur le tabouret.)

Gil : Qui était-ce ?

Steve : Le coloc de mon ami vient de mourir.

Gil : Une fille ?

Steve : Non.

*

(Steve est en train de se masturber quand son portable se manifeste à nouveau. Une fille est à l'autre bout. Steve reconnaît la voix de Chase.)

Chase : *Tu peux venir ?*

Steve : Bien sûr, euh, pourquoi ? Tout va bien ?
Chase : Pas vraiment. Tom se met à… dérailler.
Steve : Dérailler ?
Chase : Ouais. Tu as appris pour Paul pas vrai ?
Steve : Ouais, je suis désolé…
Chase : Écoute, viens c'est tout. Dépêche-toi.

(Chase attend devant la porte de l'immeuble.)

Chase : On devrait monter…
Steve : Tu as l'air un peu bizarre Chase…
Chase : J'ai pris des amphétamines pour veiller toute la nuit.
Steve : Et si toutes tes pensées avaient été préenregistrées sur une bande qu'ils ont mise en marche le jour de ta naissance ?
Chase : Qui ça « ils » ?
Steve : Tu sais, « eux ».
Chase : Ce n'est pas le moment, Steve.
Steve : Qu'est-ce qui se passe ?
Chase : Il y a du nouveau.
Steve : à quel sujet ?
Chase : Paul…

(Le salon est plein de gens, certains sont élégants, d'autres pas tant que ça. Sur le mur au dessus de la cheminée à gaz est accrochée une copie du Bœuf écorché *de Rembrandt. Tout le monde est assis en tailleur par terre, fumant ou inhalant des substances comme dans un mini Woodstock 69 en attendant les Grateful Dead.)*

Tom : Silence…

(Tom fait signe de se taire aux gens qui bavardent derrière lui puis reprend, l'air impassible. Hommes et femmes se taisent aussitôt. Un démon hideux, aussi haut que le montant d'une porte géante et la tête sous une capuche, monte sur l'estrade installée près de l'entrée. Il a un long nez qui coule. Steve observe bouche bée.)

(Le Cafard démoniaque est bouffi et sous sa cape pointent deux mamelles agressives. Steve remarque que la pièce est pleine de gens qu'il connaît. Ses parents sont assis à la table juste devant. Mr Larson fait le coup de poing avec Paul qui, loin d'être mort comme l'avait affirmé Tom un peu plus tôt, semble à présent en pleine forme. Même Mr Dixon, l'ancien professeur de théâtre de Steve, est là – un homme qui se méfie particulièrement des gens plus gros que lui, probablement parce qu'il est convaincu que c'est ainsi que les immigrants s'introduisent clandestinement, en s'agrippant aux ventres des obèses, bien à l'abri sous un tee-shirt en toile goudronnée.)

(*Le démon s'apprête à parler.)*

Cafard : Je suis le Cafard. C'est un plaisir de vous avoir tous ici. C'est Océanos qui…

(Steve remarque que chaque fois que le Cafard arrive à un point de son histoire qu'il apprécie particulièrement, il ferme les yeux et lève bien haut le nez comme pour inhaler et savourer l'odeur de sa propre merde.)

(Chase réapparaît.)

Chase : Il est génial non ?

(Steve constate qu'une traînée de coke sort de sa narine – elle masse du doigt un peu de poudre blanche sur le bord de sa gencive.)

Steve : C'est quoi ce bordel ?

(Le Cafard s'interrompt.)

Cafard : Ah, je vois que le héros du jour est arrivé ! Monte, je t'en prie.

(Il foudroie Steve du regard comme s'il s'agissait d'une œuvre d'art dégénéré. Le Cafard hausse la voix, pour couvrir les bavardages des spectateurs.)

Cafard : S'il vous plaît, mesdames et messieurs, applaudissons Steve !

(Chase essuie la coke restée sur sa cloison nasale pourrissante et applaudit. Steve voit un nez sur le point d'imploser.)

(Il rejoint l'hideux orateur.)

Cafard : À ton avis, pourquoi es-tu ici Steve ? Pourquoi donnerions-nous cette fête en ton honneur ?

Steve : Je… n'en ai pas la moindre idée… ?

Acteur non crédité : On peut vivre sa vie comme une victime ou comme un gagnant.

Cafard : Exactement ! Ce sont le négativisme et l'humble sensibilité d'un seul homme qui nous ont tous réunis ici ce soir. Steve, j'aimerais te présenter ton fils.

Steve : Mon fils ?

(La foule s'écarte. Steve observe horrifié une créature en forme de ver sortir en se tortillant de la narine saturée de cocaïne de Chase. Tout humide, elle atterrit sur le tapis. Susie s'approche et recueille la créature dans ses mains. Elle s'avance vers l'estrade en tendant les mains.)

Cafard : C'est ton enfant. Il te cherche depuis que tu lui as donné le jour.

(Steve regarde de nouveau Mr Larson dans les yeux. Il lève une coupe en polystyrène.)

Steve : Ne sous-estimez jamais les véritables intentions du courant dominant.

(Tout le monde porte un toast en levant son verre de punch, punch qui commence à ressembler de plus en plus à du sang. Le Cafard passe un bras autour de l'épaule de Steve, de l'autre il berce le bébé grotesque. Tom prend le ver et le Cafard murmure à l'oreille de Steve : « C'est ***notre*** *enfant… ».)*

(Le démon pose la paume d'une de ses mains sur sa poitrine et susurre le mot ***père****, puis il appuie la main contre la poitrine de Steve et susurre le mot* ***mère****.)*

Steve : Je veux partir…

Cafard : Tu peux partir quand tu veux, mais manifestement tu ne le veux pas.

Steve : JE LE VEUX !

Cafard : Steve, si tu tenais tant à disparaître nous ne serions pas tous ici en ton honneur.

Steve : Je ne comprends pas ?

Cafard : Ton bébé va bientôt grandir. Si tu ne changes pas d'attitude et ne t'impliques pas davantage, il va devenir très vite un véritable monstre. Il se nourrira de tes amis et des gens qui t'entourent. Toi, en tant que sa mère, tu lui trouveras des proies, aspireras leur souffle de vie et reviendras avec de la nourriture pour rassasier son appétit.

Steve : Si je te suis, en raison de ce que je suis, les gens qui partagent ma vie vont souffrir ?

Cafard : Exactement !

Steve : Non.

Cafard : Non.

Steve : Je suis sa mère, les choses ne se passent pas ainsi.

Cafard : Que veux-tu dire ?

Steve : À bord du vaisseau personne n'apprécie Ripley à sa juste valeur jusqu'à ce que les créatures attaquent. Tout au long du premier film, Ripley repousse les avances de Dallas, Brett et Parker, ce qui lui confère

une pureté virginale. C'est à cette pureté qu'elle doit sa survie.

(Le Cafard s'esclaffe.)

Steve : *Alien* explore également certains stéréotypes masculins. Ash en est le parfait exemple : un scientifique génial et affable en apparence, mais qui se révèle par la suite être un androïde synthétique et mégalomane. Sa mort est une sorte d'orgasme typiquement masculin. Une fois ses réelles intentions percées à jour, il est décapité et déverse un jet de fluide laiteux sur la protagoniste féminine.

Cafard : Et qu'est-ce que tu en conclus ?

Steve : J'en conclus que je suis heureux d'être la mère, parce que les hommes sont des ordures.

(Steve se retourne pour faire face à Larson.)

Steve : Les artisans de la mort de l'équipage ne sont rien d'autre que ses propres employeurs anonymes. La sinistre Weyland Yutani Corporation est la véritable responsable de la plupart des pertes humaines. À cet égard, ses dirigeants sont les égaux de Dieu. L'alien peut lui aussi être perçu comme un Dieu du fait de l'évolution de la dominance. Il fauche chaque membre de l'équipage avec une efficacité sans faille et impose son désir sexuel à la moindre occasion – masculin dans l'élan, féminin dans la réalisation. Seule Ripley et son chat survivent (*nous connaissons tous*

la symbolique du chat). En fin de compte seules les femmes pourront survivre.

(Le Cafard lève la main pour faire une remarque.)

Cafard : Certes, mais dans les films suivants, les choses prennent un tour différent quand l'alien part à la poursuite de Ripley. Au lieu d'une simple guerre des sexes, il est sous-entendu que la renaissance incessante de la créature est bel et bien la manifestation du désir intrinsèque de Ripley qui cherche toujours à s'enfuir mais ne le peut pas.

Steve : Et qu'est-ce que *tu* en conclus ?

Cafard : *Alien* est un film sur le cynisme et l'existentialisme des femmes.

(Steve se voit tel qu'il est réellement, du moins de la façon dont les autres le perçoivent : comme un homme secoué de spasmes d'agonie et en proie à la haine de soi. C'est contagieux. Un éclat de lumière brille par l'ouverture du studio. Alors que Steve s'apprête à prononcer les mots qui pourraient mettre un terme à toute cette confusion, Gil entre avec un pack de six bières.)

Gil : Désolé d'être en retard. Le vortex est-il déjà ouvert ?

(Le Cafard lève les yeux au ciel.)

Cafard : Non pas encore, mais je suppose qu'on pourrait tout aussi bien en finir maintenant que tu as gâché la surprise. Le temps est venu que je vous fasse à tous une faveur et que je mange cette ville…

AMOLLI

UN

Devinant à quel point il était tendu, Blossom malaxa les épaules de Dmitri. Elle descendit le long de sa colonne vertébrale enroulée jusqu'à se retrouver lovée entre ses jambes, le regardant avec affection. Elle fit glisser un doigt à l'intérieur de sa cuisse. Il sentit son visage se figer en un masque angoissé.

La sensation provoquée par le doigt de Blossom disparut brusquement de son entrejambe, à droite de sa queue. La chevelure de la fille s'écarta, son grand nez et ses yeux bovins apparurent dans l'obscurité de la pièce de la manière la moins flatteuse possible.

La main de Blossom étreignit sa queue comme si elle cherchait à ranimer le membre engourdi.

Elle essaya encore deux minutes puis Dmitri l'attrapa par le poignet et elle lâcha sa bite molle. La pointe elfique de son oreille surgit de ses longs cheveux bruns et raides. Dmitri se mit à soupçonner la fille d'être une droguée. Sur son poignet il remarqua quelques veines collabées.

La fille s'affala sur le lit les yeux fixés sur le cocon de chair ratatiné jusqu'à ce qu'une expression déterminée envahisse son visage.

La fille étira le cou et avala la queue de Dmitri, la suçant et la léchant – sa bouche édentée mimant des contractions vaginales. Il se rassit prêt à la voir se relever et le traiter de fils de pute pathétique. Résolue, elle y mettait du cœur mais rien ne se produisit, rien ne se produirait. Son menton fuyant se mit à trembler. Puis cela sortit :

— ESPÈCE DE FILS DE PUTE PATHÉTIQUE ! – lâcha la fille, déroulant sa manche pour cacher les marques.

La porte claqua et elle était partie.

Dehors, telle une chiquenaude incandescente la violence du vent vint frapper sa manche et son oreille. Une lumière crue brûla ses yeux. Il se protégea de son avant-bras et se racla la gorge pour lâcher une glaire. Il avait gardé le préservatif inutilisé dans son poing serré. Dmitri se rappela que la fille n'était qu'une traînée et ne méritait pas qu'on se soucie d'elle. Cela dit il ne valait guère mieux. Les épais goujons de ses avant-bras étaient liés par un réseau de jute de chair eczématique et arthritique. Tout le corps de Dmitri était un patchwork de peau morte et partiellement pourrie, et de cicatrices aussi étranges qu'inexpliquées. Les femmes trouvaient répugnant son corps nu. L'intimité, quelle qu'elle fût, était en général vivement appréciée, mais ces derniers temps il avait l'impression d'être une enveloppe stérile. Dmitri avait entendu parler du Cafard ; il était certain

que celui-ci avait planté ses dents autour de ses chevilles. Il savait que la Cafard arrivait souvent au début de l'hiver…

Dmitri sentait qu'il était temps de régler son problème. Il oubliait la sensation d'humidité sur ses parties, de l'orgasme long et profond. Cela faisait une semaine qu'il n'avait plus bandé. Il craignait d'être impuissant. C'était la dernière chose à laquelle il avait besoin de penser.

Dmitri ouvrit son poing et laissa tomber le préservatif sur la terre alcaline…

*

Sheila le supplia de la violer. Il s'exécuta. Lors du viol Sheila s'adressa à lui pour lui demander s'il y prenait du plaisir. Il répondit « bien sûr » sans s'interrompre ni perdre le rythme. Dehors on entendait le crissement des bus à aérofreins…

Sheila lui dit d'arrêter. Son mascara noir corbeau faisait ressortir la tristesse de ses grands yeux marron.

Il s'exécuta ce qui ne fit que l'ennuyer davantage.

Sheila s'assit sur le lit et regarda son pitoyable violeur. Elle secoua les cheveux noirs emmêlés qui lui couvraient le visage.

Il s'agenouilla sur le lit sanglé dans un gode-ceinture qui masquait son pénis flasque.

— Tu sais, je ne peux pas faire ça.

Le violeur fut soulagé de la voir revenue à la raison.

— Dieu merci ! Sincèrement, je ne *voulais* vraiment pas te violer mon amour.

— Donc, soyons clairs, tu ne peux vraiment pas bander, mais alors pas *DU TOUT* ?

Il secoua la tête. Le silence se fit assourdissant. À présent Sheila était allongée nue sur le ventre, les deux triangles arrondis de ses fesses de part et d'autre de ses jambes tendues.

— Hé bien tu vois c'est ça le problème. À quoi ça sert de fantasmer quand l'homme qui est censé te violer ne peut même pas bander ? Est-ce que j'ai fait quelque chose ?

— Non… Ça fait maintenant une bonne semaine que je ne bande plus.

— Bon si c'est effectivement le cas et que ce n'est pas moi qui te dégoûte profondément, alors je pense que tu devrais aller consulter et te faire examiner Mario. On devrait aller à Shell County où il y a des médecins.

— Ça ne m'angoisse pas.

— Quoi ?

— Ça ne m'angoisse pas. Je n'ai jamais été très porté sur le sexe, tu le sais. Si je fais tout ça c'est parce que je sais que *tu* aimes ça.

— Bien, voilà qui m'excite à mort ! Un violeur prévenant et sensible, qui ne peut pas bander et qui a la libido dans les chaussettes. Je suis comblée ! T'es pathétique Mario.

— Je suis désolé…

— Notre arrangement n'a aucun sens. Pourquoi devrais-tu continuer à nous humilier toi et moi en acceptant de faire l'amour avec moi ?

— Parce je t'aime.

— Bon sang. Tu es mon mari, l'amour n'entre pas en ligne de compte. Je veux BAISER. Te rappelles-tu la dernière fois que tu m'as BAISÉE ?

Le parfum des minables allait bien à Mario.

— J'ai pris ça pour toi… (il désigna un gode d'un noir brillant logé entre ses cuisses) n'est-ce pas une preuve de bonne volonté ?

— J'attends plus que de la bonne volonté. Je veux que tu me baises bordel, *capito* ? Tant que tu ne peux pas bander ou le faire assez longtemps, je crains que le divorce ne soit la seule option.

— Dis pas ça Sheila ! Je t'aime !

— Tu m'aimes parce que je suis la seule femme à avoir toujours été gentille avec toi. Ce n'est pas de l'amour, c'est de la gratitude. Et maintenant j'en ai plus que marre de ta gratitude. Soit tu commences à me considérer comme de la chair fraîche, soit tu dégages… Je suis désolée mais j'en suis là. Je ne rajeunis pas.

— Mais je…

— Je crains que tu n'aies chopé le Cafard. Tu sais que c'est contagieux, pas vrai ?

— Ah bon ?

— Oui !

— Je me sens bien !

— Tu dis ça pour faire viril, arrête ! Si tu commences à t'enfoncer dans la spirale de la dépression, le risque est

que tu m'y entraînes. C'est *hors* de question !

— Alors quoi ?

— À mon avis, tout est peut-être fini entre nous…

— *Peut-être* ?

— D'accord, bon… c'est fini.

DEUX

Le centre-ville de Wire était un terrain vague de projection isométriques – colonnes de béton armé et édifices en ruine ayant perdu depuis longtemps tout attrait. Dmitri n'avait toujours pas les moyens de s'acheter un chez-soi, pas avec son salaire d'éboueur. Il avait dégoté en banlieue une cabane abandonnée qui lui servait de refuge. C'était une bâtisse toute simple – dépourvue de meubles et du moindre charme, éclairée par une lampe à huile et sentant la paraffine et la fumée de bois.

La benne à ordures ronronnait en parcourant les rues délabrées, s'arrêtant devant chaque poubelle qui avait besoin d'être compactée. Dmitri appuyait sur un bouton et une mâchoire pneumatique surgissait de l'arrière de la benne. Mario sillonna encore quelques quartiers puis prit la direction du centre d'enfouissement local pour décharger. La benne à ordures s'arrêta à l'intérieur et Dmitri sauta à terre.

— Ah, la douceur d'un tas d'ordures – plaisanta Mario tout en se roulant une cigarette, poussant le tabac gris dans un filtre mal serré avant de l'allumer. Il en offrit une à Dmitri.

— Non… tu sais que j'essaie d'arrêter.

Mario était petit mais trapu. Il portait son chapeau même quand il ne travaillait pas car sa calvitie lui faisait honte. Mario était aussi légèrement en surpoids et sa moustache fourchue n'était pas franchement une réussite. Dmitri et Mario se dirigèrent vers le bloc-cubicule où les éboueurs déjeunaient ensemble.

À l'intérieur Huff, le directeur du site, versait une bouilloire d'eau chaude dans un mug. Dmitri et Mario s'entendaient bien avec lui parce qu'il ne cherchait pas à se faire mousser. Sirotant son mug de thé, Huff salua les deux hommes quand ils entrèrent dans la cantine.

— Les gars.

— Mr. Huff – dit Dmitri.

— Huff – dit Mario.

Soufflant la vapeur qui s'élevait de son mug, le directeur du site croisa les jambes et demanda aux deux compères comment s'était passée leur journée jusque-là. Dmitri était crevé, commencer tôt le matin et finir tard le soir avait cet effet-là. Ses yeux se fendaient à l'orientale quand la fatigue le submergeait. Huff se tortilla un instant mal à l'aise puis ouvrit la bouche, s'apprêtant à parler.

— Bon, euh, je peux vous demander quelque chose les gars ?

— Bien sûr – répondirent-ils à l'unisson.

— Bon, euh, hum…, vous savez que ça ne sortira pas d'ici ? J'ai confiance en vous les gars.

— Crache le morceau, Huff…

— D'accord, ouais. Donc, euh…

— Qu'y a-t-il patron ?

— L'un d'entre vous les gars a-t-il, euh… déjà eu des problèmes de dilatation ?

Dmitri et Mario échangèrent un regard.

— Si je vous pose cette question c'est parce qu'Ignius de la 4e circonscription a des problèmes pour… Bon, vous voyez ?

Les deux hommes s'efforcèrent de faire comme s'ils ne comprenaient pas ce que Huff voulait dire.

— Bon, euh… genre, il a un petit problème « d'afflux sanguin », voyez ce que je veux dire ?

Mario s'efforça de regarder ailleurs, s'efforçant de cacher sa gêne et sa confusion.

— Mon Dieu, *la gaule* les gars, il a des problèmes pour *bander* !

— Nan.

— Ça m'est encore jamais arrivé Huff.

— Euh, à moi non plus. Je voulais me renseigner c'est tout, peut-être lui donner un numéro de téléphone ou l'adresse d'une clinique ou un truc comme ça, vous comprenez ?

Dmitri s'était laissé distraire par la silhouette se détachant dans le lointain au loin d'un faisan cuivré qui volait comme s'il était ivre. Tous ces hommes s'en tenaient à un silence gêné mais chacun d'entre eux avait

manqué la goutte de sperme brillante, après l'avoir recueillie dans le creux de leur main tandis qu'elle suintait dans l'obscurité sous leurs pieds.

Dehors, l'un des corps lunaires avait achevé sa phase orbitale finale et la lune orange en dessous frémissait patiemment à l'horizon.

CE QU'ON EN FAIT

Oh délicieuse fille sourde et aveugle dans mon lit, pourvoyeuse de frissons enchanteurs.
Mon kammatthana spirituel, bel et bien nourri
Ma table de chevet médicalisée, gardienne de stimulants, de pilules et de plantes aussi étranges qu'exotiques
Selon le théorème de Bernoulli les rideaux de douche épousent mon cadavre fétide dans sa baignoire

Je ne suis pas né de l'utérus de ma mère, telle est mon histoire
Quand l'adulte responsable de mon enfance a échoué
La marionnette à la télévision m'a appris à compter

Un corps épuisé exhalant une bouffée gastrique de décomposition latente dans les rues
Un horrible visage face à la laideur
Dégager les connexions de mon cerveau et que les étincelles réinventent la réalité, en extrayant une toute nouvelle structure de pensée

Oublier les leçons qu'on ne nous a jamais apprises

Voilà les travailleurs, le spectacle commence, voilà les clowns
Payés comptant pour faire disparaître ces sourcils froncés
Silencieuse au pied d'une table Pembroke
Ma famille émet des borborygmes. Je sombre dans ce berceau doré

Si ma vie était un tableau les couleurs inonderaient-elles la toile ?
Aucune couleur n'est assez sombre, aucun pinceau n'est assez fin
Le roman d'un écrivain insignifiant, triste méditation
Je vieillis plus vite que je ne détruis ma création.

TROIS

Le centre-ville de Wire était un terrain vague de projection isométriques – colonnes de béton armé et édifices en ruine ayant perdu depuis longtemps tout attrait. Dmitri n'avait toujours pas les moyens de s'acheter un chez-soi, pas avec son salaire d'éboueur. Il avait dégoté en banlieue une cabane abandonnée qui lui servait de refuge. C'était une bâtisse toute simple – dépourvue de meubles et du moindre charme, éclairée par une lampe à huile et sentant la paraffine et la fumée de bois.

La benne à ordures ronronnait en parcourant les rues délabrées, s'arrêtant devant chaque poubelle qui avait besoin d'être compactée. Dmitri appuyait sur un bouton et une mâchoire pneumatique surgissait de l'arrière de la benne. Mario sillonna encore quelques quartiers puis prit la direction du centre d'enfouissement local pour décharger. La benne à ordures s'arrêta à l'intérieur et Dmitri sauta à terre.

— Ah, la douceur d'un tas d'ordures – plaisanta Mario tout en se roulant une cigarette, poussant le tabac gris dans un filtre mal serré avant de l'allumer. Il en offrit une à Dmitri.

— Non… tu sais que j'essaie d'arrêter.

— Tu sais ce qui est arrivé à Lester ?

— Aucune idée. On dit qu'il est allé à Shell County pour trouver le Remède mais qu'il s'est suicidé à Ersatz.

— J'espère que ce n'est pas vrai, ce serait trop déprimant.

— Si on parle de quelqu'un c'est qu'il est encore vivant.

— J'imagine, on ne peut pas gagner.

Mario était petit mais trapu. Il portait son chapeau même quand il ne travaillait pas car sa calvitie lui faisait honte. Mario était aussi légèrement en surpoids et sa moustache fourchue n'était pas franchement une réussite. Dmitri et Mario se dirigèrent vers le bloc-cubicule où les éboueurs déjeunaient ensemble.

À l'intérieur Huff, le directeur du site, versait une bouilloire d'eau chaude dans un mug. Dmitri et Mario s'entendaient bien avec lui parce qu'il ne cherchait pas à se faire mousser. Sirotant son mug de thé, Huff salua les deux hommes quand ils entrèrent dans la cantine.

— Salut les gars.

— Mr. Huff – dit Dmitri.

— Huff – dit Mario.

Soufflant la vapeur qui s'élevait de son mug, le directeur du site croisa les jambes et demanda aux deux compères comment s'était passée leur journée jusque-là.

TROIS

Le centre-ville de Wire était un terrain vague de projection isométriques – colonnes de béton armé et édifices en ruine ayant perdu depuis longtemps tout attrait. Dmitri n'avait toujours pas les moyens de s'acheter un chez-soi, pas avec son salaire d'éboueur. Il avait dégoté en banlieue une cabane abandonnée qui lui servait de refuge. C'était une bâtisse toute simple – dépourvue de meubles et du moindre charme, éclairée par une lampe à huile et sentant la paraffine et la fumée de bois.

La benne à ordures ronronnait en parcourant les rues délabrées, s'arrêtant devant chaque poubelle qui avait besoin d'être compactée. Dmitri appuyait sur un outon et une mâchoire pneumatique surgissait de l'ar-
de la benne. Mario sillonna encore quelques quar-
ti uis prit la direction du centre d'enfouissement
lo ur décharger. La benne à ordures s'arrêta à l'in-
téri Dmitri sauta à terre.

— Ah, la douceur d'un tas d'ordures – plaisanta Mario tout en se roulant une cigarette, poussant le tabac gris dans un filtre mal serré avant de l'allumer. Il en offrit une à Dmitri.

— Non… tu sais que j'essaie d'arrêter.

— Tu sais ce qui est arrivé à Lester ?

— Aucune idée. On dit qu'il est allé à Shell County pour trouver le Remède mais qu'il s'est suicidé à Ersatz.

— J'espère que ce n'est pas vrai, ce serait trop déprimant.

— Si on parle de quelqu'un c'est qu'il est encore vivant.

— J'imagine, on ne peut pas gagner.

Mario était petit mais trapu. Il portait son chapeau même quand il ne travaillait pas car sa calvitie lui faisait honte. Mario était aussi légèrement en surpoids et sa moustache fourchue n'était pas franchement une réussite. Dmitri et Mario se dirigèrent vers le bloc-cubicule où les éboueurs déjeunaient ensemble.

À l'intérieur Huff, le directeur du site, versait une bouilloire d'eau chaude dans un mug. Dmitri et Mario s'entendaient bien avec lui parce qu'il ne cherchait pas à se faire mousser. Sirotant son mug de thé, Huff salua les deux hommes quand ils entrèrent dans la cantine.

— Salut les gars.

— Mr. Huff – dit Dmitri.

— Huff – dit Mario.

Soufflant la vapeur qui s'élevait de son m… di-recteur du site croisa les jambes et deman… deux compères comment s'était passée leur jo… que-là.

Dmitri était crevé, commencer tôt le matin et finir tard le soir avait cet effet-là. Ses yeux se fendaient à l'orientale quand la fatigue le submergeait.

— Toujours pas de nouvelles de Lester Proctor ?

— Non rien – dit tristement Huff

— Triste de savoir ce qui est arrivé à sa famille.

— C'était un homme bien. J'espère que les rumeurs sont fausses.

— Il n'irait quand même pas à Ersatz, si ? – demanda Mario.

Un silence à couper au couteau se fit soudain dans la cubicule. Huff se tortilla un instant mal à l'aise puis ouvrit la bouche, s'apprêtant à parler.

— Bon, euh, je peux vous demander quelque chose les gars ?

— Bien sûr – répondirent-ils à l'unisson.

— Bon, euh, hum..., vous savez que ça ne sortira pas d'ici ? J'ai confiance en vous les gars.

— Crache le morceau, Huff... – dit Mario en se faisant un café.

— D'accord, ouais. Donc, euh...

— Huff ?

— Qu'y a-t-il patron ?

L'impatience de Dmitri prit le pas sur sa politesse à tout épreuve tandis que le bout de ses doigts, jusque-là posés à plat sur la table, se mirent à tambouriner d'agacement.

— L'un d'entre vous les gars a-t-il, euh... déjà eu des problèmes de dilatation ?

Dmitri et Mario échangèrent un regard.

— Si je vous pose cette question c'est parce qu'Ignius de la 4e circonscription a des problèmes pour… Bon, vous voyez ?

Les deux hommes s'efforcèrent de faire comme s'ils ne comprenaient pas ce que Huff voulait dire.

— Bon, euh… genre, il a un petit problème « d'afflux sanguin », voyez ce que je veux dire ?

Mario s'efforça de regarder ailleurs en essayant de cacher sa gêne et sa confusion.

— Mon Dieu, *la gaule* les gars, il a des problèmes pour *bander* !

— Nan – mentit Dmitri.

— Ça m'est encore jamais arrivé Huff – mentit Mario

— Euh, à moi non plus. Je voulais me renseigner c'est tout, peut-être lui donner un numéro de téléphone ou l'adresse d'une clinique ou un truc comme ça, vous comprenez ?

Dmitri s'était laissé distraire par la silhouette se détachant dans le lointain au loin d'un faisan cuivré qui volait comme s'il était ivre. Tous ces hommes s'en tenaient à un silence gêné mais chacun d'entre eux avait manqué la goutte de sperme brillante, après l'avoir recueillie dans le creux de leur main tandis qu'elle suintait dans l'obscurité sous leurs pieds.

— Et, euh, comment va ta femme ? – demanda Huff à Mario

— Elle va bien.

*

Huff arriva chez lui pour déjeuner et attendit quelques minutes devant la porte d'entrée avant d'insérer sa clé dans la serrure et d'entrer. L'eau des toilettes de la honte l'imprégnait tout entier. Il ne s'était jamais senti aussi peu à la hauteur. La pluie dévalant de Shangri-La avait réduit à l'état marécageux les fossés et les champs qui entouraient chacun des immeubles. Huff vivait avec sa femme et ses deux gosses en plein cœur de Wire, où tout était noir et laid, mais même dans un tel cauchemar irradiait de temps à autre une beauté inopinée. De sa fenêtre il apercevait au sommet d'une lointaine petite église un crucifix dont la croix accrochait les derniers feux de la lumière du jour. C'étaient de telles éclaircies qui aidaient Huff à attendre que passe sa journée et faisaient qu'il avait hâte de rentrer le soir. Les choses avaient été bien différentes au cours de la semaine qui venait de s'écouler…

— Salut, chérie.

— Salut, Steve est dans sa chambre.

Sue, la femme de Huff, tenait sur ses genoux Johnny, leur bébé, qu'elle serrait fort contre elle tout en le câlinant imperceptiblement. Le petit Johnny babilla quelque chose avant de s'enfouir profondément entre les seins de sa mère.

— Bon sang, que peut bien faire ce gamin fourré là toute la journée ?

— Je ne crois pas que nous ayons envie d'aborder ce sujet Huff, n'est-ce pas ?

— Certes.

Huff fut surpris de ressentir un peu de jalousie devant les pratiques masturbatoires de son fils, d'autant que cela faisait une semaine que lui-même n'avait pas eu la moindre érection.

Contrairement à d'habitude Huff avait les joues creuses et les cheveux hirsutes, mais c'était son côté à la fois simple et attendrissant qui, supposait-il, faisait que Sue lui restait attachée. Huff se demandait souvent ce que sa femme pensait réellement. À son avis, c'était l'amour que Sue portait à sa famille qui gardait à distance le Cafard qui rôdait alentour. Elle s'inquiétait sans doute aussi que leur fils adolescent puisse y succomber. Huff devenait de plus en plus morose et déprimé. Peut-être était-il déjà contaminé. Ses yeux brillaient comme des géodes. La moindre parcelle de ses pupilles reflétait une couleur différente.

— Libère ton esprit et ton cul suivra – dit Sue.

Huff la regarda, stupéfait.

— Pardon ?

— C'est sur ce dépliant-là.

— ça dit quoi ?

— Aucune idée. Je crois que ça parle du Remède.

— Je veux être libéré du désir d'être libre.

— Et ça veut dire quoi ?

— Je ne sais pas. Que j'aimerais me satisfaire d'être esclave peut-être ?

— Mon Dieu, n'est-ce pas complètement débile ?

— Sans doute. De quoi parle le dépliant ?

— Du Cafard…

— Pouah, *Le Cafard*, il n'existe même pas, tu peux m'croire. C'est un truc inventé par les médias pour nous faire peur.

— Dans quel but ?

— Eh bien… euh, je ne sais pas Sue…

— Et *Hollow Earth* ?

— Lubie bureaucratique.

— Je n'en serais pas aussi sûre.

— Et c'est censé vouloir dire quoi ?

— Rien !

— J'espère que tu ne fais pas allusion à nos… euh, tu sais… nos…

— Problèmes au lit ?

— Ouais, ouais, *merci !*

— Relax Huff, je t'ai dit que ça n'a pas d'importance. Les hommes mûrs ont des hauts et des bas.

— Exactement.

Huff remarqua que les yeux de Sue ressemblaient à deux bathysphères en verre brillantes, qui reflétaient une image sidérée et désespérée de lui. Il savait qu'il ne serait plus capable de la satisfaire et c'était la plus grande des tortures…

QUATRE

Mario attendait Dmitri assis côté fenêtre. Une cigarette consumée pendait à ses lèvres, la taille même du mégot indiquant qu'il tirait dessus comme un fou. Il avait l'air tendu. Mario était bizarrement bâti – un gros cou musclé sous un visage aussi plat qu'un panneau indicateur, et il se tenait si mal que du fait de sa corpulence il paraissait bien plus lourd qu'il ne l'était en réalité. Il sembla fugitivement heureux de le voir. Dmitri prit une chaise et s'assit.

— Tout va bien ? Qu'est-ce qui t'arrive… ?

— Ma femme m'a quitté. Sheila, elle m'a quitté.

— Seigneur, je suis désolé. Toutes des garces.

— Elle a dit qu'elle n'avait plus sa place à mes côtés, *ma* Sheila a dit ça.

— Hum…

— Je n'ai pas encore tout bien compris. Mais c'est fini, terminé.

— Désolé…

— C'est bon, je survivrai, *nom d'un chien*, il le faut.

— J'en suis ravi, tu survivras.

Mario tira une taffe.

— Bon, qu'est-ce qui t'arrive ces derniers temps ? T'as l'air d'un chien battu.

— Des trucs. Rien de grave, bon, je dis ça…

— En fait je voulais te parler d'autre chose.

— De quoi ?

— C'est cette putain de boîte.

— Qu'est-ce qu'il y a avec cette putain de boîte ?

— Ils ont engagé une saleté d'androïde pour me remplacer, une des créations de Van Klee.

— Un Immitant ?

— Vrai de vrai, Huff m'a appelé ce matin. Pour dire que c'était fini. Fin du contrat avec effet immédiat. Il a été super distant en plus.

— Je suis désolé… – Dmitri avait l'air absent en s'excusant, peu crédible. Le soleil se couchait. Dmitri aurait juré que Sheila hantait toujours les pensées de Mario.

— Le monde est cruel avec nous – ajouta Dmitri sans plus de conviction.

— Bof, ouais…

— Pourquoi la boîte prendrait le risque de se débarrasser de quelqu'un ayant tes capacités et ton expérience ?

— Il semble qu'au nord de l'équateur ce foutu cercle arctique soit totalement sous les eaux à cause de la hausse phénoménale de la température et que ce n'est qu'une question de temps avant que Wire ne commence à dégager encore une odeur plus pestilentielle qu'un égout à ciel ouvert.

— Mince, tu crois ?

— Évidemment ! Avec toutes ses fichues émissions de gaz à effet de serre qui bousillent l'atmosphère et tout et tout. L'erreur humaine au sein du personnel est trop fréquente. La collecte des ordures va aux Immitants.

— L'erreur humaine ? Mon Dieu, on croirait presque qu'ils sont réellement capables de sauver le monde si ça continue… Je pense qu'ils oublient parfois qu'ils ne font que repousser *« la fin »*.

— Peut-être. La diminution des précipitations provoque de plus en plus de sécheresse en Europe mais le niveau de la mer continue de monter. L'Amérique du Nord a déjà perdu énormément de ses forêts à forte densité.

Dmitri remua sur place ; ses épaules s'affaissèrent tandis qu'il se balançait d'une fesse sur l'autre pour étouffer une démangeaison. Mario parlait toujours.

— Ces machines dernier cri sont censées retarder *« la fin »* de six ou sept mois supplémentaires et collecter assez d'ordures pour donner aux scientifiques une chance de sauver ce putain de trou…

— Pourquoi ne pas s'en aller une semaine ?

— Pour aller où ?

— *Celestial 2* est agréable et à l'écart. *Hollow Earth* est aussi une possibilité. Pas de touristes à cette époque de l'année.

— Sais pas, faut voir. C'est dans des moments comme celui-là que je suis content de savoir que cette putain de galère ne va plus tarder à sombrer…

— Deux ans…

— Yep, deux ans et tout ça sera fini. Tout le problème est de continuer à être heureux dans l'intervalle.

— Que dirais-tu d'une bière chez moi ?

Mario habitait le quadrant-supérieur-est sur une bande de terre agricole martelée par les chevaux sauvages et le bétail que l'on parquait là, même si Sheila allait vraisemblablement lui prendre tout ce qu'il avait. Pour Dmitri il n'était jamais facile de regagner seul son appartement de la conurb. Si Mario avait fait le choix de l'isolement, Dmitri quant à lui, même dans cette ville gigantesque, n'avait malgré tous ses efforts pas réussi à éviter la solitude.

Sheila consumait toujours Mario de l'intérieur. Elle continuerait de tracer sa route jusqu'à gagner sa liberté en faisant saigner le cœur de Mario.

Le chagrin d'amour est une maladie inopérable, parfois même fatale.

*

Non sans difficulté Mario se pencha pour atteindre la glacière contenant les bières. Il prit deux canettes humides et en passa une à Dmitri. Les deux hommes arrachèrent d'un coup sec leur languette respective et un geyser de mousse leur inonda les mains et la poitrine. L'un comme l'autre ils s'efforcèrent d'endiguer le jet de malt en léchant le rebord de la canette.

Les appliques extérieures s'étaient rallumées environ une heure plus tôt mais tous deux ne remarquèrent qu'à

ce moment-là combien la lumière était vive dans le noir.

— Et le suicide ?

— J'pense pas que ce soit une bonne idée.

— Bon, j'vais pas passer ma vie à végéter, même s'il ne reste que deux ans.

— Tu veux partir comme l'a fait Lester ?

— Écoute, Dmitri, je n'ai plus rien pour me faire avancer ! À quoi essayer de remonter la pente, hein ?

Mario n'avait pas tort.

*

Cette nuit-là Dmitri ne parvint pas à trouver le sommeil. Il entendit un homme hurler dans l'appartement voisin du sien. Dmitri se boucha les oreilles avec de la laine puis s'enfouit le visage dans l'oreiller pour tenter d'étouffer les cris qui s'élevaient de chez son voisin mais aussi ceux qui résonnaient dans sa tête.

Le lendemain matin, en sortant pour se rendre au travail, Dmitri remarqua deux flics de Wire City en faction sur son palier. Quand ils le virent, les deux hommes se dirigèrent vers lui.

— Rien à voir monsieur.

Les deux policiers portaient un gilet pare-balles noir, tenaient un bouclier anti-émeute et parlaient comme des machines. Sur leurs genouillères et leurs coudières était cousu l'insigne du Council.

— Circulez.

Un des agents approcha la main d'un laser fixé à sa ceinture par un dispositif de verrouillage.

Dehors, Dmitri fut surpris de voir que Mario l'attendait au volant de la benne à ordures.

— Monte !

— Je croyais qu'ils avaient mis fin à ton contrat…

— C'est le cas, et j'ai appris qu'il avait aussi mis fin au tien.

*

Mario s'esclaffa bruyamment tout en manœuvrant la benne à ordures entre les bandes sonores et les cadavres d'animaux écrasés.

Un virage particulièrement brusque lui fit faire une embardée l'envoyant presque heurter la barrière de sécurité. Dmitri éclata de rire à son tour. Ils ne s'étaient jamais sentis aussi libérés de la dépression. Qui pouvait bien avoir besoin de *Hollow Earth* de toute façon ? Mario dépassa à toute allure un auto-stoppeur portant un petit sac d'effets personnels attaché à un baluchon à pois. Il passa le visage par la fenêtre et poussa un cri perçant.

— Putain de taré !

La route sans revêtement criblait la carrosserie de gravillons, donnant aux pare-chocs l'aspect de marbres grecs. Sur les chapeaux de roues Mario tourna à gauche avant une bifurcation.

Mario se coucha sur le volant, son cou exposant son crâne tel un trophée, concentré à fond sur la route telle qu'elle lui apparaissait par le pare-brise. Larges comme des battoirs ses mains étaient couvertes de verrues. Ses

deux avant-bras maigrichons donnaient l'impression d'appartenir à un tout autre corps que le sien.

Dmitri remarqua que la radio avait été arrachée, laissant un enchevêtrement de câbles se déverser du tableau de bord. Il fit comme si de rien n'était tandis qu'il déroulait puis attachait en un clic sa ceinture de sécurité. Mario serra les poings autour du volant. De leurs bras métalliques les essuie-glaces chassaient les gouttes de pluie. Mario était aussi immobile que s'il était en cire. Il tira une dernière taffe et jeta son mégot dans une haie. Les roues de la benne à ordures ripaient dans les flaques d'eau nichées dans les crevasses de la route. On avait toujours l'impression qu'il allait pleuvoir quand on approchait des montagnes et la végétation de la lande se balançait comme des danseuses de *hula* hawaïennes. Au loin, les contreforts s'évasaient comme autant de verre de martini retournés. Une masse grisâtre en suspension dans l'air approchait sans bruit pendant que le Cafard rôdait et hurlait et copulait bruyamment. Tandis qu'il soufflait, de la vapeur tourbillonnait au-dessus de sa tête, Mario fit un brusque signe de tête en direction de Dmitri.

— Ils viennent pour me ramener à la maison tu sais.

— Hein ? – perplexe Dmitri s'efforça de garder un œil sur la route droit devant.

— *Eux*…

— Qui ça ?

— Dis-moi Dmitri… Est-ce que tu crois ?

— À quoi ? Tu parles par énigmes…

— À *eux* !

— Quoi, *les aliens* ?

Mario hocha la tête.

— Euh…

— Je peux te dire quelque chose ?

— Hum… Bien sûr…

Mario pencha la tête vers Dmitri.

— Tu *devrais* croire…

— Pourquoi, t'as vu un alien ?

Mario hocha de nouveau la tête.

— Vraiment ?

Mario hocha la tête.

— Sans déc ? Tu en as *vraiment* vu un ?

Mario se pencha plus près pour chuchoter.

— Je *suis* un putain d'alien…

— Ah bon ? – Dmitri leva les yeux au ciel.

Mario se contenta de hocher la tête.

— Je ne trouve pas vraiment que tu ressembles à un alien.

— Et *tu* sais à quoi ressemble un alien ?

— Évidemment… une tête d'ampoule… vert, avec de gros yeux d'insectes… *E.T.* téléphone maison… *Alien, la résurrection*…

— Quand ils viendront me chercher je serai prêt. J'espère simplement qu'ils ne vont pas tarder.

— Bon, si ça doit arriver ainsi soit-il mon pote.

Mario n'était plus du tout énervé. Il était manifestement instable mais ne semblait pas dangereux. Il scruta avec insistance l'atmosphère trouble.

— Bon… Mario, quand ces aliens vont-ils passer te prendre ?

— Passer ?

— Ben ouais, quand le vaisseau-mère va-t-il s'arrêter pour te téléporter à bord ?

— D'une minute à l'autre…

— Pourquoi es-tu venu me chercher au juste ? Avec un rendez-vous aussi important avec des inter-terrestres ?

— Tu viens avec moi.

— Hein ?

— Tu es mon spécimen…

— C'est une blague ?

Mario affichait un tel sérieux que la question de Dmitri était pure rhétorique.

— Mon Dieu… Écoute… si c'est un jeu de rôle tordu pour s'envoyer en l'air ça ne m'intéresse pas. Ce n'est pas mon truc, tu sais, mais c'est cool si ça te va tu sais… drôle et tout… mais je me sens pas prêt pour ça, alors si ça ne te dérange pas je…

Mario arrêta la benne à ordures.

Assis sur le siège passager, Dmitri se demanda ce qu'il y avait encore.

Mario s'approcha du bord de la route et s'immobilisa.

Dmitri se pencha par la portière pour s'adresser à lui.

— Tout va bien mon pote ?

Debout sur le bas-côté Mario regardait la zone interdite au-delà de la ville.

Après avoir pris le temps de se ressaisir, Dmitri grimpa sur tableau de bord (la serrure de sa portière ne s'ouvrait pas de l'intérieur). Quand il se fut enfin faufilé sur le siège conducteur, Dmitri alluma une cigarette et continua d'observer Mario.

— Ça va vieux ? Tu veux une cigarette ?

Dmitri rejoignit Mario au bord de la route. Une fois à côté de lui, il remarqua un cumulus de poils d'oreille. Peu à peu, les moustaches d'oreilles de Mario poussèrent dans sa direction. Dmitri constata que Mario ne regardait pas devant lui mais levait les yeux vers le ciel.

— Sacrée journée hein ?

Sur un côté du visage Mario avait une cicatrice d'où s'écoulait du sébum. Dmitri tira une dernière taffe sur sa cigarette puis jeta le mégot dans une haie. Il s'avança.

Le dos verruqueux de la main de Mario traversa le champ de vision de Dmitri pour finir sur sa poitrine.

— Tu ne peux pas changer l'argile d'un homme – chuchota-t-il tandis que ses yeux étincelaient telles des boules de billard brillantes.

— Je ne veux pas changer ton argile, je veux juste m'en aller.

— Impossible, j'ai besoin de toi Dmitri. Tu es mon seul ami en ce monde… tu es mon spécimen…

— Hein ?

— Tu es…

CINQ

Dmitri tourna la clé dans le contact. Dehors Mario était toujours allongé face contre terre. Quand le moteur démarra, un phare fluorescent éclaira son corps recroquevillé, courbé sur le tarmac devant le capot de la benne à ordures. Dmitri baissa la vitre et inspira un peu d'air frais du soir avant d'en finir. Alors une main apparut, s'accrochant à l'aile du camion. Mario essayait de se relever. Il avait le visage amoché, encore plus amoché qu'avant. Il avait été défiguré par les coups de bottes et de poings répétés. *Temps d'en finir.*

Tout devint flou pour Dmitri. S'il n'avait pas tremblé en tabassant Mario, finir le travail exigeait bien davantage d'un point de vue émotionnel. Personne ne s'habituait jamais à asséner le coup fatal.

Il fit gronder le moteur. Devant le camion Mario continuait à lutter.

Il avait lu quelque part que lorsqu'on tue quelque chose on absorbe tous ses pouvoirs. Dmitri fit de nouveau gronder le moteur, trouvant une motivation dans

chaque nouveau coup d'accélérateur. C'est ainsi qu'il devait voir les choses – Dmitri avait besoin du pouvoir d'assurer sa survie ou le Cafard l'aurait dans son sommeil. *Vas-y mon vieux. Presque fini*. Enfin, il était prêt, prêt à appuyer sur l'accélérateur. La benne à ordures fit un bond en avant et, à son grand soulagement, Dmitri vit Mario disparaître sous le capot et être aspiré sous la roue. Il y eut deux secousses quand la benne à ordures roula sur son corps. Dmitri tira le frein à main et fit marche arrière. Encore deux secousses. *On n'est jamais trop prudent.*

Cette partie du cerveau, les légères alcôves quelque part vers l'arrière, commença à mourir et l'acceptation de la mort fut phénoménale, ridiculement formidable.

Et peut-être suis-je désormais plus riche grâce à ça
Laissant le passé derrière moi
Dans l'ombre de la forêt
Dans d'obscures combes ensevelies

Délavé par la pluie et revêtu de nylon

Et peut-être nous retrouverons-nous un jour
Quand devant un flume encombré
T'égarant dans une bibliothèque humaine souterraine
J'espère que tu distingueras le vrai du faux

Entre le Krummholz et ta poche Napoléon

Tu reviendras, érodé et rompu aux usages du monde
Suppliant avec émotion que tout redevienne comme avant
Mais tu as choisi ta voie
Tu ne feras pas marche arrière
On ne verra jamais que le rougeoiement

Du mégot de tabac haché disparaissant à l'ombre de ton antre

LE PSYCHOPATHE TENDANCE

Ce même soleil qui fait éclore les lis fait sortir les serpents.

Bobby Dummit craignait que…

… étant un homme mûr vivant dans un lotissement rempli de jeunes ouvriers, s'il avait tant de succès auprès des femmes c'était sans doute parce qu'il entamait la plupart de ses conversations par :

— Je suis un peintre célèbre t'sais ?

Ce n'était pas faux à proprement parler, non – Bobby déformait peut-être les faits, *et pourquoi pas à son âge ?*

Il *était* peintre certes, mais si son accroche avait été « Je suis un peintre RATÉ », cela aurait été plus proche de la réalité. Il avait eu un bref aperçu vaporeux du succès,

une exposition à la Hayward Gallery que personne n'avait vue, une invitation de l'université Goldsmiths de Londres qu'il avait déclinée parce qu'il détestait plus que tout les connards huppés en pleine ascension sociale.

La version que donnait Bobby de sa propre carrière artistique était un écheveau complexe de subterfuges. Lors de l'exposition à la Hayward (qui avait effectivement eu lieu rappelez-vous), il rencontra un marchand italien qui avait vu certaines de ses œuvres à Soho. Le marchand fit venir Bobby en France où il finança une rétrospective de son travail à la galerie Emmanuel Perrotin de Paris. L'exposition fut un franc succès – *bien évidemment* – les Européens *comprenaient* vraiment son art. Le bienfaiteur italien décida de financer d'autres expositions avec de l'argent sale. Cela déplut à Bobby qui se désista, convaincu que son intégrité était plus précieuse.

— La corruption est trop tendance – disait-il.

La première exposition hors d'Europe de Bobby eut lieu à la Gagosian Gallery de New York. Il s'ensuivit une présence remarquée à la Biennale de Venise en 1995 et une installation mémorable au centre de Hoxton Square quand Bobby et son équipe installèrent une scène et, déguisés en célèbres politiciens britanniques, lurent à l'envers les œuvres de Charles Baudelaire.

Il ne mit pas longtemps à éveiller l'intérêt de sinistres personnes de pouvoir très médiatisées. Il affirma avoir

reçu une commande du prince héritier du Qatar pour réaliser une installation, une vitrine contenant 500 tampons usagés et ensanglantés. Il vendit cette œuvre 30 millions de livres le jour de son anniversaire, œuvre qu'il réduisit en cendres lors d'un accès de dégoût de soi.

— Être riche est trop foutrement tendance, disait-il.

Un conte de fées documentaire fondé sur sa vie remporta un prix prestigieux au festival du film de Montréal, qu'il alla recevoir aux côtés des réalisateurs.

Sa page Wikipédia affirmait qu'il était un donateur du parti travailliste. C'était faux.

À en croire Bobby il avait vécu à New York, Séoul et Marrakech, mais il entretenait le flou sur sa ville natale.

*

Une histoire bidon prétendant que son œuvre avait été détruite lors de l'incendie qui ravagea en 2004 les réserves du Momart étaya par la suite tous ces mensonges. Bien que cela fût dans un premier temps une période douloureuse pour Bobby, il se mit aussitôt à écrire le chapitre décisif de sa carrière : CARPE REDUX ; un *Gesamtkunstwerk* de trois vitrines abritant chacune des cadavres d'animaux avec des cigarettes écrasées dans leurs orbites énucléées.

Sans surprise cette nouvelle étape de la carrière de Bobby s'était révélée un échec total, désastreux. Plus personne ne semblait *comprendre* Bobby, ni les Européens, ni même sa propre femme – dont il divorça du fait de cette ambivalence.

Il déclara que le mariage lui-même devenait trop tendance !

Contrairement au reste du milieu artistique écossais il était d'une incroyable vulnérabilité face aux critiques et fut ainsi ineffablement blessé par l'accueil du public dans son ensemble. Il se retira.

Fuir les mauvaises critiques et le dédain paraissait la solution la plus simple. Bobby prenait souvent la voie qui semblait la plus facile. C'est une des raisons pour lesquelles il était revenu dans l'Ayrshire. Il appartenait à une région de pluies incessantes, de grisaille et de frugalité mêlées, de paysans moroses, vivant d'allocations telles des sangsues. Les femmes, bien sûr, faisaient fi de cette autoflagellation et lui disaient qu'il était toujours formidable et captivant.

*

Devant Kinloch's House l'air était d'un froid mordant. Il y avait une tache de peinture rouge sur le haut du poignet de Bobby. Il s'assurait d'être toujours couvert de peinture, c'était bon pour son image. Il colla les

narines sur la tâche, renifla et conclut que, oui en effet, c'était de l'apprêt.

Pas du *sang* comme il l'avait tout d'abord cru.

Si cela avait été du sang, Bobby n'en aurait pas été surpris. Bobby sonna à la porte. Mary ouvrit, rougissant sur-le-champ.

— Entre, entre !

Elle s'écarta pour le laisser passer comme un fidèle sujet s'efface devant la reine. Son visage semblait ravagé par un chagrin secret. Bobby entra dans la salle de séjour et s'apprêta à donner à Mary la toile qu'il avait peinte pour elle.

Mary Kinloch était un spécimen aussi banal qu'il était possible de l'imaginer : divorcée, la quarantaine passée, deux enfants – tous les deux adultes et ne vivant plus à la maison. Son visage laissait supposer qu'elle était porteuse du virus du Cafard depuis des années. Elle en était apparemment au dernier stade de l'infection. Elle constituait une cible de choix pour Bobby : une femme dans l'air du temps prête à tout pour attirer l'attention. Il mettrait du piment dans sa vie.

Mary entra tout excitée. Bobby sourit et lui tendit la toile.

— Et voilà, une Mona Lisa pour ma Mona Lisa.

Mary gloussa sans pouvoir s'en empêcher. Elle dévoila le tableau et porta la main à son sein gauche, serrant son chemisier.

— Oh ! Bobby... c'est magnifique.

Bobby expliqua comment l'instinct animal et l'instinct de territorialité étaient peu à peu devenus son obsession. Il utilisait ses propres excréments pour gribouiller des messages antisémites profanes sur des édifices de renom. À présent il offrait à Mary un remarquable aperçu de sa géniale folie. Elle accrocha la toile à un clou au-dessus de la télévision.

— Tu sais ce que l'on raconte sur moi n'est-ce pas ?

— Hé bien...

Mary avait entendu *beaucoup* de choses sur ce vieux Bobby.

— Que ma personnalité répond aux trois critères reconnus de la pornographie ?

— Ah, vraiment ?

— Hé oui. Absence de valeur sociale, attirance pour la lubricité et, bien sûr, *volonté* d'offenser...

Bobby s'approcha rapidement de Mary et l'attrapa par les épaules. Il put l'entendre haleter et en fut excité.

— Mary, j'ai au fond de moi une douleur que ni la cocaïne ni l'héroïne ne peuvent apaiser. Les doigts sales et chauds des drogues exotiques ne s'enfoncent pas assez profondément… J'ai besoin d'être soulagé de façon pénétrante – il accentua les consonnes du mot « pénétrante », soufflant la lettre « p » et hoquetant la lettre « t » dans la délicate coquille de son conduit auditif.

Mary continua de haleter. Bobby pensa qu'il pourrait la faire jouir rien qu'en l'agrippant par les épaules et en lui chuchotant des sottises à l'oreille pendant les deux prochaines minutes.

— Tu as peur de moi Mary ?

Elle secoua la tête.

— Ne sous-estime jamais les véritables intentions de la sous-culture…

— Je… J'ai fait du poisson – laissa enfin échapper Mary.

Bobby sourit d'un air suffisant, elle le trouvait manifestement supérieur.

Mary était la proie idéale.

Voyez-vous, les femmes remplissaient un vide abyssal chez bobby, ses relations avec la gent féminine étaient rarement saines et il n'exprimait aucun remords à les abandonner brisées, folles de chagrin et seules. Ce n'est guère une excuse mais son âme s'était éteinte *bien* des années auparavant, peu après que sa femme se fut présentée aux élections. On dit toujours que la mort de l'âme entraîne des répercussions purement spirituelles, mais dans le cas de ce vieux Bobby cette dissolution de l'âme s'était également accompagnée de troubles d'ordre physique. Il souffrait fréquemment d'acouphènes, de crises d'autisme chroniques, d'ulcères, de calvitie ; il développait un trouble de la parole, de l'anxiété, de l'avitaminose et de l'ostéoporose, et était le seul cas recensé à se croire métamorphosé en bovin depuis le roi Nabuchodonosor dans *Le livre de Daniel – Bobby, à l'apogée de son éphémère défaillance mentale, décida de vivre comme une vache, paissant dans un champ complètement nu et enduit de la tête aux pieds de ses propres excréments. Oui, Bobby sombra, au dire de tous, momentanément dans la folie. Il fut interné puis rapidement relâché quand on s'aperçut qu'il ne représentait plus une menace pour la société civilisée. Ce fut un incident de parcours mineur.*

Bobby demeurait convaincu que ce n'était pas le Cafard qui s'insinuait en lui…

Mary apaiserait cette faim, ne serait-ce que

temporairement. Il l'attira à lui, l'embrassa goulûment sur la bouche puis la repoussa et lui dit malicieusement d'aller chercher le poisson dans la poêle. Elle avait les lèvres gercées et Bobby trouva également cela excitant. Hébétée Mary rejoignit la cuisine en clopinant.

*

La pluie tombait sans interruption, s'abattant du crépuscule maussade en rafales obliques – pleurs inversés d'un interminable ennui. Bobby était assis devant le foot depuis 15 minutes sans avoir entendu Mary Kinloch, toujours dans la cuisine, faire le moindre bruit. Il regarda autour de lui la demeure tendance, le papier peint à fleurs, les photos 4 x 9 des petits-enfants, le roman à l'eau de rose écorné posé sous une lampe sur la table basse. Il ricana. L'absence prolongée de Mary lui avait laissé assez de temps pour avoir l'idée d'un tas d'autres merdes à donner en pâture aux crédules – il avait une malle pleine d'animaux morts, écrasés, qu'il prévoyait d'utiliser pour sa prochaine installation. Il en avait trouvé la plupart aplatis ou éventrés au bord de la route et n'avait pas pu résister à sa compulsion créative d'éterniser la mort à travers l'art.

Bobby s'assura de bien avoir tout mémoriser et décida d'aller voir ce qui prenait à Mary tant de temps.

— Toc, toc.

Bobby entra dans la cuisine. La pièce disparaissait dans un nuage de fumée. Quelque part à l'intérieur de cette épaisse vapeur résonnait un cliquetis de casseroles et de poêles.

— Mary ? Seigneur…

Il tenta désespérément de voir au travers des volutes de fumée s'élevant devant lui. Bobby aperçut une silhouette qui se détachait vaguement près de la fenêtre.

— Mary ? Mary, comment diable peux-tu être toujours en vie ?

La vapeur envahit les poumons de ce vieux Bobby. Il toussa. La silhouette près de la fenêtre était aussi immobile qu'un mannequin de couturière. Elle semblait observer. On pourrait mener le monde avec un tel silence. Bobby s'approcha.

Il se tenait tout près de la silhouette d'une femme, rien de définissable – deux fentes d'yeux chassieux et un masque de golem aplati. Une peur blême glaça Bobby jusqu'à la moelle. Le visage était désormais tout près du sien, mais la vapeur ne se dissipait pas, malgré tous ses efforts il ne distinguait pas grand-chose. Une haleine quelque peu fétide lui soufflait au visage par intermittence.

— Mary ?

Elle avait un visage à la géométrie déformée d'un Picasso. Il y avait comme un long tube qui pendait au beau milieu. On aurait dit une énorme trompe d'éléphant ou une longue bite molle et obscène. Une odeur de chien mouillé flottait dans l'air, se mêlant à l'épaisse vapeur.

— Dis-moi que tu m'aimes – fit entendre une voix en un grognement sourd.

Bobby était paralysé par la peur.

— Je t'aime Mary…

Un poing monstrueux déchira la vapeur et attrapa Bobby par la joue, comme si sa forme humaine lui faisait horreur.

— Dis-moi que tu ne me briseras jamais le cœur.

Bobby battit en retraite. Sa joue palpitait.

— Tu le pensais quand tu m'as dit que tu m'aimais ?

— Non… – répondit Bobby honnêtement, pensant qu'il avait tout intérêt à cracher le morceau à présent.

— Tu as fait ça à tant de femmes. Et ta femme ?

— M'a quitté…

— Hein ?

— Elle m'a quitté ; j'ai dit qu'elle m'a quitté. Maintenant Mary, sauf ton respect, j'aimerais assez rentrer chez moi avant que les bandes encapuchonnées et les drogués n'envahissent les rues.

La haute silhouette avec le nez en forme de bite flasque leva les deux mains. Bobby craignit une nouvelle attaque mais quand il jeta un coup d'œil entre ses doigts il vit la créature frotter son long nez-capote et grogner. Bobby ne réussit pas à trouver la porte. La créature émit un dernier gémissement orgasmique et un étrange liquide nauséabond jaillit de ses narines éclaboussant le plan de travail.

— Je ne suis pas Mary.

— Non ?

— Non, c'est évident non ?

— Ben oui, pour être honnête je trouvais un peu bizarre…

— Ceci dit j'ai absorbé Mary.

— Absorbé ?

— Oui. Comme une éponge, c'est mon truc.

— Alors… euh, si tu n'es pas Mary qui es-tu donc ? Seigneur, tu n'es quand même pas son mari ?

— Non, mais je l'ai absorbé lui aussi. Mary me l'a donné sans opposer beaucoup de résistance.

— Je vois…

— Je suis ce qu'on appelle communément la Tendance…

— La Tendance ?

— Oui. Tu as déjà entendu parler de moi. Je suis la bête la plus vile et la plus répugnante à traquer l'humanité et voilà que je me retrouve, nez à nez, avec l'un de mes détracteurs !

— Je croyais que c'était le Cafard la bête la plus vile et la plus répugnante à traquer l'humanité ?

— On partage, il s'empare des humains dans les villes pièges à graisse et moi je prends ses restes.

— Ça ne devrait pas être le contraire ? Les cafards ne sont-ils pas censés manger les restes ?

Bobby sourit puis se mit à trembler.

— Il avait raison à ton sujet.

— Hein ?

— Le Cafard a dit que tu étais complètement barré.

— Nan, tu sais, en fait je ne suis pas anti-tendance. En réalité il n'y a pas plus tendance que tout mon tissu de mensonges, je cherche juste à être célèbre…

— Le fait que tu veuilles être quelqu'un signifie que tu existes hors du cadre du courant dominant.

— Non !

— Non ? Alors pourquoi j'ai tant de mal à t'absorber ?

— Honnêtement je n'en sais rien. Je suis un genre de col-bleu, tout mon discours sur le fait que je suis un artiste n'est que mensonges, je te jure !

— Tu es beaucoup de choses Bobby. Tu es pathétique, menteur, manipulateur, mais tu n'es PAS tendance. Tu n'es pas assez vicieux pour faire partie de tout ça.

— Que me veux-tu donc ?

— Je suis venu pour cette bonne vieille Mary. En échange d'une vie de famille conventionnelle elle m'a offert son essence. Elle m'était *redevable.*

— Et *je* te suis redevable à mon tour, c'est ça ?

— Non, au contraire, tu ne me dois rien du tout.

— Alors je peux m'en aller ?

— Non.

Bobby s'immobilisa tandis qu'un tourbillon de vapeur cauchemardesque l'encerclait.

— Crois le ou non, ma lubricité et ma cupidité sont encore plus grandes que les tiennes. Ce sont les gens comme toi et moi qui mènent la danse Bobby. Je suis venu absorber Mary mais je suis venu parler avec toi...

— Je ne vois pas ce que j'ai à vous offrir Mr Tendance. Je suis dans l'art. Je n'ai aucune compétence de quelque valeur que ce soit. On ne peut pas rendre un artiste tendance.

— Je ne veux pas que tu *deviennes* tendance, je t'ai déjà dit que je ne peux pas t'absorber. Ta place n'est pas en moi, pas dans l'immédiat. Ma seule raison d'être est de consommer les êtres humains, de leur détruire le cerveau avec la télé-réalité et leur broyer le cœur avec des images de romances hollywoodiennes hors de leur portée. J'ai besoin de manger et de baiser et ensuite je continue de me reproduire.

— Que veux-tu donc ?

— Je *veux* que tu fasses partie de moi, mais avant tu dois faire quelque chose.

— M'intégrer au courant dominant ? C'est une blague, j'ai passé ma vie entière à essayer de t'éviter !

— Tu sais que j'existe à cause de toi Bobby ?

— Pouah !

— Si tu fais cela, ce simple geste, je peux t'absorber. Je sais que tu veux vraiment ça, une chance d'appartenir à quelque chose, de t'intégrer plutôt que mentir et te frayer un chemin dans la vie en baisant. Au final je les attrape tous Bobby.

— Que veux-tu dire par « au final je les attrape tous » ?

— Je les attrape tous, les meilleurs réalisateurs, les meilleurs acteurs, les meilleurs musiciens et les meilleurs écrivains, tous. Ils finissent tous par se soumettre à moi. À présent…

La créature fondit sur Bobby avec son nez à moitié dressé.

Bobby s'agenouilla et se passa la langue sur les lèvres. La Tendance se prépara pour le O humide de la bouche de Bobby. Bobby ferma les yeux et montra les dents.

— Ne sous-estime jamais les véritables intentions du courant dominant.

*

Dehors les enfants jouent dans un parc, riant et criant joyeusement à pleins poumons, trop jeunes pour comprendre qu'ils sont vraiment heureux et que c'est le mieux qu'ils puissent avoir. Il y a un boxer blanc qui bondit après un Frisbee mais il se retrouve soudain déboussolé par les hurlements discordants des bébés et le vacarme assourdissant des tondeuses à gazon et des marchands de glace couleur d'albumen. Une ombre soudaine s'abat sur le monde…

*

L'astronaute gigote,

Valseuses sautillant d'avoir été impitoyablement comprimées dans une combinaison spatiale trop rigide

C'était toujours un défi d'essayer de voir à l'ombre de son casque

Mais la planète était là

Tu étais sûr

L'espace d'un instant, dans le silence mortel du vide

Tu flottais…

Tel un ballon d'hélium libéré depuis longtemps des chaînes de la fête d'anniversaire d'un enfant
Et tu vis que la planète était là

Tu flottais…

Et alors, sur le cordon ombilical la plus légère secousse du technicien de maintenance,

Ce même technicien qui s'occupait d'un vaisseau suborbital, te dit qu'il était temps de revenir à bord

Mais pourquoi voudrais-tu rentrer ?

Dans l'espace intersidéral, l'espace intérieur d'un être humain explose

Se recroqueville puis meurt

Après avoir été submergé par un nouveau sentiment de qui tu es et de ce que tu es, et de pourquoi et comment tu en es arrivé là

L'astronaute triompha de sa démangeaison

Tu choisis une étoile

Décidas que tu nagerais vers elle

Et qu'en coupant l'amarre qui te rattache au vaisseau humain tu serais libre

L'astronaute est une poussière de poivre

Saupoudrée sur d'infinis déjeuners de minuit

C'est de savoir cela qui te fait couper la corde

Trancher net cette terrible vérité

Parce que ce que tu as compris

Tout en flottant
Que tout ce qui te fait te sentir véritablement humain

Et, de fait, insignifiant

Est d'être entouré d'autres êtres humains

....

TU

NE

PEUX

PAS

GAGNER

TABLE DES MATIÈRES

Collection Domaine étranger
www.editionsdu38.com

38 rue d'Alger
31290 Villefranche de Lauragais

contact@editionsdu38.com

La version numérique de ce roman est disponible
sur les principales plateformes de téléchargement.